제 3 판

전환교육의 이해와 실행

김 형 일 지음

교육과학사

3판을 내면서...

1, 2판에서의 부족한 부분은 결국은 3판을 내면서도 마음만 아쉬움으로 남기면서 그나마 꼭 보완해야 할 부분만 수정을 하게 된다. 2판에서는 4장 전환교육과정, 10장 학습장애학생의 사회적 행동 특성과 훈련은 기존의 내용은 빼고, 새로운 내용으로 원고를 다시 작성하였다. 3판에서는 각 장의 틀은 그대로 두고 각 장들의 내용을 부분적으로 수정을 하였다. 모든 장에서 새롭게 교체한 것은 각 장의 '연구 문제'를 '연습해 봅시다'로 바꾸어 실제 수업을 받은 학생들이나 교사들이 활용할 수 있는 수행 자료로 제시하였다. 이것은 실제로 그동안 각 장의 강의 후반에 학생들과 조별로 나누어 배운 과제를 직접 해결하게 한 수업 자료를 정리하여 제시한 것이다. 그리고 각 장의 수행 자료는 전체 한 학기 수업의 내용을 종합적으로 모아 개별화전환교육계획서로 정리하도록 하였다. 이를 통해 학생들이 현장문제 해결에 더 적극적으로 대처하는 것을 볼 수 있었다.

부족하지만 다시 한번 이 책을 강의 교재나 수업 자료로 활용해 주신 분들과 소중한 의견을 주신 분들께 진심으로 감사드린다.

2020년 3월 16일

저자 김 형 일

삶에 있어 전환은 이 시대를 살아가는 현대인에게 의미 있고 중요한 과정이다. 아이가 자라서 유치원에 들어가고, 초·중·고등학교를 마치고 대학이나 사회로 진출하는 것을 보면 기쁜 일이다. 현재보다 나은 미래를 준비하는 개인에게 전환과정은 도전이자 기회이다. 전환과정에서 개인에게 주어진 도전과 기회를 어떻게 극복하는가에 따라 한 개인의 소중한 미래가 결정된다. 스스로 잘 극복하면 더 없이 좋은 일이지만 그렇지 못할 땐 주변에서의 지원이 필요하다. 개인이 극복할 수 있는 환경이나 여건을 조성해 주면 스스로 미래를 개척하고 살아갈 큰 힘을 얻게 될 것이다.

지난 해 집 근처 버스정류장을 지나다가 오래 전에 특수학교에서 가르쳤던 제자를 만났다. 이제는 장가 갈 나이도 훨씬 지난 아저씨가 되었지만 어디 마땅히 갈 곳이 없어 집에서 놀고 있다고 했다. 20년의 세월이 지났음에도 학교 선생님이었다는 것을 기억하고 환하게 웃는 그와의 반가움도 잠시, 마음 한 구석이 짠해졌다. 학교를 마치고 취업해서 어엿한 사회인으로 생활하는 것은 본인뿐만 아니라 그를 사랑하는 모든 사람들의 소망일 것인데…. 지금도 생각하면 학교생활 동안 사회에 나갈 준비를 제대로 못해 준 것 같아 마음이 무겁다. 국립특수교육원에 근무하면서 전환 관련 연구 과제를 수행했을 때나, 대학에서 현장에 나갈 예비교사를 가르치면서도 '전환'에 대한 고민은 늘 풀어야 할 무거운 과제로 남아 있곤 했다. 어디서부터, 어떻게 풀어야 할지 답답하지만 그러면서도 무언가 해야겠다는 마음이 늘 자리 잡고 있었다. 그러던 중 차일피일 미루면서 접어두었던 전환교육과 관련한 자료, 학교 현장에서 경험한 것들, 관련 발표 논문, 그리고 평소 강의한 내용들을 정리할 좋은 시간을 갖게 되었다.

이 책의 내용은 전환교육에 관한 이론과 아울러 실제 적용이 가능하도록 구성하고자 하였다. 우선 전환교육을 이론이나 모형에 근거하여 체계적으로 접근하고자 하였고, 이를 적용하는 데 있어서도 가능하면 실행 자료가 될 수 있도록 하였다. 이 책은 전체적으로 제4부로 구성하였다. 제1부에서는 전환체제와 계획으로 전환교육의 이론과 모형, 평가 및 계획을 다루었고, 제2부의 전환 내용과 방법에서는 전환 교육과정과 전략, 자기-결정 전략을 소개하였다. 제3부 전환의 결과에서는 고용, 주거, 사회성 및 대인문제, 그리고 여가와 레크리에이션을 기술하였다. 제4부 전환의 지원에서는 관련 정책적 지원과 보조공학 그리고 부모교육을 소개하였다. 특히 제1장에서 강조하는 포괄적 전환 모형은 이 책의 전체 구성과 맥을 같이 한다. 각 장은 기본적인 이론의 기술과 실제적인 실행 내용을 제시하고 구체적인 실행 양식은 부록으로 다루었다. 또한 1, 9, 10, 13장은 그동안 전환교육과 관련하여 학술지에 발표하였던 논문을 재정리하여 소개하였다.

막상 정리한 자료를 책으로 내어야 하는지에 대하여 한동안 고민이 있었다. 보면 볼수록 내용이 부족하고 계속 더 보충해야 할 것들이 나타났기 때문이다. 그리고 강의 교재나 학교 현장에서 교사들이 참고할 내용이라고 준비하였지만 실제 실행에 있어 국내 자료를 보충하는데 한계가 있어 대부분의 이론적인 틀은 외국 자료에 주로 의존해야 했다. 그러나 감히 출판하기로 용기를 낸 것은 이것도 전환을 위한 또 하나의 과정이라고 생각했기 때문이다. 이 책에 대한 다양한 충고를 겸허하게 받아들이고 지속적인 관련 연구를 통해 좀 더 실제적인 자료가 될 수 있도록 수정 · 보완 노력이 있어야 하겠다.

부족하지만 자료를 책으로 엮어내기까지 많은 분의 고마움이 있었다. 먼저 1년이라는 소중한 연구년의 기회를 준 나사렛대학교에 감사드린다. 그리고 미국에서 우리 가족이 좋은 경험을 할 수 있도록 기회를 마련해 준 California State University San Bernardino의 남상석 교수님과 우리 가족의 미국 생활을 늘 걱정해주신 사모님께도 감사드린다. 또한 California State University San Bernardino, College of Education에 연구교수로 초청해주시고 연구실과 컴퓨터 설치 등 연구에 전념할 수 있도록 세심한 부분까지 배려해주신 Patricia K. Arlin 학장님과 특수교육과 Ruth A. Sandlin 학과장님께도 감사드린다. 무엇보다 항상 든든하게 함께 해주고 있는 아내 허창효에게도 고마움을 느낀다. 1년간 낯선 곳에서 의젓하게 잘 견뎌준 규진, 의규에게 고마움을 전하며 이 기간이 앞으로 삶에 소중한 전환의 기회가 되길 소망한다. 끝으로 출판을 도와주신 교육과학사 사장님과 직원들께 깊은 감사를 드린다.

2009년 10월 30일
California State University San Bernardino
College of Education 3층 연구실에서
저자 김 형 일

제3부 전환의 결과

부록

제 1 부

전환 체제와 계획

제 1 장

전환교육의 이론적 모형

학습목표

❶ 초기 직업교육의 주요 내용을 이해한다.

❷ 전환교육의 이론적 두 모형, 협의의 모형과 포괄적 모형의 차이를 이해한다.

❸ 전환교육의 이론적 의미와 교육적 시사점을 알 수 있다.

01 개요

전환교육은 특수교육의 중요한 목적 중의 하나이다. 장애학생 본인의 입장에서 보면 전환은 학교를 떠나 성인으로서 독립된 삶을 살아가는 일련의 과정이고, 특수교육에 있어서 전환교육은 학령기에 있는 장애학생을 원만하게 성인기로 이어주는 중요한 가교 역할을 하게한다. 이러한 이유로 많은 학자들은 성인기로 이어지는 학령기 장애학생들에 대한 전환교육의 이론적인 모형에 관심을 가지고 있다.

초기의 전환교육은 엄격한 교과중심의 교육내용에서 출발하였다. 조금씩 교과중심 교육과정의 한계를 극복하기 위해 생활기술이나 직업적 접근을 시도하기 시작하였다. 그러나 이것은 단순히 기능적 직업 기술에 중점을 둔 접근으로써, 이 과정은 1950년대 후반까지 진행되었다(Frey & Kolstoe, 1965). 이러한 기능적 생활기술 프로그램은 거의 20년 가까이 연구자들의 관심을 받아, 다양한 장애 영역뿐만 아니라 모형의 발전 가능성을 확장하도록 하는 계기를 만들었다(Cobb, 1972). 또한 이들 초기 전환 모형들은 학령기 이후로 전환교육의 시야를 넓히고 개선하려는데 관심을 갖게 하는 초석이 되었다.

1980년대의 전환 관련 연구 모형에서는, 직업 중심이거나 작업 준비 모형보다는 보다 넓은 의미의 전환 모형이 연구되기 시작하였다(Halpern, 1985; Wehman et al., 1987). 또한 생활중심 진로교육 모형, 생활계획 프로그램 모형(Schumaker, Hazel, & Deshler, 1985), 독립생활과 지역사회 적응 모형(Halpern, 1985), 개인의 미래 계획과 관련된 개인 중심 계획 모형(Mount & Zwernick, 1988) 등, 직업교육 자체와 더불어 성인으로서 살아가는데 필수적인 일상생활 및 사회생활 기술을 폭넓게 다루기 시작하였다.

이후 90년대를 접어들면서 본격적으로 고용에 초점을 둔 협의의 모형에서, 고용뿐만 아니라 사회적 대인관계기술과 주거환경까지 포함하는 포괄적이고 적극적인 모형으로 변화를 시도하게 되었다(Wehman et al., 1987; Levinson,

1998). 원만한 지역사회 적응을 위해서는 취업 이외에 주거환경의 질과 적절한 사회・대인관계를 중요한 영역으로 포함시키게 되었다. 즉, 성공적인 전환의 목적을 독립생활, 지역사회 적응에 두고, 각 개인의 삶의 질과 적절한 사회적 대인관계 형성을 고용과 마찬가지로 중요하게 다루었다. 결국, 전환의 관점에서 볼 때 학교교육만으로는 바람직하지 않을 수 있다는 가정을 하고 있다. 학교교육만이 전환과정을 계획하거나 지원하는 것이 아니라, 해당 지역사회 서비스 기관들이 참여하는 포괄적 범위의 교육과 서비스가 되어야 한다(Halpern, 1985; Clark & Kolstoe, 1995).

이와 같이 전환교육은 시대의 변화에 따라 그 적용 범위가 점차 확대되어 왔다. 초기 직업기술 자체만을 강조하던 시기에서 최근에는 학령기에 제한되었던 직업교육이 학령기에서 졸업 이후까지 포괄하게 되었고, 지원 내용면에서는 직업교육뿐만 아니라 주거 및 일상생활, 사회기술까지 강조하고 있다. 이러한 변화는 최근 장애학생의 졸업 이후 생애교육, 또는 평생교육을 강조하는 흐름과 무관하지 않을 것이다.

학령기 장애학생의 전환과정은 전반적인 지원 모형의 구성 내용과 범위에 따라 서비스의 지원 요인을 결정하는 중요한 변수가 될 수 있다. 현재 특수학교에서의 전환교육이 목표, 교육내용, 방법, 지원체계 그리고 지원 여건 등 종합적인 맥락에서 체계적인 지원이 이루어지지 못하고 있는(이유훈, 김형일, 강병호, 2003), 현실적인 문제점을 고려할 때, 학자들의 전환교육의 이론적 모형은 전환교육을 보다 효과적이고 체계적으로 운영할 수 있는 방법적인 시사점을 얻는데 중요한 단서가 될 수 있다.

따라서 본 장에서는 최근까지 여러 학자들이 제시한 전환교육과 관련한 여러 이론적 모형들을 구조적인 측면에서 탐색하고 분석한다. 이를 통해 현재 실시되고 있는 전환교육의 적절성뿐만 아니라 미래의 바람직한 방향과 교육적 시사점을 제안하고자 한다.

02 초기 진로교육 모형

진로교육(career education) 운동은 국가 중심인 미국 교육부에서 진로교육을 교육의 최우선 과제로 선언한 1970년부터 시작되었다. 이 진로교육 운동은 일반 교육에서 출발되었지만, P.L. 95-207는 구체적으로 장애학생들도 진로교육 서비스를 받을 수 있는 대상자로 포함시켰다. 이와 더불어 1976년 CEC(The Council for Exceptional Children)에서도 진로개발부(Division of Caeer Development)를 출범시켜 장애학생들의 진로교육을 지원하는 공식적인 활동을 하게 되었다(Brolin, 1983; Hoyt, 1983). 그러나 이 당시 진로교육은 전체 학령기 장애학생 중에서 고등학교에서만 제한된 직업교육을 실시하였다(Test et al., 2006). 그리고 학교에서 일터로의 기회(School-to-Work Opportunities) 방안들은 취업 기회를 넓히려는 기반은 되었지만, 학교에서의 취업을 위한 충분한 실행 능력 즉, 학생들이 학교에서 취업과 직장 유지에 필요한 충분한 기술을 갖추지 못하고 직장에 배치되고 있다는 고용주들의 비판을 받는 등 여러 한계점을 가지고 있었다.

1975년 이후 당시 전환교육을 모형 측면에서 보면, 많은 학교에서 작업-수업(work-study) 프로그램과 진로교육 모형(career education models) 등으로 이루어졌다. Hasazi 등(1985)의 작업-수업 프로그램은 고등학교에서 작업에 대한 경험 제공과 장차 취업과의 관련성에 중점을 두고 있다. 장애학생들로 하여금 모든 작업 장면에서 요구되는 기본적인 기술을 배울 수 있도록 하고, 졸업 이후 취업을 할 수 있도록 준비시키는 것이다. 따라서 작업-수업 프로그램은 졸업 이후 상황에 대한 진로를 준비하는 필수 내용을 강조하였다. 또한 재활과 교육 간의 협력 관계를 중시한 프로그램이라고 할 수 있다. 또한 이러한 진로교육 운동(career education movement)은 장애학생을 위한 취업 준비는 학령기 전 과정을 통해 준비해야 한다는 인식을 갖게 하였다.

03 협의의 모형과 포괄적 모형

1980년대 전환교육 모형은 고용이나 취업에 초점을 둔 협의의 모형과 결과보다는 과정에 초점을 둔 포괄적인 모형으로 크게 나누어진다. Will과 Wehman이 제시하는 모형이 고용에 중점을 둔 것이고, Clack의 학교중심 모형, Brolin의 생활중심 모형, Halpern의 모형 등이 포괄적 의미의 모형에 속한다고 볼 수 있다.

1986년 Will이 미국 특수교육 및 재활서비스국(Office of Special Education and Rehabilitative Services; OSERS)에 제출한 전환교육 모형은 중등학교에서 직업준비과정으로 다리(bridges) 역할을 하는 세 가지 다른 수준의 교육과정을 제시하였다. 이는 「일반적 서비스(no special services), 시간 제한적 서비스(time-limited services), 지속적인 서비스(ongoing services)」이다. 이 모형의 기본 목표는 장애학생이 학교를 졸업하고 지역사회에 적응하는데 필요한 직업기술을 적절하게 갖출 수 있도록 학교 교육과정에서 특수교육과 직업교육을 확고하게 설정하는 것이다(Levinson, 1998).

또한 이 모형은 Levinson과 McKee(1991)가 언급한 것처럼, 세 가지 가정을 전제로 하고 있다. 보호된 교육기관인 학교에서 장애에 대한 이해가 미흡한 사회로 진입하는 각 개인의 요구에 전환 서비스를 맞추고, 전문가가 서비스의 책임을 지며, 모든 장애인을 대상으로 전환계획을 한다는 것이다. 그들이 말하는 전환의 목적은 임금을 받고 고용되는 것이다. 이것은 지역사회에서 중도장애학생들의 전환을 돕기 위해 지원서비스를 다양하게 하고, 궁극적으로는 장애학생의 고용에 초점을 둔 것이다.

Wehman 등(1987)도 OSERS의 모형을 좀 더 확장시켜 전환 프로그램의 주요 결과는 고용이라고 주장하였다. 이들은 결과적으로 경쟁고용, 분리된 작업장 및 보호작업장이라는 세 가지의 배치 유형을 모형으로 제시하면서 기능적 교육과정, 통합학교 환경, 지역사회 중심 서비스 전달체제를 투입요인으로 보고, 투입과 산출 사이의 과정단계로 개별화 전환교육 프로그램과 부모, 학생, 협력

기관의 중요성을 강조하였다.

한편, 위의 Will이나 Wehman 입장과 다른 시각은 Brolin, Halpern 그리고 Clark의 모형이라고 할 수 있다. Brolin(1986)이 개발한 생활중심 진로교육은 취학 전부터 진로중심교육(career-oriented education)을 강조하고 있다. 이 모형의 특징은 진로교육을 일반교육의 모든 교수영역으로 통합시키고, 가능한 한 직접학습 경험, 학교와 부모, 안내자, 기업체나 업체, 지역사회 기관들 간의 적극적인 협력유지, 전환 서비스 책임자의 적절한 훈련 요소의 개발을 중시한다는 점이다. Brolin은 이것을 직업적 측면이 아니라, 개인 발달의 모든 측면을 강조하는 총체적 인사 접근(total-person approach)이라고 기술하였다(Levinson, 1998).

Halpern(1985)은 Will 등(1984)이 제시한 전환교육 모형이 전환의 최종 목적인 고용만을 강조하는데 이의를 제기하고 「성인생활을 원만하게 적응하기 위해선 비직업적 차원도 고용이라는 궁극적 목적에 의미 있게 기여한다.」고 주장하면서 전환의 비직업적 측면을 강조함으로써 전환의 목적과 범위를 확대하였다.

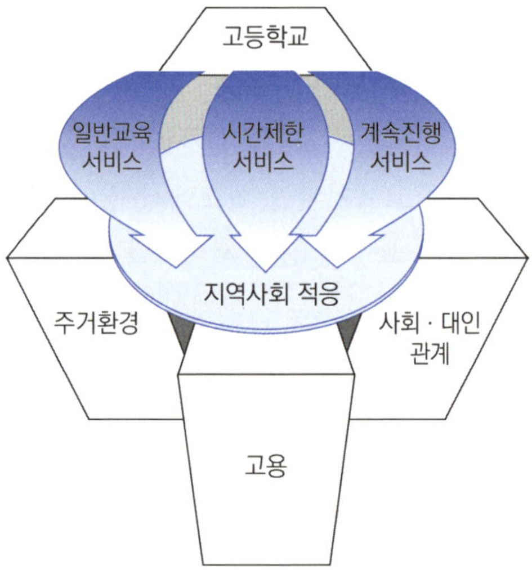

[그림 1-1] Halpern의 수정된 모형

※ 자료 인용: Halpern, A. S. (1985). Transition: A look at the foundations. *Exception Children*, 51, 479-486.

즉, Halpern(1985)은 [그림 1-1]과 같이 성공적인 지역사회 적응을 위해 의미 있게 작용하는 비직업적 차원으로, 주거환경의 질과 적절한 사회·대인관계를 제안하였다. 따라서 성공적인 전환의 목적을 독립생활, 지역사회 적응에 두고 각 개인의 삶의 질과 적절한 사회적 대인관계 형성을 고용과 마찬가지로 중요하게 다루었다. 고용에 성공했다고 해서 나머지 인생도 성공한 것으로 보지 않기 때문에 그는 서비스를 결정을 할 때 개인의 모든 삶의 질 차원에서 프로그램을 개발하여야 한다고 주장하고 있다.

〈표 1-1〉 종합적인 전환교육 프로그램

<table>
<tr><th rowspan="2">지식 기술 영역</th><th colspan="2">전환진출 시점과 결과</th></tr>
<tr><th>발달 / 생애단계</th><th>진출시점</th></tr>
<tr><td rowspan="6">• 의사소통과 학업성취
• 자기결정
• 대인관계
• 통합된 지역사회 참여
• 건강과 건강관리
• 독립적 / 상호의존적 일상생활
• 여가와 레크리에이션
• 후속교육과 훈련</td><td>영·유아 및 가정훈련</td><td>유치원 프로그램과 통합된 지역사회로 진출</td></tr>
<tr><td>유치원 및 가정훈련</td><td>초등학교 프로그램과 통합된 지역사회로 진출</td></tr>
<tr><td>초등학교</td><td>중학교 프로그램과 연령에 적절한 자기결정과 통합된 지역사회 참여로 진출</td></tr>
<tr><td>중학교</td><td>고등학교 프로그램이나 단순직 고용, 연령에 적절한 자기결정과 통합된 지역사회 진출</td></tr>
<tr><td>고등학교</td><td>중등교육 이후의 교육이나 단순직 고용, 성인·평생교육, 전업주부, 자기결정을 통한 삶의 질과 통합된 지역사회 참여로 진출</td></tr>
<tr><td>중등교육 이후의 교육</td><td>특수분야, 기술직, 전문직, 관리직 고용. 대학원이나 전문학교 프로그램, 성인·평생교육, 전업주부, 자기결정을 통한 삶의 질과 통합된 지역사회 참여로 진출</td></tr>
</table>

※자료 인용: Clark, G. M., & Kolstoe, O. P. (1995). *Career development and transition education for adolescents with disabilities*(2nd ed.). Needham, MA: Allyn & Bacon.

Clark(2000)는 국립특수교육원이 개최한 국제세미나 발표자료 〈표 1-1〉에서 밝히고 있는 것처럼, 자신이 제시한 포괄적인 전환모형에서 몇 가지 새로운 가정을 하고 있다. 「전환은 한 시기에 한 번으로 국한된 것이 아니라 학령기 동안 여러 번 있고, 이러한 전환 성공 과정들이 이후의 전환들을 성공적으로 이끌 가능성이 많다는 것이다. 그리고 진출 시기와 결과(exit point and outcomes)인데, 생의 각 단계에는 각 단계마다의 일련의 기준 결과나 진출 시기가 있어 전환과정 중에 전환목표로 삼아야 할 것들이 있다」는 것이다.

그리고 〈표 1-1〉의 지식과 기술영역은 각 발달적 수준을 통해 삶에서 요구되는 것들을 성공적으로 대처해 가야 하는 중요한 기술이거나 수행 영역들이라고 할 수 있다. 이러한 기술은 삶의 각 단계 즉, 출생에서 죽음까지, 일생의 각 단계에서 성공적으로 적응해 가기 위한 어떤 지식이나 기술의 종류나 내용이 될 수 있다. 예를 들어, 지식과 기술영역에서 자기결정을 수업시간에 다룬다고 하면, 초등학교에서는 '여러 친구들 사진 속에서 자기가 좋아하는 친구 사진에 스스로 선택하여 스티커 붙이기'를 할 수 있을 것이고, 고등학교에서는 '본인의 미래에 적합한 직업 종류 결정하기' 등을 할 수 있을 것이다.

이와 같이, 결국 전환은 졸업을 앞둔 취업 시기에 집중적으로 이루어지는 것은 바람직하지 않다는 것이다. 그리고 전환의 관점에서 볼 때 학교만이 전환과정을 계획하거나 지원하는 것이 아니라, 해당 지역사회 서비스 기관들이 참여하는 포괄적 범위의 교육과 서비스를 제공해야 한다. 이러한 전환과정의 틀이 성공적으로 이루어지기 위해서는 종합적인 계획, 개별화 전환 계획의 시행, 그리고 각 기관 간의 조정이 적절하고 자연스럽게 이루어져야 한다.

초기 미국 특수교육 및 직업재활 서비스국(Office of Special Education and Rehabilitative Services; OSERS) 모형의 주 목적은 고용이었지만, 최근 이러한 전환의 포괄적 접근에 맞추어 원래의 입장을 유지하면서 직업적인 측면만 볼 것이 아니라 학교에서 성인생활까지 넓은 의미의 전환으로 해석할 것을 요구하고 있다.

또한 미국 장애인교육법(Individual with Disabilities Education Act; IDEA)에서도 전환을 「중등교육 이후의 교육 · 직업훈련 · 통합고용(지원고용 포함) · 계속교육 · 성인 서비스 · 독립생활이나 지역사회 참여를 포함하고, 학교에서부터 졸업 이후의 이동을 촉진하는 결과중심 과정(outcome-oriented planning process)에서 제공되는 장애학생을 위한 일련의 통합된 활동」으로 규정하고 있다(Sec. 300. 18). 그리고 중등교육 이후의 모든 특수교육 대상학생에 대한 전환의 목적을 개별화 교육 프로그램에 포함시킬 것을 권장하고 있는 것(Michaels, 1998)은 최근 전환교육의 모형 변화에 따른 움직임이라고 볼 수 있다.

04 직업 준비에 강조점을 둔 모형

협의의 의미에서 포괄적 의미로의 모형 변화는 전환의 범위를 직업중심에서 주거, 사회성, 여가 그리고 지역사회 참여 등으로 확대시키는 계기를 만들었지만, 장애학생들을 취업으로까지 연계시키기에는 한계를 가지고 있었다. 당시 모형의 예산 범위는 일반교육이 그 중심이었고, 장애학생 특히 중도장애학생들을 위한 취업 준비는 별도의 접근이 필요하게 되었다(Wehman, Kregel, & Barcus, 1985).

오하이오 직업 교육국(Ohio Department of vocational education)에서는 이와 같은 제한점을 보완하기 위해 직업 및 진로교육 접근 모형 [그림 1-2]를 제시하였다.

이 모형의 첫 수준인 선택사양 1은 특수교육적 서비스가 필요 없는 일반교육 수준이다. 두 번째 수준인 선택사양 2에서는 학생들이 표준 교육과정의 모든 정규 직업 프로그램에서 지원이나 교수(tutoring)를 통해 서비스를 받게 된다. 셋째 수준인 선택사양 3에서 지원들 간의 조정이나 교육과정 수정을 통한 접근이 이루어진다. 그리고 넷째 선택사양 4에서는 학생들에게 필요로 하는 지원뿐만 아니라 대안적이고 지역 기반의 훈련을 제공하게 된다. 이 네 번째 단계에서 지원고용 같이, 지역사회 현장에 맞게 교육과정 수정이나 지원에 중점을 두고 훈련을 실시하는 잡코치가 개입하게 된다(Flexer et al., 2005).

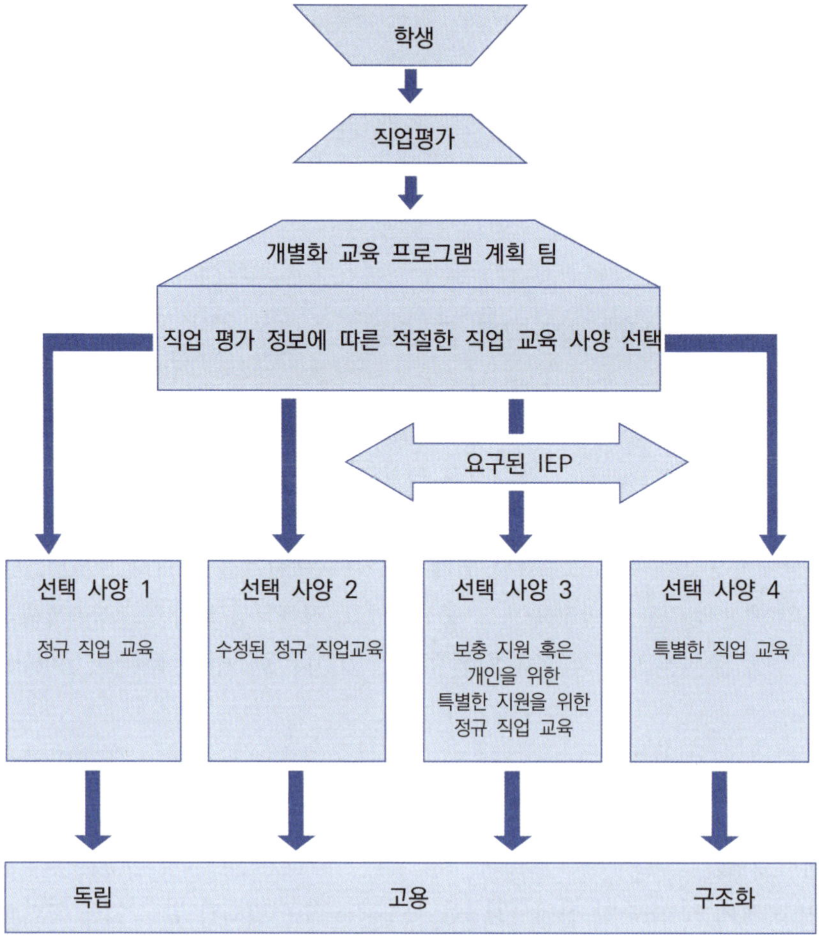

[그림 1-2] 직업 및 진로교육 접근 모형

※ 자료 인용: Flexer, R. W., Simmons, T. J., Luft, P., & Baer, R. M. (2005). *Transition Planing for Secondary Students with Disabilities*. New Jersey: Pearson Merrill Prentice Hall.에서 재인용.

한편 Wehman과 동료(1985)들은 지역사회 중심의 직업훈련인 세 단계 모형 〈표 1-2〉를 제시하였다. 이 모형은 특수교육과 직업교육 그리고 재활 영역의 연계를 강조한다는 점과 투입-과정-산출이라는 일련의 세 단계를 거친다는 점이 특징적이다. 특히 이 모형에서 제시하는 원칙은 다학문적 접근과 서비스 전달체계 구성, 부모 참여, 21세 이전의 직업전환계획서 작성, 절차의 체계적인 계획, 제공되는 직업서비스 내용의 질적인 면을 고려한다는 것이다. Wehman이 제시한 이 모형은 학교에서 교수, 전환 절차의 계획, 의미 있는 고용으로의 배치를 강조되고 있다. 즉, 첫째 단계인 투입과 기초에서는 통합된 학교, 지역사회에서의 기능적 교육과정을 통한 교수가 제공된다. 둘째 단계인 과정에서는 학생과 그의 가족들이 전환과정의 공동 협력자라는 점과 전환계획 과정에서의 상호 연계성이 강조된다. 그리고 셋째 단계에서는 경쟁고용, 지원고용, 보호작업장으로 구분되는 직업적 결과로 이어진다. 이 모형은 학교 졸업 이후로의 이동 상황에서 중요한 전환요인, 협력적 참여 활동의 필요성, 결과중심의 계획이 강조되었고, 중증장애학생을 위한 개별화된 서비스 제공이 고려되었다.

〈표 1-2〉 장애학생을 위한 세 단계의 전환교육

III. 결과	직업생활 1. 경쟁고용 2. 지원고용 3. 보호작업장 주거생활 1. 지역사회 주거 2. 공동생활가정 3. 시설 여가생활 사회생활
II. 과정	개별화된 프로그램 계획 1. 전환교육의 책임에 대한 공식화 2. 조기 계획 수익자 투입 1. 장애학생의 부모 2. 장애학생 관련 기관 간 협력 1. 학교 2. 직업재활 기관 3. 성인 재활 시설
I. 투입과 기초	중등과 직업의 특수교육 프로그램 1. 기능적 교과 2. 통합된 학교 환경 3. 지역사회에 기초한 서비스 전달

※ 자료 인용: Wehman, P., Kregel, J., & Barcus, J. M.(1985). From school to work: A vocational transition model for handicapped students. *Exceptional children*, 52(1), 25-37.

05 학교에서의 교육내용에 중점을 둔 모형

Kohler(1998)는 혼합형 진로교육 모형(infusion-based career education model)을 제시하였다([그림 1-3]). 이 모형은 전환교육에서 제공하여야 할 교육내용

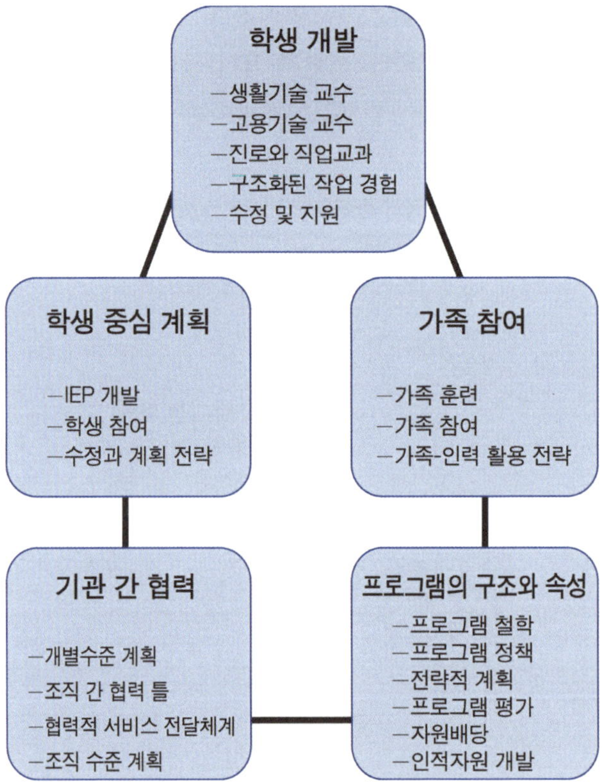

[그림 1-3] 혼합형 진로교육 모형

※ 자료 인용: Kohler, P. D.(1998). Implementing a transition perspective of education: A comprehensive approach to planning and delivering secondary education and transition services. In F. R. Rusch & J. G. Chadsey(Eds.), *Beyond high school: Transition from school to work*(pp.179-205). New York: Wadsworth.: Flexer, R. W., Baer, R. M., Luft, P., & Simmons, T. J. (2008). *Transition Planning for Secondary Students with Disabilities*. New Jersey Columbus OH: Pearson Merrill Prentice Hall. 에서 재인용.

을 강조하는데, 그 영역은 학생 중심 계획, 가족 참여, 프로그램의 구조와 속성, 기관 간 협력 그리고 학생 개발이다. 이 모형의 핵심은 전환도 교육의 한 측면으로 강조되어야 한다는 것이다. 그리고 다음 세 가지 주요 활동을 이 모형 틀에 포함 시키고 있다.

첫째, 졸업 이후 목적은 학생의 능력, 흥미, 관심, 그리고 선호도에 따라 정해져야 한다.
둘째, 교수활동과 교육경험은 학생들의 졸업 이후 목적을 달성하기 위해 개발되어야 한다.
셋째, 학생들을 포함하는 다양한 인사들이 목적을 정하고 목적을 개발하는데 함께 참여하여야 한다.

이상에서 보는 바와 같이 이 모형은 결과 중심 계획 과정(outcome-oriented planning process)과 교과 내용을 개인의 요구에 연관시킨다는 점이다. 따라서 학교의 교육내용도 전환 중심의 교육(transition-focused education)인 다섯 가지 영역으로 구성되었다. 첫째 영역은 학생중심 계획(student-focused planning)이다. 이 학생중심 계획에서는 학생의 참여와 학생을 위한 적용 및 계획의 전략이 포함된다. 둘째 영역은 학생 개발(student development)이다. 이 학생 개발에서는 생활기술, 고용기술, 진로 및 직업 교과, 구조화된 작업 경험, 평가 그리고 지원 서비스가 포함된다. 이 영역에서는 장차 참여하게 될 지역사회 환경 즉, 일반화를 위해서 학교에서는 다양한 상황, 교과, 그리고 현장 경험을 제공할 필요가 있다는 것이다. 세 번째 영역은 협력적 전달체계 뿐만 아니라 협력적 틀 속에서 기관 간 및 학제 간 협력이다. 이러한 협력은 서비스의 누락과 중복을 피할 수 있고, 자원의 효율적인 활용을 도모할 수 있다. 그리고 총체적인 계획과 서비스 전달을 가져올 수 있다. 네 번째 영역은 가족 참여이다. 이 영역에서 가족들은 계획 과정에 참여할 수 있지만 가족들이 참여하는데 불편함을 느끼지 않도록 할 필요가 있다. 마지막 영역은 프로그램의 구조와 속성이다. 이 영역에서는 서비스 체제와 더불어 철학, 정책, 계획 절차, 평가 방법, 자원할당 그리고 인적 자원 개발 등이 포함된다. 이를 효율적으로 수행하기 위해서는 교육 내용이 체계적으로 전환되어 지역사회 참여를 도모하고, 지역사회 중심의 체험학습 기회를 제공하며, 학교생활이 학생의 체계적 통합을 유도하여야 하고, 모든 학생을 위하여 기술, 가치, 그리고 성취 결과와 연계된 기대치가 증진되도록 해야 한다. 따라서 Kohler의 모형은 포괄적인 맥락에서의 전환계획을 고려한 교육 그리고 결과 지향 계획 및 개별화를 강조하는 것으로 볼 수 있다.

06 국내 전환교육 관련 모형

최근 국내에서 진행되고 있는 전환교육에 대한 연구들은 크게 2~3가지 범주로 나누어 볼 수 있다(김동일, 김언아, 2003). 먼저 외국의 여러 가지 전환교육 모형들을 검토하고, 우리나라 상황에 적절한지 혹은 효과가 있는지 등을 이론적으로 검토하거나 임상적으로 적용·검증해보고자 하는 연구들이다. 두 번째는 우리나라 상황에서 전환교육이 실질적으로 이루어지는 공간과 상황이 특수학교의 전공과라고 간주하고, 전공과의 설치 및 운영 현황, 문제점 및 개선 방안 등에 관한 연구나 특수학교를 졸업한 졸업생들의 취업 실태와 사회적응 실태에 대한 추적 조사 연구라고 볼 수 있다. 마지막으로 성공적인 전환교육의 이행 혹은 전환 모형의 실행을 위해 관련된 요소들이나 환경적 요인들을 검토하고 이에 대한 중요성들을 부각시키는 연구들이 있다.

여기서는 전환교육 지원 체제 구축과 관련이 깊은 전환교육 모형을 중심으로 살펴보고자 한다. 먼저, 김형일 등(2001)은 전환 성공의 긍·부정적 요인분석을 통해 전환과정 지원 방안을 [그림 1-4]와 같이 제시하고 있는데, 이 모형은 크게 전환의 지원내용 및 연계 체제를 가로축으로 하여 지원환경과 평가가 전환 시기별로 상·하로 관련되었음을 강조하였다.

준비과정	배치과정	유지과정	결과
상급학교 진학과정	⇒	대학진학 및 취업	
기술・공과 중심과정	⇒	취업 및 자영업	
직업적응 훈련과정	⇒	보호・지원・경쟁고용	
기타 진로 과정	⇒	취업 및 지역사회 진출	
일상생활・지역사회적응	⇒	주거・자립생활(여가활동)	
↑	↑	↑	↑
환경적 요인			
시기별 평가 및 기관협력			

[그림 1-4] 전환과정 지원모형

※ 자료 인용: 김형일(2001b). 취업한 장애인의 사례분석을 통한 특수학교 전환교육과정 운영방안. **특수교육 교육과정 연구**, 제2집, 189-204. 국립특수교육원.

또한 이 모형과 관련하여 한국의 전환과정 지원의 기본 방향을 다음과 같이 제안하고 있다.

첫째, 한국의 전환교육 실정을 중요시해야 하고, 전환교육은 현재의 운영 실태에 근거하여 출발해야 한다. 전환과정의 긍정・부정적인 측면을 충분히 고려하여 실행 가능한 부분부터 실천해 가는 것이 중요하다.

둘째, 전환교육은 장애인의 삶의 질을 개선하는 데 목적을 두고, 장・단기 계획에 의해 체계적인 접근이 이루어져야 한다. 따라서 국가수준의 총체적이고 장기적인 지원 계획과 더불어 지역 단위의 소규모 지원 환경 및 단기간에 수행될 수 있는 세분화된 지원이 동시에 이루어져야 한다.

셋째, 장애 영역과 장애 수준을 고려하여야 한다. 학교를 졸업하고 사회로 전환하는 과정이 각 개인에 따라 다르듯이 장애 수준에 따라서도 지원 방안이 달라져야 한다. 그러기 위해서는 각자의 능력과 재능을 최대한 발휘할 수 있는 지원 환경과 체제가 이루어져야 한다.

넷째, 직무현장에서 직무체험 중심의 전환이 이루어져야 한다. 장애학생은 직업배치를 받고 실제 작업 상황에서 현장체험을 통하여 기술을 익히는 것이 효과적이다. 직무기술뿐만 아니라 직무관련 생활태도의 향상도 이를 통해 원활히 이루어질 수 있다. 학교를 졸업하기 전부터 가능하면 실제 직무현장에 대한 경험을 보다 많이 할 수 있는 전환 체제를 구성할 필요가 있다.

다섯째, 긍정적 지원 환경의 영향을 고려하여야 한다. 가정, 학교, 직장, 관련 기관 및 사회가 장애인 각자에게 긍정적 인식으로 작용할 때 장애인이 학교를 졸업하고 사회에 진출하는데 긍정적인 영향을 미치게 된다. 이러한 영향은 단기간에 효과가 나타나는 것은 아니지만 총체적이고 지속적인 과정 속에서 변화가 일어날 수 있다.

여섯째, 평가는 전환과정에서 중요한 의미를 지닌다. 장애인의 현실세계에 대한 기능적 요구와 실무능력 그리고 적응능력 및 장·단점에 바탕을 둔 평가가 이루어져야 한다. 그러기 위해서는 본인과 관련된 다양한 인사들의 관점이 강조되어야 하고, 전환 시기별로 적절한 평가 계획과 수행이 진행되어야 한다.

일곱째, 기관 간 연계가 바탕이 되어야 한다. 전환과정에는 장애인 개인과 관련 있는 여러 기관들이 있다. 상부조직의 협력뿐만 아니라 하위 일선 기관들의 협력은 장애인들의 전환을 보다 효율적으로 이루어지게 하는 중요한 요인이 된다. 기관 간 역할과 기능의 중복을 피하고 전환 시기별로 적절한 지원 한계를 설정함으로써 보다 양질의 전환서비스를 제공할 수 있다.

한편, 김진호(2003)는 우리나라의 경우 현재 고등학교나 전공과를 졸업한 장애학생을 지속적으로 관리하지 못하며 성인 생활 적응을 위한 지원서비스를 제공하는 체계를 갖추고 있지 못하다고 보았다. 또한 학령기 때에는 장애학생의 교육에 대한 책무성을 가지고 있는 특수교사와 직업교사들이 있지만, 장애학생이 학교를 졸업하고 사회에 나간 뒤에는 그들의 교육과 훈련에 대하여 책무성을 가지고 있는 기관이 없는 상황이기 때문에 중·고등학교 때에 실시되는 전환교육이 장애학생의 성인 생활적응을 좌우하는 결정적인 요소라고 지적하고 있다. 따라서 김진호(2003)는 비록 우리나라는 장애학생이 성인생활로 나아가는 전환과정에 대한 지원 체계가 어려운 상황이지만, 특수학교가 책무성을 가지고 중·고등학교 특수교육과정을 전환교육 관점으로 실시하고, 지역사회의 관련기관들과 협력하여 실제 지역사회에서 현장 교육 프로그램을 체계적으로 실시한다면 장애학생의 성공적인 성인 생활적응이라는 특수교육의 궁극적인 목적을 달성할 가능성이 더욱 높아질 것이라고 보았다. 이러한 가정 하에 Severson, Hoover 및 Wheeler(1994)의 모형을 수정·보완하여 우리나라 특수교육 상황에 맞는 전환교육 모형을 다음 [그림 1-5]와 같이 제시하고 있다.

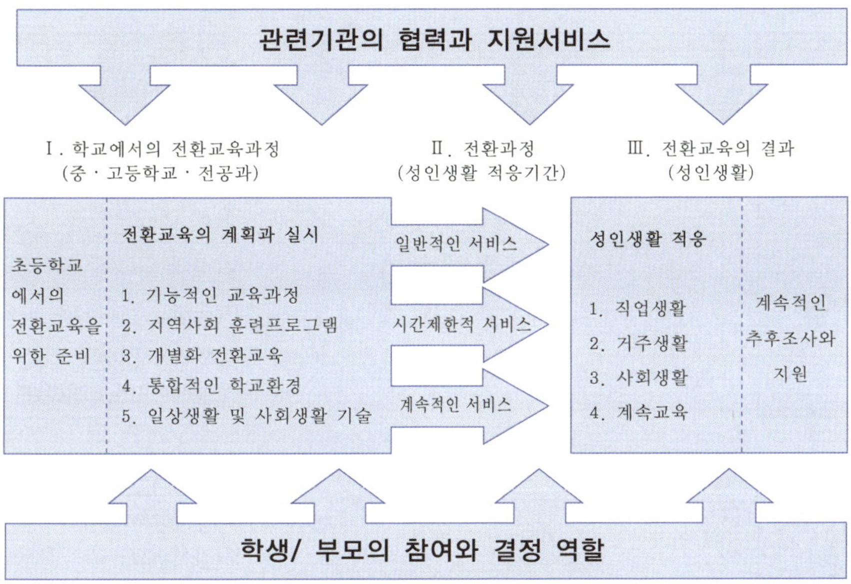

[그림 1-5] 지역사회 연계 중심 모형

※ 자료 인용: 김진호(2003). **특수교육 분야에서 본 현행 성인직업재활 계획 및 서비스의 문제점과 앞으로의 개선 및 협력 방안.** 2003년도 한국직업재활학회 연차학술대회 자료집. 73-93.

한편, 우리 나라(교육부, 2003)는 장애학생의 학교에서 성인생활로의 전환을 지원하기 위한 기본 체계를 다음 〈표 1-3〉과 같이 제시하고 있다.

이 체계는 장애인의 직업교육과 직업재활을 위해 우선 학령기 장애학생의 직업재활 및 전환 지원체계에 나타난 업무부터 관련 부처나 기관의 특성에 따라 역할과 기능을 분담하는 것이 중요함을 보여주고 있다.

〈표 1-3〉 장애학생 직업재활 전환지원체계

단계	지원시기	지원내용	담당기관
진로상담	중학교 2학년	-학교생활 및 일상생활 관련자료 제공	교육부(특수학교 및 학급) 보건복지부(장애인복지관) 노동부(장애인고용촉진공단)
↓			
직업평가	중학교 2학년	-직업적성 평가 -직업능력 평가 -직업태도 평가	교육부(특수학교 및 학급) 보건복지부(장애인복지관) 노동부(장애인고용촉진공단)
↓			
직업교육	중학교 2학년 ~ 고등학교 졸업학년	-개별화전환계획 수립·적용	교육부(특수학교·학급)
		-장애학생 적성직종 개발	노동부(장애인고용촉진공단)
		-직업교육 프로그램 개발	교육부(국립특수교육원)
		-장애학생 현장실습지원	보건복지부(장애인복지관) 노동부(장애인고용촉진공단)
↓			
전환능력 평가	고등학교 졸업학년	-장애학생 사회진출 여부 및 지원 정도 결정	교육부(특수학교 및 학급) 보건복지부(장애인복지관) 노동부(장애인고용촉진공단)
↓			
취업알선	고등학교 졸업학년	-취업 알선·배치	교육부(특수학교 및 학급) 노동부(장애인고용촉진공단) 보건복지부(장애인복지관)
↓			
추수지도	고등학교 졸업이후	-직장적응지원	교육부(특수학교 및 학급) 보건복지부(장애인복지관) 노동부(장애인고용촉진공단)

07 전환교육의 이론적 모형에 대한 교육적 시사점

전환교육과 관련한 선행 연구의 분석 결과에 대한 시사점을 살펴보면 다음과 같다.

첫째, 전환교육의 맥락적 큰 변화는 단순히 직업교육 자체의 강조보다는 장애학생이 지역사회에 진출하기 위해 필요한 제반 관련 요인들에 대한 포괄적 지원이나 준비를 강조하고 있다.

둘째, 전환교육은 장애학생의 학령기와 졸업 이후 성인기까지 포괄하는 지원 체제가 되어야함을 알 수 있다. Brolin(1986), Halpern(1985) 그리고 Clark(2000) 등이 제시 한 것처럼 전환교육은 학령기에서만 이루어지는 직업훈련이 아니라 졸업 이후까지 연계되는 지원 체제가 바람직하다. 이를 위해 행정적인 지원이 우선되어야 한다. 아울러 초등학교 저학년부터 학교 졸업 이후까지의 각 진로 시기에 적절한 진로 목표를 설정할 필요가 있다.

셋째, 전환교육의 내용이 장애학생의 독립적인 삶을 지원하는 것이어야 한다. 초기 모형에서 제시하였던 직업훈련뿐만 아니라 일상생활 및 사회생활과 연관되는 기술을 익힐 수 있는 내용으로 확대되어야 한다. Halpern(1985)은 지역사회 적응을 위해 주거환경, 고용, 사회적 그리고 대인관계 영역을 제안하였고, Clark(2000)은 의사소통과 학업성취, 자기결정, 대인관계, 통합된 지역사회 참여, 건강과 건강관리, 독립적/상호의존적 일상생활, 여가와 레크리에이션, 계속교육과 훈련 등을 포함시키고 있다. 이는 전환교육이 장애학생의 일상생활 적응과 성인으로서 삶의 질을 향상시키는 영역으로 확대되어야 함을 강조한 것이다.

넷째, 전환교육은 학교 교육과정과 이를 중심으로 장애학생에게 적용되는 일련의 지원 프로그램에 대한 체계적인 계획 즉, 개별화전환계획을 중시하여야 한다(Kohler, 1998; 김진호, 2003). 이를 위해 학생 본인을 포함한 가족 및 지역사회 기관들의 지원 내용을 세목별로 구체화하고 이들 기관들 간의 효율적인 연계 방안을 모색하여야 한다.

다섯째, 전환교육은 개인의 장애, 능력과 수준에 맞는 체계적인 평가와 지원이 이루어져야 한다. 오하이오 직업 교육국(Ohio Department of vocational education)의 진로교육 접근 모형에서는 평가 및 개별화된 교육적 지원 구조를 강조하였고, Wehman과 동료들(1985)은 투입-과정-산출 모형에서 장애 유형 및 정도에 따른 차별화된 교육계획과 내용을 강조하였다. 그 외 연구(김진호, 2003; 김형일 등, 2001, 2003)들에서도 장애 정도나 수준에 따른 진로과정의 필요성을 주장하였다. 즉, 직업훈련에서 졸업 이후 자신의 능력에 따른 진로를 선택할 수 있는 준비체제를 갖추어야 한다. 장애유형과 능력에 따른 다양한 직업교육 훈련 체계를 구축하기 위해 직업교육훈련 초기부터 적성에 맞는 진로개발과 각 개인별 능력에 따라 경쟁고용, 지원고용, 그리고 보호고용 형태의 직업교육훈련을 실시할 수 있는 체제가 마련되어야 한다.

여섯째, 전환과정의 각 진출시점에 맞는 적절한 전환교육이 이루어져야 한다. Clark(2000)이 제안한 것처럼 전환교육은 학령기 동안에도 여러 번의 전환과정이 있을 수 있고, 이러한 과정이 이후 성공적인 전환으로 연결 될 수 있다. 따라서 교육부(2003)에서 제시한 것처럼 각 학령기 및 생의 각 단계마다 필요한 전환 목표들을 설정하고 적절한 지원 내용과 관련 지원 인사 및 요소가 구성되어야 한다.

일곱째, 전환교육 체제는 다양한 기관들의 참여가 역동적으로 이루어져야 한다. 장애학생이 직업 세계를 준비하고 구직 활동을 통해 직업을 얻으며 성공적으로 직무를 수행하도록 하기 위해서는 장애인 본인의 참여뿐만 아니라 학부모를 비롯한 관련 기관 및 사회 구성원 모두의 이해와 적극적인 협력이 이루어져야 한다(Wehman et al., 1985; Kohler 1998; 김형일, 2001, 2003; 교육부, 2003). 아울러 이러한 참여 기관들의 참여 정도 및 활동이 각 전환 시기에 적절하게 이루어지기 위해서는 장애학생을 위한 전환교육의 전반적인 과정에서 구체적이고 체계적인 계획이 함께 고려되어야 한다.

이상에서 살펴 본 바와 같이 전환교육은 장애인의 삶의 질을 결정짓는 매우 중요한 요인이다. 특히 전환교육의 지원 모형은 장애학생의 졸업 이후 성인기의 성공적인 생활에 많은 영향을 줄 수 있다. 그리고 학령기의 전환과정에 대한 적절한 지원 체제 구축은 전환교육의 효율성과 적합성 그리고 성과를 높이는데 기여하게 될 것이다. 따라서 전환교육과 관련된 생애 단계를 고려한 포괄적인 측면의 전환모형 정립, 교육과정의 다양화, 개인의 능력과 수준에 따른 평가와 지원체제 구축, 각 전환 진출 시기에 적절한 지원, 관련 참여 기관들의 체계적 활용 방안 등이 구체화되어야 한다.

연습해 봅시다

1. 다음 <활동자료 1> 종합적인 전환교육 프로그램 계획의 클락 모형에 따라 각 진출 시점에서 할 수 있는 수업 활동을 제시해 봅시다.

2. 제1장에 제시된 여러 전환교육 모형에 맞추어 학교차원 혹은 특수학급 차원의 1년 단위 종합적인 전환교육계획(전환교육방향)을 세워 봅시다.

3. 전환교육의 시대적 흐름과 최근에 반영된 시사점을 제시해 봅시다.

〈활동자료 1〉: 종합적인 전환교육 프로그램 계획

<table>
<tr><th rowspan="3">지식 기술 영역</th><th colspan="3">전환진출 시점과 결과</th></tr>
<tr><th rowspan="2">발달 / 인생단계</th><th colspan="2">진출시점</th></tr>
<tr><th>지식기술 영역</th><th>관련 활동 하기</th></tr>
<tr><td rowspan="25">• 의사소통과 학업성취
• 자기결정
• 대인관계
• 통합된 지역사회 참여
• 건강과 건강관리
• 독립적 / 상호의존적 일상생활
• 여가와 레크리에이션
• 후속교육과 훈련</td><td rowspan="6">영・유아 및 가정훈련 (0세-5세 이하)</td><td>의사소통</td><td></td></tr>
<tr><td>자기결정</td><td>예시: 친구들 사진보고 좋아하는 친구에 스티커 붙이기</td></tr>
<tr><td>대인관계</td><td></td></tr>
<tr><td>건강과 관리</td><td></td></tr>
<tr><td>독립생활</td><td></td></tr>
<tr><td>여가 및 레크리에이션</td><td></td></tr>
<tr><td rowspan="5">유치원 및 가정훈련 (5세-7세)</td><td></td><td></td></tr>
<tr><td></td><td></td></tr>
<tr><td></td><td></td></tr>
<tr><td></td><td></td></tr>
<tr><td></td><td></td></tr>
<tr><td rowspan="5">초등 학교</td><td></td><td></td></tr>
<tr><td></td><td></td></tr>
<tr><td></td><td></td></tr>
<tr><td></td><td></td></tr>
<tr><td></td><td></td></tr>
<tr><td rowspan="5">중학교</td><td></td><td></td></tr>
<tr><td></td><td></td></tr>
<tr><td></td><td></td></tr>
<tr><td></td><td></td></tr>
<tr><td></td><td></td></tr>
<tr><td rowspan="4">고등학교</td><td></td><td></td></tr>
<tr><td></td><td></td></tr>
<tr><td></td><td></td></tr>
<tr><td></td><td></td></tr>
</table>

제 2 장

전환교육의 진단과 평가

학습목표

❶ 전환평가의 의미와 절차를 이해한다.
❷ 포괄적 전환교육에 따른 평가의 연관성을 이해한다.
❸ 전환평가의 다양한 유형과 도구를 탐색한다.

01 전환평가의 의미와 영역

전환평가(transition assessment)는 적절한 개별화교육을 계획하기 위하여 학생의 능력, 태도, 적성, 관심, 직업적 행동, 자기-결정 수준, 자기-주장 기술, 대인관계 기술, 학업 기술 수준, 독립 생활 기술을 결정하는 과정으로 정의된다(Miller et al., 2007). 따라서 전환평가를 통하여 학생, 부모, 교사 그리고 관련 인사들에게 졸업 이후의 미래를 계획하는데 필요한 정보를 제공할 수 있다. 최근 전환교육의 포괄적 의미와 더불어 전환평가도 광범위한 정의를 내리고 있다. 전환평가는 「연령과 관계없이 장애학생의 성공적이고 만족한 생애 전환을 위해 장애학생 본인과 그 가족을 지원하기 위한 정보수집, 조직, 활용을 돕는 계획적이고 지속적인 과정이라」고 할 수 있다(Clark, 1998). 왜냐하면 전환평가가 대상자의 학령기에서부터 성인기에 이르기까지 생활의 변화와 진행 과정을 평가하고, 가정, 학교, 지역사회 모두를 평가 과정에 포함하기 때문이다. 이러한 의미에서 전환평가는 현재와 미래의 일과 교육, 생활, 개인적이고 사회적 환경과 관련 있는 개인의 요구, 선호도, 관심 등에 대한 자료 수집 과정이라고 할 수 있다. 이러한 평가 자료는 전환과정에서 기본적 자료가 될뿐만 아니라 개별화교육계획에 포함되어야 할 목적과 서비스를 정하는 기초 자료로 활용된다(Sitlington, Neubert, & Leconte, 1997).

한편 진로평가(career assessment)는 발달적 측면을 강조한 종단적 관점에서 설명된다. Clark과 Vacanti(1985)는 진로평가의 개념을 '초등학교에서 성인기까지의 발달적 과정'이라는 의미로 정의하였다. 따라서 학령기 동안의 진로평가는 생애 동안의 진로발달과도 관련되며 삶의 모든 과정에 영향을 미친다고 할 수 있다. 진로평가를 통해 삶의 모든 영역과 관련된 의사 결정을 위한 정보가 진로 인식, 탐색, 준비 등 진로 교육의 단계에 따라 제공된다. 또한 직업평가 및 직업 전 그리고 직업과 관련된 정보와 개인과 관련된 삶의 역할에 대한 정보가 제공된다.

Sitlington 등(1996)이 [그림 2－1]에서 제시한 것처럼 '전환평가'(transition assessment)는 '진로평가'(career assessment)와 '직업평가'(vocational assessment) 모두를 포괄하고, 전환평가는 전체 생활에서의 역할과 그리고 성인기(adult life) 이전, 성인기 이후에 필요한 지원과 관련된다. 또한 각 시기별 평가에 관한 정보도 적절하게 이루어져야 한다.

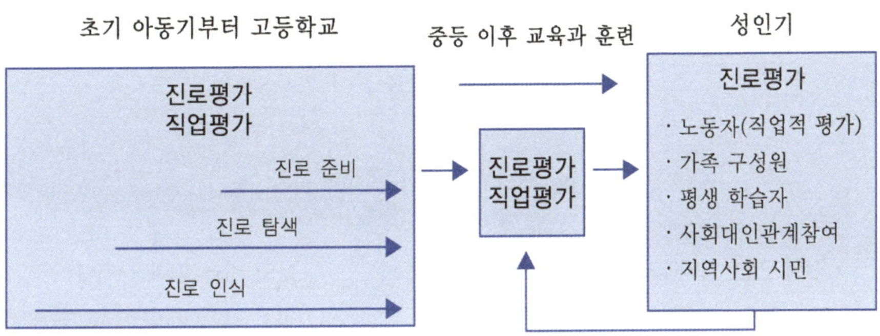

[그림 2-1] 전환평가 체제

※ 자료 인용: Sitlington, P. L. (1996, Sitlington et al., 2000, 재인용). "Transition Assessment- Where Have We Been and Where shure We Be Going?" Career Development for Exceptional Individuals, 19, 163.

Miller 등(2007)은 전환평가 영역을 크게 다섯 가지로 구성하여 설명하였다[그림 2－2]. 각 평가 영역은 미래 계획 요구와 목적의 평가, 자기-결정과 자기-옹호 기술의 평가, 전 관련 영역에서의 교과와 행동 평가, 삶의 기술 평가, 그리고 직업평가이다. 화살표 모양의 나누어진 양 하위 영역의 기술이 상위 영역에 영향을 미치고 최종적으로 직업평가를 통해 효과적인 전환계획을 설정할 수 있게 구성하였다.

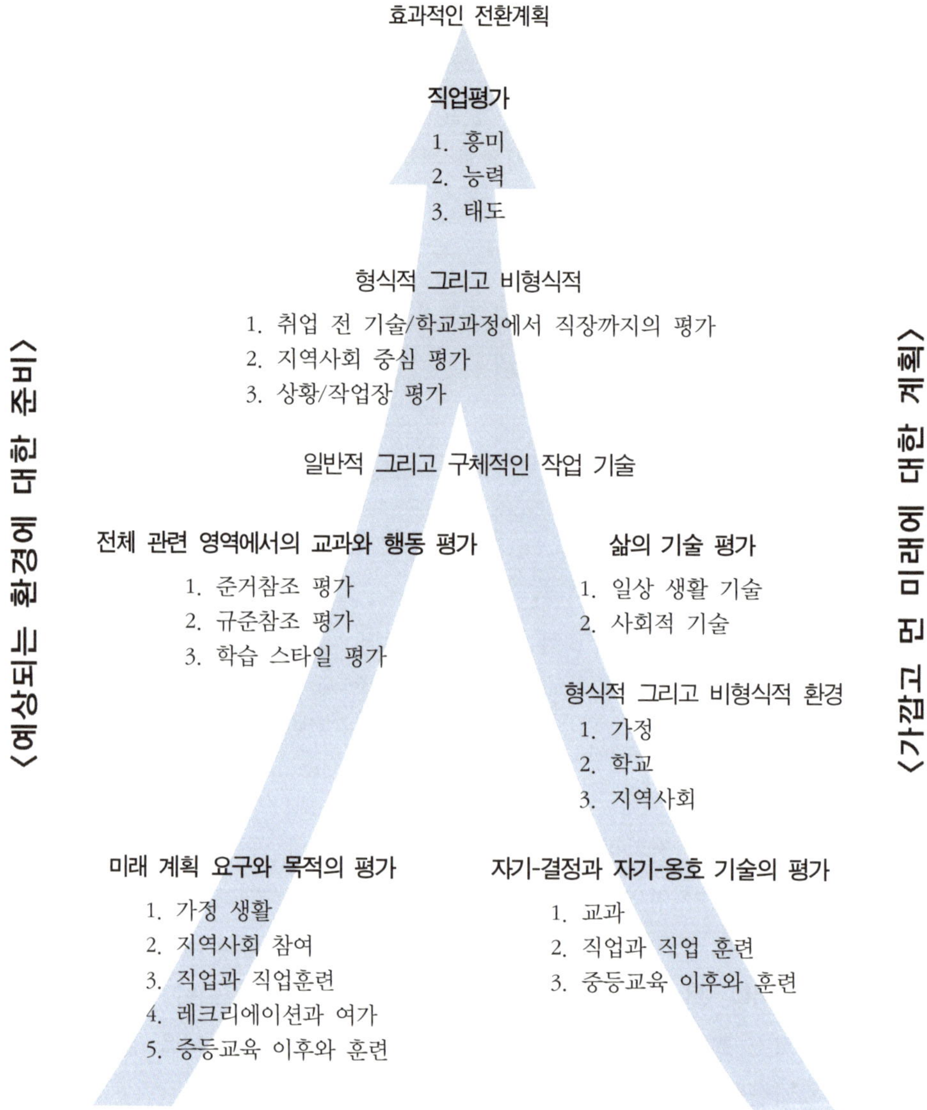

[그림 2-2] 전환평가 모델

※ 자료 인용: Miller, R. J. Lombard, R. C, Corbey, S. A. (2007). *Transition assessment ; Planning Transition and IEP Development for Youth with Mild to Moderate Disabilities*(pp. 5-7). Needham Heights, MA: Allyn & Bacon.

Thurlow 등(1998)은 전환교육계획 시 학생의 능력, 수준 등에 대한 평가가 제대로 이루어지지 않는다면, 졸업 이후의 전환결과가 만족스럽지 못할 것으로 보았다. 또한 학교 졸업 후의 전환결과에 대한 평가를 정확히 하지 않는 것도 실패의 원인으로 보았다. 또한 전체 계획과 교수가 평가에 근거하여 수행되고, 개인의 강점과 약점, 제시된 과제수행 기술, 개인의 학습 양식을 찾아낼 수 있도록 계획되어야 함을 강조하고 있다. 따라서 전환평가 시 고려되어야 할 평가 영역은 다음과 같다(Pierangelo & Giuliani, 2004).

- 작업이나 직업적 흥미나 선호
- 기계 다루기, 공간 능력, 숫자 다루기 그리고 사무처리 기술과 관련 태도
- 사람이나 일에 대한 선호도나 태도
- 소리나 시각 그리고 직접 노출에 대한 반응
- 학생의 성향, 고용기술, 일과 관련된 행동, 작업자의 특성
- 출·퇴근, 재정관리, 가사 관리와 같은 개인 및 독립적인 생활 기술

02 전환평가의 목적과 특징

전환평가(transition assessment)의 목적은 전환교육 평가 결과를 어떻게 활용할 것인가와 관련된다. 전환평가 결과는 진로개발, 직업훈련, 고등교육 목표, 기능, 건강과 대인관계 및 훈련에 연관된 개인의 강점, 요구나 선호, 흥미 등을 결정하기 위한 자료로 제공되어야 한다. 따라서 전환평가의 목적은 첫째, 학교 졸업 이후 생활을 안내하는 것이다. 즉, 학생의 관심, 필요 그리고 선호하는 것을 결정하도록 하는 정보와 경험을 제공하는 것이다. 둘째, 학생 자신이 스스로의 평가와 전환과정을 조정하고 책임을 인식하는 것이다. 이 목적은 학생이 자신의 관심, 필요, 선호 등에 대해 파악할 수 있도록 하는 것이다. 셋째, 학교 졸업 이후에 요구되는 기술을 이해하도록 지원하는 것이다. 학교 졸업 이후 성인생활과 관련된 기술을 철저하게 이해하도록 하는 것이다(David et al., 2006).

특히 전환평가의 특성에 대하여 David 등(2006)은 학생 중심적이고, 지속적이며, 다양한 장면에서 실시되고, 여러 사람들이 관여되어야 하고, 평가 자료가 이해할 수 있어야 하며, 그리고 여러 상황과 사람들에 대하여 합리적이어야 한다고 주장하였다.

첫째, 학생중심적이라는 것은 전환평가에서 학생이 요구하는 것이 무엇인가를 파악하고 지원하는 것이다. 학생의 의견이 무시된 부모나 교사의 의사에 의해 결정되어서는 안된다. 이를 위해 교사들은 학생이 자기 인식(self-aware), 지식과 권리, 자기-주장과 책임 의식 가질 수 있도록 지도하여야 한다.

둘째, 전환평가는 지속적이어야 한다. 전환평가가 진행 과정이라는 것은 전환과 관련된 개별화교육 이전에 필요한 정보를 수집하는 것으로 시작하여, 졸업 이후 바람직한 적응을 하기까지 계획된 평가가 전 학령기를 통하여 지속적으로 이루어져야 한다.

셋째, 전환평가는 많은 장면에서 이루어져야 한다. 앞으로 있을 졸업 이후에 초점을 둔 자연적인 환경 즉, 고용 장면이나 지역사회 상황 등에서 학생들이 선택하고 학습하는 기술들에 대해 평가하여야 한다. 다양한 상황은 여러 고용 유형, 졸업 이후 교육, 지역사회 주거, 지역사회 참여 등이 될 수 있다.

넷째, 전환평가는 관련된 다른 사람들의 참여가 있어야 한다. 예를 들어 학생 본인, 동료, 부모 및 기타 가족, 지역인사, 고용주, 행정 관련 인사, 친구 등이 참여할 수 있다. 다양한 자연적 상황에서의 기관 간 협력은 전환평가의 질을 높일 수 있고(Amado & Lyon, 1991), 이들 인사들 간의 영역별 팀 접근이 이루어졌을 때 효과적일 것이다(Clark, 1998).

다섯째, 전환평가 자료는 유용하고 이해될 수 있는 것이어야 한다. 일반적으로 늘 활용되고 있는 자료들은 관련된 모든 사람들에게 유용하고 이해될 수 있을 것이다. 그러기 위해서는 표준화된 각종 검사 결과 자료들을 학생뿐만 아니라 관련 인사들에게 이해할 수 있도록 해석해 주어야 한다.

여섯째, 전환평가는 다양한 상황과 사람들에게 합리적이어야 한다. 평가도구와 기준, 준거 등은 장애학생들의 장애 정도와 수준, 문화적 차이를 고려하여 해석되어야 한다.

03 전환평가의 단계

전환평가 과정은 전체적으로 크게 3단계로 구분해 볼 수 있다. 각 단계의 이동은 학생들의 요구 수준에 따라 달라지지만 모든 학생들이 이러한 수준으로 구분된다고 볼 수는 없다. 따라서 학생의 특성이나 능력, 상황에 따라 적절하게 계획되어야 한다(Maxam, 1985; Rusch & Chadsey, 1998.; Pierangelo & Giuliani, 2004에서 재인용).

1) 1단계

이 단계에서는 직업계획과 관련하여 학생의 현재 능력 점검과 기능적 기술을 결정하기 위한 선별(screening)과정으로 이루어진다. 이에 대한 정보는 주로 면접, 자료 검토, 선별 흥미 척도와 같은 방법을 통해 수집된다. 분석을 위해 수집된 정보는 다음과 같은 자료들이다.

- 누적 기록물
- 학생 면접
- 부모 / 안내자 / 교사 면접
- 특수교육 대상자 확인 자료
- 학생의 전반적 태도 관찰 자료
- 성취 및 행동
- 직업 탐색 활동

1단계 혹은 정보수집 단계는 학생에 관한 비형식적인 평가가 주로 이루어진다. 이 단계에서는 학생의 직업적 흥미, 대인관계 기술, 적응 행동 등이 고려되어야 한다. 그리고 학생을 잘 알고 있는 누구라도 평가가 가능하고, 수집된 정보는 교수 계획이나 IEP나 ITP의 목적을 설정하는데 활용된다.

2) 2단계

2단계에서는 학생에 대한 좀 더 자세한 능력 검사와 요구사항이 검토된다. 그리고 1단계에서 수집된 자료의 분석이 우선 이루어진다. 이 단계에서는 학생들의 직업 기술, 태도, 흥미 등의 수준을 결정하기 위해 개별화교육지원팀이나 직업상담 혹은 교육심리평가 담당자들이 참여할 수 있다. 학생들에 따라 더 자세한 직업계획이나 자료를 검토하기도 한다. 흔히 이 단계를 표준화된 검사도구를 통해 이루어지는 임상적 혹은 탐색 단계라고 하기도 하고 또는 진로탐색 활동으로 부른다.

- 쓰기 검사
- 학습 유형 검사
- 흥미 검사
- 운동능력(정교성, 빠르기, 도구사용, 강도, 협응) 검사
- 공간 구별
- 언어적 읽기
- 지각(시각 / 청각 / 촉각) 검사
- 수 읽기(측정, 금전관리 기술)
- 이해력(과제 학습, 문제해결) 검사
- 주의(과제에 집중하기) 집중력 검사
- 현재 수행 수준
- 지역사회 참여 정도

3) 3단계

3단계는 포괄적인 평가이다. 실제적이거나 가상 작업 경험을 중시한다. 이 단계를 직업평가(vocational evaluation)라고도 한다. Paterson 등(1985)은 이 단계를 다음과 같이 정의하였다.

「이 단계에서는 개인의 전체 진로발달을 고려하는 포괄적 접근이 이루어진다. 이를 위해 객관적인 진로 정보를 모아 부모, 교육자, 학생, 기타 인사들에게 제공한다. 이는 학생의 고용 가능성을 높이기 위한 적절한 교육 경험을 계획하는데 활용하기 위함이다.」

이 직업평가의 목적은 개인의 흥미, 강점, 교육과 훈련, 요구사항을 밝혀 포괄적인 개별화전환교육계획을 설정하는데 활용한다.

1, 2단계와 다르게 3단계에서는 형식적인 평가와 평가 전문가가 주로 개입된다. 그리고 직업평가(vocational evaluation)와 상황평가(situational assessments) 그리고 노작평가(work-study assessment)가 이루어진다.

- 직업평가: 직무 수행 시 나타내는 태도와 흥미를 평가한다. 이는 특정한 분야에서 직업적 성공을 예측하기 위함이다. 작업 표본(work samples)들에 대한 타당도와 신뢰도가 확보되어야 한다.
- 상황평가: 실제 작업장에서 수행되며, 현장 직업평가를 통해 무엇을 어떻게 가르칠 것인가를 고려하여야 한다.
- 노작평가: 감독이나 멘토가 대상자의 직무수행에 대한 정보를 제공하는 보고 과정이다. 표준화된 관찰 체크리스트가 활용된다.

장애학생이 고등학교 졸업 이후의 계획을 하고 있다면, 다음 두 가지 평가 유형을 고려할 수 있다.

- 졸업 이후 기술에 대한 일반적 평가: 교과기술, 비평적 사고기술, 타당한 수정 요구, 사회적 행동, 대인관계기술, 자기-주장기술, 자기-결정기술, 학습 전략, 시간 관리 혹은 조절기술 등을 결정하는데 필요하다. 이러한 기술들에 대한 정보는 동료나 교사 혹은 자기-평가를 통해 모아질 수 있다.
- 실습장이나 실제 현장에서의 구체적인 평가: 일상생활 기술과 관련된 요구를 평가하기 위해 필요하다. 이러한 일상생활 기술들은 교실 혹은 대학 캠퍼스에서 확인할 수 있다. 그 외 고등학교 졸업 후 참여할 대학 사회에 잘 적응하기 위해 기숙사와 독서실, 대형 강의실이나 세미나 장소로의 이동기술에 대한 평가 등도 계획에 포함하여야 한다.

부모들은 장애학생들을 위한 지원 정도를 확인하기 위해 대학을 방문할 수 있다. 이러한 정보는 교육부에서 매년 전국 장애학생이 재학하고 있는 대학을 대상으로 실시하는 장애학생지원 실태평가 결과를 참고하면 도움이 될 것이다.

직업평가가 효과적으로 수행되기 위해서는 장애학생 개인의 구체적인 요구를 확인할 필요가 있다. 이를 위해 학생의 나이, 진로발달 단계에 따라 다양한 평가 접근을 시도하여야 한다. 이 때 수집된 정보는 각 개인에게 필요한 것이어야 한다.

04 전환평가의 유형

1) 형식적 평가와 비형식적 평가

전환평가는 형식적 전환평가(formal transition assessment)와 비형식 평가(informal transition assessment)로 크게 두 가지 유형으로 구분하여 이루어진다. 형식적 전환평가는 배점과 해석 등 수행 과정이 표준화된 절차를 따르는 것이 특징으로 학생이 얻은 점수에 대한 명확한 해석과 표준화된 정의에 따라 학생이 위치한 규준을 알게 된다. 이에 비해 비형식적 평가는 구조화되지는 않았지만, 융통성이 있으며, 다른 장애학생과 비교하지 않고 학생 본인의 수행 준거를 참조하기 때문에 가르친 것에 대한 효과를 확인한다든가, 다양한 조건이나 환경에서 자료를 수집할 수 있다는 장점을 가지고 있다.

형식적 평가: 객관적이며 표준화된 자료로, 집단을 주로 대상으로 한다. 특정한 목적을 위해 구조화 된 상황을 설정하며 비교할 수 있는 규준 집단을 설정한다. 특히 상업적으로 개발된 도구들이 많다. 평가의 목적은 학생의 관심, 태도, 학습의 선호도, 작업 기술, 직업표준 흥미 및 태도, 직업 정교성(dexterity), 기타 직업 관련 정보를 얻기 위해 사용한다. Clark(1996)은 전환평가와 관련된

형식적 평가 도구들을 다음과 같이 소개하였다. 그리고 김승국(1994)은 검사 유형별로 〈표 2-1〉과 같이 제시하였다.

- ▸학습 유형 검사(learning style inventories)
- ▸교과 성취 검사(academic achievement tests)
- ▸적응행동 척도(adaptive behavior scales)
- ▸태도 검사(aptitude tests)
- ▸흥미 검사(interest inventories)
- ▸인성 검사(persinality scales)
- ▸삶의 질 척도(quality-of-life scales)
- ▸사회적 기술 검사(social skills inventories)
- ▸직업 전/고용가능 척도(prevocational/employability scales)
- ▸직업 기술 평가(vocational skills assessments)
- ▸전환 지식과 기술 검사(transition knowledge and skills inventories

〈표 2-1〉 직업평가 관련 검사도구 유형

1. 적성검사
▸광역성취검사-개정판(Wide Range Achievement Test-Revised, WR-AT) ▸피바디 개별 성취검사(Peabody Invividual Achievement Test, PIAT) ▸베넬 기계 이해검사(Bennett Mechanical Comprehension Test) ▸미네소타 지형판 검사-개정판(Revised Minnesota Paper Form Board) ▸미네소타 사무검사(Minnesota Clerical Test) ▸일반 적성검사(General Aptitudes Test Battery, GATB) ▸비독서 적성검사(Non-Reading Aptitude Test Battery, NATB)
2. 흥미검사
▸광역흥미-의견검사(Wide Rage Interest and Opinion Test, WRIOT) ▸비독서 직업흥미검사 개정판(Revised Reading Free Vocational Interest Inventory, RF) ▸고오든 직업검목표(Gordon Occupational Checklist) ▸자기유도 탐구(Self-Directed Search, SDS) ▸진로사정검사(Career Assessment Inventory, CAI) ▸스트롱 직업 흥미검사(Strong Vocational Interest Inventory) ▸쿠더 직업 흥미검사(Kuder Vocational Interest Inventory) ▸오하이오 직업 흥미검사(Ohio Vocational Interest Survey) ▸직업 선호검사(Vocational Preference Inventory)

- 흥미 검목표(Interest Checklist)
- 직업 흥미·경험·기술사정(Vocational Interest, Experience and Skill Assessment, VIESA)
- 그림 흥미검사(Picture Interest Inventories)
  —직업 흥미, 소양사정(Vicational Interest and Sophistication Assess, VISA)
  —가이스트 그림 흥미검사(Geist Picture Interest Inventory)
  —그림 흥미검사(Picture Interest Inventory)

3. 동작성 검사

- 크러포트 세부조작 검사(Crawford Small Parts Dexterity Test)
- 베넽 수공구 조작 검사(Bennett Hand-Tool Dexterity Test)
- 펜실베니아 양수작업표본(Pennsylvania Bi-Mannual Work Sample)
- 퍼듀 나무못 말판(Purdue Pegboard)

4. 작업표본 검사

- TOWER(Testing Orientation and Work Evaluation in Rehabilitation)
- 싱거 작업평가 체제(Singer Vocational Evaluation System)
- JEVS(Philadelphia Jewish Employment and Vocational Service Work Evaluation System)
- 발파 구성작업 표본(Valpar Component Work Samples)
- VIEWS(Vocational Lngormation and Evaluation Works Samples)
- MDWES(McCarron-Dial Work Evaluation System)
- WREST(Wide Range Employment Sample Test)
- APTICOM
- MESA(Microcomputer Evaluation and Screening Assessment)
- SAGE(System for Assessment and Group Evaluation)
- TAP(Talent Assessment Program)

※ 자료 인용: 김승국(1994). 장애인의 직업평가와 지원고용. 서울: 단국대학교특수교육연구소. 자료에서 목록만 발췌함

비형식적 평가: 주관적이고, 개인을 중심으로 하며 진행 과정의 자료를 중심으로 평가한다. 비구조화 된 다양한 상황(예; 작업장, 학급, 지역사회, 가정 등)에서 주로 평가하며, 면담, 질문지, 직접관찰, 기록, 환경분석, 교육과정 중심 평가 등이 있다. 또한 교사의 자작 평가지로 시기에 구애받지 않고 평가할 수 있다. 이는 형식적 평가 결과를 결정하는데 중요한 참조 자료로 활용된다.

2) 조사와 인터뷰

조사와 인터뷰는 정보를 개인으로부터 직접 수집하는 평가자료이다. 대상은 장애학생 당사자가 될 수 있고, 부모, 교사, 직장 동료, 상사, 고용주, 공동생활가정 생활지도사, 친구 등 다양한 사람들이 될 수 있다.

조사는 대상자가 직접 설문지를 읽고 작성하거나 구두로 임할 수 있다. 인터뷰는 일대일 직접 면접을 통해 진행할 수 있다. 직접 만나기 어려울 경우 전화나 메일을 통해서도 진행할 수 있다.

비형식적 조사나 인터뷰를 통해 형식적이거나 다른 방법에서 정보를 얻지 못한 내용을 보완할 수 있다. 이를 위해 조사자는 사전에 조사할 목적이나 인터뷰할 내용과 도구에 대하여 철저한 준비가 필요하다. 특히 조사 내용이나 인터뷰 지문은 복잡하거나 어렵지 않도록 하여야 한다. 만일 어렵게 구성하면 응답자가 추측하거나 자신의 의견과 관련 없는 응답을 할 수 있기 때문이다.

조사지를 사전에 구성할 때, 질문 내용이 조사 목적과 관련성이 있어야 하고, 명확하고, 짜임새 있게 구성해야 한다. 특히 내용 구성은 관련 있는 다른 사람의 검토를 통해 객관성을 확보할 필요가 있고, 설문 방식이 O · X형, 선다형, 개방형 등에 따라 응답자의 반응이 달라지므로 응답자의 반응 수준을 고려하여 정할 필요가 있다. Flexer 등(2008)이 제시한 학생의 선호도 조사지를 소개하면 다음과 같다.

〈표 2-2〉 전환 요구와 선호도 조사지

당신이 알고 있는 내용에 기초하여 다음 질문에 대답하세요.

학생명:	부모 성명:
학생연령:	날짜:

1. 학교를 졸업하고 어떤 종류의 일이나 교육을 받기를 원하십니까?
   전일제, 시간제
      대학교이나 전문대학: 4년 과정으로 이루어지는 학문적인 일
      전문기술과정: 전문기술 훈련
      성인직업교육: 직업훈련 중심

군입대: 육, 해, 공군 및 공익요원
경쟁고용: 직업 코치에 의해 훈련받아 고용
지원고용: 직업 코치 지원과 함께 고용
보호고용: 낮은 임금의 작업 활동과 훈련
기　타: ______________________________

2. 몇 살에 학교를 졸업하길 원하십니까? ______________________________.

3. 당신이 관심을 가지고 있는 일이나 교육활동이 있습니까? 있다면, 어떤 일인가요?
: ____

4. 어른이 되면 정착하여 살고 싶은 곳은 어떤 곳인가요?
__(1) 독립하여 단독주택이나 아파트: 최소한의 비용이 요구됨
__(2) 독립하여 규모가 작은 단독주택: 상주 비용 요구됨
__(3) 휠체어가 접근 가능한 주택: 혼자이거나 돌보는 사람과 살 수 있어야 함
__(4) 공동생활가정/양육가정: 직원이 24시간 건강과 치료 등을 돌볼 수 있어야 함
__(5) 부모나 친척: 때때로 직원이나 의료 요원의 도움이나 지원이 가능해야 함
__(6) 기타__________________________________

5. 당신이 살고 싶은 이웃이나 도시 혹은 지역이 있습니까? ______________________

6. 성인이 되었을 때, 어떤 유형의 지역사회 활동에 참여하고 싶습니까?
(원하는 것 모두 체크)
__ 공동적인 관심 사항을 서로 이야기할 수 있는 클럽이나 그룹
__ 지역사회 레크리에이션 활동(예: YMCA, 지역센터, 친구와의 활동)
__ 종교나 문화활동(예: 교회, 회당, 절, 스터디 그룹)
__ 일이나 여가활동을 위한 교통수단(예: 버스, 자가용, 친구, 부모, 자전거)
__ 계속교육(예: 컴퓨터 배우기, 요리 배우기, 바느질 배우기, 집수리)
__ 정치활동(예: 선거, 정당 참여)
__ 기타 ______________________________

7. 당신이 계획한 목표를 성취하기 위해 도움 될 것이라고 생각하는 서비스 내용을 모두 체크하세요.
__ 흥미 검사　__ 시험 준비(자격증 등)　__ 교내 직업 배치
__ 직장 체험　__ 작업 적응 훈련　__ 상담안내
__ 지역 내 작업 경험　__ 직업 교육　__ 방학 중 직업
__ 대학 경험
__ 기타/서술: ______________________________________

__ 교통과 운전연습 __ 안전 대비 훈련 __ 소비 및 가정경제
__ 금전관리와 훈련 __ 집수리와 유지 훈련 __ 옷 수선 및 관리 훈련
__ 응급처치 훈련
__ 기타/서술: ______________________________

__ 언어와 듣기 훈련 __ 작업 및 물리치료 __ 장애 적응과 공학
__ 교제와 결혼 __ 직업재활 __ 심리학, 사회사업, 정신병리
__ 지역사회 인지 활동
__ 기타/서술: ______________________________

__ 평가(특별히 필요한 유형): ______________________________
__ 참고사항(특히 누구에게) ______________________________

※ 자료 인용: Flexer R. W., Baer, R. M., Luft, P., & Simmons, T. J. (2008). *Transition Planning for Secondary Students with Disabilities*. New Jersey Columbus OH: Pearsom Merrill Prentice Hall.

한편 Miller 등(2007)은 장애학생을 대상으로 인터뷰를 실시할 때, 사전에 친숙도 형성과 인터뷰 과정이 방해받지 않도록 상황을 설정하고, 주로 다음의 여덟 가지 내용을 중심으로 인터뷰할 것을 제안하였다.

① 장애나 특별한 요구에 대한 학생의 태도

▸ 당신은 어떤 종류의 장애를 가졌고, 장애로 인해 특별한 요구가 있습니까?
▸ 자신의 장애나 요구에 한계를 느끼신 적이 있습니까?
▸ 이 프로그램에 참여하는 것에 대해 어떻게 느끼십니까?
▸ 당신 부모나 친구들은 장애에 대해 어떻게 느끼고 있습니까?

② 능력과 강점에 대한 지각

▸ 당신이 좋아하는 것은 무엇인가요?
▸ 다른 사람들이 당신에 대해 무엇을 칭찬하나요?

③ 직업적 흥미와 활동

▸ 여가 시간에 무엇을 하나요? 어떤 스포츠? 무슨 취미활동? 어떤 신앙생활? 등

- 당신은 어떤 일을 하나요? 어디서 하나요? 무엇을 하나요?
- 당신은 어떤 일을 잘 할 수 있다고 생각하나요?
- 당신은 어떤 일이 정말 좋다고 생각하나요?
- 어떤 일에 당신의 돈을 사용하고 싶으신가요?

④ 진로 인식과 경험

- 돈을 벌기 위해 무슨 일을 하고 싶으세요?
- 5년 내 당신은 어떤 일을 하고 있을까요?
- 당신이 관심 갖는 일 세 가지를 적어보세요
- 직업(일)을 갖기 위한 방법은 무엇인가요?
- 고용주가 사람을 고용할 때 고려하는 사항이 무엇인가요?
- 해고를 낭하는 이유는 무엇일까요?
- 고용주가 당신을 좋아하는 이유는 무엇일까요? 싫어한다면 싫어하는 이유는 무엇일까요?

⑤ 일과 학습 선호도

- 어떻게 잘 배울 수 있을까요?
- 당신은 어떤 선생님을 좋아하나요? 왜 좋아하나요?
- 당신은 혼자 일하는 것을 좋아하나요? 아니면 동료와 같이 하는 것을 좋아하나요?
- 일하면서, 당신은 가만히 앉아 있나요? 아니면 계속 잘 돌아다니나요?
- 실내에서 일하는 것을 좋아하나요? 아니면 밖에서 일하는 것이 좋나요? 혹은 둘 다 좋나요?
- 더운 곳, 추운 곳, 위험한 곳, 어떤 곳에서 일하는 것을 좋아하나요?
- 돈 계산과 같이 셈을 이용하는 기술에 대해 어떻게 느끼나요?
- 어떤 종류의 사람과 일하고 싶은가요?

⑥ 교육적 흥미와 목적

- 어떤 과정에 참여하고 싶은가요? 아니면 참여하고 싶지 않은가요?
- 당신은 직업 훈련과정에 지금 참여하고 싶은가요? 혹은 나중에 참여하고 싶은가요?
- 어떤 종류의 직업훈련과정에 참여하고 싶은가요?

- 어떤 과정에 참여 하는 것이 당신에게 도움이 된다고 생각하세요?(직업 흥미 영역)

⑦ 기능적 기술과 요구

- 당신이 혼자 살고 직업을 가졌다면, 번 돈을 무엇에 사용하고 싶은가요?
- 전화를 사용할 수 있나요? 응급 상황일 때 어떻게 전화하나요?
- 직업을 가졌다면, 어떻게 직장에 가나요? 운전할 수 있나요?
- 혼자 쇼핑할 수 있나요? 무엇을 사고 싶은가요?
- 저축을 하려면 어떻게 하나요?

⑧ 가족 및 부모의 관심

- 당신 부모는 당신이 일하는 것에 대해 어떻게 생각하시나요?
- 부모님을 신뢰하시나요?
- 부모님은 어떤 책임감을 당신께 주었나요?
- 부모들이 당신께 원하는 것은 무엇인가요?

3) 직접관찰

직접관찰은 상황평가(situational assessment)라고도 한다. 장애학생이 생활하는 실제 상황에서 실시한다. 교내 취업이나 졸업 이후, 지역사회에서 학생을 전문가가 직접 보고 평가하는 것이다. 이들 전문가는 직업 코치, 직장 동료, 레크리에이션 지도자, 교사나 직업교사 등이 될 수 있고 또는 팀으로 평가를 실시할 수 있다. 직접평가의 목적은 주로 학생의 특정한 일이나 지역사회 상황에서의 일반적인 작업행동과 적응에 대한 관찰과 기록 그리고 해석을 하기 위함이다. 만일 평가자들이 학생의 구체적인 상황에 대한 특정한 행동을 기술할 필요가 있다고 하면, 상황에 대한 세부적인 정의와 관찰 내용 예들을 제시할 필요가 있다. 직접 관찰 내용은 학생의 수행 과정을 단계별로 분석하여 체크하는 것으로 과제분석 자료, 작업 중에 학생이 나타내는 정서적 반응 자료 등이 될 수 있다. Flexer 등(2008)은 구제적인 관찰 유형을 다음과 같이 제시하였다.

- 동료 작업자와의 작업 과정
- 비판 받아들이기
- 지시 따르기
- 시간 지키기
- 이웃 주민 알아보기
- 길 안전하게 건너기
- 물건 살 때 계산 과정 기다리기

이러한 상황평가에서 수집된 자료는 예비 작업자(potential worker)들의 다음과 같은 특성을 찾아내어 지원하는데 활용될 수 있다(Pierangelo & Giuliani, 2004).

- 필요한 지원 내용이 무엇인가?
- 필요한 지원 유형이 무엇인가?
- 개인에게 필요한 훈련과 전략이 무엇인가?
- 중재에 예상되는 지원 수준은 무엇인가?
- 최소 제한 환경은 무엇인가?
- 적절한 개별화전환계획을 문서화 하는데 기타 필요한 것은 무엇인가?

4) 기능적 평가

기능적 평가(functional assessment)는 직업 계획과 전환 준비에서 고려되어야 할 전반적인 구성 요소를 제공한다. 장애학생에 대한 기능적 기술은 학업이나 교과 혹은 신체적 결함이 무엇인가 찾기보다는 이들이 무엇을 할 수 있고, 무엇을 배우고 성취할 수 있을 것인가에 중점을 두어야 한다. 또한 기능적 평가는 가정, 학교, 직장, 지역사회 등 자연적 환경에서 장애학생의 기술(skills)에 관심을 두어야 한다. 이는 이들이 살아갈 통합 환경에서 어떻게 역할을 할 것인가를 중시하기 때문이다. 이러한 이유로 기능적 평가는 생태적 혹은 환경적 평가 과정을 고려한다(Pierangelo et al., 2004).

5) 교육과정 중심 평가

교육과정 중심 평가(curriculum-based assessment: CBA)는 학생을 지도하는 교육자가 구체적인 교육과정에서 학생의 수행에 대한 정보를 수집하기 위해 실시하는 것을 의미한다. Gickling 등(1989)은 CBA는 「현행 교과 내용에서 가능한 효과적이고 효율적으로 교수를 하기 위해 학생의 수행 과정상의 교수적 요구를 결정하는 체제이다.」라고 정의하였다. 따라서 CBA는 교육과정 내에서의 특정한 활동과 대상에서 학생의 프로그램에 대한 정확한 수행에 대하여 평가를 하게 된다. CBA의 구체적인 교육과정은 특정 교과가 되거나 또는 직업교육과정이 될 수 있다. CBA는 표준화된 평가에서 실제 일상생활이나 상황에서 학생의 수행 '과정'에 대한 평가를 충분히 할 수 없다는 단점을 보완하기 위한 방법으로 사용된다. 또한 성취하여야 할 내용이나 기술에 대한 분석을 하고 이를 통해 더 세밀한 교육과정 과제나 목표로 접근하기도 한다. 이러한 이유로 CBA는 교수적 계획을 위한 자료를 수집하기 위해 과제분석(task analysis), 작업표본 분석(work sample analysis), 포트폴리오 평가(portfolio assessment), 준거참조 평가(criterion-referenced test)를 활용하기도 한다. CBA는 국가에서 실시하는 운전면허시험과 비슷한 체제를 가지고 있다. 왜냐하면, 운전면허시험은 모든 응시생들이 같은 내용을 학습하고 그 내용에 따라 동일한 범위의 시험을 치르도록 구성되어 있기 때문이다. 이는 모든 운전자들이 국가에서 요구하는 운전 규칙의 범위를 따라야 하기 때문이다(Test et al., 2006; Flexer et al., 2008).

CBA는 학생이 현재 수업 받고 있는 현행 교육과정에 근거하여 평가한다. 일반학교에 통합되어 있는 학생이라고 하면 정규 교육과정에 따른 학생의 각 교과에 대한 진행 과정과 교수적 요구 또는 수행 수준을 확인할 필요가 있다. 이는 현행 국가 수준의 공통교육과정이나 기본교육과정의 각 교과별 성취 목표들이 평가 기준이 될 수 있을 것이다. 그리고 장애학생들을 위한 교과의 수정된 목표들도 이 기준이 될 수 있을 것이다.

CBA를 통해 개인이 도달해야 하는 수준이나 기준을 확인 할 수도 있다. 교과나 직업 프로그램에서 성공적이라고 할 수 있는 학생의 이수 수준 정도, 시간, 보조해야 하는 지원 수준, 적절한 교수 수준, 그리고 필요한 시간의 길이 등이 정해질 수 있다. 또한 특정한 장애학생이 구체적인 영역에서 왜 어려움을 갖게 되는지 원인을 확인할 수도 있다.

Flexer 등(2008)은 통합교육에서의 CBA도 중요하지만, 장애학생들의 요구가 일반교육과정에 실질적으로 잘 맞지 않을 경우 교육 평가팀은 진로나 기술교육 혹은 직업 훈련 등 취업 수준에 맞는 기술을 익히기 위한 교육과정 중심 직업평가(curriculum-bases vocation assessment: CBVA)로 전환할 수 있다고 제안하였다. CBA와 비슷한 CBVA는 현재 교과에서 학생들의 수행 과정에 근거한 진로개발과 직업적 요구를 결정하기 위한 과정이다(Ianacone & Leconete, 1986). 따라서 CBVA는 학급에서 교사가 자신의 교육과정에 따라 개발하여 실시하는 수행 중심 절차(performance-based procedures)를 활용한다. 그리고 이것은 직업적인 교육을 필요로 하는 학생의 교수 과정에 대하여 교사가 질문하고 대답하는 지속적인 과정 즉, 평가-지도-평가-지도를 반복하는 과정이다. CBVA는 교사가 학생에 대하여 현재 보유하고 있는 전반적인 자료의 검토와 관찰을 통해 직업관련 정보를 모으는 일로 출발한다. 평가는 학생이 학급이나 자연적인 상황에서 도구를 사용하고 작업하는 방법 그리고 학생이 할 수 있는 것과 흥미를 갖는 것들을 관찰하고 기록한다. 흥미나 태도 척도 등 그 외 다른 평가 방법들이 평가 과정의 일부로 도입되기도 한다. 또한 CBVA는 전반적인 직업평가나 형식적인 평가의 일부이거나 보충 자료로 활용될 수 있다. 이와 같이 수집된 CBVA 정보는 학급에서 직업교과 교수 목표를 구체화 하는데 활용될 수 있다(Pierangelo & Giuliani, 2004).

6) 작업표본 평가

작업표본 평가(work samples assessment)는 실제 직무나 모의 된 직무를 평가실에서 실시하여 직업평가의 목적을 달성하고자 하는 것이다. 즉, 검사를 하기 위한 목적으로 실제 작업 활동을 생산 활동으로부터 분리해서 실시하는 것이라고 볼 수 있다. 실제 작업에 쓰이고 있는 재료, 도구, 기계, 공정을 사용한 작업과제를 표본으로 추출하고, 그 과제 수행을 평가의 도구로 하여 작업결과를 양적 및 질적으로 파악한다. 직업평가 및 직업적응협회는 작업표본을 「실제 직업이나 직업군에서 사용하는 것과 유사하거나 동일한 과제, 재료, 도구를 통한 한계가 분명한 작업 활동」으로 정의하였다(이달엽, 노임대, 2005). 또한 작업표본 평가는 개인의 직업적성, 근로자의 특성 및 직업 흥미를 평가한다.

작업표본 평가의 가치는 실제 상황에 최대한 맞추려고 하고, 구체적인 작업 활동을 포함하려고 한다는 점이다. 그리고 작업행동을 가능한 한 표준화 된 형태로 표집하려고 한다는 것이다. 작업표본은 크게 네 가지 유목으로 나눌 수 있다(김승국, 1993).

- 실제 직무표본: 산업체에 있는 특정 직무를 그대로 사용한다. 그리고 이 표본에는 산업현장에서 발견되는 장비, 과제, 원료, 비품, 절차, 엄격한 규범이 포함된다.
- 모의 작업표본: 지역사회에 있는 하나 또는 그 이상의 직무를 모의하는 핵심이 되는 작업 요인 및 과제, 자료, 장비, 비품 등이 사용된다.
- 단일 특성 표본: 고립 특성 작업표본이라고도 하며, 단일 근로자 특성을 평가한다. 특정 직무나 많은 직무와 관련된다.
- 군특성 표본: 근로자의 특성군을 평가할 수 있게 설계되어 있다. 하나의 직무나 다양한 직무에 고유한 수많은 특성을 지니고 있으며, 다양한 직무를 수행할 수 있는 잠재력을 평가한다.

실제 직무표본과 모의 작업표본의 차이는 지역사회에서 발견되는 특정 직무와의 관련성에 있고, 실제로 반드시 완벽하게 구별되기 어려운 경우가 있다.

작업표본은 피평가자가 수행하고, 평가자가 그 수행을 관찰 및 측정할 수 있게 하는 모의 상황이다. 따라서 피평가자의 근로 특성과 작업요인은 표준화된 지시사항이 주어지고, 지침자료가 측정에서 활용될 때 보다 편리하게 이루어 질 수 있다.

작업표본 평가의 장점과 단점에 대하여 Levinson(1998)은 다음과 같이 언급하였다.

〈장점〉

- 학생들로 하여금 통제된 상황에서 여러 가지 직업을 탐색하고 시도해 볼 수 있는 기회를 제공한다.
- 직업의 일부분을 학교나 교실로 옮겨 올 수 있게 한다.
- 흥미나 태도 검사보다 더 실제적인 작업을 경험하게 함으로써 동기를 더 갖게 해준다.
- 흥미, 태도, 작업 습관을 포함한 다양한 작업 특성을 평가할 수 있게 한다.

〈단점〉

- 인성적인 측면보다는 생산품의 질과 양을 강조한다.
- 직무 수행과 관련된 조건(환경)이 작업 표본에 의해 충분히 나타낼 수 없기 때문에 흥미와 태도의 심층적인 면을 제시하는데 한계를 가진다.
- 작업 표본을 활용하는데 비용과 시간 소비가 많다.
- 심리측정적인 면에서 특정한 직업 수행을 정확하게 예측하는데 있어 확신이 부족하다.

7) 직무현장평가

직무현장평가(on the job evaluation: OJE)는 실제 직무현장에서 평가 대상 장애인이 직무를 수행하는 동안 고용자나 직무감독자가 수행하는 평가 방법이다. 실제 작업 상황에서 발생하는 문제점을 찾아 개선할 수 있는 장점을 가지고 있다. OJE는 단순한 작업과 같은 직무 상황뿐만 아니라 평가과정을 통해 직무를 구체화시키는 환경상황을 다루고, 작업수행 과정에서 사회성과 작업능력을 동시에 평가할 수 있다는 장점도 있다. 단점으로는 평가할 수 있는 인원이 제한적이며 평가에 많은 시간과 비용이 소요된다. 또한 직종 및 평가 장소의 어려움과 업체와의 협조가 있어야 한다. 뿐만 아니라 작업상황이 복잡할 경우 효과적으로 관련 요인을 구분하는데 어려움이 따른다(이달엽, 노임대, 2004).

직무현장평가는 앞서 언급한 상황평가(직접관찰)와 같이 평가자가 현장에서 직접 평가한다는 점에서 유사하다. 그러나 상황평가는 평가자가 작업영역에서 개인의 시간, 의무, 책임뿐만 아니라 물리적 요구 및 환경 특성까지도 조절할 수 있는 융통성을 가지고 있다. 이에 비해 직무현장평가는 개인을 경쟁적인 작업환경에 배치하고 작업환경이나 유형을 거의 바꾸지 않는 상태에서 개인의 성공적인 작업 수행과 유지를 평가하며, 그 업체의 생산 요구를 충족할 수 있길 원한다.

김승국(1994)은 직무현장평가의 특수한 목표를 다음과 같이 제시하였다.

- 직무준비의 평가:
  - 직업훈련프로그램에서 배운 직무기술을 경쟁적인 환경으로의 전환 가능성 유무
  - 직무 훈련 뒤 생산 활동에 참여하려는 태도와 기술
  - 작업, 사람, 환경에 대한 친화성
  - 직업을 얻기 위한 사용 가능한 구직 기술(지원서 작성, 고용주에게 전화하기, 면접하기, 직무 찾기)

- 직무수정과 작업환경 편의시설의 평가:
  - 수정이 합리적이고, 생산성을 높이고 다른 고용인의 작업에 방해가 되지 않게 이루어지도록 함
  - 상황평가에서와 같이 필요한 수정을 판별하는 것이 아니라 수정이 직무상황에서 어떻게 이루어질 수 있는지를 평가함(예; 조도를 높이거나, 의자나 작업대 높낮이 조정, 컴퓨터 활자 확대 등)
  - 경쟁적인 작업환경에 있을 수 있는 자연적인 단서를 강화물로 평가함(휴식시간, 시계, 동료 작업자 등)

- 고용지원 사항의 평가:
  - 직무 실기 지도원 배치
  - 교통수단 제공
  - 이동보조자 배치
  - 대리근무자 배치(스트레스로 일을 하지 못할 때 이를 대신하여 처리해 줌)

05 기타 전환교육계획 시 고려해야 할 평가 영역

1) 사회성 / 대인관계 / 정서

최근 연구 내용들 중에 상당수는 장애인들의 직장 적응에서의 어려움에 대해 다루고 있다. 장애인들이 직장 생활을 적응하는데 있어 직무기술에 대한 것도 중요하지만 많은 수의 장애인들이 직장 내 동료 및 상사들과의 관계에서 부적절한 행동으로 인해 직장을 그만두는 사례가 많은 것으로 보고되고 있다. 또한 부적절하거나 어설픈 사회적 기술로 인해 직장 내 친구나 동료를 사귀고 유지하는데 어려움을 겪는 것으로 나타났다. 그리고 부적절하거나 지나친 감정 표현으로 인해 대인관계에서 부정적인 인상을 갖게 되거나, 직장내에서 참을성 없는 행동 등을 하는 것으로 보고되고 있다(White, 1985; Levinson, 1998; 김형일, 1995).

직장생활에 필요한 사회적 대인관계 기술은 주로 자기-인식(self-awareness), 자신감 갖기, 사회적 책임감 갖기, 바람직한 대인관계 유지하기, 독립심 갖기, 문제해결기술, 다른 사람과의 적절한 의사소통 관계 등이다. 일반적으로 이러한 영역들이 포함되지만, 개인의 장애 상황과 능력에 따라 사회적 대인관계의 영역과 구체적 수준이 달라질 수 있을 것이다. Levinson(1998)은 직장에서 사회적 대인관계 능력을 향상시키기 위해 상대방에게 인사하기, 이야기할 때 눈 맞추기, 상황에 맞게 웃기, 공감하기, 적절한 대인관계 거리 유지하기, 상호작용 시도하기, 대화에 참여하고 화제 바꾸기, 비평에 대처하기, 다른 사람 칭찬하고 격려하기 등을 훈련해야 한다고 하였다.

직장생활과 관련된 사회적 대인관계 기술에 관한 평가도구가 제한적이긴 하지만 일부 소개되고 있다. 자기-결정 척도(Self-Determination Scale)는 형식적인 평가도구로써 중도지적장애나 학습장애 청소년 및 성인용의 자기 보고식(self-report) 검사 척도이다. 이 검사 도구는 학생 스스로 자신에 관한 자기 신념과 자기-결정 기술 혹은 요구를 평가하고 자신의 진행 과정을 알 수 있게 하고 있다(Wehmeyer, 1995).

작업기술과 사회적 기술 두 가지 영역을 평가하기 위한 검사 도구로 Foss 등 (1986)이 개발한 직장 대인관계 능력검사(The Test of Interpersonal Competency for Employment: TICE)가 있다. 이 도구는 직장생활을 하는데 중요한 61개의 하위기술 항목을 다루고 있다. 크게 감독자와 동료와의 관계를 중심으로 비판에 대한 반응, 지시 따르기, 감독자에게 지원 요청하기; 협력적으로 작업하기, 놀림과 도발에 대응하기, 대인문제해결 영역을 다루고 있다. 이 도구는 훈련을 위한 교육 영역을 다루고, 평가를 통해 필요한 지도 영역과 수행 결과를 확인할 수 있다(Foss, Cheney & Bullis, 1986; 김형일, 1995).

2) 가정생활기술 평가

가정생활기술(home living skills)은 개인이 거주하는 가정관리에 필요한 기술능력에 대한 평가이다. 일반적으로 안전기술, 집안 관리, 의류 손질, 화장실 사용, 침실 관리, 주방활동, 거실활동, 마당 관리 등이 있다. 그 외 재정 관리, 여가생활 등도 가정생활기술 영역에 포함된다.

Sitlington(1996)의 연구에 의하면, 고등학교를 졸업한지 1년 된 장애인들의 54~70%가 그들의 부모나 친척들과 함께 생활하고 있는 것으로 나타났다. 나머지 22~39%는 독립적으로 생활하고 있는 것으로 조사되었다. 3년 뒤의 연구에서 49%가 독립적인 생활을 하였다. 이러한 연구 결과를 보면 대부분의 장애인들이 학교 졸업 후 바로는 독립적인 가정생활을 할 준비가 되어 있지 않음을 알 수 있다. 이는 학령기에서 생활기술에 대한 훈련과 적절한 전환계획이 부족함을 시사한다(Levinson, 2004 재인용).

3) 지역사회 참여와 여가기술 평가

지역사회에 필요한 기능을 익혀 독립적으로 생활할 수 있다는 것은 매우 중요한 부분이다. 지역사회에 참여하기 위한 이동기술에는 계단 오르내리기, 자동차 타고 내리기, 건물 출입구 사용하기, 건널목 건너기, 대중 화장실 이용하기 등이 포함된다. 그리고 자전거, 자동차, 버스, 택시, 기차, 휠체어 등을 포함하는 대중교통 수단을 이용하는 기술도 지도하여야 할 주요 영역이다. 이러한 기술은 장애인들이 직장을 출·퇴근 하고, 식료품을 사고, 은행에서 입·출금을 하는 것, 그리고 쇼핑을 하거나 여가를 즐기는 데 필요한 기술이기도 하다.

여가기술 또한 전환평가 영역에서 소홀히 해서는 안 될 중요한 영역이다. 여가기술은 부적절한 사회적 행동을 줄여줄 뿐만 아니라 인지, 가정생활, 언어, 운동기술 등의 다양한 발달영역 면에서 도움을 주는 것으로 나타났다. 따라서 여가 활동을 위해 게임이나 취미 그리고 스포츠 활동 등에서 뿐만 아니라 더 다양한 영역이 포함되어야 한다(Levinson, 1998).

06 기관 간 전환평가

진로·직업교육에서 평가는 중요한 의미를 지니므로 장애학생 개개인의 특성과 실무능력, 적응능력에 바탕을 둔 평가가 이루어져야 한다. 올바른 평가를 위해서는 시기별로 적절한 평가계획을 수립하고 이에 따른 평가를 수시로 실시하여야 한다. 성공적인 평가를 위해서는 현재와 미래 환경에서 학생의 요구에 걸맞은 지원을 하기 위한 수준별 평가가 이루어져야 하며, 학생의 전환에 관련되는 다양한 기관과 인사들이 평가에 참여하여야 한다. 따라서 학교 자체에서의 평가보다는 장애인고용공단, 장애인복지관 등과 협력하고, 직무지도원, 사례관리자 등이 함께 기능적·상황평가와 직무현장 평가를 통해 진로 및 직업의 적성을 찾아내고, 그 적성과 흥미를 기반으로 교육을 실시함으로써 학교 졸업 후 성공적인 전환을 이룰 수 있도록 지도되어야 한다. 그러므로 개개인의 적성과 특기, 흥미를 찾아낼 수 있는 적절한 평가도구가 선정되어야 한다. 전문가에 의한 평가도 이루어져야 하며, 평가 후 교육계획 수립 등을 위해 관련 기관과 협력해야 한다. 그리하여 학기 초 종합평가를 통한 교육계획을 수립할 수 있도록 중학교 과정에서부터 관련 기관과의 협력을 통한 효율적인 평가체제를 구축하여야 한다.

장애학생의 진로·직업교육과 관련된 기관 간 협력은 지역사회의 요구 분석 및 실행 계획의 수립, 교육·훈련·고용기회의 제공, 직원 훈련과 기술적 지원, 기관 간 협력과 자원의 공유 등에 있다고 할 수 있다. 그러나 현실적으로 '교육과정 운영상 관련 기관 및 시설 이용의 어려움'과 '관련 기관이나 시설 관계자의 이해 및 협조 부족', '관련 기관이나 시설에 대한 정보 부족'등으로 효율적인 협력에 어려움을 겪고 있다. 이를 개선하기 위해서는 각 부처(교육부, 보건복지부, 노동부)가 협력하는 「통합고용팀」을 구성할 필요가 있다. 고등부나 전공과의 담당교사 개인의 힘으로 관련 기관과의 협력을 이루어내기는 매우 어려운 일이지만, 현재 상황은 대부분 교사의 노력에 의존하고 있는 실정이다. 따라서 국가차원에서의 「통합고용팀」을 통해 학교교육과 직장 적응훈련, 현장실습, 취업, 추수지도 등이 체계화될 수 있도록 관련 기관과의 협력 방안이 구축되어야 한다(정인숙, 김형일, 박재국, 2008).

연습해 봅시다

1. 다음 〈활동자료 2-1〉과 같이 장애학생을 선정하고 해당 학생에 대한 평가계획을 세워 봅시다.

〈활동자료 2-1〉 장애학생 관련 평가 계획

1. 장애학생
   1) 학년 :
   2) 대상 학생 특성 :

   2) 장 · 단점 :

2. 전환관련 진단 및 평가 영역 :

3. 평가 방법 :
   1) 대상 :
   2) 평가도구:
   3) 평가방법 :
   4) 평가자 :

4. 평가결과 활용 계획 :

5. 평가 관련 관련인사 및 기관계획 :

2. 다음 〈활동자료 2-2〉와 같이 직업탐색 이외의 영역을 정하여 비형식 평가 척도를 만들어 봅시다.

〈활동자료 2-2〉 (　　　　　)영역 비형식 평가 척도

체크리스트						
관찰일시		관찰 장소				
관찰 대상		관찰자				
영역	내용		평가(점수)			
			0	1	2	3
직업 탐색	왜 직업을 가져야 하는지 알고 있다.					
	직업적성검사로 자신의 특성과 관련된 직업을 찾을 수 있다.					
	자신이 원하는 직업에 대하여 설명 할 수 있다.					
	자신의 적성과 맞는 직업에 대해 알 고 있다.					
	취업에 필요한 시험, 자격 정보를 알고 있다					
	취업 박람회에 가서 정보를 얻을 수 있다.					
	취직을 위한 자격증을 보유하고 있다.					
	취업에 필요한 정보를 인터넷으로 검색해 볼 수 있다.					
	취업하고 싶은 회사에 정보를 의뢰할 수 있다.					
	취업 관련 홈페이지를 이용할 수 있다.					

평가 준거	
0	수행을 나타내지 않는다.
1	학생이 수행한 결과가 불안정하다.
2	학생이 도움을 받으면 수행한다.
3	학생이 스스로 수행한다.

3. 다음 <활동자료 2-3>과 학생면담자료나 학부모, 기타 전환관련 인사들에 대한 비형식 평가를 위한 면담자료를 만들어 봅시다.

<활동자료 2-3> (　　　　　) 면담 자료

일 시		장소	
내담자		면담자	
영역	인터뷰 문항		
일상 생활			
금전 관리			
자기 결정			

4. 장애학생 전환계획을 위한 여러 가지 전환평가 도구를 만들어 봅시다.

5. 졸업을 앞둔 장애학생의 전환교육계획의 평가를 위해 관련 기관간 협력 방안을 세워봅시다.

제 3 장

개별화 및 전환교육계획

학습목표

❶ 개별화교육의 기본 이념을 이해한다.
❷ 개별화교육계획의 법적 배경 및 목적을 이해한다.
❸ 개별화교육계획의 구성 내용 및 작성 실제를 알 수 있다
❹ 전환교육계획의 전반적 과정을 이해한다.
❺ 전환교육계획의 각 구성 요소를 이해한다.
❻ 개별화전환교육계획 작성 과정을 알 수 있다.

01 개별화교육의 기본 이념*

근대적 공교육 제도는 시민혁명의 과정에서 출현한 제도로서 교육기회의 평등을 실현하기 위한 제도였다. 결과적으로 국가가 학교제도를 통하여 교육기회를 창출함으로써 종래의 신분이나 성별, 인종 및 지역 등의 조건에 따라 교육을 받을 수 없었던 계층의 사람들이 교육을 받을 수 있게 된 것이다. 그야말로 평등교육이 시작된 것이다.

여기서 평등교육의 제도적 조건을 설명하는 논리는 매우 복잡하다. Aristoteles에 의하면, 평등이라는 개념에는 '평균적 정의'와 '배분적 정의'라는 양 개념이 내포되어 있다. '평균적 정의'란 모든 사람을 산술 평균적으로 동일하게 취급하는 것이고, '배분적 정의'란 각자의 능력에 따른 합리적 차별을 인정하여 '각자에게 그의 것'을 비례적으로 배분하는 것을 말한다.

평등의 내용 가운데 하나인 교육기회의 균등이라는 개념에도 이러한 양면적인 의미가 내포되어 있다. 학생들의 능력차를 고려하지 않고 각 학령의 학생들을 전체적으로 한 울타리로 묶어 동일한 내용의 교육과정을 제공하는 것은 교육기회를 평균적으로 균등하게 제공하는 것이다. 이에 비해 학생들 간의 개인차와 능력차를 고려하여 그의 능력에 상응하도록 서로 다른 내용의 교육과정을 제공하는 것은 교육기회를 배분적으로 균등하게 제공하는 것이 된다(허혜경, 1996).

이돈희(1996)는 평등의 개념을 '동일성의 원리'와 '적합성의 원리'로 설명하고 있다. '동일성의 원리'에 의하면, 극단적으로 말해서 모든 국민이 같은 교육을 받을 때 평등교육이 실천되는 셈이며, 획일주의가 바로 평등주의를 만족시키는 전형적인 기준이 된다. 그러나 '적합성의 원리'에 의하면, 구체적인 개체들이 실제로 같은 교육을 받고 있느냐가 중요한 것이 아니라, 오히려 중요한 것은 능력과 필요와 취향에 있어서 각기 다른 개체들에게 적절한 교육을 받게

* 개별화교육의 기본 이념 및 본 장의 주요 내용은 이유훈 · 김형일 공저(2002) 개별화교육 계획의 구안과 실행. 서울: 교육과학사에서 수정 발췌함.

하는 것이다. 그 '다름' 때문에 그만큼 다른 교육을 받아야 적절성이 충족될 수가 있다는 것이다.

그는 또한 평등의 개념이 '동일성의 원리'로 이해되면 극단적인 경우 교육의 제도, 내용과 방법은 모두 획일주의에 빠지고 만다는 것이다. 이러한 획일적 기준이 작용하면 그 기준에 비추어 유리한 사람은 우수한 사람으로 분류되어 제대로의 교육적 혜택을 입을 수 있다. 그러나 거기에 적응하지 못하는 사람은 제도를 관리하는 즉, 공급자의 잘못이 아니라 부적응자의 속성 탓으로 돌리게 된다.

김정권(1996)도 우리나라 『헌법』 제31조 제1항에서 규정하고 있는 법 앞에서의 평등권 실현을 다음과 같이 설명하고 있다. 즉, 이 조항에서 규정하고 있는 '능력에 따라 균등하게 교육받을 권리'란 대한민국 국민이면 누구나 교육받을 권리를 갖는다는 것이다. 여기서 주목해야 할 것은 '능력에 따라 균등하게'라는 표현이다. 만일 이 대목이 없다면 모든 학생이 취학하는 것만으로 교육권이 확보되는 결과가 된다. 그러나 학교에 다니는 것만으로 교육권이 실현되는 것은 아니다. 학교에 다니는 모든 학생이 그들의 소질을 최대로 개발할 수 있는 '학습권'이 보장될 때 그것이 가능한 것이다. 결국 모든 학생이 각기 갖고 있는 독특한 교육적 욕구를 충족시켜줄 수 있는 적절한 교육을 실시하여 각 학생의 능력을 최대한으로 개발했을 때 학생의 진정한 교육권이 보장된다는 것이다. 다시 말하면, 진정한 교육권이란 '취학권'과 '학습권'이 완전히 이루어져야만 가능하다는 것이다.

그리고 '능력에 따라 균등하게'를 '능력에 따라'와 '균등'으로 나누어서 구체적으로 다음과 같이 설명하고 있다. 즉, '능력에 따라'는 학생의 개인차에 따른 교육적 배려로서, 이는 교육을 인간의 존엄성 차원에서 추구한다는 기본명제 위에서 명시한 것이라고 주장한다. 그리고 '균등'은 '동등한 평등'(equal as same)이 아니라 '적합한 평등'(equal as fitting)으로 해석해야 한다고 주장한다. 여기서 적합한 평등이란 사람이 천차만별의 능력을 갖고 있기 때문에 그 다양한 능력의 최대 가능성을 찾아 보다 높은 삶의 가치수준으로 도달하는데 도움이 되도록 다양한 교육방법과 인생설계를 강구하는 것이라고 하였다.

황도수(1996)와 안기성(1994)은 일반적으로 균등이라 하면 기회의 균등을 의미하지, 결과의 평등을 의미하지 않는 것으로 해석하고 있다고 주장한다. 그들은 만약 결과의 평등이 고려되지 않는다면 출발점에서의 차이를 고려하지 못하게 되고, 능력에 따라 다양한 교육과정 및 교육방법을 선택할 수 있는 자유를 제한함으로써 자유민주주의의 또 다른 이념 축인 자유와 양립되기 어려운 측면이 있다고 주장한다.

한편, 미국의 교육학자인 Green(1982)에 의하면 미국의 역사에서 학교 교육 체제는 '평등의 원리'(the equal principle)와 '최적의 원리'(the best principle) 사이를 반복적으로 왕래하여 왔다고 한다. 그러나 최근 모든 학생에게 동일한 교육내용을 제공해야 한다는 평등의 원리는 시간이 흐름에 따라 개인차의 문제를 심각하게 드러내는 결과를 초래하였고, 그로 인해 최적의 원리가 힘을 얻게 되었다는 것이다. 즉, 개인차에 적합한 교육내용을 제시해야 한다는 최적의 원리가 평등의 원리보다 호소력을 지니고 있다는 것이다.

Strickland와 Turnbull(1993)도 학생의 능력에 부응한 적절한 교육이란 개개 학생의 능력에 맞게 학습목표를 설정하되, 학습자의 학습률이나 학습속도에 맞추어 그 목표에 계속적으로 접근할 수 있게 하는 것이라고 말하고 있다. 그리고 Cooper(1988)도 미국의 경우 교육의 수월성(excellence)을 높이기 위해 개인 및 학교간의 경쟁을 조장하는 방향으로 교육개혁을 추진하는 것은 기존의 지배계층 위주의 신우파(the new right)적인 사고를 반영한 것이라고 비판하고 있다.

이처럼 학습자에게 실질적인 교육기회를 제공한다는 것은 각자의 잠재적 수월성이 발현될 수 있도록 경험의 장을 제공하는 것이다. 그러한 경험의 장, 교육의 기회는 이돈희(1996)가 주장하는 '적합성의 원리', Aristoteles가 주장하는 '배분적 평등', 그리고 김정권(1996)이 주장하는 '적합한 평등'(equal as fitting)에 의해서 가장 공정하게 배분되는 것이며, 그만큼 교육기회는 정의롭게 관리되는 것이다. 이러한 적합성의 원리나 배분적 평등, 그리고 적합한 평등에 의한 평등교육은 공급자 중심의 교육체제에 의해서가 아니라 학습자의 능력수준, 요구수준, 개인적 특성 등에 가장 합당한 교육처치인 수요자 중심의 교육체제에서 실현될 수 있는 것이다.

또한 인간의 존엄성을 추구하는 가치는 학생의 개인차를 인정하고 중시하는 것이다. 개인차가 있는 모든 학생이 차별 없이 동등하게 인간적 가치와 존엄성을 인정받는 것이라면, 장애학생의 발달을 위한 '독특한 요구'(unique needs)는 발달권 보장이라는 차원에서 개별적 요구에 따라 확보해 가야 한다는 것은 당연한 권리라고 본다.

김병하(1998)도 장애학생들에게 교육받을 기회의 배분 정의에서 뿐만 아니라, 교육과정 운영 면에서도 모든 학생을 위한 교육과정에 장애학생도 가능한 한 포함되어야 한다고 주장하고, 이러한 교육과정상에 있어 배분의 정의를 교육적으로 의미 있는 것으로 실천하기 위해 모든 장애학생들의 학습권 보장을 위해 대안적 조처를 섬세하면서도 철저하게 강구해야 한다는 것이다.

이러한 측면에서 개별 장애학생에게 '적절한' 공교육권을 보장하기 위한 교육의 경영도구로 IEP의 개발과 운영을 법제화한 것은 현장 교사들에게 많은 업무 부담과 실천과정에서 당장 역기능적인 면도 없지 않지만, 그것이 의도하는 철학은 여전히 정당히 평가되어야 한다고 주장하고 있다.

결국 이러한 권리보장은 개인 학생에게 적합한 개별화교육이 실시되어야 함을 시사하는 것으로써, 이제 개별화교육은 적절한 교육을 보장하기 위한 하나의 당위로서 인식되고 확립되어 가야하는 것이다.

이러한 취지에서 미국은 장애학생에게 '적절한 교육'(appropriate education)을 보장하기 위해 1975년 『장애학생교육법』에 IEP의 작성과 운영을 명문화하였다. 미국의 경우 0세부터 21세에 이르기까지 장애학생이 필요로 하는 교통·보호·치료·봉사·지원·환경 등을 비롯하여 교육적 기회가 그 학생에게 가장 적절한 형태로 강구·계획·제공·평가·개선되도록 하고 있다. 또한 이를 위해 적절한 조직 즉, 인적 구성과 지원 대책을 강구하도록 하고 있고, 적절한 교육계획과 그 계획이 적절하게 실천될 수 있는 절차와 방법을 동원하도록 하고 있다. 그 가운데서도 특히 IEP가 중요한 비중을 차지하고 있다. 요컨대 제도적, 법적, 교육적, 행·재정적 등으로 그 학생에게 가장 '적절한' 보호·치료·교육·직업 등의 기회와 방식이 제공되고, 그 과정 및 결과가 엄격하게 검토·

보장하도록 하고 있다.

우리나라를 비롯하여 영국, 일본 등에서도 최근에 들어와 장애학생들에 대한 적절한 교육을 보장하기 위해 법률로서 IEP의 작성과 운영을 명문화하고 있어 이제 선택사항이 아닌 의무사항이 되었다.

이처럼 모든 나라들에서는 장애학생들에게 단순히 취학 기회를 부여한다는 차원을 넘어 진정 그들이 원하고 바라는 최적의 교육을 제공하기 위해 노력하고 있다. 우리도 이제 장애학생들의 취학이 문제가 아니라, 그들에게 어떻게 하면 양질의 교육을 제공할 것인가에 대해 심각하게 고민해 보아야 할 때라고 본다. 그것은 바로 그들의 능력과 적성에 적합한 개별화 교육을 실천하는 길일 것이다.

02 개별화교육계획 관련 법규

미국의 경우 IEP에 대한 관련 근거는 『장애학생교육법』인 EAHA(Education for All Handicapped Act) 및 IDEA(Individuals with Disabilities Education Act)에서 찾을 수 있다. 이 법은 특별한 요구를 가진 학생 및 청소년이 특수교육 및 관련 서비스를 포함한 무상의 적절한 공교육을 받는 것을 보장하기 위해 IEP의 개발을 의무화하고 있다. 또한 이 법들에서는 비밀유지와 공정한 평가에 관한 많은 절차상의 보호조항을 규정하고 있다(Hayes & Higgins, 1978). 나아가 IDEA는 장애학생과 장애 청소년 및 부모의 권리를 보장하고, 장애학생에 대한 서비스 제공과 서비스 평가에 있어 주 정부와 지방정부를 지원할 뿐만 아니라 프로그램의 효과를 보장하도록 하고 있다(American Speech-Language Hearing Association, 1994).

이 법에서는 IEP가 학생의 개별 요구에 기초하여야 하고, 학생에게 제공될 목표와 서비스를 포함한 교육 프로그램을 기술하도록 하고 있다. 또한 IEP에는 16세 이상의 학생을 대상(1997년 개정된 IDEA에서는 전환교육 대상을 14세로 하향 조정하였음)으로 직업훈련, 중등학교 이후의 교육, 독립적인 지역사회의 생활에 적응할 수 있도록 준비시키기 위해 어떤 '전환 서비스'(transition service)가 이용될 수 있는지를 첨부하도록 하고 있다(American Speech-Language Hearing Association, 1994).

또한 학생의 교육적 결정을 내려야 하는 전문가와 부모의 교육적 결정과 책무성에 대한 공평성을 보장하기 위한 합당한 절차를 밟아야 하며, 부모가 학생의 교육기록과 정보를 받을 수 있는 것과 교육정책 입안에 참여하는 것을 기본 정신으로 한 것들이다.

우리나라의 경우 IEP에 대한 규정은『장애인 등에 대한 특수교육법』에 명시되어 있다. 그 내용을 구체적으로 살펴보면,『장애인 등에 대한 특수교육법』 제2조(정의) 7항에서 개별화교육이란 '각급 학교의 장이 특수교육대상자 개인의 능력을 계발하기 위하여 장애유형 및 장애특성에 적합한 교육목표・교육방법・교육내용・특수교육 관련서비스 등이 포함된 계획을 수립하여 실시하는 교육을 말한다'라고 규정하고 있다. 또한 개별화교육 조항(제22조 개별화교육)은 다음과 같다. ① 각급 학교의 장은 특수교육대상자의 교육적 요구에 적합한 교육을 제공하기 위하여 보호자, 특수교육교원, 일반교육교원, 진로 및 직업교육 담당 교원, 특수교육 관련서비스 담당 인력 등으로 개별화교육지원팀을 구성한다. ② 개별화교육지원팀은 매 학기 마다 특수교육대상자에 대한 개별화교육계획을 작성하여야 한다. ③ 특수교육대상자가 다른 학교로 전학할 경우 또는 상급학교로 진학할 경우에 전출학교는 전입학교에 개별화교육계획을 14일 이내에 송부하여야 한다. ④ 특수교육교원은 제1항부터 제3항까지의 규정에 따른 업무를 수행하기 위하여 각 업무를 지원하고 조정한다. ⑤ 제1항에 따른 개별화교육지원팀의 구성, 제2항에 따른 개별화교육계획의 수립・실시 등에 관하여 필요한 사항은 교육과학기술부령으로 정한다.〈개정 2008. 2. 29〉

이를 구체화하기 위하여『장애인 등에 대한 특수교육법 시행규칙』제4조(개별화교육지원팀의 구성)에서 다음과 같이 의무적 강제 규정을 두고 있다. ① 각급 학교의 장은 법 제22조 제1항에 따라 매 학년의 시작일부터 2주 이내에 각각의 특수교육대상자에 대한 개별화교육지원팀을 구성하여야 한다. ② 개별화교육지원팀은 매 학기의 시작일부터 30일 이내에 개별화교육계획을 작성하여야 한다. ③ 개별화교육계획에는 특수교육대상자의 인적사항과 특별한 교육지원이 필요한 영역의 현재 학습수행수준, 교육목표, 교육내용, 교육방법, 평가계획 및 제공할 특수교육 관련서비스의 내용과 방법 등이 포함되어야 한다. ④ 각급 학교의 장은 매 학기마다 개별화교육계획에 따른 각각의 특수교육대상자의 학업성취도 평가를 실시하고, 그 결과를 특수교육대상자 또는 그 보호자에게 통보하여야 한다.

그리고 개별화교육과 관련된 내용으로 『장애인 등에 대한 특수교육법』 제4조(차별의 금지) 제2항에서 '국가, 지방자치단체, 각급 학교의 장 또는 대학의 장은 특수교육대상자 및 보호자가 개별화교육지원팀의 참여 등 보호자 참여에서의 차별을 하여서는 아니 된다'라고 하였고, 『장애인 등에 대한 특수교육법 시행령』 제11조(특수교육대상자의 학교 배치 등) 제3항에서 '각급 학교의 장은 특수교육대상자에 대한 교육지원의 내용을 추가·변경 또는 종료하거나 특수교육대상자를 재배치할 필요가 있으면 법 제22조 제1항에 따른 개별화교육지원팀의 검토를 거쳐 교육장 및 교육감에게 그 특수교육대상자의 진단·평가 및 재배치를 요구할 수 있다'라고 규정하였다.

우리나라 『장애인 등에 대한 특수교육법』 관련 내용을 볼 때 우리는 통합교육을 전제로 한 개별화교육의 실시가 아니고 특수교육 대상자의 능력을 최대한 개발하여야 한다는 입장에서 규정하고 있기 때문에 미국의 『장애학생교육법』(Education for All Handicapped Act) 규정과는 그 접근 방법이 다르다고 볼 수 있다. 어쨌든 이제 개별화교육은 우리의 학교현장에서 반드시 수립·실시해야 할 의무사항이 되고 있어 그에 따른 각종 대책이 강구되어야 할 것으로 본다.

이러한 관련 규정에 비추어 볼 때 개별화교육은 특수교육 서비스를 받는 장애학생을 위한 하나의 법적인 요구 조건으로서, 장애가 있고 특수교육적 서비스가 필요하다고 진단·평가된 학생을 위해서 개별적으로 마련되어야 하는 공식적인 교육계획서라 할 수 있다. 즉, 개별화교육은 학습자 개개인의 학습능력에 맞는 최적의 학습을 제공하기 위한 하나의 절차적 보장인 것이다.

03 개별화교육계획의 구안과 실행

장애학생들의 제한된 능력을 최대한 계발·신장하여 삶의 질을 제고하기 위해서는 그들의 개인적 요구와 필요에 따른 최적의 프로그램을 마련하여 제공할 필요가 있다. 이러한 맥락에서 우리나라에서도 장애학생의 개인적인 요구와 필요에 따라 개별화교육의 중요성을 인식하고 개별화교육의 실시를 법제화하고 있어 이제는 선택사항인 아닌 의무적인 교육활동으로 바뀌게 되었다. 이 장에서는 IEP의 구안과 작성의 실제를 살펴보고자 한다(부록1 개별화교육계획 양식 참조).

1) 개별화교육계획의 기본 방향

특수학교나 특수학급은 다양한 장애유형과 학습특성을 지닌 학생들을 교육해야 하기 때문에 학교 교육과정이 세분화되어야 하며, 운영에 있어서도 다양한 형태를 취하여야 한다. 이미 학교현장에서는 이러한 점을 감안하여 학생들의 능력과 필요에 근거하여 교육을 시도하고 있다. 그러나 현재 여러 가지 현실적인 문제로 인하여 교육의 공적인 책임을 다하기에는 미흡하다고 볼 수 있다. 따라서 개별화교육에 필요한 제반 요소들을 포함하고 있으면서도, 우리의 교육현장에서 실제적으로 적용 가능한 IEP가 구안되어져야 하겠다.

이러한 점에서 우리나라 교육환경에 가장 적절하고 활용 가능한 IEP를 구안하는데 있어서 고려해야 할 기본적인 사항을 제시하면 다음과 같다.

첫째, 선행 연구된 여러 관련 이론과 실천사례를 탐색하여 우리 실정에 적합한 IEP를 창의적으로 구안하도록 한다.

둘째, 장애인 등에 대한 특수교육법, 시행령, 시행규칙 등과 같은 관련 법적 규정들에 근거하여 구안하도록 한다.

셋째, 현재의 교육여건을 감안하여 교사가 심리적·시간적으로 큰 부담을 느끼지 않는 범위에서 수립·실천하도록 한다.

넷째, 학교수준의 교육과정과 연계하여 지도할 수 있도록 구안한다.

다섯째, 장애유형별로 통합하여 적용할 수 있도록 한다.

여섯째, 실제 수업시간에 활용할 수 있도록 지도안과 통합된 모형을 개발한다.

일곱째, 가능한 현재 학교에서 사용하고 있는 제 양식들을 최대한 활용할 수 있도록 구안한다.

2) 개별화교육계획 작성의 실제

(1) 개별화교육계획의 수립 · 운영의 절차

「장애인 등에 대한 특수교육법」 제3장(특수교육대상자의 선정 및 학교배치 등)의 제14조(장애의 조기발견 등), 제16조(특수교육대상자의 선정절차 및 교육지원 내용의 결정), 제17조(특수교육대상자의 배치 및 교육), 제22조(개별화교육)와 이에 대한 동법 시행령 및 시행규칙에 명시된 개별화교육계획의 수립·운영에 대한 전반적인 절차를 살펴보면 다음 [그림 3-1]과 같다(국립특수교육원, 2008)

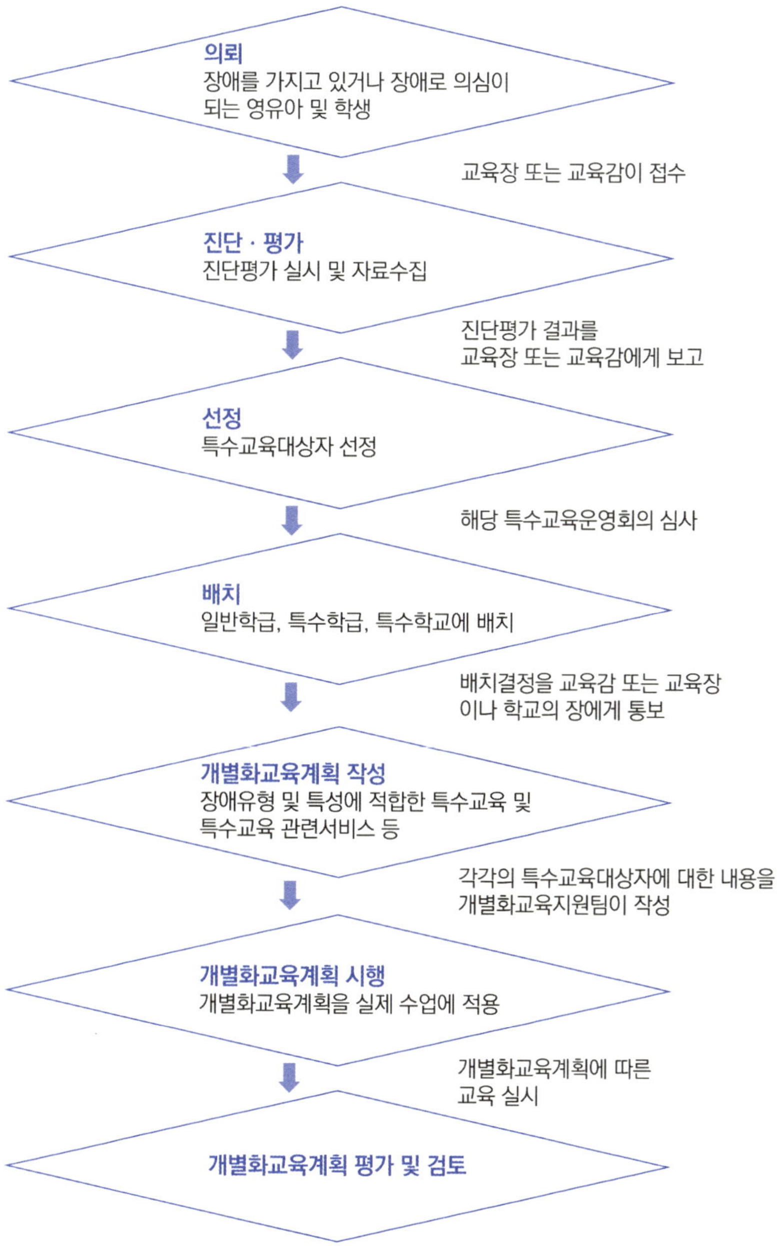

[그림 3-1] 개별화교육계획의 수립 · 운영에 대한 전반적인 절차

(2) 개별화교육 의뢰서 작성

'의뢰'(referral)단계는 학생이 특수교육을 받을 필요가 있음을 확인하기 위한 첫 단계이다. 일반학급 교사, 부모 혹은 그 이외의 사람들에 의해서도 의뢰가 이루어질 수 있으나, 학교에서의 많은 시간을 학생과 대하는 교사가 가장 주도적이고 중요한 역할을 하게 된다(이소현 · 박은혜, 2001).

미국의 경우 의뢰 절차에 대해 법적인 규정은 없고 각 지역교육청이나 각급학교 별로 의뢰 절차를 규정하고 있다. 그러나 우리나라의 경우 의뢰 절차에 대한 구체적인 지침이 없다. 이 문제에 대해서는 다음 두 가지 차원에서 생각해 볼 수 있다. 그 하나는 우리의 경우 당초 IEP를 법적으로 규정하면서 장애학생의 통합교육을 고려하지 않고, 분리교육을 받고 있는 장애학생에 내한 적절한 교육조치만을 염두에 두었기 때문에 의뢰 절차를 생략하였을 것으로 생각할 수 있다.

또 하나는 학생이 특수교육을 받아야 할 특수교육 대상자인가 아닌가 하는 문제는 단위학교에서 결정할 사항이 아니라, 시 · 도교육감 또는 시 · 군 · 구교육장이 각 특수교육운영위원회의 심사를 거쳐 선정 · 배치하도록 되어 있기 때문에 각 단위학교에서는 배치 받은 학생에 대한 적절한 교육대책만 수립하면 되도록 되어 있다. 따라서 단위학교에서 학생이 특수교육을 받을 필요가 있는지를 확인할 필요가 없다는 점에서 의뢰 절차가 생략되었을 수 있다.

이상으로 보면 우리나라의 경우 교육감 또는 교육장이 특수교육을 필요로 하는 특수교육 대상자를 선정 · 배치하고 있기 때문에 이 의뢰절차는 법 규정상 필요하지 않다고 볼 수 있다.

(3) 특수교육 대상 학생의 진단 및 평가

일단 학생이 특수교육적인 조치를 받을 필요가 있다는 의뢰가 있거나 교육감 또는 교육장으로부터 특수교육 대상자를 선정 · 배치 받은 다음에는 학생에 대한 진단 및 평가를 실시하여야 한다. 우리나라의 경우, 앞에서 보는 바와 같이 이미 교육감(고등학교 과정 이하에의 취학) 또는 교육장(중학교 과정 이하에의 취학)

이 각 특수교육운영위원회의 심사를 거쳐 특수교육 대상자를 선정하고, 취학할 학교를 지정·배치하기 때문에 각급 학교에서는 해당 학생이 특수교육 대상자인가를 진단·평가할 필요는 없는 것이다. 따라서 이 단계에서는 장애학생 개개인의 적절한 교육계획을 수립하기 위한 진단·평가가 그 주된 목적이 된다.

이러한 교육계획 수립을 위한 진단·평가 시에는 학생의 강점과 약점 등 전반적인 상황을 알아보기 위해 표준화 검사와 기타 검사를 실시하고, 검사자가 검사결과와 검사과정에서 느낀 소견을 적어 학생의 교육적 배치나 교육계획의 작성에 참고하도록 한다.

그리고 학생의 전 학년 담임과 부모의 협조를 얻어 학생에 대한 전반적인 특성(생육력이나 병력에 대한 기록, 동료와의 관계, 가정환경, 학부모와 담임교사의 행동관찰에 의한 기록)에 대한 내용도 기록한다. 그 다음에 담임교사 의견과 부모의 요구를 기록하고, 최종적으로 개별화교육지원팀의 협의를 거쳐 전체적인 교육계획의 방향을 정한다.

현재 특수학교나 특수학급에서 이용 가능한 각종 검사도구 및 자료는 다음과 같으며, 보다 상세한 내용은 각종 검사에 대한 정보를 참고하여야 한다.

〈표 3-1〉 각종 진단도구

검사명		학생 관련자료
• 지능검사 －고대-비네검사(K-BINET) －그림지능검사(K-PTI) －유아지능검사 －키파지능검사(KIPA) －KEDI-WISC －K-WISC －K-WPPSI －K-ABC • 발달영역 －발달척도검사(KISE) －기초학습기능검사 －교육진단검사(PEP) －유아발달준비도검사 －포테이지관찰표	• 언어 －언어학습능력검사(ITPA) －영유아언어발달검사(SELSI) －그림어휘검사 －우리말조음·음운평가 • 기타 －KISE-기초학력검사 －시지각발달검사(DTVP) －사회적응능력검사 －사회성숙도검사 －적응행동검사(K-ABS, KNISE-SAB) －지역사회적응검사 －자아개념검사 －이화-자폐아동행동발달평가도구(E-CLAC)	• 학업성취 관련자료(전학년도 학업성취 기록, 전학년도 관찰 기록부, 학생발달 기록부, 학부모 면담자료 등) • 학생의 능력을 평가하기 위한 검목표

이때 주의해야 할 점은 표준화 검사결과를 참조할 때 검사결과(예, 지능지수)만을 고려할 것이 아니라 검사과정에서 발견되는 장애학생의 문제해결 특성에 주의를 기울여야 하며, 전체적인 결과보다는 하위영역별 점수에 초점을 두어 그 결과를 학생의 교육목표 설정에 참조하여야 한다. 예를 들어 적응행동 검사결과 학생의 전체적인 진단 프로파일 결과에 초점을 둘 것이 아니라 영역별 프로파일의 결과를 이용하여 학생의 교육목표를 설정하는 데 도움을 줄 수 있어야 한다.

(4) 현재 수행수준 파악

장애학생의 현재 성취수준을 정확하게 파악하는 것은 교육목표 설정과 교육실행을 위한 기초 정보가 된다. 이러한 수행수준의 파악은 주로 교육과정 검목표에 기초한 평가를 통해 각 교과 또는 영역에 대한 정확한 학업성취 수준을 파악할 수 있다. 그리고 형식적·비형식적인 사정, 행동특성의 기술, 그리고 체크리스트나 연속적인 기술목록 등을 통하여 교육적 지원이 요구되는 우선영역, 예컨대 개개 장애학생들에 대하여 국어, 수학, 그리고 그 밖의 학문적 기술, 의사소통기술, 직업적 능력과 요구, 행동상의 패턴, 자조기술, 그리고 운동근육 기술영역들을 파악하도록 한다. 이렇게 파악된 학생의 현재 교육적 성취수준에 대한 진술은 학생의 강·약점 모두가 기술되어야 하고, 내용 면에서 포괄적이어야 한다. 즉, 신체적·의학적·감각운동적 기능뿐만 아니라 각 교과영역의 수행수준에 대해서도 진술되어야 한다.

일반적으로 현재 수행수준에 대한 문장의 진술은 그 대상학생이 할 수 있는 것들을 중심으로 긍정적으로 기술해야 한다. 예를 들어, '대상학생은 시간표 내용의 절반을 알지 못한다'보다는 '대상학생은 시간표 내용의 50%를 확인하고 교과서를 준비할 수 있다'가 보다 긍정적인 표현이라고 할 수 있다.

참고로 Strickland & Turnbull(1993)이 제시한 현행수준의 작성요령 및 기준을 보면 다음과 같다.

① IEP의 다른 요소들과 적절한 직접적인 관계가 있어야 한다.
② 결점뿐만 아니라, 강점을 보는 긍정적 관점에서 서술한다.
③ 명확하고 간결하게 서술한다.
④ IEP를 작성하는 시점에서의 현재 능력의 기록이어야 한다.

(5) 장 · 단기 교육목표의 설정

학생의 수행능력 수준의 평가에 기초하여 연간 교육목표와 단기 교육목표를 구체화하게 된다. 이렇게 결정된 교육목표는 학생을 지도하는 과정에서 항상 수정될 수 있도록 유연성을 가져야 한다.

① 장기목표(연간목표)의 설정

연간목표는 1년 동안 이루어져야 할 교육목표를 말한다. 개개 학생에 대한 연간목표는 독특한 요구를 충족시키고 능력에 맞도록 개별적으로 결정되어야 한다. 그러나 1년 후의 성취정도를 정확하게 예견하기란 어려우므로 학생의 생활연령, 예상되는 학습속도, 학생의 과거 성취정도, 현행수준, 목표의 현실성, 우선순위, 할애할 수 있는 수업시간 등을 고려하여 합리적이고 적절하게 연간목표를 설정하도록 한다.

연간목표는 학교 교육과정에 근거해 교과 영역별로 제시하여야만 교육과정 운영에 효율적으로 대처할 수 있으며, 포괄적이고 체계적으로 진술하여야 한다. 그래야만 단기목표 및 세부목표를 효과적으로 설정할 수 있다. 그러나 학생의 장애 정도가 심하여 교과 영역별로 구분하여 목표를 정하기 어려운 경우에는 인지영역, 정서영역, 운동영역 등으로 나누어 목표를 정할 수도 있다.

이러한 연간목표는 다음과 같은 우선순위를 고려하여 정하는 것이 바람직하다.

- 학생이 주변 환경에서 활용할 수 있는 것인가?
- 기능적이며, 실제로 유용할 것인가?
- 학생이 자주 사용하게 될 것인가?
- 학생이 해당 기능을 학습하는데 흥미를 가질 수 있는 것인가?
- 해당 기능을 성공적으로 교수할 수 있는 것인가?

- 보다 복잡한 기능의 학습에 필요한 것인가?
- 해당 기능을 학습하면 자립성이 향상될 수 있는가?
- 해당 기능을 습득하게 되면 제한성이 보다 적은 학습 환경으로 이동할 수 있는 것인가?
- 학생 자신 또는 타인에게 위험한 행동이므로 수정할 필요가 있는 것인가?

그리고 연간목표는 '학생중심'으로 기술되어야 한다. 학생의 기술을 개발하는 것이 목적이며, 효과성에 대한 유일한 척도는 '무엇을 가르쳤느냐?'라기보다는 '무엇이 학습되었느냐?'가 되어야 한다. 마지막으로 목표는 개개인의 실제요구와 관련성 있는 적절한 것이어야 한다. 불행하게도 앞에서 나타난 것처럼, IEP 연간목표가 가끔 이 준거를 만족시키지 못하고 있음이 연구에서 지적되고 있다.

일반적으로 연간 교육목표는 교육계획 및 프로그램 개발의 장기적인 방향을 제시해 주는 것으로써, 교육목표를 설정할 때에는 각 교과나 영역을 가능한 기능중심 또는 통합교과 등으로 모두 포함시켜 다양한 학습경험을 하도록 하여야 한다. 그러나 학생의 우선적 요구와 학습능력, 교수에 걸리는 시간 등을 고려하여 목표범위를 융통성 있게 정하여야 한다.

② 단기목표의 설정

연간목표가 설정되면, 그 목표를 달성하기 위하여 이를 '과제분석'(task analysis)하여 단기목표를 정하게 된다. 장기목표는 주로 포괄적인 학습내용과 방향을 정한 것이라면, 단기목표는 실제적인 학습활동 내용을 말한다. 단기목표는 학생의 현재 수준에서 시작하여 여러 단계의 목표로 구성될 수 있다. 점차적으로 주간목표의 수행수준을 높여가면 이에 대한 마지막 단계가 장기목표가 된다.

단기목표를 계열적인 요소로 분석하는 과정에는 과제분석 방법을 사용하게 되는데, 과제분석은 특정 과제나 행동 완성에 필요한 하위과제의 확인이나 목표 행동의 더 작은 요소 확인을 뜻한다. 이를 '교육과정 검목표'와 관련 지워 보면, 각 영역별(교과별)로 마련한 검목표는 현재 수행능력 수준에 해당하는 항목에서 점차 한 단계씩 다음의 항목으로 나아가 연간 교육목표에 이르는 과제전향분석의 방법을 주로 사용한다. 그러나 검목표가 마련되어 있지 않은 경우에는 교사가 임의로 장・단기 교육목표를 설정하여야 함으로 학생의 능력과 특성에 따른 적절한 교육목표를 설정할 수 없다. 따라서 장・단기 교육목표를 효율적으로 설정하기 위해서는 먼저 교육과정 검목표가 마련되어야 한다.

단기목표의 진술에 있어서는 측정 가능하고, 긍정적이며, 학생 중심적이며 관련성 있는 적절한 것이 되어야 한다. '측정 가능한' 목표는 평가의 기초를 마련해 준다. 개별화 교육목표의 진술은 '안다, 이해하다'와 같이 평가와 관찰자의 합의를 혼동하게 하는 모호하고 일반적인 언어보다는 '발음하다, 쓰다'처럼 행동을 나타내며 따라서 조작적으로 정의될 수 있는 용어를 사용해야 한다. '긍정적'인 목표는 적절한 교수의 방향을 제시해 준다. 부정적인 용어를 피함으로써 학생의 진보를 도표로 만드는 데뿐만 아니라 부모와의 의사소통에도 도움이 되는 분위기를 창출하게 된다.

이러한 단기목표(학생의 표적행동)에는 특정한 학습자를 위해 상술되어야 하고, 그 행동이 나타날 수 있는 상황이 설정되어야 하며, 또한 성공적인 수행기준이 포함되어야 한다(행동목표). 예를 들어, 직업적인 기술과 관련이 있는 목표로 '10을 셀 수 있다' 등과 같이 모호하게 진술해서는 안 된다. 이보다는 구체적으로 진술되어야 할 것이다. 즉, 앞서 연간목표에 적용된 4가지 준거가 단기목표에 더욱 적절하게 적용되어야 한다. 단기목표는 더욱 정확한 것이므로, 측정 가능하다라는 준거가 숙달(완성)에 대한 하나의 준거로 통합되는 과정을 통하여 더욱 강화되어져야 한다.

※행동목표 진술의 예: 열까지 세라고 하면 (조건) 100% 정확하게 (성공적인 수행기준) 외워서 셀 수 있다. (관찰가능한 행동)

(6) 지도방법, 지도장소, 지도형태 및 지도자의 결정

앞서 결정된 목표에 대해서 어느 시간(교과 및 영역)을 이용하여 어떤 지도형태(개별, 학급별, 그룹별 등)로, 누가, 어느 정도의 기간을 지도할 것인가 등을 결정하도록 한다. 이 계획서 작성에 있어서는 다수의 지도자, 다양한 장면 및 장소를 활용하도록 배려함으로써 유연한 지도체제를 마련하도록 한다.

계획서 작성은 ① 개개 학생에 대한 지도목표를 어느 시간(교과 및 장면)을 이용하여 지도할 것인가를 결정하여 개인별 연간지도계획을 작성한다. ② 작성된 개인별 연간지도계획을 통합하여 각 지도목표가 그룹별 지도가 가능한 것인가, 아니면 개별지도가 필요한 것인가 등을 검토하여 지도형태를 결정하도록 한다. ③ 지도 담당자를 결정하고, 시간표를 작성하도록 한다. 이때 일반학교 및 일반학급과의 통합교육도 고려하도록 한다.

특히, 미국의 경우 장애학생이 일반교육에 참여하는 일이 법적으로도 장려되고 실제로도 증가함에 따라 일반교육의 참여 정도를 IEP에 명시하도록 규정하고 있다. 그래서 전체 교육시간 중 차지하는 비율을 백분율로 표시하거나 하루 혹은 일주일 단위로 몇 시간씩인지를 명시하는 방법을 많이 사용하고 있다. 그러나 이러한 규정이 있다고 하여 모든 장애학생을 무조건 일반학급에 보내는 것은 아니며, 일반교육 프로그램에의 참여 정도는 장애학생의 교육적 필요에 근거하여 결정하고 있다(이소현·박은혜, 2001).

우리나라에서도 최근 장애학생의 통합교육이 법적으로 명문화되어 있다. 또한 학교 현장에서 실제로 장애학생에 대한 통합교육이 확대 실시하고 있다. 때문에 장애인 등에 대한 특수교육법 등 관련 법령에 장애학생이 일반교육 프로그램에 참여하는 것을 명문화하여 실질적인 통합교육을 활성화 시킬 필요가 있다고 본다. 그리하여 일반교육 프로그램으로 의미 있는 참여를 촉진하기 위한 다양한 '교육과정 수정전략'에 대한 연구가 국가, 지역교육청, 연구기관 또는 개인 연구자 수준에서 다양하게 이루어져야 할 것으로 본다.

(7) 특수교육, 관련 교육활동 및 서비스 전달의 조정

IEP에는 구체적인 특수교육(보상활동)과 관련 교육활동에 대한 진술을 포함해야 한다. 이러한 진술은 학생의 독특한 교육적 요구와 그러한 요구를 충족시키는데 관련된 교육활동을 정확하게 기록하기 위해서이다. 미국의 『장애아교육법』에서는 특수교육 및 관련 활동을 다음과 같이 규정하고 있다.

첫째, 특수교육은 장애학생의 독특한 교육적 요구에 알맞게 특별히 설계된 교수로서 교실교육, 교실 밖의 교육, 가정교육, 병원이나 시설에서의 교육 등을 포함한다.

둘째, 관련 교육활동은 장애학생의 독특한 요구를 충족시키기 위해 언어치료, 청능 훈련, 심리치료, 물리치료 및 작업치료, 놀이치료, 장애의 조기진단과 발견, 상담 서비스, 진단과 평가를 목적으로 하는 의료 서비스, 직업지도, 부모의 상담과 훈련, 수송 서비스 등을 제공하는 것을 의미한다.

우리나라의 경우 『장애인 등에 대한 특수교육법』에 의해 지역교육청으로부터 배치 받은 학생을 대상으로 하도록 되어 있기 때문에 특수교육적 서비스는 학생의 교육목표 달성에 필요한 교수-학습전략 및 자료를 선정하고, 교육을 담당할 교사를 결정하면 될 것이며, 관련 교육활동은 장애학생의 요구에 따라 여러 가지 치료 서비스의 종류와 시간 및 치료교육 담당자, 통학에 따른 수송 서비스, 부모 상담과 훈련 등의 활동으로 서비스를 제공하는 것이 바람직하다고 본다.

그리고 장애학생에게 제공될 서비스는 시작일과 종료일을 IEP에 기록하여야 한다. 만약 장애학생에게 제공하는 특수교육적 서비스가 유용하지 않는 것으로 밝혀질 때에는 다른 기관과 협력하여 서비스를 제공하는 등 여러 가지 방법을 즉각적으로 검토해 보아야 한다. 그리고 나서 그러한 서비스를 언제까지 제공할 것인지를 결정하여 IEP에 그 일자를 구체적으로 기록해야 한다.

(8) 교육목표의 평가계획

연간 교육목표와 단기 교육목표가 설정되면, 목표의 성취여부를 평가할 구체적인 평가계획을 마련하여야 한다. 이러한 평가계획에는 반드시 다음의 요건이 갖추어져야 한다.

① 평가를 위한 목표준거(검목표)의 설정: 해당 과제에서 어느 정도를 성취해야만 목표를 달성하였나를 판단할 수 있는 기준을 제시하는 것으로써, 교육목표의 평가준거를 밝혀야 한다.

② 적절한 평가절차의 결정: 적절한 평가절차의 결정이란 어떤 도구와 방법으로 평가를 할 것인가에 대한 결정으로서, 교사의 질문이나 관찰 또는 교사 자작검사, 기타 표준화된 성취도검사 등으로 결정하여야 한다.

③ 평가의 시간계획: 교육목표의 평가에 있어서 교사는 매일의 수업장면에서 계속적으로 평가를 실시해야 하며(형성평가), 가능하면 계획된 단기목표 수행이 끝난 후, 즉 월별평가를 계획함이 바람직하다. 종합적인 평가는 학기별로 연 2회 하는 것이 바람직하다(총괄평가).

앞에서 행해진 학생의 현재수준 평가, 교육목표의 구체화, 특수교육 및 관련 교육활동 서비스 제공 등에 대한 조정이 끝나면 IEP가 1차적으로 완성된 것이다. 완성된 IEP에 IEP운영위원회의 위원들이 서명함으로써 이 계획을 승인하게 된다.

04 개별화교육 실시의 고려할 점

1) 특수교육의 방향에 대한 명확한 인식

특수교육은 삶 전체의 교육인 동시에 계속적인 교육으로 그 개념이 바뀌어 가고 있으며, 여러 연구 결과에서 보듯이 아무리 심한 장애인이라도 뭔가를 배울 수 있다는 철학이 대두되고 있다. 즉, 전통적인 학문중심의 방향에서 벗어나 좀 더 포괄적인 개념을 지녀야 한다는 주장이 강조되고 있다.

교육이란 어떠한 하나의 행동을 의미 있고 긍정적인 방향으로 바꾸어 나가는 일이라면, 중증장애인이 그의 이름을 부르면 알아듣고 부르는 방향으로 고개를 돌리거나 웃음을 짓거나 부른 사람의 얼굴을 쳐다보면 그는 교육을 받은 것이다(박경희, 1993).

교육의 개념이 좀 더 기능적이고 현실적인 방향으로 바뀌어 나가기 위해서는 교육의 커다란 맥락인 '무엇을 가르칠 것인가?'와 '어떻게 가르칠 것인가?'에 대한 적절한 답이 있어야 한다. 그러나 지금까지 교육현장에서는 '어떻게 가르칠 것인가?'에 대해 많은 관심을 가져왔고 또 고민해 왔다고 생각하고, 여기서는 아직까지 적절한 답을 찾지 못하고 있는 '무엇을 가르칠 것인가?'에 대해 살펴보기로 한다.

좋은 서비스를 제공하기 위한 가장 중요한 과제는 무엇을 가르칠 것인가이다. 즉, 가르칠 교육내용이 무엇인가 하는 것으로써, 그 내용을 결정하는 것에는 철학적 기준이 따라야 한다(Johnson & Gadberry, 1981).

장애학생 교육에서의 일반적인 교육내용 선정기준으로는 나이에 적합한 교육, 개별화교육, 최소 제한된 환경, 정상적인 삶의 스타일 교육 등을 들 수 있다. 이러한 관점에서 특수교육에서 선정될 수 있는 교육내용으로는 ① 학교나 부모, 지역사회에서는 한 학생을 위해 현재 가지고 있는 학생의 잠재능력을 극대화하여 학급의 구성원, 가족 구성원 나아가 지역사회의 구성원으로 현재의 환경, 바로 다음에 올 환경, 졸업 후 성인생활에서 직면하게 될 환경에서 필요한 지식, 기능 및 태도를 기를 수 있는 내용, ② 학생의 흥미 및 관심에 기초를 두고 실제생활의 장면에서 전개할 수 있는 내용, ③ 참가와 협조에 의한 집단활동으로 전개될 수 있는 내용, ④ 학생들에게 여러 가지 경험을 계통적으로 부여할 수 있는 내용 등이다.

위에서 제시한 포괄적인 교육내용을 기능적 생활중심 교육과정으로 계통화시키면 다음 〈표 3-2〉와 같다. 그리고 중증장애인이 일반적으로 배워야 할 내용을 제시하면 〈표 3-3〉과 같다.

〈표 3-2〉 기능적 생활중심 교육과정

지도 내용	지도 요소	
현대생활에 대한 통찰력 획득	▸ 일상생활에의 과학과 기술의 적용 ▸ 생태학/ 환경교육 ▸ 도덕과 가치관 ▸ 대중 정보매체	▸ 미학의 감상 ▸ 과학적인 방법 ▸ 상징적인 언어 ▸ 인간 경험의 인식
자기 자신 및 타인의 이해	▸ 자신의 이해 ▸ 집단에서의 성공적인 활동	▸ 사회적 인간관계 확립 ▸ 문화알기

지도 내용	지도 요소
	▸여행을 통한 이해의 확대 ▸가정생활/ 가족생활 ▸인간의 성 ▸내적·외적 갈등 다루기
책임 있는 성인이 되는 것	▸민주사회의 참여 ▸생애의 선택 ▸상품의 생산과 소비 및 서비스 ▸돈의 관리 ▸책임감
독립생활을 위한 교육	▸사고와 문제해결 기능의 촉진 ▸기본적 기능숙달(읽기, 쓰기, 의사소통, 수학적 계산) ▸생산적인 여가생활의 이용 ▸가사/가정관리 ▸개성의 표현과 자기표현 ▸자조 기술 ▸신체적 건강

〈표 3-3〉 중증장애인을 위한 지도내용 및 지도요소

지도 내용	지도 요소
학습방법	▸주목하는 방법 ▸모방하는 방법 ▸변별 및 식별하는 방법
운동	▸대근육 운동 ▸소근육 운동 ▸이동능력
의사소통	▸언어적 의사소통 ▸비언어적 의사소통(대체수단, 표정, 몸짓 언어)
신변자립	▸혼자 밥 먹기 ▸화장실 사용 훈련하기 ▸여러 가지 생존기술
기초학습	▸기능적 읽기 ▸기능적 셈하기
여가선용	▸가정에서 즐길 수 있는 여가기술 ▸지역사회에서 즐길 수 있는 여가기술
작업지도	▸생활훈련 ▸능력에 따라 보호작업장에서 간단한 일을 할 수 있는 기술

좋은 교육 서비스를 제공하기 위해 무엇을 가르칠 것인가에 대해 개괄적인 교육내용을 살펴보았다. 다음에는 이 많은 교육내용을 어떤 계열로, 어떤 원칙 하에서 가르칠 것인가에 대한 우선순위를 결정해야 한다.

Orelove와 Sobsey(1987)가 제시한 교육내용 선정의 우선순위를 제시해 보면 다음과 같다(박경희, 1993).

① 사회적 그리고 교육적 관련: 가르칠 기술을 선택할 때 고려할 점으로는 다음과 같은 질문에 얼마나 들어맞느냐 이다.
- 그 기술이 최소 제한된 환경으로 옮겨가는데 필요한 것인가?
- 얼마나 많은 미래 환경이 그 기술을 요구하는가?
- 하루에 얼마나 자주 그 기술이 필요한가?
- 그 기술이 비장애인과의 관계를 촉진시킬 것인가?
- 의료적으로 그 기술이 필요한가?
- 학생이 그 기술을 배우고자 선택하는가?
- 그 기술이 기능적이고 나이에 적합한가?
- 그 기술을 터득하면 돌보는 사람에게 덜 의존하는 결과를 초래하는가?
- 그 기술의 수행이 그 학생의 신체, 감각, 의사소통 기능을 더 발달하게 하는가?

② 부모나 보모의 관심사: 부모들이 자신의 자녀와 지역사회에서 같이 하고자 하는 기술이나 여가선용 방법을 가정조사를 통해서 우선순위를 결정할 수 있다. 예를 들면, 부모가 화장실 사용훈련이 그 학생을 데리고 낚시하러 가는데 가장 요구되는 관심사라고 말한다면, 교사는 우선적으로 화장실 사용훈련에 대한 목표를 세우고 다음으로는 낚시를 따라가서 휠체어나 의자에 앉아 목을 가누고 볼 수 있는 몸자세를 지도하는 것이 다음 목표가 될 것이다.

③ 학생의 우선순위: 학생이 하고 싶어 하거나 흥미로워 하는 것에 우선순위를 둔다. 학생이 진공청소기 소리를 좋아하면 청소기를 사용하여 청소하는 것을 우선순위로 내세울 수 있다.

2) 지역사회 적응과제의 인식

우리는 그동안 장애학생에게 단순히 학교 교육의 기회가 주어지는 것에 만족하거나 장애학생들도 비장애학생들처럼 운동기술, 언어, 자조기술 등의 분리된 수업을 통해 학습한 것을 통합하여 그들의 일상생활에 적용할 수 있다고 추정하면서 수업을 이끌어 온 사실에 대해 부인할 수 없을 것이다. 필수적인 선수기술 습득의 '준비성'에 대한 강조로 장애학생들에게 각자의 생활연령에 적합한 기술들을 가르치는데 문제가 있었고, 지역사회에서 현재와 성인이 된 미래에 생활하는데 필요한 기능적인 기술들을 가르치는데 실패하였다.

또한 장애학생들의 학습양식과 특성(예를 들면, 학습의 전이나 일반화의 문제, 학습하는데 많은 시간을 요하는 특성)에 대한 이해가 부족하다는 문제가 드러났고, 실제로 비장애인과 함께 사는 세계에 참여하는 것을 준비시키지 못했다는 특수교육 성과의 타당성에 대한 의문이 제기되고 있다.

이러한 지금까지의 교육과정 접근에 대한 불만족은 장애인의 지역사회 참여를 보장해야 한다는 특수교육과 장애인 서비스 관련분야의 주요 이념을 바탕으로 실질적으로 장애학생이 성인이 되어 삶의 질을 제고할 수 있는 요소를 갖추기 위해 모든 연령층의 장애인에게 '지역사회 적응'이라는 과제를 프로그램들의 핵심적인 목적으로 여기게 되었다.

이제 단순히 무엇을 가르쳤다는 것에 대해 만족할 때는 지났고 가르친 결과로서 학생 자신의 삶의 질과 주위사람들의 학생에 대한 반응이 향상되는 것으로 교수의 방향이 설정되어 '왜 이 시점에서 이 기술을 가르치려고 선택하는가?'의 질문에 답할 수 있어야 할 것이다. 이러한 특수교육이야말로 한 장애인이 그 지역사회에서 확실한 구성원으로 느끼게 되는 '공동체적 의식'이 공유되는 상태로 이끌 수 있는 것이다.

3) 부모의 교육적 요구 파악

교육은 가정과 사회 즉, 교사와 학부모가 상호 협력함으로써 의미 있는 교육성과를 얻을 수 있다. 이성호(1994)는 교육도 교육에 관계하는 여러 사람들 간의 협동적인 의사결정과정이며, 이러한 의사결정과정에 교사와 부모의 참여와 협의는 교육의 질을 향상시킨다고 하였다. 김병하(1983)는 한국 특수교육의 문제점을 지적하는 가운데 특수교육 서비스에 부모의 참여기회를 확대・보장해야 된다고 부모참여의 필요성을 강조하고 있다.

김경락(1982)은 장애학생에게 가장 가까운 환경은 부모이므로 효과적이고 원만한 특수교육을 위해서는 학교교육과 부모의 협력, 지도가 잘 조화되어야 비로소 그 효력을 발생한다고 지적하고 있다. 이보숙과 전난주(1986)는 학교와 가정의 일관성 있는 교육목표와 협력적인 관계의 필요성을 제시하고, 부모와 교사는 참된 교육목표 달성에 있어서 내용, 계획, 구조, 물질적・교육적 조건을 논의하는 것에 만족하기보다는 활동목표에 대해 새롭게 심사・숙고하여 인간의 존엄성이 중요하다는 확신을 먼저 가져야 한다고 주장하고 있다.

Telford와 Sarew(1981)는 장애학생에게 적절한 교육은 부모, 교사, 전문가 등이 함께 개발한 개별 프로그램이라고 하였다. 이는 IEP의 구성과정에 부모가 함께 참여함으로써 학생의 교육적 요구를 고려한 교육 프로그램이 보장될 수 있다는 의미를 시사한다. 신영옥(1995)은 학교 수준 교육과정 개발에 학부모가 참여함으로써 IEP를 위한 학생의 특성과 장단점을 파악하는데 도움이 되는 것은 물론이거니와 학교와 부모, 가족 간의 긴밀한 유대관계를 통해서 성공적인 IEP실행에 도움이 될 수 있다고 하였다.

한편, 박기환(1996)은 장애학생의 부모로서 미국에서의 교육경험에 대해 다음과 같이 술회하고 있다. IEP회의에서 학생에 대한 1차적인 의견을 제시하는 것이 부모의 역할이다. 이때 아이를 키우면서 느낀 점을 이야기하고 부모가 원하는 것이 무엇인가를 이야기한 후, 특수교육의 필요성이 확인되면 학생에게 필요한 것이 무엇인지 찾아서 각 영역별로 단기간의 학습목표를 세우는데 시간을 보낸다는 것이다.

이와 같은 여러 선행 연구 및 제안에서 살펴본 공통점은 학생의 가장 적절한 교육을 위해 어떤 교수목표가 주어진 시간에 '가장 타당하고', '가장 우선적으로' 선택되어야 하는지 교사와 부모가 밀접히 협의해서 결정해야 한다는 것이다.

그러나 한 학생의 개별화교육에서 필요한 기술의 우선순위가 동일하다 하더라도 교육적 철학과 관점에 따라 가르친 결과는 학생 자신의 삶의 질과 주위 사람들이 본 학생에 대한 반응에는 많은 차이가 있을 것으로 예상한다.

지금까지 살펴본 바와 같이 한 개인의 삶의 질 향상에 중요한 환경요소의 하나인 교사와 부모가 서로 협의하여 그 개인의 생활경험의 질에 주위를 집중하여 개별화교육 목표, 넓게는 교육과정의 목표선택에 있어서 그 우선순위와 방향성을 정해야 한다. 그러기 위해 부모의 교육적 요구를 포괄할 수 있는 행정적인 체계가 필요하고, 부모가 학생의 개별화 교육에 의미 있는 목표를 요구할 수 있도록 부모교육이 선행되어야 한다. 아울러 부모와 교사가 학생의 잠재적인 기능성에 관심을 가져야 하며, 또한 개별화교육에 대해서도 긍정적인 태도를 가져야 할 것이다.

05 전환교육계획과 관련법

「장애인 등에 대한 특수교육법」에서는 전환교육이란 용어 대신 진로 및 직업교육을 사용하고 있다. 이에 따르면, '특수교육대상자의 학교에서 사회 등으로의 원활한 이동을 위하여 관련 기관의 협력을 통해 직업재활훈련 및 자립생활훈련 등을 실시하는 것'이라 정의하였다(제1장 총칙 제2조 정의). 이는 진로 및 직업교육을 법적 용어로 개념을 명확히 하고 기존의 진로 및 직업교육의 범위를 확대 규정하여 학교에서 사회로의 이동을 원만히 준비할 수 있도록 전환 서비스 지원 체계를 확립하도록 명시한 것으로 볼 수 있다.

또한 제4장제21조(개별화교육)에서 '각급 학교의 장은 특수교육대상자의 교육적 요구에 적합한 교육을 제공하기 위하여 보호자, 특수교육교원, 일반학교

교원, 진로 및 직업교육 담당교원, 관련서비스 담당인력 등으로 개별화교육지원팀을 구성'하도록 하고 있다. 「장애인 등에 대한 특수교육법」은 미국 관련법과 달리 개별화전환교육계획(ITP)에 대한 조항을 담고 있지 않지만 개별화교육계획을 통하여 전환계획을 실시 할 것을 제안하고 있다. 특히 개별화교육지원팀이라고 하는 관련 인사들의 구성을 강조하였고, 제4장제23조 3항에서도 효과적인 진로 및 직업교육을 지원하기 위하여 관련 기관과의 협의체를 구성할 것을 명시하였다.

결국 「장애인 등에 대한 특수교육법」에 의하면 학교에서 사회로의 원만한 이동을 위해 전환계획 단계에서 다양한 관련 인사들의 협의체를 통해 종합적인 계획을 실시해야 함을 강조하고 있다. 그러나 미국 IDEA(The Individuals with Disabilities Education Act)의 개별화전환계획 규정과 같이 가능한 14세 이전에 작성하여야 한다는 작성 시기에 대한 규정은 두고 있지 않다.

한편 미국 IDEA(1997)에서는 전환계획 시 크게 4가지 영역을 강조하였다. 첫째, 학생의 요구에 기초해야 한다. 이를 위해 학생들의 선호도와 관심이 무엇인지 고려하여야 한다. 둘째, 결과-중심 과정(outcome-oriented process)을 강조한다. 이는 학생이 원하는 고용과 성인 생활과 관련된다. 셋째, 학교, 가정, 지역사회, 성인 서비스 체계, 학교 졸업 이후 환경 등이 관여된 폭넓은 활동 영역과 지원이 포함되도록 계획하여야 한다. 넷째, 학교에서 사회로의 전환은 장애 수준에 따라 다양한 전환과정(경쟁고용, 지원고용, 보호고용 등)이 이루어지도록 해야 한다(Will, 1983; Flexer et al., 2008 재인용).

06 졸업 이후의 궁극적 목적

전환교육의 궁극적인 목적은 장애학생의 졸업 이후 삶의 비전이 긍정적인 결과로 나타나는 것이다. 졸업 이후 성인으로서 생활하게 될 직장, 주거, 지역사회 참여 등이 각 개인의 성취와 연관되어야 한다. 이를 위해 개인의 현재

능력, 흥미와 관심, 활용할 서비스 내용 등이 고려되어야 한다. 또한 개인에 대한 구체적인 정보를 파악하여야 한다. IDEA(2004)는 전환서비스를 계획하는데 필요한 것을 다음과 같이 제시하였다.

결과 중심의 과정으로써, 장애학생의 교과와 기능적 성취가 학교에서 졸업 이후 활동을 촉진하는데 중점을 두는 것이다. 중등 이후 교육, 직업 교육, 통합된 고용(지원고용 포함), 계속교육, 성인교육, 독립생활, 지역사회 준비 등도 포함되어야 한다(Section 602(34)(A).

특히 다음과 같은 졸업 이후의 영역을 강조하고 있다.

1) 고용: 지원고용을 포함한 통합된 고용
2) 중등 이후 교육: 계속이나 성인교육/직업교육
3) 주거: 독립생활
4) 지역사회 참여: 성인 서비스

졸업 이후의 목적은 궁극적으로 학생의 바람직한 모습을 염두에 둔 영역별 성취 결과로 나타난다. 그리고 이 목적은 개별화교육계획의 장기 목적과 일치하게 되므로 전환과정과 연계하여 작성할 수 있을 것이다. 즉, 졸업을 시점으로 하여 궁극적 목적(outcome goals), 혹은 장기 목적에서 역으로 개별화교육계획의 단계별 목적을 시기별로 설정해 갈 수 있다.

졸업 이후의 목적은 실제적인 것을 많이 경험하고 성취 가능성이 높은 것이어야 한다. 이를 위해서는 학생이 직접 과정에 참여할 수 있는 기회를 제공하고, 스스로 자신의 능력을 확인하는 능동적인 활동을 유도하여야 한다. 이는 미래, 본인의 삶을 적극적으로 개척하고 책임감을 갖게 하는데 중요한 역할을 한다. 또한 직업교육, 교과 학습, 지역사회 참여 등에서 장애학생의 관심과 능력에 따른 경험을 제공함으로써 보다 현실적이고 미래지향 목적이 될 수 있다.

장애학생의 전환 목적은 그 진행 과정에서 수시로 융통성 있게 변화될 수 있다. 전환계획의 진행 과정에서 목적이 수정되거나 추가될 수 있고, 예상되거나 예상되지 못했던 상황이나 일 혹은 바람으로 인해 일정이 변경될 수도 있을 것이다.

07 전환 일정계획

전환과정은 일시적이거나 한 번의 목적 달성으로 끝나는 것이 아니라 개인의 생애 전 과정을 통해 진행된다. 전환과정에서 수없이 많은 전환 시점이 이루어진다. 학자들에 따라서 이를 수직적 전환과 수평적 전환 시기로 나누어 설명한다. 수직적 전환은 모든 사람들이 겪게 되는 삶의 진행 과정상에 나타나는 시기적 경우이다. 즉, 유치원에서 초등학교 진학, 각 학년별 전환, 초등학교에서 중학교 그리고 고등학교로의 전환 또한 졸업 이후 성인생활들의 전환과정 등이 이에 해당된다. 수평적 전환은 동일한 연령대에서 이동이 이루어지는 과정이다. 즉, 병원학급에서 특수학교로의 이동, 특수학교에서 일반학교로의 이동 등이다. 결국 전환은 개인의 전 삶의 과정을 통해 수시로 발생되고 진행되는 경우라고 할 수 있다.

학교에서 중등교육 이후 환경으로의 전환계획에 중점을 두고 Flexer 등(2008)은 〈표 3-4〉와 같이 전환계획 일정을 제시하였다. 이 일정은 중등 수준 학생의 전체적인 교육적 경험에 초점을 맞추어 교육적 발달 경험을 나열한 것이다.

〈표 3-4〉 전환계획을 위한 일정

초등 수준: 1-4학년	
목적: 고용 가능성과 독립적 생활 기술과 태도 목표: 1. 긍정적인 작업 습관 개발 2. 모든 작업 유형 숙련 3. 장애 극복 능력 훈련 가능한 활동 영역:	
• 통합 활동	• 작업표본 활동
• 진로 현장 견학	• 작업에 대한 토의
• 관심 있고 흥미 있는 일의 토론	• 기술의 탐색
• 결정-하기와 문제해결 기술	

중등 수준: 5-8학년

목적: 진로 탐색과 관련 과정에 대한 전환계획
목표:

1. 학교에서 직업 관련 일에 대한 이해
2. 흥미, 태도, 선호도의 이해
3. 직업, 교육, 독립생활, 지역사회에 대한 이해
4. 일반 중등 과정 진로 결정
5. 중등 교육에 대한 필요한 수정과 지원 결정
6. 14세 이전 원하는 진로에 참여하는데 필요한 구체적인 전환 서비스 결정

가능한 활동 영역:

- 직업 및 기술학교 방문
- 홍미검사 실시
- 취업 박람회
- 고용가능성 평가
- 돈과 예산 관리 수업
- 정치(political awareness) 교과
- 진로 안내
- 보조공학 활용 훈련 및 관련 서비스
- 이동훈련
- 고용가능 기술 훈련
- 고등학교 방문
- 기능적 직업평가 실시
- 전환 요구와 선호도 조사
- 일상생활기술 수업
- 지역사회 인식 수업
- 직업 탐색(job shadowing)
- 자기-결정과 옹호 훈련
- 컴퓨터 훈련
- 상담
- 결정-하기와 문제해결 활동

고등학교: 9-10학년

목적: 진로 탐색과 전환계획
목표:

1. 의미있고 현실적인 중등교육 목적
2. 작업, 교육, 거주, 지역사회 참여 기술과 관련 지원에 대한 목적
3. 보조공학과 수정에 대한 장애 요인 다루기 훈련

가능한 활동 영역:

- 보조공학 평가
- 전환 목적 수정
- 전환계획 개발
- 작업 경험
- 직업 배치
- 성인 서비스 기관 연계
- 참조할 기관 조사
- 자기-결정 훈련
- 상위 학급 배치
- 직업 탐색(job shadowing)
- 직업 모임(job clubs)

고등학교: 11학년 이후

목적: 학생 희망에 의한 중등 이후 환경으로의 전환과정

목표:

1. 경험과 활동을 통한 목표 평가
2. 중등 이후 교육과 고용을 위한 각 선택 과정
3. 주거와 지역사회 참여
4. 성인 서비스 기관 개발
5. 성인 환경에 적응하기 위한 학생과 가족의 역량 기르기

가능한 활동 영역:

- 전환계획의 수정과 보완
- 성인 서비스 적응
- 중등 교육 이후에 대한 적응
- 관련 중등 교육 이후 기관
- 직업 배치
- 전환 협력
- 가족과 성인 서비스 기관으로의 전환계획
- 성인 서비스 참여
- 자기-결정 훈련
- 재정 계획
- 직업 탐색 기술 개발
- 지역사회 구성원
- 지속적 지원 체제 개발

※ 자료 인용: From R. Baer, R. McMahan, & R. Flexer, (1999). Transition planning: A guide for parents and professionals(p.9), Kent, OH: Kent State University. Flexer, Copyright by R. W., Baer, R. M., Luft, P., & Simmons, T. J. (2008). *Transition Planning for Secondary Students with Disabilities*. New Jersey Cot mbus OH: Pearson Merrill Prentice Hall.

08 개별화전환계획의 작성 절차

전환계획의 단계는 진행 과정의 개인과 기관에 따라 각 단계의 순서, 구성 내용, 참여 인사들이 달라질 수 있다. Levinson(1998)은 전환계획의 과정을 다음 〈표 3-5〉와 같이 크게 계획과 실행 그리고 평가로 나누어 제시하였다.

〈표 3-5〉 전환계획의 과정

계획	실행	프로그램 평가
• 전환계획 팀(학생, 성인서비스기관 대표, 부모, 일반교사, 특수교사, 교장, 교감, 등) 구성 • 전환 요구 평가, 수행수준(사회기술, 직업기술 등) 평가 • 전환 모형과 목표 개발 (측정 가능, 기능적) • 지역 기관들과의 실행 계획 수립 • 소요 경비 계획	• 전환계획 책임자 담당자 선정 • 전환 프로그램 진행 절차 안내 • 교육 내용과 평가 자료 선정 • 관련 학교와 지역 기관 인사 훈련 • 학교와 지역 인사들을 위한 현장 연수 실시 • 프로그램의 시범 평가 실시	• 프로그램 운영 결과에 대한 평가 요소 설정 • 프로그램 평가를 위한 예비 기준 설정 • 프로그램 평가 인사 선정 및 평가 실시 • 프로그램 개선을 위한 계획과 실행

그리고 개별화전환교육계획(individual transition education plan)에서 중요한 것은 전환 구성 요소가 개별화되어야 하고 별개의 요소가 아니라 IEP의 다른 구성 요소와 연계되어야 한다는 것이다. 그리고 개별 학생의 요구에 맞게 설계된 일련의 적절한 서비스와 교육에 중점을 두고 개발되어야 한다. 일단 학생의 졸업 이후 목적이 설정이 되면, 각 전환 활동과 교수적 목적과 목표는 장애학생이 졸업 이후 목적과 목표를 달성하기 위한 하위 단계들로 구성이 된다(부록2 개별화전환교육계획 양식 참조). 다음은 Wehman(1997; 2006)이 소개한 일반적인 개인-중심 개별화전환교육계획 절차와 양식을 제시하였다.

1단계: 대상 학생의 적절한 전환을 위한 ITP 팀 조직

모든 학생을 대상으로 한 공식적인 개별화전환교육계획의 작성은 16세부터이지만, 14세부터 개별화전환교육에 관심을 가질 필요가 있다. 그리고 대상 장애학생의 전환계획에 관여해 온 학교 인사(교사, 치료사, 상담사)들이 개별화전환교육계획 팀의 구성원이 된다. 팀 구성원은 개별화전환교육계획 팀으로 일하기에 문제가 없는 범위에서 최소 인원으로 구성한다. 팀의 구성원은 상황에 따라 장기적인 안목으로 다양하게 구성되어야 하지만, 특수교육자, 직업교사, 직업재활상담사나 기타 인사가 포함되어야 한다. 학생의 졸업 2년을 남겨 놓고 성인서비스기관 대표가 ITP 팀에 참석하여 비공식적인 상담사 역할을 할 수 있다. 이들은 ITP 팀에 지역사회 내 기관 대표로서 정신건강, 직업재활, 사회적 서비스 등에 관하여 학생이 학교를 졸업했을 때 받게 될 정보를 제공한다. 1단계의 팀을 잘 조직하기 위한 전제조건으로 학생의 전환 연령을 확인해야 하고, 학교의 전환 관련 인사들이 적절하게 투입되어야 한다. 또한 적합한 성인 서비스 기관이 참여하여야 하며, 학생과 연관된 네트워크를 잘 활용하여야 한다.

2단계: 지원 환경 조직

지원 환경의 조직은 장애학생이 못하는 것을 찾아내는 것이 아니라 학생의 장점과 독특한 재능, 그리고 관심 사항을 찾아 개별화전환계획을 세우는 것이다. 이것은 지역 내에서 장애학생이 일해야 할 장소, 살아가야 할 곳, 해야 할 일 등에 관한 학생의 미래를 설계하는 것이다. 장애학생을 둘러싸고 있는 환경을 조직하여 학생의 능력을 발휘할 수 있는 기회를 제공하려는 것이다. 개인을 둘러싼 지원 환경은 또래집단, 가족, 직장 동료, 이웃, 종교단체 구성원 등이다. 이들은 학생의 생활에 대하여 여러 가지로 관여하게 된다. 따라서 성공적인 지원 환경 조직을 계획하기 위해서는 학생 주위의 지원 인사들을 통해 문제해결, 전략개발, 조언 등이 체계적으로 지원될 수 있도록 하여야 한다.

3단계: 주요 활동 조직

회의를 통해 장애학생을 위하여 중요하게 다루어야 할 항목들이 나타나게 된다. 이러한 항목들은 가족, 학생의 친구 그리고 학생 본인과의 상담과정에서 이들의 요구사항, 희망, 학생의 능력에 따라 결정된다. 일단 활동 목표들이 정해지면 학생과 가족은 좀 더 공식적인 형태인 학교 중심 개별화교육과 전환교육 회의에 참여하게 되는 것이다.

4단계: 연간 IEP 회의의 한 과정으로서 ITP 회의 개최

① ITP 회의 계획

회의에는 학생, 부모, 보조자, 관련 학교 직원, 성인서비스기관 대표가 참석한다. 학생은 매 ITP 회의에 참석하여 자신의 장래 문제에 대하여 적극적인 역할과 활동을 한다. 핵심 팀의 결정과 지역 내 기관 간 협력을 통하여, IEP의 한 과정으로써 전환 회의를 수행한다. IEP 목적과 목표 설정에서 ITP의 목적과 목표가 반영되도록 작성한다. ITP 회의에 앞서 학교에서는 다른 기관과 전환 연령에 해당되는 학생들에 대한 정보를 협의 및 조정하여야 한다.

② ITP 회의 수행

전환 회의에서는 바람직한 결과를 충분히 이끌어 낼 수 있는 목적과 목표가 구체적으로 정의되어야 한다. IEP에서는 학생의 기술 결핍과 전략 수정을 하지만, ITP 모임에서는 성인 주거, 고용, 지원 서비스에 요구되는 목표의 성취와 유지를 명확히 하여야 한다. 따라서 효과적인 ITP는 독립적인 성인이 되기 위해 학생이 수행해야 하는 고용, 주거, 지역적 목적에 대한 IEP의 구체적인 전략과 행동 목표가 일치되어야 한다. ITP 회의에서 논의해야 할 것은 1) 결과의 명확한 정의, 2) 이러한 결과를 성취하기 위한 적절한 서비스의 선정, 3) 결과 도달과 일치해야 하는 목표 등이다.

③ 전환 회의의 개방

회의를 주관하는 측에서는 참여하는 모든 사람을 적극적으로 환영해야 한다. 비공식적인 분위기도 중요시하여, 학생이나 부모들이 가능한 한 편안함을 느낄 수 있도록 하여야 한다. 이러한 분위기를 유지함으로써 모든 참석자들이 솔직하고 열린 마음으로 회의에 임할 수 있을 것이다.

④ 바람직한 결과의 산출을 위한 논의와 가능한 지원 서비스

학생의 졸업 이후 생활, 취업, 특정한 능력과 재능 등이 전환 목표 설정에서 중요하게 다루어져야 한다. 학생의 전환과 직업능력 카드나 목록 등의 활용과 더불어 부모와의 의견 교환이 이루어져야 한다. 부모들이 자녀의 미래에 대한 불안이 논의 과정에서 충분히 표현될 수 있도록 분위기를 조성하여야 한다. ITP의 학교 대표자는 졸업 이후에 학생에게 적절한 지원 서비스가 제공되었을 때 학생이 성취할 수 있는 결과에 대하여 논의하여야 한다. 성인서비스기관 대표도 학생의 졸업 이후에 가능한 지원 서비스에 대하여 협의하여야 한다. 이와 같은 과정은 ITP 회의 참석자들에게 일련의 문서화된 가능한 서비스 내용을 제공하게 된다.

⑤ 전환 목적의 명료화

전환 목적을 명료화하기 위하여 장기간의 고용의 결정, 주거 목표와 적절한 서비스 전달 체제, 단기간의 전환 목적이 개발되어야 하고 ITP 회의에서는 이것을 문서화 하여야 한다. 목적에는 전일제 고용이나 시간제 고용과 같은 요구된 도달 결과와 목적을 성취하기 위한 적절한 서비스 전달체제가 포함되어야 한다. 예를 들면 다음과 같이 구체적으로 기술할 수 있다.

- 고용: 부분적 지원 프로그램을 활용한 시간제 취업하기
- 주거: 2명의 룸메이트와 24시간 지원에 의한 지원생활 아파트에서 생활하기
- 레크리에이션: 통합된 레크리에이션 프로그램 및 동료 지원 프로그램 참여하기
- 지역사회 접근: 직장이나 레크리에이션 프로그램에 가기 위한 대중 교통수단 이용하기
- 진학: 대학 내 장애인지원센터의 점자책 활용하기, 보조공학의 지원을 통한 시간제 대학 출석하기

또한 각 목적들은 다음의 사항을 포함하여야 한다.

- 목적의 성취를 위한 예상 일정, 즉 졸업하기 전, 또는 졸업 이후에 걸쳐 완성할 상세한 일정 계획
- 이들 각 목적을 다룰 관련 책임 기관의 열거
- 일정에 따라 목적을 수행할 주요 인사들의 열거

⑥ 목표 결정과 목적 수행 단계

목표와 전환 목적을 수행하는데 필요한 일련의 단계들이 결정되어야 한다. 이것은 과제분석을 작성하는 것과 같이 이루어진다.

⑦ 서비스 의뢰의 확인

ITP 목적과 목표 수행을 위한 일련의 단계 이외의 수행 과정들은 무리 없는 전환을 하는데 영향을 미친다. 목적과 ITP 팀 참여자들이 정한 서비스의 요구사항에 근거하여 기관 대표자들은 적절한 성인서비스를 시도할 수 있는 공식적인 의뢰와 적용 절차를 시작할 수 있는 인적 책임자를 정해야 한다. 공식적인 의뢰와 적용 양식은 학생의 졸업 후 생활에서 역할을 하게 될 것으로 판단되는 성인서비스 기관 대표가 작성하여야 한다. 예를 들어, 재활 서비스, 사회 서비스, 지역사회 정신건강 및 지적장애 서비스, 사회 보장 기관, 그리고 보호작업장 대표가 포함될 수 있다.

⑧ 종료 회의

종료 회의에서 모든 참여자들은 ITP 서류에 사인을 하여야 한다. ITP 회의의 학교 담당부서에서는 모든 문서를 가능한 빨리 복사하여 참석자들에게 보내야 한다. 동시에 지역사회 서비스가 기록된 정보를 부모나 학생들에게도 동시에 알려줘야 한다. 이러한 것은 전환과 관련한 기관의 책자나 안내자료 등을 활용할 수 있다.

5단계: ITP의 실행

기관들 간의 협력이라는 조건하에서 그리고 ITP의 목적과 구체적인 단계에서 각 기관인사들에게 맡겨진 책임에 따라 계획들이 수행되어야 한다. 대부분의 ITP 목적은 기관들 간에 참여가 있어야 한다. 어떤 서비스는 즉시 수행해야 하는 것도 있지만, 학교 졸업 이후라도 기간을 연장하거나 확대하여 지원하기도 한다.

6단계: 연간 ITP 수정과 추수(follow-up) 과정 실행

학생의 졸업이 가까워지고 ITP를 실행해 감에 따라, 성인서비스기관들은 학생들의 참여 기회를 증가시켜야 한다. 이 시점에서 학교는 학교에서 가지고 있던 정보나 서비스를 기관으로 넘겨주어야 한다. ITP 참여 기관 중의 하나를 ITP의 수행 과정을 추수하는 기관으로 지정해야 한다. 이 과정에서 ITP 조정자가 장애학생의 목적이나 필요 항목들을 확인해야 한다. 추수는 모든 단계의 완성뿐만 아니라 계획된 목적의 성취 가능성을 높이기 위해 적어도 연 4회 이상 실시해야 한다. 추수과정에서 계획한 목적대로 수행되지 않은 것이 발견되었을 때, ITP 참여자들의 또 다른 모임을 조직하고 계획하는 것도 포함된다. 원래 계획했던 ITP에 대하여 연간 한 번 혹은 그 이상의 수정이 이루어져야 한다.

7단계: 진출 회의(exit meeting) 개최

학생의 졸업 년도에 이르러 학교의 ITP 담당부서와 성인 서비스 기관 대표들은 졸업생 및 학부모와 함께 학교에서 직장이나 사회로의 전환을 최종 마무리하는 진출 회의를 실시해야 한다. 이때 전환과정에 관련된 최종적 요구가 논의될 수 있다. ITP 회의에서는 마무리된 계획 자료에서 수행되었거나 아직 수행되지 않은 목적들을 조사해야 한다. 그리고 졸업 후 즉시 수행해야 할 목적들도 선정해야 한다. 또한 계획대로 성취되지 않은 목적과 졸업 후를 위해 계획했던 목적들도 재검토해 보아야 한다. 이미 성취한 결과에 대해서는 학생과 가족들이 새로운 활동에서는 어떻게 적응해 나갈 것인지를 결정하는데 참고하여야 한다.

09 개별화전환계획의 구성 내용

개별화전환교육계획(individual transition education plan)의 작성은 문서 유형과 장애학생의 교육적 요구에 따라 다양하게 구성할 수 있다. 일반적으로 포함되어야 할 사항들은 학생의 비전, 현재 수행 수준, 진출과정과 전환 요구사항, 장·단기목표, 책임자, 수행과정 평가, 관련 서비스, 통합적 고려 등이다. 소개하면 다음과 같다(Flexer et al., 2005).

1) 학생의 비전

학생의 비전에 대한 진술은 학생 본인과 가족으로 하여금 그들의 목적과 바람을 제시하는 기회가 될 것이다. 비전을 자연스럽게 생각하고 제시할 수 있는 방법은 이들의 일상생활 속에서 미래의 목적이나 하고 싶은 일에 대한 자신의 생각을 표현하게 하는 것이다. 작업 활동, 놀이, 교통 이용, 종교활동, 쇼핑 등 모든 과정이 기회가 될 수 있다. 다음 〈예시 1〉은 학생을 대상으로 미래 비전이나 희망을 알아보기 위한 자료로 활용할 수 있을 것이다(부모용 및 교사용은 부록 4 참조).

〈예시 1〉 미래 계획 검사(학생용)

고등학교 졸업 이후 학생이 계획하고 있는 것은 무엇인가요? 다음 미래 계획 양식에 적어봅시다. 그리고 이것을 다음 개별화전환계획 회의에 가지고 오세요.

〈학생의 일반적 정보〉

- **학생 성명: 김의규**
- **주민등록번호:**
- **졸업 예정일:**
- **생년월일:**
- **현재 주소: 서울시 양천구 신월동**
- **전화번호:**
- **부모 성명: 김 형 일**

졸업 후 원하는 과정은 무엇입니까?(학생의 미래의 목적과 부합되는 과정에 표시하세요.)

____ 대학준비 __√__ 일반교육(최소 졸업 자격 요건)
____ 취업준비 ____ 잘 모르겠음

1. 취업/졸업 후 교육

1) 졸업과 동시에 나는 교육과 훈련을 더 받고 싶다.

__√__ 예 ____ 아니오

만일 예라고 답했으면, 관심 있는 졸업 이후 교육이나 훈련사항에 표시하세요.

__√__ 4년제 대학이나 대학교 ____ 사설 직업훈련프로그램
____ 2년제 대학 ____ 군 입대
____ 기술 학교 ____ 성인교육프로그램

학생이 공부나 훈련 받고 싶은 것은 무엇입니까? 사무관리

공부나 훈련에 대한 학생의 동기는 어느 정도 입니까?

____ 높음 __√__ 중간 ____ 낮음

학생이 스스로 결정하고 개별적으로 성공하고자 하는 마음은 어느 정도 입니까?

____ 높음 __√__ 중간 ____ 낮음

하고 싶은 것을 이루기 위해 무엇을 해야 하고 어떻게 하는지 어느 정도 확신하고 있나요?

____ 높음 __√__ 중간 ____ 낮음

2) 졸업과 동시에 나는 취업을 할 예정이다.

____ 예 __√__ 아니오

만일 예라고 답했으면, 관심 있는 졸업 이후 교육이나 훈련사항에 표시하세요.

____ 경쟁고용: ____ 전일제 ____ 시간제
____ 자영업
____ 지원고용: ____ 전일제 ____ 시간제
____ 보호고용: ____ 전일제 ____ 시간제

3) 졸업하고 1년 뒤 학생이 어떤 직업이나 직종에서 근무하고 있게 될까요?
사무관리

4) 졸업하고 5년 뒤 학생이 어떤 직업이나 직종에서 근무하고 있게 될까요?
사무관리

5) 졸업 후 학생이 원하는 직종에서 일하기 위해 졸업하기 전에 주로 해야 할 과목은 어떤 것이 있을까요?
미술 국어/의사소통
컴퓨터 수학

6) 졸업 후에 원하는 교육이나 훈련을 위해 필요한 시험이나 자격에 대한 정보가 필요하십니까?
아니요

7) 집에서 집안일을 어느 정도 하고 있고 이런 일을 하는 것을 좋아 하나요?
활동(예; 잠자리 정리, 쓰레기 비우기, 청소 하기 등)

	스스로 하는 정도	
	혼자 할 수 있음	도움이 필요함
① 방 청소	√	
② 설거지	√	
③ 쓰레기 비우기	√	
④ 잠자리 정리	√	

8) 학생이 지금 현재 좋아하여 즐기고 있는 것을 적어보세요.
컴퓨터 하는 것을 좋아 합니다.

9) 지역사회에서 학생이 경험해 본 일이나 직종을 적어 봅시다.
전단지 배부

10) 학생이 정말 싫어하는 일을 적어 봅시다.
방 청소

2. 주거생활

1) 졸업 후 어디에서 살 계획입니까?(다음에서 하나를 표시 하세요)
______ 대도시 어떤 도시? ______

__√__ 중소도시 어떤 도시? ___천안시___
_____ 소도시 어떤 도시? ________
_____ 농어촌 어떤 도시? ________

2) (다음에서 하나를 표시 하세요)
__√__ 아파트나 가정에서 혼자 생활
_____ 가족과 함께 생활. 누구와? ________
_____ 지원 생활 ________
_____ 관리 아파트(어떤 형태?) ________
_____ 공동생활가정(그룹홈) ________
_____ 대학 기숙사(어디?) ________
_____ 기타, 적어보세요. ________

3. 레크리에이션과 여가
1) 여가 관련 검사
졸업 후에 지역사회에서 학생이 생활하면서 즐길 수 있는 여가 활동에 대하여 모두 표시해 주세요.

〈운동/스포츠 활동〉

__√__ 수영	_____ 역기	_____ 스키
_____ 달리기	_____ 에어로빅	_____ 카누
__√__ 걷기	_____ 야구	_____ 오토바이 타기
__√__ 자전거 타기	_____ 낚시	__√__ 캠핑
_____ 소프트볼	_____ 볼링	_____ 승마

_____ 기타: ________

〈집단 활동〉

__√__ 영화	_____ 자동차 경주	_____ 스포츠 행사
_____ 각종 쇼	__√__ 음악회	_____ 지역 교육 활동

_____ 기타: ________

〈개별 활동〉

_____ 바느질	__√__ 음악 감상	_____ 당구
_____ 뜨개질	_____ 요리	__√__ 비디오 게임
_____ 독서	_____ 악기 연주	__√__ 쇼핑
__√__ 애완동물 관리	_____ 편지 쓰기	_____ 정원 관리
__√__ 전화하기	__√__ TV 시청	_____ 세차
_____ 카드 놀이	_____ 인터넷	_____ 보드 게임

_____ 기타: ________

〈사회 활동〉

______	데이트	___√___	가정에서 놀기	______	야유회
______	댄싱	___√___	외식	______	야외 드라이브
______	교회	___√___	가족 및 친척과 시간 보내기		
______	동호회 활동	___√___	봉사 활동		
______	기타: ______________				

2) 지금 고등학교에서 참여하고 싶은 특별활동은 무엇입니까?.

없음

이 특별활동에 참여하기 위해 별도의 도움이 필요합니까?

______ 예 ___√___ 아니오

만일 '예'라고 표시하였으면, 필요한 것을 적어보세요.

3) 미래 여가 활동

졸업 후에 지역사회에서 학생이 생활하면서 즐길 수 있는 여가 활동에 대하여 모두 표시해 주세요.

___√___	YMCA 혹은 YWCA	______	볼링 리그	___√___	영화
______	레크리에이션 클럽	______	지역사회 공원	______	스포츠 시설
______	기타: ______________				

졸업 후에 학생이 참여하려고 계획하는 지역사회에서의 여가 활동을 적어보세요.

공원에 가기

상가나 상점가기

이 지역사회 활동에 참여하기 위해 별도의 도움이 필요합니까?

______ 예 ___√___ 아니오

만일 '예'라고 표시하였으면, 필요한 것을 적어보세요.

4. 교통 수단

어떻게 지역사회나 직장을 갈 수 있습니까?

	활동	스스로 하는 정도: 혼자 할 수 있음	스스로 하는 정도: 도움이 필요함
___√___	자가운전	______	___√___
______	시내버스 이용	______	______
______	택시	______	______
______	자전거	______	______

활동	스스로 하는 정도	
	혼자 할 수 있음	도움이 필요함
______ 걷기	______	______
______ 마을버스	______	______
______ 다른 사람 도움	______	______
______ 기타:	______	______

5. 재정 지원

1) 학생의 장기 목적을 성취하기 위해 재정적인 도움이 필요합니까?

(1) 졸업 후 교육: ______ 예 ___√___ 아니오

만일 '예'라고 표시하였으면, 다음의 내용에 필요한 것을 표시해 보세요.

______ 재활서비스분야
______ 정부지원금
______ 학자금
______ 융자금
______ 생계보조금

(2) 취업: ______ 예 ___√___ 아니오

만일 '예'라고 표시하였으면, 다음의 내용에 필요한 것을 표시해 보세요.

______ 재활서비스분야
______ 장애인고용촉진공단(지방사무소)
______ 지방고용사무소
______ 융자금
______ 생계보조금

(3) 가정생활 지원: ______ 예 ___√___ 아니오

만일 '예'라고 표시하였으면, 다음의 내용에 필요한 것을 표시해 보세요.

______ 지역생활서비스
______ 정부 생계보조 및 의료지원
______ 지방고용사무소
______ 정부 주택융자 및 보조
______ 독립생활 지원센터 서비스

2) 학생은 재정적 도움을 위해 관련 기관과 접촉해 보았습니까?

(1) 졸업 후 교육: ______ 예 ___√___ 아니오

만일 '예'라고 표시하였으면, 다음의 해당 기관에 모두 표시해 보세요.

______ 재활서비스기관
______ 관련 정부기관

__________ 한국장애인고용촉진공단
__________ 직업훈련기관
__________ 기타: ____________________

6. 건강관련 요구
1) 마지막으로 신체 검사를 받은 적은 언제 입니까?
날짜: 작년

2) 학생은 다음의 도움이 필요합니까?

__________ 의료나 치료	__________	예	✓	아니오
__________ 상담	✓	예	__________	아니오
__________ 기타: ____________________				

구체적으로 적어주세요 음식을 잘 먹지 못합니다.

3) 앞으로 학생에게 더 필요한 것은 무엇입니까?
없음

4) 장래 일과 관련하여 학생의 가장 큰 고민은 무엇입니까?
대학에 어떻게 가지요?
어떤 일을 해야 될까요?

※ 자료 인용: Miller, R. J., Lombard, R. C., & Corbey, S. A.(2007). *Transition Assessment: Planning Transition and IEP Development for youth with Mild to Moderate Disabilities*. Boston: Pearson, Allyn and Bacon.

2) 현재 수행 수준

현재 수행 수준 작성은 기본적으로 개별화교육계획을 작성할 때의 접근 방법과 같다. 다양한 형식적 혹은 비형식적 평가 방법을 통하여 제시된 영역에서 학생의 기능적 수행 수준과 장점들을 찾아낼 수 있다. 그러나 대부분의 형식적 평가 도구들은 전환계획을 설정하는데 방향이 될 수 있는 구체적인 제시를 하지 않기 때문에 이에 부가하여 학생이 교과 수업 시 참고가 될 수 있는 교과 수행 수준 및 더 지도해야 할 내용을 기술할 필요가 있다. 예를 들면 다음과 같이 기술할 수 있다.

2009년 재평가, 교사 보고 자료, 작업표본 그리고 부모 면담 결과에 의하면, 의규는 계산기를 사용하여 수학의 덧셈, 뺄셈, 곱셈, 나누기에 장점을 가지고 있다. 그러나 아직 문장제의 전환에서 도움이 필요하다. 의규는 일과 관련된 전환 목적인 자동차 관련 일을 더 빨리 그리고 능률적으로 처리하는 것을 더 익혀야 한다. 또 작업 중 좌절했을 때 도움을 요청하는 것을 배워야 한다. 같은 학년의 또래들과 비교하여 기초적인 셈과 간단한 응용 문제를 푸는 수준이다. 일반교육에 참여하기 위해서 의규에게 보조 교사, 계산기 사용, 단어 철자 수정, 수학과 국어에 대한 교육과정 수정, 작업 수행 안내서 읽기 등에서 도움이 있어야 한다.

3) 진출과정 및 관련 전환 요구사항

진출과정 진술은 크게 희망하는 진출과정과, 진출과정에 필요한 전환 서비스 내용으로 구성된다. 진출과정은 학생의 현재 수행 수준과 요구에 따라 4년제나 2년제 대학, 기술학교, 취업, 지원고용 등으로 구분하여 안내가 되어야 한다. 이와 더불어 보조공학, 교육과정 적용(adaptation), 교육과정 수정(augmentation), 교육과정 대안(alteration) 등이 포함된다.

관련 전환 요구사항은 구체적인 개별화전환계획(ITP)에 해당된다. 개별화전환계획에는 일반적인 졸업 이후의 목적, 이들 목적에 도달하기 위한 전환 서비스 내용들이다. 졸업 이후 목적에는 직업영역, 교육, 주거생활, 지역사회 참여 등이다. 학생이 졸업을 아직 많이 남겨둔 상황이라고 하면 좀 더 포괄적으로 진술하고(예; 경쟁고용, 졸업 이후 교육 등), 졸업이 가깝다면 구체적으로 진술한다(예; 성인과 작업하기, 4년제 대학 진출 등). 만일 학생이 졸업 이후 목적을 설정하지 않은 상황이라고 하면, 이 목적 정하기 자체가 전환 목적이 될 수 있다.

한편 전환 요구사항의 또 다른 진술 영역은 졸업 이후 목적을 잘 이행하기 위한 전환 서비스의 활동 내용들이다. 구체적으로 교수, 지역사회 경험, 취업 개발, 기타 졸업 이후 성인 생활 목표, 그리고 관련 서비스 활동이다. 또한 일상생활기술, 기능적 직업평가, 기관 간 연계 등이 추가로 포함될 수 있다.

4) 장 · 단기 목표

장기 목표는 일반적으로 연간 목표로 설정하는 경우가 많다. 또한 장기목표는 전환의 활동들과 연관하여 진술하는 것이 중요하다. 이들 장기 목표는 궁극적으로 개별화교육계획의 목표와 일치하게 된다. 그리고 측정 가능한 목적으로 진술하는 것이 바람직하다.

단기 목표는 연간 목표를 도달하기 위한 구체적인 측정 가능한 목표들이다. 그리고 하나의 연간목표 내에 몇 개의 단기 목표가 순차적, 계열적 혹은 하위 영역으로 나뉘어 진술된다. 또한 단기 목표는 측정 가능하고, 도달 기준, 성취 수준이 나타나도록 하고 행동적 용어로 진술하는 것이 바람직하다. 예를 들면 다음과 같다.

의규는 혼자 힘으로 자동차 부품 조립을 10분 안에 20개 조립할 수 있다.
(조건) (성취 수준) (행동적 용어)

5) 수행과정 평가

수행과정의 평가는 평가 절차, 평가 주체, 평가 기준 및 일정에 따라 구체적으로 수행되어야 한다. 그리고 평가는 수시로 진행될 필요가 있다.

- 수행 절차: 과제분석, 행동관찰 진술, 고용주 면담, 작업 수준 기술, 포트폴리오 활용 등
- 평가 주체: 직업교사, 학급담임 등
- 수행 기준: 단기 목적 수행, 영역별 진술
- 평가 일정: 수시, 일, 주, 월, 연도별 수행절차에 따라 평가 일정 진술

〈예시 2〉 개별화전환계획

1. 인적사항

－성　　명: 의규　　　　　　　　　　　－생 년 월 일: ___년 __월 __일
－학　　교: 희망　　　　　　　　　　　－주민등록번호: ___________
－졸업년도:　　　　　　　　　　　　　　－의료보험카드 번호: ________
－주　　소:　　　　　　　　　　　　　　－ITP회의 일자: ___년 __월 __일__
－보 호 자: 성명　　　　　　관계:

2. 참여인사

성명	직위
의규 및 가족	학생과 부모
규진	교사
동훈	서비스 조정자
승훈	직업훈련사

3. 전환서비스 영역

1) 고용

- 목적: 의규는 지역사회 공장에서 직무 지도원 및 동료들과 함께 자전거 브레이크 조립을 전일제로 일할 수 있다
- 현행 수준: 의규는 몇 군데 무임금 공장에서 학교 지원 공동 작업원으로 일하였다. 지금 의규는 돈을 벌고 싶어 한다.
- 목적 성취에 필요한 단계: 1) 직업재활을 통한 지원고용 서비스 제시
  2) 공동 작업 시 재활 상담가의 관찰 실시
  3) 교통기관 이용 준비
- 수행 완료일: 2011. 3
- 책임기관이나 인사: 교사, 부모, 공장 감독(가능하다면)

2) 직업적 교육 / 훈련

- 목적: 의규는 두 세 공장에서 개별화된 직업평가를 받을 수 있다.
- 현행 수준: 의규는 30분 동안 작업 동료들과 같이 작업을 진행할 수 있지만 과제에 계속 머물게 하기 위해 강화와 촉진을 자주 하여야 한다. 어려운 과제는 구체적인 촉진이 필요하다.
- 목적 성취에 필요한 단계: 1) 반복적인 작업을 하는 작업장 배치
  2) 두 세 지역에서 개별 훈련 실시
  3) 의규에게 호의적인 동료들을 통해 적절하고 자연적인 강화
  4) 현장 직무 수행 평가
  5) 직업재활 상담가와 정보 교환

- 수행 완료일: 2010. 11
- 책임기관이나 인사: 직업훈련사, 교사

3) 재정적 / 수입적 요구
- 목적: 의규는 자신의 의상을 입고, 여가를 즐길 여유가 있다.
- 현행 수준: 의규 부모의 수입은 적고 정부에서 지급하는 생활지원금 못 받고 있다.
- 목적 성취에 필요한 단계: 1) 사회 보장금 신청
  2) 의복과 주간 여가를 위한 예산 계획
  3) 의규의 통장 개설과 예금 인출 지원
- 수행 완료일: 2011. 11
- 책임기관이나 인사: 서비스 조정자, 부모

4) 독립생활
- 목적: 의규는 두 세 명의 동료와 공동생활가정에서 생활할 수 있다.
- 현행 수준: 의규는 쇼핑이나 요리와 같은 일상생활 활동 지원이 필요하다. 그는 독립적으로 샤워와 옷을 입을 수 있다.
- 목적 성취에 필요한 단계: 1) 주거 서비스 신청 2) 훈련 장면에서 쇼핑, 요리, 그리고 가사 활동에서 계속적인 지도 3) 의규의 집에서 공동생활가정으로의 전환기간 동안 훈련 지원
- 수행 완료일: 2011. 6.
- 책임기관이나 인사: 서비스 조정자, 교사, 독립생활 센터 디자이너

5) 교통과 이동
- 목적: 의규는 자기 집에서 직장까지 시내버스 타는 방법을 알 수 있다.
- 현행 수준: 의규는 지역사회에서 감독이 필요하다. 그는 길을 건너기 전 주의를 먼저 살피는 것을 하지 않는다. 그리고 혼자 버스를 타고 여행해 본 경험이 없다.
- 목적 성취에 필요한 단계: 1) 의규의 이동 거리의 버스 기사와 협의
  2) 버스에서 교사 지원을 통한 버스 타기 훈련
- 수행 완료일: 2010. 6
- 책임기관이나 인사: 교사

6) 사회적 관계
- 목적: 의규는 주당 두 가지 활동에서 비장애 동료들과 함께 할 수 있다.
- 현행 수준: 의규는 동료와 의사소통과 적절한 활동을 하는데 어려움이 있다. 그는 학교 밖에서 동료들과 시간을 보내지 않는다.
- 목적 성취에 필요한 단계: 1) 고등학교에서 의규와 점심시간을 함께할 자원 봉사 섭외
  2) 자원봉사 학생들을 주기적으로 교대하기

3) 의규에게 구별되는 그림 의사소통 책을 주고 이것을 주기적으로 새로운 것으로 바꾸어 주기

- 수행 완료일: 2011. 1
- 책임기관이나 인사: 교사

7) 레크리에이션 / 여가

- 목적: 의규는 운동 시설을 규칙적으로 이용할 수 있다.
- 현행 수준: 의규는 건강하지만 균형적이지 않다. 스포츠 놀이를 하는데 어려움이 있다. 레슬링을 보고 보디빌딩 마사지를 해서 동네 친구들로부터 놀림을 당한다.
- 목적 성취에 필요한 단계: 1) 학교에서 운동 시설을 사용하는 것 지도하기
  2) 집 근처 운동센터 회원 가입을 위한 예산 배정
  3) 센터 이용하기 위한 교통 지도
  4) 의규와 운동센터에 함께 갈 자원봉사자 구하기
- 수행 완료일: 2010. 3.
- 책임기관이나 인사: 체육교사, 부모

8) 위생과 안전

- 목적: 지역사회에서 의규는 낯선 사람을 피할 수 있다.
- 현행 수준: 학교, 작업장, 기타 다른 지역에서 의규는 낯선 사람과 이야기하거나 뛰어 놀려고 한다.
- 목적 성취에 필요한 단계: 1) 여러 가지 다양한 상황에서 적절한 사회적 상호작용을 하기 위한 지속적 교수
  2) 지역에서 도움을 주는 사람과 낯선 사람 구별 훈련
  3) 의규에게 신분증에 관한 학습을 지도한다.
- 수행 완료일: 2010. 5
- 책임기관이나 인사: 교사

9) 자기-주장/미래계획

- 목적: 의규는 재활서비스 기관에 가는 방법을 알 수 있다.
- 현행 수준: 의규의 가족들은 의규를 위해 서비스를 받게 하는 것이 늦다. 이들은 거의 학교 모임에 참석하지 않고, 가정을 방문하는 것도 거절한다. 그리고 직업재활 기관 서비스에 대해서도 관심이 없다.
- 목적 성취에 필요한 단계: 1) 직업재활기관과의 잦은 접촉 유지
  2) 의규에 대한 서비스 정보를 제공한다.
  3) 의규에게 직업재활기관에 도움을 구하거나 전화하는 방법을 알려준다.
- 수행 완료일: 2010. 2.
- 책임기관이나 인사: 교사

10) 학생 진로 우선 선호도
- 공장에서 조립공으로 일하기.

11) 학생의 중요한 전환요구
- 고용 • 직업 훈련 • 자기주장 • 주거 서비스 • 사회적 기술

12) 기타 사항

10 ITP 작성 예시

1) 학생의 프로파일

김군은 자폐성향이 있는 정신지체 2급인 16세의 중학생으로 특수학급에 재학하고 있다. 생후 45일경 장폐색으로 대수술을 한 뒤 살게 되어 온 가족이 김군에게 허용적이고 지나치게 귀여워하는 모습을 보인다. 지금은 통통하고 건강한 편인데 자주 안기기를 좋아하고 가끔 '뽀뽀'해 주기를 요구한다. 등하교는 주로 어머니의 승용차로 이용하는데 가끔은 전철을 이용하여 학교에 온다. 김군이 가끔 "전철 타요"라고 말하는 것으로 미루어 보아 승용차보다 전철을 더 좋아하나 무의식적으로 손을 옆 사람의 허벅지에 얹거나 팔을 만지기 때문에 모르는 사람이 김군 곁에 앉으면 놀라기 일쑤이고, 코딱지를 후벼 파서 먹는 행동을 못하게 하면 더 집착하는 행동을 보이므로 학부모님은 특별한 일이 아니면 승용차로 김군을 데리고 온다. 중학교에 입학한 지 1년이 지난 무렵부터는 교문에 내려주면 개별학습실(특수학급)로 바로 온다. 씩씩하게 걷는데 팔꿈치를 굽혀 팔을 흔들면서 걷거나, 배를 두드리면서 두 발을 모아 뛰는 경우도 있다. '삼성화재' '대한보청기' 등 광고 문구나 회사명을 반복해서 말할 때는 심취해서 지시 따르기가 되지 않는다. 수 개념은 아직 미흡하다. 기계적으로 10이내의 수를 셀 수 있지만 개수에 맞게 숫자 쓰기는 간혹 맞는 것으로 보아 정확하게 아는 것은 아니다. 김군이 제일 좋아하는 '꿈틀이' 제리로 "몇 개 줄까요?"하면 몇 번은 그대로 따라 하다가 손가락으로 "하나, 둘…" 단서를 주면 한 손의 개수만큼만 세고 "다섯 개 주세요."하고 두 손을 다 보이면 두 손의 개수만큼 세고 "열, 열 개 주세요."한다. 단어는 다 읽을 수 있으며 받아쓰기도 가능하나 그림과 단어를 연결하는 것은 미흡하다. '개'를 보고 '기린, 호랑이, 코끼리, 고양이…'등 여러 동물을 말하면서도 아니라는 것을 아는 것 같다. 탐색을 위해서 거의 모든 것을 입으로 가지고 간다. 색 이름은 다 알고 있지만 사물의 개념에 맞게 색칠하기는 안 된다.

물 먹는 것과 물로 놀이 하는 것 모두 좋아해서 수시로 자리에서 일어나 손을 씻거나 냉장고를 열어 물을 먹으려 한다. 다른 교무실에 가서도 수시로 냉장고 문을 열어서 음료수를 꺼내 먹고, 음료수 자판기 앞에서 떠나 줄 모른다. 자기표현은 주로 먹을 것이 있을 때 "주세요"와 "화장실 가요"이다. 지금은 부모와 연년생인 형이 하나 있는데 형은 학교에서 성적이 상위권이라 유학까지 생각하고 있어 점차적으로 김군이 독립적인 생활을 해야만 되는데 4~5세의 지능과 사회적응능력으로 지금은 학교에서 보조원의 보조를 받아서 남자 화장실 찾아가기, 일반학급에서 식사하기, 음악실과 체육실로 이동하여 활동하기를 하고 있다.

2) 기초조사서(생략)

3) 학생에 대한 미래 계획

공동생활가정에서 생활하면서 물을 좋아하는 김군이 지원고용으로 세차하는 기술을 배워 직업을 가지고 생활사의 도움을 받아서 금전관리 등 자기생활을 영위하며 토요일 명동성당에서 하는 장애인 미사에 참여하여 신앙생활을 계속하길 원한다.

우선순위	① 물을 좋아하는 흥미에 맞추어 직업 탐색하기 ② 직업생활을 할 수 있는 대인관계 기술 훈련하기 ③ 일에 대한 관심 갖기 ④ 직업훈련을 통해 직업 갖기
장기성취목표	지원고용을 통해 세차장에 취직할 수 있다.
현행수준	① 물을 좋아해서 자주 손을 씻거나 뭐든지 씻으려고 한다. ② 청소 용구를 알고, 쓰임을 알 수 있다. ③ 수용언어는 가능하나 표현언어가 부족하다. ④ 대인관계에서 타인에게 의존하는 경향이 강하다

4) 영역별 지도

(1) 고용

〈고 3〉

장기목표		▸지원고용을 통해 세차장에 취직할 수 있다.
단기목표		▸공동생활가정 동료와 출·퇴근을 할 수 있다. ▸직장 동료 및 상사를 만나 자기 소개하기 ▸세차 과정을 알고 스스로 세차를 할 수 있다.
기관 연계	지역사회	▸지역 내 다른 세차장에서 세차하기
	가정	▸부모님의 자동차 스스로 세차하기
평가관점		지원고용을 통해 세차장에 취직할 수 있는가?
책 임 자		지원고용센터장, 직무지도원, 특수교사

〈고 2〉

장기목표		▸직무지도교사의 도움을 받아 세차장에서 세차를 할 수 있다.
단기목표		▸지역사회 세차장을 동료와 함께 대중교통으로 갈 수 있다. ▸세차장에서 사용하는 필요한 지시를 듣고 따를 수 있다. ▸세차에 필요한 부분적인 과정을 익힐 수 있다.
기관 연계	지역사회	▸지역 내 세차장 탐방하기
	가정	▸부모님으로부터 자동차 세차과정을 듣고 익히기
평가관점		직무지도교사의 도움을 받아 세차장에서 세차를 할 수 있는가?
책 임 자		직무지도교사, 특수교사

〈고 1〉

장기목표		▸교사의 도움을 받아 학교 세차 훈련장에서 세차를 할 수 있다.
단기목표		▸학교 등하교를 부모의 도움을 받아 할 수 있다. ▸세차장에서 사용되는 지시어의 종류를 구별할 수 있다. ▸학교 세차 훈련시간에 참여하여 세차에 필요한 도구를 익히고 도움을 받아 세차과정을 익힐 수 있다.
기관 연계	지역사회	▸지역 내 세차장에서 근무하는 사장이나 직원을 학교에 초대하여 세차관련 이야기 듣기
	가정	▸집에서 부모님 자동차 함께 세차해보기
평가관점		도움을 받아 학교 세차 훈련장에서 세차를 할 수 있는가?
책 임 자		직무지도교사, 특수교사

(2) 주거생활

우선순위	① 공동생활가정에서 동료들과 함께 생활하기 ② 공동생활가정에서 스스로 음식 챙겨 먹기 ③ 스스로 신변처리를 하기 ④ 스스로 화장실 사용하기
장기성취목표	공동생활가정에서 생활지도사 및 동료들과 원만한 생활을 할 수 있다.
현행수준	① 집안에서 다른 사람의 역할을 알 수 있다. ② 자신이 해야 할 일을 알 수 있다. ③ 화장실에 자주 가서 세수하고 손을 씻는다.

〈고 3〉

장기목표		▸공동생활가정에서 독립적인 생활을 할 수 있다.
단기목표		▸공동생활에 필요한 자기의 역할을 알고 수행할 수 있다. ▸식사 시간을 알고 음식을 제시간에 챙겨 먹을 수 있다. ▸화장실을 정해진 시간에 규칙적으로 이용할 수 있다.
기관 연계	지역사회	▸이웃집 방문하기
	가정	▸가정에서 음식 챙겨 먹기 및 화장실 스스로 이용하기
평가관점		공동생활가정에서 독립적인 생활을 할 수 있는가?
책 임 자		생활지도사, 특수교사

〈고 2〉

장기목표		▸생활지도사의 도움으로 공동생활가정에서 생활을 할 수 있다.
단기목표		▸공동생활에 필요한 자기의 역할을 알 수 있다. ▸식사 시간을 알고 식탁에 동료와 함께 식사준비를 할 수 있다. ▸정시마다 화장실에 갈 수 있다.
기관 연계	지역사회	▸친구 집 방문하기
	가정	▸가정에서 식사 시간에 맞춰 식탁에 앉기
평가관점		생활지도사의 도움으로 공동생활가정에서 생활할 수 있는가?
책 임 자		생활지도사, 특수교사, 학부모

〈고 1〉

<table>
<tr><td colspan="2">장기목표</td><td>▸공동생활가정에서 생활을 알 수 있다.</td></tr>
<tr><td colspan="2">단기목표</td><td>▸생활에 필요한 역할을 알 수 있다.
▸식사 시간을 알고 음식을 제시간에 챙겨 먹을 수 있다.
▸화장실을 정해진 시간에 규칙적으로 이용할 수 있다.</td></tr>
<tr><td rowspan="2">기관 연계</td><td>지역사회</td><td>▸친척집 방문하기</td></tr>
<tr><td>가정</td><td>▸보조원의 보조를 받아서 식사하기와 화장실에 가기</td></tr>
<tr><td colspan="2">평가관점</td><td>공동생활가정에서의 생활을 알 수 있는가?</td></tr>
<tr><td colspan="2">책 임 자</td><td>학부모, 생활지도사, 특수교사</td></tr>
</table>

(3) 대인관계

<table>
<tr><td>우선순위</td><td>① 대인관계에서 자신의 위생관리에 대한 개념 알기
② 타인에 대한 올바른 태도 갖기
③ 불필요하게 코 파지 않기</td></tr>
<tr><td>장기성취목표</td><td>대인관계에서 바른 행동으로 원만한 관계를 유지할 수 있다.</td></tr>
<tr><td>현행수준</td><td>① 위생 개념이 별로 없다.
② 불필요하게 코 파는 행동을 자주 한다.
③ 자신이 잘못한 행동에 대해 말하면 인식할 수 있다.</td></tr>
</table>

〈고 3〉

<table>
<tr><td colspan="2">장기목표</td><td>▸타인이 싫어하는 행동을 알고 적절한 대인관계를 유지할 수 있다.</td></tr>
<tr><td colspan="2">단기목표</td><td>▸여러 상황에서 타인이 싫어하는 행동을 구별할 수 있다.
▸불필요하게 코 파는 행동이 좋지 못한 행동임을 알 수 있다.
▸다양한 상황에서 지저분하고 깨끗한 행동을 구별할 수 있다.</td></tr>
<tr><td rowspan="2">기관 연계</td><td>지역사회</td><td>▸호텔현장견학을 통해 지배인으로부터 올바른 태도와 자세 익히기</td></tr>
<tr><td>가정</td><td>▸부모님과 함께 집에서 위생관리를 할 수 있는 이야기 해보기</td></tr>
<tr><td colspan="2">평가관점</td><td>타인이 싫어하는 행동을 알고 적절한 대인관계를 유지할 수 있는가?</td></tr>
<tr><td colspan="2">책 임 자</td><td>학부모, 특수교사</td></tr>
</table>

〈고 2〉

<table>
<tr><td colspan="2">장기목표</td><td>▸코 파기 행동이 다른 사람들이 싫어하는 행동임을 알 수 있다.</td></tr>
<tr><td colspan="2">단기목표</td><td>▸자신의 코 파기 모습과 올바른 행동과 비교하여 잘못된 점을 이야기 할 수 있다.
▸교실에서 친구들의 모습을 보고 바른 행동과 바르지 못한 행동을 비교하여 이야기 할 수 있다.</td></tr>
<tr><td rowspan="2">기관 연계</td><td>지역사회</td><td>▸지역 내 백화점 및 공공기관에서 근무하는 사람들 살펴보기</td></tr>
<tr><td>가정</td><td>▸가정에서 일주일 동안 코 파기 않기 행동 부모님과 약속하기</td></tr>
<tr><td colspan="2">평가관점</td><td>코 파기 행동이 다른 사람들이 싫어하는 행동임을 알 수 있는가?</td></tr>
<tr><td colspan="2">책 임 자</td><td>학부모, 특수교사</td></tr>
</table>

〈고 1〉

<table>
<tr><td colspan="2">장기목표</td><td>▸정해진 시간 동안에 코 파기 행동을 하지 않을 수 있다.</td></tr>
<tr><td colspan="2">단기목표</td><td>▸교사의 지시에 따라 정해진 시간 동안 코 파는 행동을 하지 않을 수 있다.
▸비디오로 코 파는 자신의 행동을 관찰하고 잘못된 점을 이야기 할 수 있다.</td></tr>
<tr><td rowspan="2">기관 연계</td><td>지역사회</td><td>▸다른 학생들의 바른 생활태도에 대한 비디오 관찰하기</td></tr>
<tr><td>가정</td><td>▸부모님과 하루 일과 중 정해진 시간 동안 코 파지 않기 행동 약속 지키기</td></tr>
<tr><td colspan="2">평가관점</td><td>정해진 시간 동안에 코 파기 행동을 하지 않을 수 있는가?</td></tr>
<tr><td colspan="2">책 임 자</td><td>학부모, 특수교사</td></tr>
</table>

연습해 봅시다

1. 다음 〈활동자료 3〉과 같이 장애학생의 학년과 특성을 정하고 해당되는 개별화전환교육을 세워 봅시다.

〈활동자료 3〉 전환교육계획서

<table>
<tr><td colspan="2" rowspan="2">학생</td><td>학년</td><td></td></tr>
<tr><td>특성 및 장단점</td><td></td></tr>
<tr><td colspan="2">장기목표</td><td colspan="2"></td></tr>
<tr><td colspan="2">단기목표</td><td colspan="2"></td></tr>
<tr><td rowspan="2">기관
연계</td><td>지역사회</td><td colspan="2"></td></tr>
<tr><td>가정</td><td colspan="2"></td></tr>
<tr><td colspan="2">평가관점</td><td colspan="2"></td></tr>
<tr><td colspan="2">책 임 자</td><td colspan="2"></td></tr>
</table>

2. 위 〈활동자료 3〉을 포함하여 전반적인 개별화전환교육계획을 구안해 봅시다.

제 2 부

전환 교육내용과 방법

제 4 장

전환 교육과정

학습목표

❶ 장애학생의 일반교육과정 접근 당위성을 살펴본다.
❷ 일반교육과정과 전환교육과정 모형을 이해할 수 있다.
❸ 장애학생의 일반교육과정 접근 방안을 계획할 수 있다.
❹ 중증 장애학생을 위한 대안적 교육과정을 설계할 수 있다.

01 개요

교육과정은 최소한 형식적이고 체계를 갖춘 교육활동에서 이루어지는 교수·학습의 과정이며 동시에 학문적 성격을 가진다는 점에서 교육과정의 의미를 한마디로 정의하기는 결코 쉽지 않다. 이를테면 일선 학교교육 현장에서 학생들을 직접 가르치는 교사들은 대부분 교육과정을 학생들이 공부하는 프로그램, 구조화되고 의도된 일련의 학습 내용들의 구성, 학습 성취를 결정하기 위한 의도적인 계획들이라고 본다. 그러나 교육과정을 교육이라는 전체 체제에서 보다 근본적인 문제들을 다루면서 학문으로 연구하는 입장에서 본다면, 교육과정은 인간의 사고와 행동과 이념들이 형성되고 표현되는데 영향을 끼치는 가장 본질적인 철학, 심리학, 사회문화적 요인들로부터 교수·학습 이론 등을 바탕으로 '인간이 지향해야 할 바'를 설정하는 일이다. 그리고 삶에 필요한 지식과 기술 또는 다양한 정보들을 수집하고 영역과 단계를 조직화하며, 이것이 구체적으로 삶에 영향을 끼치도록 하는 일에 이르기까지 전체를 조망하면서 이를 가장 수월하게 이해하고 응용하도록 하는 일련의 과정과 내용들이라고 볼 수 있다. 결국 교육과정은 보는 시각과 입장에 따라 또는 교육의 목적과 내용에 따라 각기 다른 분류를 하고 있다. 이러한 분류들의 일반적인 특징을 모아보면, 교육과정을 교육내용으로 보는 시각, 교육경험으로 보는 시각, 의도된 학습 성과로 보는 입장, 교육계획으로 보는 시각 등 다양하다(국립특수교육원, 특수학교 교육과정 총론, 2008).

본 장에서는 교육과정에 대한 전반적인 내용을 다루기보다는 교과 중심의 협의의 교육과정으로 제한하여 기술하고자 한다. 장애학생이 통합교육 차원에서 어떻게 일반교육과정에 접근할 것인지에 대한 방안과 대안적 교육과정이라고 할 수 있는 생태학적 접근에 대해 알아본다.

02 일반교육과정의 접근

일반교육과정에 접근 한다고 하는 것은 장애학생이 각 학년에 따른 비장애학생들이 일반적으로 배우는 핵심 교육 내용을 배울 수 있는 기회를 가지게 되는 것을 의미한다. 즉, 일반교육과정에 접근할 기회를 가졌다고 하는 것은 장애학생들이 통합교육의 기회를 갖게 됨을 의미한다. 그러나 일반교육과정에 접근할 기회를 가졌다는 의미와 이미 통합교육의 기회를 갖게 되었다는 것은 그 의미에 차이가 있다. 통합교육은 장애학생들이 자신들의 이웃하고 있는 학교와 일반교육의 학급에 참여할 기회를 갖게 되었다는 것이다. 완전한 구성원으로서 개별화된 지원을 통해 장애학생들이 사회적으로나 학문적으로 일반교육에 접근될 수 있어야 한다. 이러한 상황과 조건에서 일반교육과정에 접근하기 위한 계획이 이루어진다고 하면, 교육과정이 이미 그 상황 속에 포함되기 때문에 의미 있는 것이 된다. 따라서 단순히 학생을 일반학급에 배치만 하여 일반교육과정에 접근할 기회를 갖게 할 것이 아니라, 장애학생들이 핵심 교과 내용에 접근할 수 있어야 한다. 이를 위해서는 적절한 절차에 의한 평가가 우선적으로 수행해야 한다. 그리고 장애학생들이 일반학급에서 그들의 개별화된 교육 프로그램(IEP)에 의해 교수를 받아야 한다. 이는 국가수준, 지역수준의 교육과정에서 일반학교 학생들이 배우는 표준중심교육(standards-based education)의 교과내용을 장애학생들이 접근하기 어렵다고 하여 대부분의 교육내용이나 범위를 축소하거나 수준을 하향 조정한 희석식 교육과정(watered-down curriculum)으로 구성하는 것을 의미하지 않는다. 일반교육과정에 접근할 기회를 제공한다고 하는 것은 국어, 수학, 사회, 과학, 직업 등과 같이 교과에서 배울 수 있도록 교수적 지원을 제공하는 것이다. 또한 동일한 같은 수준으로 기대되는 내용을 모두 익히도록 하는 것이 아니라 교과나 각 학년에서 요구하는 '근본 구조(foundational structure)' 혹은 '핵심 기술(priority skill)'을 익히도록 하여야 한다.

1) 일반교육과정 접근의 법적 의미

1997년 개정 IDEA(Individuals with Disabilities Education Act)에서는 장애학생의 일반교육과정 접근을 위해 첫째, 모든 학생들이 공립 교육기관에서 교육적 표준에 도달하기 위해 일련의 서비스와 수정 및 지원이 이루어져야 하고, 둘째, 일반교육과정에서 참여와 진전에 장애가 어떻게 영향을 미칠 것인가를 진술하고, 셋째, 일반교육과정에서 참여와 진전이 가능한 한 개별화교육계획에 명시되도록 하였다. 또한 이 법에서는 주나 지역 범위의 평가에 장애학생들이 포함되도록 규정하고 있다. 따라서 각 주에서는 표준적 평가에 참여하기 어려운 장애학생을 위해 진전에 대한 평가를 개발하여야 한다. Browder와 Spooner 등(2004)은 이 후 많은 주에서 가사, 지역사회, 여가, 직업 기술과 같은, 학생들의 현재와 미래 환경과 관련 있는 교수에 대해 관심을 갖기 시작하였다고 지적하였다. 이러한 교육과정은 지난 몇십 년 동안 장애학생들의 교수 계획에 주로 활용되어 온 교과들이다. 주에서 처음 진전에 대한 평가를 개발할 때, 기능적 생활기술에 중점을 두었지만 2001년 이후 대부분의 주들이 진전에 대한 평가의 기초 자료로 표준적인 교과를 활용하게 되었다(Thompson & Thurlow, 2001). 특히, 이들 교과 중에서도 읽기와 수학 교과가 가장 많이 자료로 활용되었다(Browder, Ahlgrim-Delzell, et al., in press).

모든 장애학생들에 대한 교과 평가는 아동비배제법(No Child Left Behind Act, 2002)을 통해 더 강화 되었다. 이 법은 장애학생을 포함한 모든 학생들은 수학, 언어, 과학 교과에서 주의 표준적 결과를 보고하도록 요구하였다. 따라서 일부 주에서는 지역사회, 가정기술과 같은 생활 영역을 계속 유지하고 있지만, 대부분의 주에서 읽기와 수학 교과에서 대안적 평가를 채택하였다. 이후 개정된 이 법(2003)에서는 학년 평가에서 전체 학생의 1% 이하로 대안적 평가를 허용하고 있다. 또한 이들 대안적 평가는 주의 교과 내용 표준과 같은 맥락으로 구성하여야 하고, 이들 학생들의 가능한 최선의 학습 표준을 반영할 수 있도록 전문가의 판단을 반영하도록 규정하였다(Snell & Brown, 2006).

한편, 우리나라 「장애인 등에 대한 특수교육법」에서는 특수교육을 특수교육

대상자의 교육적 요구를 충족시키기 위하여 특성에 적합한 교육과정(보편성) 및 특수교육 관련 서비스(특수성)의 제공을 통하여 이루어지는 교육으로 정의하고 있다. 법률적으로 이를 「헌법」 및 「교육기본법」의 원칙에 기초하면서 「초·중등교육법」 및 「장애인 등에 대한 특수교육법」으로 구체화하고 있다. 우선 장애학생 교육의 목적은 「초·중등교육법」 제55조에 "유치원·초등학교·중학교 또는 고등학교에 준하는 교육과 실생활에 필요한 지식·기능·사회적응 교육을 하는 것"으로 규정되어 있다. 이 목적에서는 장애학생의 교육적 '보편성'과 '특수성'을 함께 제시하고 있다. 즉 유치원·초·중·고등학교에 준하는 교육이라는 '보편성'과 실생활에 필요한 지식·기능 및·사회적응 교육이라는 '특수성'을 제시하고 있다. 이러한 목적에 따라 특수학교 교육과정에서도 '보편성' 차원에서 교과와 특별활동 및 직업교육 등 '공통교육과정'과 '선택교육과정'을 도입하고 있고, '특수성' 차원에서 대안 교육과정인 '기본교육과정'과 '치료지원'(remedial support) 및 특정교과에 점자 익히기, 언어, 특수체육 등 장애 특성에 따른 교육을 보완하도록 조치하고 있다(이유훈, 2008).

03 전환과 표준중심 교육과정 모형

Gray(2002; Flexer et al., 2005, 재인용)는 다음 〈표 4-1〉 표준중심 교육과정 모형을 통하여 표준중심 교육과정에서 전환교육과정의 접근 가능성을 제시하였다.

이 모형은 전통적인 세 가지 주요 교육과정(교과교육, 진로 및 기술교육, 생활기술 교육)이 표준중심 교육과정으로서 어떻게 연계될 수 있는지를 보여주고 있다. 세 가지 교육과정은 각기 분명하면서도 서로 중첩되어 있다는 것을 강조하고 있다. 왜냐하면, 세 영역은 학생들이 자신들의 독특한 요구, 흥미, 선호도에 따라 진로과정(career pathways)을 정할 수 있다는 것을 분명하게 할 수 있기 때문이다. 예를 들어 교과교육 진로과정에 해당되는 학생이라고 하면, IEP의 목표가 4년제 대학과정 진학이 될 수 있을 것이다. 진로 및 기술 영역은 2년제 전문대학이나 기술학교 혹은 졸업 후 경쟁고용 과정에 중점을 둘 수 있을 것이다. 생활기술 영역의 학생들은 대부분 장애정도가 심한 학생이 해당될 수 있고, 지원 고용(supported employment)이나 졸업 후에 지원 생활(supported living)과정에 중점을 두게 될 것이다(Greene, 2003). 그리고 표준 중심이라는 틀 속에서 각 영역이 중첩되는 부분은 모든 학생들이 국가수준이나 지역수준에서 공통으로 이수할 수 있는 기준을 제시할 수 있다(Turnbull et al., 2003). 예를 들면, 교과교육과 진로 및 기술교육의 관계에서, 교과교육은 진로 및 기술의 문제 해결에, 그리고 진로 및 기술은 교과교육에서 교육적 경험을 제공해 줄 수 있다. 또한 교과교육과 생활기술과의 관계에서 교과교육은 생활기술에서 문제를 응용하는데 기여할 수 있고, 생활기술은 교과교육에 실제적인 경험을 제시할 수 있다. 생활기술과 진로 및 기술영역과의 관계에서, 전자는 사회적 기술 발달에, 후자는 작업장에서의 행동이라는 상호 증진 관계를 모색할 수 있다.

일반교육과정을 둘러싸고 있는 교육과정은 지원 서비스 영역이다. 이 지원 서비스 영역은 학생으로 하여금 학교 졸업이후 환경으로의 이동을 증진하고 접근을 돕는 역할을 한다. 여기에는 자연적 지원, 관련 서비스, 전환 서비스, 성인 서비스가 포함된다. 자연적 지원에는 학교 졸업 이후의 성과에 도움을 주는 자기-가족-친구 관계가 해당된다. 관련 서비스 영역은 특수교육적 개별과외(tutoring), 보조공학, 심리학, 물리치료, 청각학, 이동훈련과 같은 전문적 서비스들이다. 이들 영역은 학생으로 하여금 일반교육과정과 기능적으로 지역사회에 더 독립적으로 참여 할 수 있도록 지원하는 역할을 하게 된다. 전환 서비스는 장애학생이 그들의 졸업 후 목적을 성취할 수 있는 교수, 지역사회 경험, 진로 활동, 기타 서비스들이 포함된다. 성인 서비스는 학교 졸업 후의 환경에서 수행을 지원하는 것을 주로 하는 직업 재활, 발달장애 서비스, 수입 관리 지원, 기타 프로그램 등이 해당된다.

〈표 4-1〉 표준중심 교육과정 모형

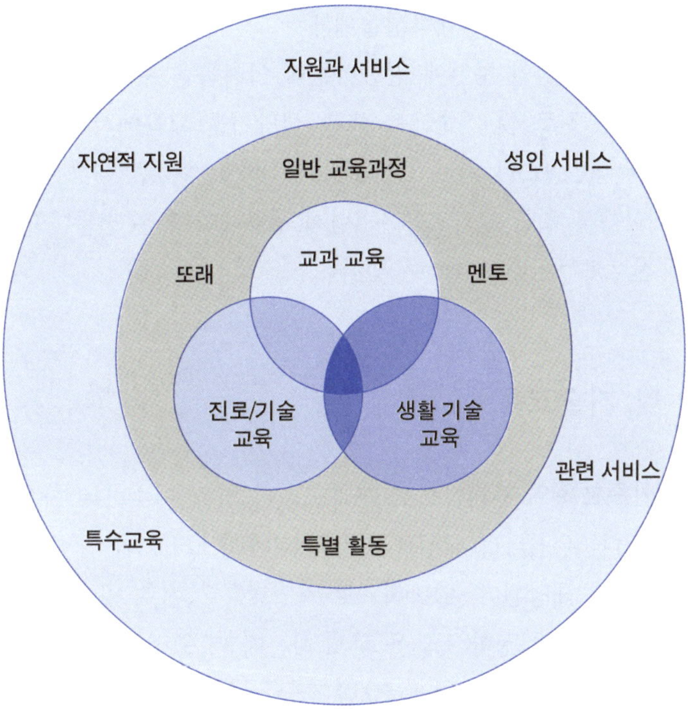

※ 자료 인용: Gray, K.(2002). The role of career and technical education in the American high school. A student centered analysis. Washington, DC: U. S. Department of Education. Flexer et al., 2005, 재인용.

1) 교과교육

교과교육은 표준교육과정에서 가장 보편적이고 비중을 많이 영역이라고 할 수 있다. 우리나라 공통교육과정의 주요 교과들이 여기에 해당된다. 교과교육은 고등학교 졸업 이후의 진학 준비에 그 비중이 맞추어져 있다. 따라서 장애학생에 있어 교과교육은 매우 중요한 부분이라고 할 수 있다. 왜냐하면 최근 장애학생들의 4년제 정규대학 진학률이 급속히 증가하는 추세를 보이고 있고, 이들 교과교육은 대학 준비 및 대학 생활 유지에 필요한 주요 과목들이기 때문이다.

한편 교과교육은 장애학생들이 중등이후 교육 기관에 참여하게 하는데는 도움이 될 수 있지만, 이들 장애학생들에게는 교과교육이 4년제 정규대학이나 전문대학 혹은 학문적인 분야에 진학하는데 어려움을 주는 것으로 나타났다. 오히려 대부분은 진로 및 기술교육 또는 생활기술 교육에서 더 좋을 결과를 보였다(Bear et al., Blackorby & Wabner, 1996).

결국 장애학생을 위한 교과교육은 4년제 정규대학 혹은 전문대학 진학을 목표로 하는 진로과정이라고 할 수 있다.

2) 진로 및 기술교육

진로 및 기술교육은 전체적으로 교과교육에 비해 이수하는 학생의 비중이 상대적으로 적다. 우리나라 실업계 고등학교(마이스터교)에 재학하고 있는 학생들이 이 영역에 해당된다. 일반적으로 직업교육은 진로 및 기술교육 보다는 장애학생으로 하여금 특정한 직업을 갖게 하는데 더 중점을 둔다고 볼 수 있다.

Cobb과 Neubert(1992)은 다음 [그림 4-1] 직업교육 모형에서 처럼, 진로 및 기술교육에서 기본적인 틀을 제안했는데, 이 틀의 기본 과정은 중학교 과정에서는 진로 및 직업 탐색 기술 개발에 중점을 두고, 고등학교 과정에서는 체험을 통한 직업 준비 교육을 받게 된다. 이러한 체험 중심 직업 준비 과정은 학교 졸업 이후 계속적인 지원의 필요성을 결정하는 근거가 될 수 있다. 최근에는 진로교육(career education)이 강조되고 있는데 이는 기존의 직업 교육(vocational education)보다 좀 더 포괄적인 의미를 강조한다. 여기서 강조하는 "진로교육의 의미는 학교, 가정, 지역사회 구성원이 함께 개인의 경제적, 사회적, 개인적 역량에 대한 잠재능력을 개발하기 위해 체계적으로 서로 조정하는 과정이다(Kokaska & Brolin, 1985). 1990년대 이후부터 직업교육이 진로 및 기술교육으로 이름이 변경되었다. 진로 및 기술교육은 '기술 준비(Tech Prep)'를 강조하고 2+2 프로그램(학교 교육 2년+산업체 근무 2년)으로 부르기도 한다(Gray, 2002). 이 프로그램은 학교 졸업 후의 직업 훈련 프로그램을 강조한 것으로 지역의 노동시장과 연계하여 설계된 고등학교 훈련 과정이다. 또한 이러한 진로 및 직업교육 프로그램은 학교에서 취업 기회를 증진하기 위한 노력의 결과로 나타난 것으로 일반교육과정의 맥락에서 수행되는 것을 강조하였다. 최종 목적은 높은 경제적 수준, 높은 임금, 최고 기술, 높은 고용성을 추구하는 것이다(U. S. Department of Labor, 1991). 따라서 이 과정에서는 노동자로 하여금 고도의 수행력뿐만 아니라 긍정적인 인성 및 사고 기술 등도 요구하고 있어 진로 및 기술교육 고등학교 교육과정에서 반영이 요구되는 부분이라고 할 수 있다.

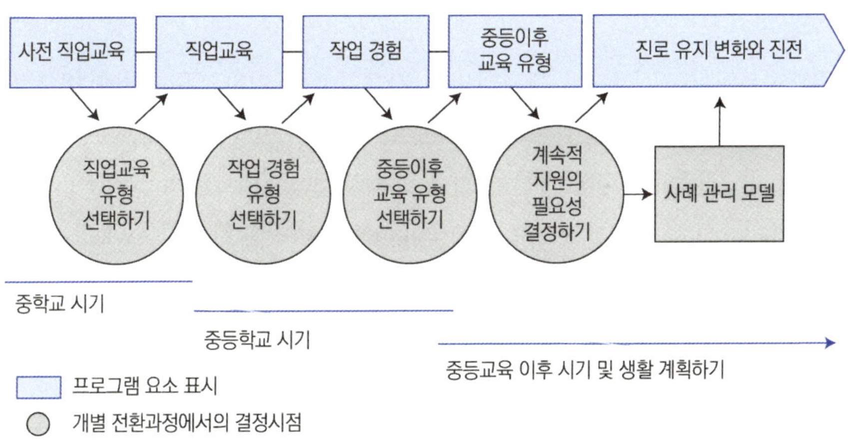

[그림 4-1] 직업교육 모형

* 인용: Greene, G. (2003). Best Practices in Transition in Greene, G. S., Kochhar-Bryant, C. A. (Eds.), Pathways to Successful Transition for Youth with Disabilities. (pp. 154-196) Upper Saddle River, NJ: Person Education. Copyright 2003 by pearson Education.: Flexer, R. W., Baer, R. M., Luft, P., & Simmons, T. J. (2008). *Transition Planning for Secondary Students with Disabilities*. New Jersey Columbus OH: Pearson Merrill Prentice Hall.에서 재인용

3) 생활기술 교육

생활기술 교육은 교육적 기준에 따라 학생의 현재와 미래 환경에 적응할 수 있는 내용을 중심으로 프로그램을 제공하는 것이다. 미래 환경에 적응할 수 있는 생활기술을 익히도록 하는 것이 주요 내용이 될 것이다. 따라서 기능적인

직업 관련 내용, 일상생활 기술, 사회적 역할 등이 다루어질 수 있다. 구체적으로 독립생활, 지역사회 참여, 여가활동, 성인역할, 경제생활 등이다. 생활기술 교육의 주요 대상은 진학이나 진로 및 기술교육 과정을 이수하기에 어려움이 있는 소수의 장애학생이 될 수 있을 것이다.

04 일반교육과정의 접근 방법

통합교육의 질적 접근이 강조하면서 장애학생이 일반교육과정에 접근하기 위한 방법도 다양하게 제시되고 있다. 대표적으로 보편적 설계(universal design curriculum), 일반교육과정 접근을 위한 보조공학(assistive technology), 교육과정 수정(adaptations), 교육과정 보완(augmentation) 그리고 교육과정의 대안적(alteration) 접근이다. 보조공학은 14장에서 더 자세하게 언급하기로 하고 각 방법들에 대해 살펴보면 다음과 같다.

1) 교육과정의 보편적 설계

보편적 설계는 일반교육과정의 접근 초기에서부터 모든 학생을 위해 설계한다는 점이다. 이때 교수 내용, 자료, 교수 전략들은 장애학생을 포함한 모든 학생들의 요구를 고려하여 개발된다. 건축설계에서 도입된 보편적 설계는 건축 설계 시 모든 사람들이 함께 접근할 수 있도록 설계하는 것을 의미 한다. 예를 들면, 건물 출입구를 만들 때 출입문 경사로나 계단을 만들면 장애인들이 접근하기 어렵지만 처음부터 출입문의 계단이나 경사로가 없는 것을 표준으로 설계하면 휠체어를 탄 장애인이나 노약자 등을 포함한 모든 사람들이 이용할 수 있을 것이다. 학습을 위한 보편적 설계의 3가지 주요 내용은 다음과 같다(CAST, 1998; Hitchcock, 2001).

첫째, 보편적 설계는 학습자가 정보와 지식을 다양하게 획득할 수 있는 다양한 표상 수단(multiple means of representation)이어야 한다.
둘째, 보편적 설계는 학습자가 알고 있는 것을 설명하거나 대치할 수 있는 다양한 표현 수단(multiple means of expression)으로 나타나야 한다.
셋째, 보편적 설계는 흥미를 유발하거나 적절한 도전을 주거나 동기를 증가시키는 다양한 참여 수단(multiple means of engagement)이 되어야 한다.

보조공학 수단을 예를 들어 보면, 첫째, 다양한 표상 수단은 인식 네트워크(recognition network)로써 학생들의 학습 수준에 맞추기 위한 정보를 표현하는 대안적인 틀을 제시하는 것이다. 즉, 크기, 모양, 혹은 색 등을 전환 할 수 있는 디지털 자료를 활용하거나 자막이 있는 음성 언어(speech)나 그림으로 전환할 수 있는 것을 활용할 수 있다. 예를 들어, 시각장애 학생들이 공통교육과정인 일반교과서를 배울 수 있도록 교과서를 점자로 점역해 주는 것도 표상 수단이 될 수 있다. 둘째, 다양한 표현 수단은 전략 네트워크(strategic network)로써 학생들로 하여금 그들이 학습한 것이나, 학습하는 것을 표현할 수 있는 수단을 제공하는 것이다. 연필이나 종이 대신 스캐닝을 대안으로 활용하거나 확대 키보드, 복합기(multimedia presentation) 등을 활용할 수 있다. 셋째, 다양한 참여 수단은 정의적 네트워크(affective networks)로써 융통성 있는 지원(support)과 수준별 제시이다. 개별화된 발판(scaffolding) 제공, 반복 제시, 친숙성, 호기심 등이 활용된다. 많은 교과서에 주요 주제의 이해를 돕기 위해 그림들이 활용되고 있다. 이럴 경우 시각장애 학생들을 위하여 그림에 대한 문자 설명을 병행하여야 한다. 교육에 적용되는 보편적 설계의 예를 Wehmeyer 등(2001)은 〈표 4-2〉와 같이 제시하였다.

〈표 4-2〉 보편적 설계의 교육 적용 예

- 동등한 활용: 장애학생을 포함한 모든 학생들에게 도움이 되어야 한다.
  모든 학생들이 자신에게 맞는 교재 형태를 선택할 수 있어야 한다. 교재로 인해 낙인되지 말아야 한다.
- 활용의 융통성: 자료는 사용자의 기호와 능력에 적합한 표상(representation) 수단, 발표 수단(presentation) 그리고 학생의 표현(expression)의 수단이 되어야 한다.
- 단순하고 직관적 활용: 쉽게 사용할 수 있고, 복잡하지 않으며, 지시는 명확하고 간결해야 한다(예: 설명, 글과 소리자료, 예시 문제, 그림 단서 제공).
- 지각할 수 있는 정보: 자료는 환경조건에 민감한 사용자나 감각장애인에게 필요한 정보가 되어야 한다. (예: 중요한 정보는 강조표시나 반복하기 등)
- 실수에 대한 인내: 충분한 반응 시간을 주고, 피드백을 제공하며, 실수에 대해 기회를 주고, 항상 확인하고, 적절한 실행시간을 제공하며, 실수를 긍정적으로 인정해 준다.
- 최소힌의 신체적 인지적 노력: 신체적, 인지적, 심리적 피로를 고려하여 피로를 느끼지 않도록 해 준다.
- 접근과 활용을 위한 크기와 공간: 자료와 학습활동에 물리적 접근 가능성을 확보한다.

※ 자료 인용: Wehmeyer, M. L., Lartin, D., & Agran, M. (2001). Achieving assess to th general curriculum for students with mental retardation: A curriculum design-making model. Education and Training in Mental Retardation and Developmental Disabilities, 36(4), 327-342.

학습을 위한 보편적 설계의 목적은 보다 많은 학생들이 일반교육과정에 접근할 수 있도록 하기 위함이다. 이를 위해 특별한 조정(accommodation)과 지원을 필요로 하는 학생의 수를 줄이는 데 있다. 이러한 목적은 학생들이 교육과정 및 학습 환경에 접근할 수 있는 다양한 방법이 창출됨으로써 달성될 수 있다(Smith, 2007).

2) 일반교육과정 접근 증진을 위한 표준 설계

모든 중등 수준의 학생들을 위한 일반교육과정의 접근 방법 중의 하나가 표준 설계(standards design)이다. 이 방법은 1990년 미국 켄터키 주 교육국에서 저하되는 학력 수준을 높이가 위한 방안의 하나로 제시한 것으로써 주 전체에 적용한 사례이다. 켄터키 주 교육국에서는 학생들의 현재와 미래 환경의 요구와 관련된 평가를 실시하고 폭넓은 표준 범위를 설정하였다. 이 표준은 6가지 일반적인 범위로 조직되었다(Kleinert, Kearns, & Kennedy, 1997). 첫째, 기초 의사소통과 수학 기술, 둘째, 핵심 개념과 원리, 셋째, 자기-충족, 넷째, 집단 구성원으로서 책무, 다섯째, 사고와 문제해결, 여섯째, 지식의 통합이다. 각 범위 내에서 교과 표준의 범위를 설정하고 일반적 표준과 학생 개인의 수업 내용과 요구되는 정보가 관련되도록 하였다(Kentucky Council on Postsecondary Education, 1998). 〈표 4-3〉은 이 표준 교육과정의 전반적인 목표를 제시한 것이다. 이 표준에서는 전체 전환 목표들도 학습 목표로 포함되었다. 예를 들면 목적2 핵심 개념과 원리에서 고용 특성과 중등 이후 교육기회와 같이 전환 관련 목표가 제시되었다. 그 외 전환 관련 목표들은 목적3의 자기-충족과 목적4 집단 구성원으로 책무성에서 찾아볼 수 있다. 중요한 고용 기술은 목적5 사고와 문제 해결에서 그리고 목적6의 지식의 통합이다. 표준 교과에 따라 학생의 수행을 평가하기 위한 교육적 기대와 평가 방법을 나타내는 평가 도구도 개발되어 제공되었다. 시행 결과에서 이와 같이 열린 표준 설계가 제공되었을 때, 현장에서 학생들에게 가능한 다양한 방법들이 활용되었다고 보고하였다. 이 교육과정을 통해 일반학급에서 장애학생을 대상으로 적용한 사례를 소개 하면 다음과 같다.

> 특수교사는 일반교사와 팀으로 수학 수업을 지도한다. 한 발달장애 학생은 졸업 이후에 요리하는 일에 관심을 가지고 있다. 일반교육의 수학 수업의 목적은 학생들이 수리적 절차를 이해하고 적용하는 것이다. 발달장애 학생의 문제는 문장제 문제를 이해하고 푸는데 어려움이 있다. 특수교사는 학생의 수업 참여를 위해 학생이 수행할 수 있는 기술인 전자계산기로 요리에 필요한 측정하기를 학습에 도입하였다.

〈표 4-3〉 Kentucky 주의 학습 목표

목적1: 기본 수학과 의사소통 기술
1. 정보와 아이디어 출처에 접근하기: 사전, 연감, 백과사전, 컴퓨터 검색 프로그램, 연구 도구 등 참조 도구를 사용할 수 있다. 2. 읽기: 여러 가지 읽기 자료를 이해할 수 있다. 3. 관찰: 여러 가지 관찰 자료를 이해할 수 있다. 4. 듣기: 여러 가지 듣기 메시지를 이해할 수 있다. 5. 계산하기: 의사소통, 추리, 문제해결에 수학적 아이디어와 절차를 활용할 수 있다. 6. 분류하기: 분류 규칙의 개발과 활용을 통해 정보를 조직할 수 있다. 7. 쓰기: 각 목적에 따라 다른 사람에게 아이디어와 정보를 나누기 위해 적절한 양식, 형식, 스타일을 통해 글을 쓸 수 있다. 8. 말하기: 각 목적에 따라 다른 사람에게 아이디어와 정보를 나누기 위해 적절한 양식, 형식, 스타일을 통해 말할 수 있나. 9. 운동: 운동과 관련된 아이디어를 나누고 이해할 수 있다. 10. 기술 활용: 정보와 아이디어를 모으고 조직하고 교류하기 위해 컴퓨터와 기타 기술을 활용할 수 있다.
목적2: 핵심 개념과 원리
1. 과학적 활동의 특성: 생각과 작업의 과학적 방법을 이해하고, 이러한 방법을 실생활 문제에 적용할 수 있다. 2. 수 개념: 수 개념을 이해하고, 적절하고 정확하게 사용할 수 있다. 3. 수학적 절차: 여러 가지 수학적 절차를 이해하고 적절하고 정확하게 사용할 수 있다. 4. 민주주의 원리: 정의, 평등, 책임 그리고 자유에 대한 민주주의적 원리를 이해하고 실생활 상황에 적용할 수 있다. 5. 정치 체제의 구조와 기능: 여러 가지 정부 형태를 정확하게 기술 할 수 있고, 민주주의 시민으로서의 권리와 책무와 관련된 문제를 분석할 수 있다. 6. 사회 체제의 구조와 기능: 인간 행위, 사회 집단 그리고 개인과 집단 간의 관계와 기관을 관찰하고 분석하고 해석할 수 있다. 7. 문화적 다양성: 국가와 세계 속의 다양한 인종 및 문화 집단과 효율적으로 상호작용을 하고 서로 협력적으로 관계할 수 있다. 8. 가족 생활과 부모: 개인의 안녕과 건강한 가족 관계 증진을 도모하는 기술을 설명할 수 있다. 9. 소비생활: 소비 제품과 서비스를 평가하고 효율적인 소비자 결정을 할 수 있다. 10. 지역사회 건강 체제: 지역사회에서의 서비스와 정보를 평가하고 활용 기술을 설명할 수 있다. 11. 진로 과정: 진로에 대한 선택과 준비를 위한 전략을 활용할 수 있다. 12. 고용 특성: 미래의 진학과 직업에서 성공하기 위한 기술과 작업 습관을 설명할 수 있다. 13. 중등교육이후 기회 탐색(직장, 진학, 군 입대): 면접, 이력서 쓰기, 대학 진학 지원 서류, 취업을 위한 학교 졸업 후 훈련에 대한 기술을 익힐 수 있다.

목적3: 자기-충족
1. 긍정적인 자기-개념: 적절한 과제와 프로젝트를 통해 자기-개념의 긍정적인 성장을 나타낼 수 있다. 2. 건강한 생활 스타일: 건강한 생활 스타일을 유지하는 능력을 나타낼 수 있다. 3. 적응력과 유연성: 적절한 과제와 프로젝트를 통해 적응적이고 유연한 능력을 보일 수 있다. 4. 잠재력과 창의성: 잠재적이고 창의적인 능력을 보일 수 있다. 5. 자기-통제와 자기-원칙: 자기-통제와 자기-원칙을 지킬 수 있다. 6. 윤리적 가치: 윤리적 가치에 근거한 결정 능력을 나타낼 수 있다. 7. 독립적 학습: 자기 스스로 학습할 수 있는 능력을 나타낼 수 있다.
목적4: 집단에서의 책무성
1. 대인관계 기술: 가정, 직장 혹은 지역사회의 구성원으로서 책임감 있는 능력을 개발할 수 있다. 2. 생산적인 팀 구성원: 생산적인 팀 구성원으로서의 기술을 나타낼 수 있다. 3. 일관성, 책임감, 통제할 수 행동: 일관적이고 책임감 있고 스스로 행동을 통제 할 수 있다. 4. 자신과 타인에 대한 권리와 의무: 자신과 타인에 대한 권리와 의무를 보일 수 있다. 5. 다문화성과 열린 세계관: 다문화적이고 세계에 대한 열린 마음가짐을 갖출 수 있다. 6. 타인에 대한 열린 마음: 타인 조망에 열린 마음가짐을 갖출 수 있다.
목적5: 사고와 문제 해결
1. 비판적 사고: 실생활 상황에서 여러 가지 문제를 해결하기 위해 분석, 우선순위, 분류, 평가, 비교와 같은 비평적 사고 기술을 활용할 수 있다. 2. 개념화하기: 이해된 개념을 개발 수정하기 위해 정보를 조직할 수 있다. 3. 창의적 사고: 새롭고 발산적 아이디어와 결과를 개발하고 창출하기 위해 창의적 사고 기술을 활용할 수 있다. 4. 결정-하기: 여러 가지 선택사항 중에서 제기된 결정을 하기 위해 결정-하기 과정을 활용할 수 있다. 5. 문제-해결: 상대적으로 복잡한 문제 해결을 위해 문제-해결 과정을 활용할 수 있다.
목적6: 지식의 통합
1. 복합적 조망 적용: 각 다른 주제 영역에서 지식과 경험을 연계할 수 있다. 2. 새로운 지식의 개발: 새로운 지식을 습득, 개발하고 혹은 새로운 경험을 해석하기 위해 이미 가지고 있는 지식을 활용 수 있다. 3. 기존 지식의 확장: 새로운 지식, 기술, 경험과 연계하기 위해 기존 지식의 이해를 확장시킬 수 있다.

※ 자료 인용: From Futures: *Your guide to life after high school*, Kentucky Council on Postsecondary Education.

※ 자료 재인용: Flexer, R. W., Baer, R. M., Luft, P., & Simmons, T. J. (2008). *Transition Planning for Secondary Students with Disabilities*. New Jersey Columbus OH: Pearson Merrill Prentice Hall.

3) 일반교육과정 접근을 위한 개별화 방법

1997년 개정 IDEA(Individuals with Disabilities Education Act)에서 IEP 팀은 14세부터 장애학생 개인의 진로와 관련하여 전환 서비스 요구를 고려할 것을 규정하였다. 장애학생들이 일반교육과정에 접근하기 위해서는 신체적, 감각적, 인지적 장애로 인해 개별적인 조절(accommodation)을 필요로 한다. 개별적인 조절을 위해서 고려해야 할 점은 환경과 개인 간의 상호작용에 관심을 두어야 한다. 개인이 환경에 참여하는데 방해가 되는 장벽이 있다고 하면, 완전한 통합이 이루어 질 수 없다. Wehmeyer, Lattin 그리고 Agran(2001)은 이러한 장애학생의 개별적인 전환 서비스 요구를 파악하기 위해 검토 절차 모델을 〈표 4-4〉와 같이 보조공학(assistive technology), 교육과정 수정(adaptations), 교육과정 보완(augmentation), 대안적 교육과정(alteration) 순으로 지원할 것을 제안하였다. 장애학생을 일반교육과정에 접근시키기 위한 이들이 제시한 기본 틀은 가능하면 최소 제한 환경을 유지하는 것이다.

이들의 모델에서 조절(accommodations) 전략은 순차적으로 나타나지 않는다는 것을 강조하였다. 또한 각 수준에 따라 중재 개입과 학생의 요구와 선호도를 고려하였다는 점이다. 따라서 초기 단계에서 복잡한 것을 수행하도록 하는 것보다 모델의 후기 단계에서 단순한 수정(adaptations)을 수행하는 것이 쉽기 때문에, 보조공학 중재 평가의 초기 단계에서는 높은 기술(high-tech)의 지원보다는 낮은 수준(low-tech)의 지원이 더 바람직하다. 또한 학생의 선호도를 주의 깊게 살펴보아야 한다. 왜냐하면 조절(accommodations)의 효과는 학생이 어떻게 받아들이느냐에 따라 상당한 영향을 받기 때문이다.

〈표 4-4〉 일반교육과정 접근 모델

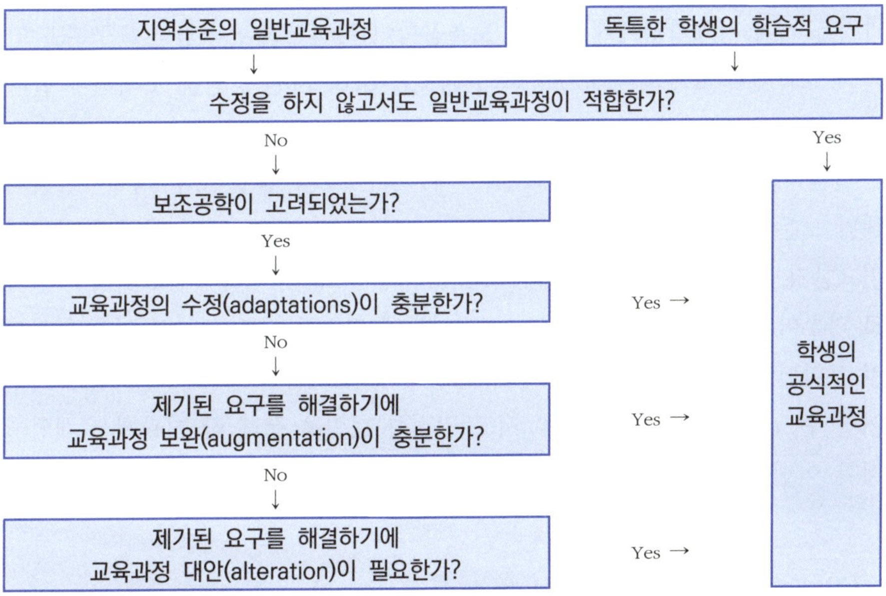

※ 자료 인용: Wehmeyer, M. L., Lartin, D., & Agran, M. (2001). Achieving assess to th general curriculum for students with mental retardation: A curriculum design-making model. *Education and Training in Mental Retardation and Developmental Disabilities*, 36(4), 335 재인용. Flexer, R. W., Baer, R. M., Luft, P., & Simmons, T. J. (2008). *Transition Planning for Secondary Students with Disabilities*. New Jersey Columbus OH: Pearson Merrill Prentice Hall.

(1) 보조공학(assistive technology)

보조공학은 다양한 형태로 분류된다. 수준에 따라 낮은 수준에서 높은 수준으로, 덜 복잡한 장비에서 복잡한 장비(sophistication device)로 나눌 수 있다. 또는 연필 쥐기와 같이 단순한 수준에서 복잡한 컴퓨터 소프트웨어 활용과 같이 비공학적 장치에서도 하급, 중급, 고급 공학 장비로도 분류된다. 중요한 것은 이러한 수준별 연속적인 공학 장치들은 개인의 요구 수준에 따라 적절하게 활용될 수 있어야 한다는 점이다.

장애학생을 위한 보조공학의 선택은 평가과정에서 출발한다. 개인을 위한 평가 과정은 크게 세 가지 내용을 확인해야 한다. 첫째, 평가는 개인이 속해 있는 환경에 대한 요구가 분석되어야 한다. 둘째, 평가는 개인의 요구와 능력,

선호도가 밝혀져야 한다. 셋째, 보조공학 장비의 특성을 밝혀야 한다. 이러한 과정을 거쳐 장애학생에게 필요한 보조공학이 지역사회나 직업적 요구뿐만 아니라 교과에서 요구되는 보조공학의 내용을 밝혀 지원 방안을 모색해야 한다(Blackhurst, 1997).

전환 계획 과정에서 전환교육팀은 개인의 학교와 졸업 이후 성인기까지의 생활 모든 측면을 고려해야 한다. 직업의 한 부분으로서 어떤 공학적 지원이 필요한지, 보조 공학의 결정뿐만 아니라 수정과 조절이 전환 계획 과정의 절차로 다루어져야 한다. 또한 개인이 기능하는데 필요한 상황은 졸업 이후 환경까지 포함되어야 한다. 개인의 특성과 요구에 따라 독특한 보조공학 지원이 이루어질 수 있다. 따라서 기관별로 서로 밀접한 협력을 통해 각 기관에서 개인에 대한 어떤 보조공학 자원을 지원할 수 있는지를 명확하게 할 필요가 있다.

(2) 교육과정 수정(curriculum adaptations)

교육과정 수정은 몇 가지 방법으로 내용의 표상(representation)이나 표현(presentation)을 변경(modification)하는 것을 의미한다. 교육과정은 몇 가지 방법으로 수정할 수 있다. 예를 들어, 읽기 자료는 해당되는 쪽에서 중요한 정보를 강조하는 표시를 하거나 범위를 설정하여 우선 읽기 가능한 수준으로 변경함으로써 수정을 할 수 있다. 또한 어휘나 단어는 형광색으로 표시하여 수정하고, 이와 같이 한 후 교사는 해당 용어를 읽어 주어야 하고, 표시한 내용을 설명해 주어야 한다. 그 외 Olsen과 Platt(Flexer et al., 2005 재인용)는 개념 표현의 수정을 다음과 같이 제안하였다.

- 개념에 대한 설명과 함께 프린트 자료를 보충 제시한다.
- 개념을 같이 제시한다.
- 투명자료, 삽화, 그래프와 같이 시각적인 자료를 보충 제시한다.
- 개념을 분명하게 하기 위해 모델링이나 설명을 한다.
- 개념을 강조하기 위해 게임, 조작 활동, 손동작을 활용한다.
- 개념을 이해시키기 위해 학생들의 서로 다른 환경이나 경험을 고려한다.

또한 구체적인 예시의 활용, 시청각 보조 자료의 활용, 기타 보충 자료 등은 교사가 교육과정을 수정할 수 있는 방법들이다. 중도나 심한 장애학생의 경우 전체 과정에서 부분적인 참여로 교육과정을 수정할 수 있다. 부분 참여 교육과정 수정은 학생의 학습 순서, 규칙, 보조 인력 활용, 자료나 공학의 활용으로 이루어질 수 있다.

Deshler 등(1996)은 인지적 접근의 교육과정 수정을 제시하였다. 학습 과정의 모든 단계에서 학생을 수업에 역동적으로 참여시키는 인지적 전략으로 개념 그리기(concept mapping)를 소개하였다. 이 전략을 통하여, 다음 〈표 4-5〉와 같이 교사들은 교육과정에서 학습하는 학생들이 제시하는 정보를 조직하고 통합하기 위한 모델을 구성할 수 있다.

〈표 4-5〉 개념 그리기 절차

학습 단원과 관련된 주요 단어나 주제를 선정 한다.
↓
오버헤드 투명 필름이나 큰 종이에 단어를 쓴다.
↓
학생으로 하여금 주어진 단어를 중심으로 가능한 많은 단어나 아이디어를 적어 보게 한다.
↓
분류나 범위로 나누어 단어를 쓰게 한다.
↓
분류나 범위의 이름을 붙이고 개념 지도 위에 쓰게 한다.
↓
읽기 이해에 중요한 단어나 어휘가 있고 학생들이 그것들을 이야기 하지 못하면, 빨간 마커나 펜으로 지도 위에 표시한다.
↓
개념 지도에 대한 토론은 학습에서 가장 중요하다. 이 과정은 학생들로 하여금 현재의 생각을 인식하게 하고, 단어와 생각과의 관계를 이해하게 해준다.
↓
읽기 과제를 마친 후, 단원 진행에서, 새로운 단어나 분류가 지도에 추가할 수 있다. 이러한 정보는 이전에 읽거나 학습하지 않은 단원이라는 의미로 다른 색으로 표시할 수 있다.

개념 그리기는 브레인스토밍 활동이나 평가 과정의 평가 활동으로 활용할 수 있다. 교수 과정에서 더 활용하려고 하면, 개념 지도 단원이나, 한 영역 혹은 과정으로 교육과정을 보충하여 지도할 수 있을 것이다. 또는 학생들이 더 잘 이해할 수 있는 내용으로 제시할 수 있다.

(3) 교육과정 보완(curriculum augmentation)

Knowlton(1998)은 교육과정의 보완은 학생들의 학습 증진을 이끌기 위한 교육과정의 심화(enhancement) 혹은 보충(expansion)으로 설명하였다. 교육과정은 학교 수준에서 성취 결과나 졸업 이후 성취 결과를 높이기 위해 추가 내용을 포함시킴으로써 보완할 수 있다. 예를 들면, 학생의 학습 전략이나 공학적 기술훈련 등이 포함될 수 있다. 그리고 Brolin 등(1989)이 제시한 생활중심 진로교육, Clark 등(1995)이 소개한 학교중심 진로발달과 전환교육 모델 등이 교육과정 보완 자료로 활용될 수 있다.

학습 전략은 학생들이 통합 학급에서 학생들이 자기 학년에 적절한 수업을 수행할 수 있는 능력을 갖게 한다. 또한 학생들이 새로운 자료나 기술을 배우고 이해하는데 활용될 수 있으며 새로운 정보를 이미 알거나 이해하고 있는 내용에 통합할 수 있다. 또는 정보나 기술을 회상하거나 다른 상황이나 장소에서 적용할 수 있다. 공학적 기술 훈련은 모든 개인의 생활에 중요한 역할을 한다. 왜냐하면 이들의 환경에서 요구되는 것들은 공학적 기술을 통해 효과적으로 적응할 수 있기 때문이다. 예를 들어 일상생활에서 TV를 켜기 위해 리모컨을 활용하거나 음료수를 사기 위해 자판기의 기계를 사용할 수 있는 것과 같다. 또는 교육적으로 컴퓨터를 다룰 수 있다고 하면 각종 교육용 소프트웨어는 학생의 학습을 보조하는데 효과적으로 이용할 수 있다(Flexer et al., 2005). 또한 생활 중심 진로 교육, 학교 중심 진로 발달과 전환교육모델 이외에도 교육과정 보완 자료로 활용될 수 있는 것들이 많이 있겠지만 여기서 구체적인 설명을 생략한다.

한편 우리나라 특수교육 교육과정에서도 보완자료로 개별화교육계획 수립

자료를 제시하고 있다. 이의 근거는 「장애인 등에 대한 특수교육법」 제2조 제7호, 제22조 제1항~제5항, 동법 시행규칙 제4조 제1항~제4항에 의거하여 특수교육대상자의 교육적 요구에 적합한 개별화교육계획을 수립하고 운영하기 위한 국가 수준의 교육과정을 운영하기 위한 보완자료이며, 유치원, 초·중등학교, 특수학교에 재학 중인 특수교육대상자의 개별화교육계획을 수립하고 운영하기 위한 공통적이고 일반적인 기준이 될 수 있는 내용을 제시하고 있다.

(4) 교육과정 대안(curriculum alteration)

교육과정을 대안하고자 할 경우 교육과정 수정이나 보충과는 다르게 핵심 내용이 변경되는 것이다(Wehmeyer et al., 2001). 어떤 경우에는 교육과정이 단순하게 축소될 수 있다. 교육과정 대체는 학생이 과정 내용을 이해하도록 돕는 대안적 과제를 제시함으로써 전체 내용을 구성할 수도 있다. 또한 교육과정 대체는 근본 내용(foundational content)을 지도하는 것이 포함될 수 있다. 예를 들어, 중증 장애학생의 경우 일반교과서를 읽는데 어려움이 있을 수 있기 때문에 교과서를 재편집(단어를 의미 있는 그림으로 변경)하여 학생이 내용을 이해할 수 있게 제공할 수 있을 것이다(Flexer et al., 2005).

Udvari-Solner(1995)은 교육과정 대안이 교사들에게 효과적이라는 근거로 다음 몇 가지 제안을 하였다.

- 교육과정 대안은 지적, 신체적, 감각적 혹은 행동적 장애를 보상하는데 도움을 준다(예; 학생이 학습의 중요 요점을 이해할 수 있게 한다).
- 교육과정 대안은 새로운 학습 방법을 촉진하는 과정에서 현재의 기술을 사용하도록 한다(예; 학생이 새로운 상황에서 기술을 일반화 할 수 있다).
- 교육과정 대안은 학생의 기술과 일반교육과정 학습 내용과의 불일치를 방지한다(예; 학생이 학습의 주요 개념을 파악할 수 있다).
- 교육과정 대안은 학습 내용과 학생의 현재와 미래 생활과의 복잡하고 추상적인 정보를 줄여준다(예; 내용이 요약되고 단지 중요한 정보가 학생에게 제공된다).
- 교육과정 대안은 학생과 학습 습관과 교사의 지도 스타일간의 관계를 좁혀준다.

기능적 접근(functional approach)이 장애 학생들이 가정, 직장, 지역사회 환경에서 실생활 기술을 증진하기 위한 훈련으로 많이 활용된다. 또한 기능적 접근은 교과나 진로 기술 훈련을 지원하기 위해서도 도입된다. 기능적 프로그램은 일반적으로 의사소통, 개인적 관리, 사회적, 직업적, 기능적 교과 영역으로 구분된다. Wehman 등(1988)은 중증 장애학생을 위한 기능적 교육과정 개발 방법 〈표 4-6〉과 기능적 교육과정 목적 설정 절차 〈표 4-7〉을 제시하였다.

〈표 4-6〉 기능적 교육과정 개발 방법

1. 분석할 광범위한 교육과정 영역을 선정한다(예; 여가, 지역사회, 직업, 가사)
2. 학생이 영역과 관련하여 활동을 수행할 가정, 학교, 지역사회 상황에서 일련의 환경을 분석한다.
3. 전문가, 부모, 학생에 대한 조사를 통해 추가할 환경을 분석한다.
4. 분석된 이들 환경들을 관찰하고 각 환경에서 수행할 필수적인 기술들을 목록화 한다.
5. 전문가나 부모와 함께 이들 기술 목록을 검토한다.
6. 이와 같은 과정을 전체 영역에서 반복한다.
7. 더 추가하거나 수정할 사항이 없는지 검토한다.

〈표 4-7〉 기능적 교육과정 목적 설정 방법

1. 학생이나 가족과 함께 각 전환 영역에서 학생이 수행할 것을 분석한다. 그리고 학생이 생활할 수 있는 바람직한 미래 환경과 관련된 사항을 분석한다.
2. 학생의 현재 환경과 관련된 활동과 기술을 분석한다.
3. 모든 관련된 현재와 미래 활동을 검토한다. 그리고 두 가지 이상의 영역에서 일어날 수 있는 활동이나 나이에 적절한 활동들을 선정한다.
4. 이러한 활동들은 빈도가 높은 것에서 낮은 것으로 목록화 한다.
5. 이 목록에서, 학생의 안전에 중요한 활동들을 분석한다. 다음, 장차 환경에서 독립적으로 기능할 수 있는 중요한 활동들을 분석한다.
6. 바로 시행할 교수를 선정한다.
   - 환경에서 학생의 안전에 필수적인 활동들
   - 현재와 장차 환경에서 독립적으로 기능하기 위해 학생이 자주 수행해야 하는 활동들
7. 활동 목록에서 나머지 목표들을 선정한다.

교육과정 대안의 한 부분으로 이루어지는 기능적 교육과정은 생태학적 교육과정과 전체적인 의미에서 그 맥락을 같이 하고 있다. 주로 중도 및 중증 장애

학생의 교육과정 접근을 위한 대안으로 구성하는 생태학적 교육과정의 접근 방법은 다음에서 별도 내용으로 다루고자 한다. 또한 기능적 교육과정이나 생태학적 교육과정에 대한 구체적인 교수 전략은 5장에서 기술하였다.

05 생태학적 교육과정

1) 생태학적 교육과정 구조

생태학적 교육과정은 가정, 학교, 지역사회에서 학생들이 직면하는 실제적 문제에 근거하여 구성되었다. 연구자들에 따라 구조를 달리하고 있지만 일반적으로 공통적인 특징을 가지고 있다(McDonnell & Hardman, 2009).

첫째, 일, 개인적 관리, 여가와 같이 성인 생활에 대표적으로 요구되는 영역으로 구성되었다는 점이다. 이러한 영역들은 학생들이 성인으로서 역할을 하는데 필요한 교수에 중점을 둔 교육적 요구를 강조하였다(Wilcox & Bellamy, 1987).

둘째, 이들 교육과정의 주된 교수적 목표들은 '활동(activities)'으로 설정된다는 점이다. Wilcox와 Bellamy(1987) 이 활동들은 다음과 같은 특징이 있다고 제안하였다.

① 활동은 가정, 학교, 지역사회 상황에서 논리적 수행 단위를 나타내는 연속(chains)된 행동이다.
② 활동의 완성은 지역사회에 참여하고 독립적으로 생활할 수 있는 능력을 증진하는 의미 있는 결과로 산출된다.
③ 활동들로 구성된 행동들은 예측 가능하게 수행되며 이러한 행동은 자연적 상황에서 수행될 때 일반적인 순서로 이루어진다.

위 세 가지 특징을 예를 들면, 생태학적 교육과정에서 포함되는 일반적인

'활동'에 대한 정의는 '식료품 구입하기'의 예로 나타낼 수 있다. ① 식료품 구입하기는 지역사회에서 성인들의 생활에서 일상적으로 이루어지는 것이다. 그리고 ② 이것은 학생을 위해 의미 있는 결과를 산출한다. 왜냐하면, 학생들로 하여금 영양에 필요한 것을 충족시켜주기 때문이다. ③ 식료품 구입하기에 필요한 기본적인 반응 순서는 예측 가능하고 누구나 하는 같은 순서 즉, 일반적으로 이루어진다(예; 가게에 가기-카트 꺼내기-물건 골라 담기-물건 값 계산하기-가게 나오기). 반대로 동전 세기와 같은 기술(skills)은 '활동'으로 정의하기 어렵다. 왜냐하면 동전 세기 능력은 그 자체에서 학생을 위해 의미 있는 결과를 산출하지 않기 때문이다. 사실 이 기술은 학생이 식료품 구입하기와 같은 활동을 완성하기 위하여 다른 여러 가지 교과나 발달적 기술과 연계될 필요가 있다.

생태학적 교육과정의 세 번째 특징은 포함된 활동들이 이웃이나 지역사회 내에서 이루어지는 지역적 항목들로 구성되었다는 점이다. 이것은 학생의 실제적 요구를 반영하는 것을 지도하는 활동을 강조하기 위해 이루어진다는 것이다. 따라서 지역사회에서 요구되는 활동들의 목록은 학생의 교육 프로그램의 내용이 된다. 또한 활동들은 학생들이 기능적으로 활동할 수 있게 일정을 계획할 필요가 있다(환경 분석이라고도 함, 일정에 대한 환경 분석은 5장 교수 전략 참조).

네 번째 특징으로, 학생들에게 지도하는 학문적이고 발달적 기술은 일정이나 활동의 성공적인 수행을 위해 필요한 것들이다. 이러한 학문적 및 발달적 기술들은 실제 수행에서 필요로 하는 것들에 기초하여 선정된다. 예를 들어 학생이 식료품을 구입하기 위해 학생은 식품 표시 단어를 읽을 수 있어야 하고, 구입할 물건 수를 셀 수 있어야 하며, 많고 적음을 결정할 수 있어야 한다. 그리고 물건 값을 계산할 수 있어야 한다. 생태학적 교육과정은 학문적 발달적 기술 지도의 중요성을 강조하지 않는 것이 아니라 가르쳐야 할 기술들이 바로 적용될 수 있고 가정, 학교, 지역사회에서 학생이 수행하는데 활용될 수 있는 것을 강조한다.

McDonnell과 동료(1996)은 일정, 활동, 기술과의 관계를 다음 [그림 4−1]과 같이 설명하였다. 이 구조는 IEP와 ITP를 작성하는데 필요한 목표 설정과 학생의 전반적인 교육과정 개발에 도움을 준다. 이는 기능적 교육과정의 환경 분석과 맥락을 같이 한다.

일정표	활동	기술
식단계획하기	주 메뉴 개발하기	▸요리책 읽기 ▸주별 스케줄 활용하기
	음식 리스트 개발하기	▸음식 단어 쓰기
	버스 타기	▸버스 번호 익히기
	식료품 구입하기	▸음식 단어 읽기 ▸물건 사기
	식료품 가게 이용하기	▸음식 분류하기

[그림 4-2] 일정표, 활동, 기술 관계

2) 생태학적 교육과정의 졸업이후 결과와 교수

생태학적 교육과정은 학생들의 궁극적인 삶의 질을 향상하는데 그 목적이 있다. 따라서 교육과정은 이들 장애학생들이 졸업 이후 기대되는 전환 결과를 성취할 수 있도록 교육 프로그램이 구성되어야 한다. McDonnell과 Hardman(2009)은 교육 계획을 하는 데 있어 IEP와 ITP팀과 학생들에게 도움이 될 몇 가지 제안들을 하였다.

(1) 우선지도 일정표와 활동 내용 정하기

생태학적 교육과정의 일정표와 활동 내용을 결정하는 것은 사전에 순서를 정해 결정하는 것이 아니라 많은 요소를 고려하면서 장애학생과 계획팀과의 상호작용 과정에서 요구되는 것이 무엇인가에 따라 결정된다.

- 영향: 처음 고려해야 할 사항은 일정표 혹은 활동이 학생의 삶의 질에 영향을 미칠 수 있는 것이어야 한다. 일정표와 활동 내용 선정에서 중요한 점은

오랜 기간에 걸쳐 가정, 학교, 지역사회 장면에서 학생의 참여를 증진시키는 것이어야 한다는 것이다.

- 포괄성: 성공적인 졸업 이후 적응을 위해서는 장애학생이 지역사회 생활의 모든 측면에 참여할 수 있어야 한다. 이는 장애학생이 지역사회에 기여할 수 있는 기회를 가져야 함을 의미하고 자신에게 필요로 하는 것들을 스스로 관리할 수 있어야 한다. 또한 삶을 즐길 수 있는 여가와 레크리에이션 활동에 참여할 수 있어야 한다. 우선적인 일정과 활동을 선정할 때, 교육계획 팀은 장애학생이 필요로 하는 모든 것을 교육계획에 포함하기 위해 지역사회에서 학생의 현재와 미래 삶에 대한 모든 측면을 살펴야 한다.
- 자기-결정: 학생 교육 계획 일정과 활동은 학생 자신의 생활에 대한 통제를 증진하는 것이 선정되어야 한다. 장애학생 스스로 다양한 선택권을 가질 수 있는 기회를 수어야 하고, 효과적으로 자신의 활동과 일정을 선택하는 방법을 배울 수 있어야 한다. 또한 자신의 요구를 주장할 수 있고, 자신의 미래 계획에서 자율성이 증진되도록 하여야 한다.
- 통합: 선정된 일정과 활동은 학교와 지역사회에서 학생들의 참여를 증진하는 것이어야 한다. 또한 일반 또래들과 서로 상호작용할 기회를 높일 수 있는 것이어야 한다. 자연적인 상황에서 이들이 학교나 일, 그리고 이웃에서 사회적 관계의 일부가 될 수 있는 기회를 가져야 한다.
- 연령-적합성: 장애학생이 지역사회에서 일과 생활을 할 수 있다고 하는 것은 독립적으로 스스로 할 수 있어야 하고 자신의 삶에 대하여 책임질 수 있음을 의미한다. 학교를 떠나 사회에 진출했을 때 자신의 연령에 적절한 사회적 활동을 할 수 있어야 한다. 따라서 일정과 활동 선정에 있어 동일한 연령에서 전형적으로 기대되는 것들이 학생의 교육계획에 포함되어야 한다.
- 위험과 안전: 장애학생의 자율성을 높이면 상대적으로 위험 요소와 안전 문제가 발생할 가능성이 높아진다. 그렇다고 학생의 안전을 너무 따진다고 하면 학생을 교육활동에서 고립시키는 결과를 가져올 것이다. 따라서 교육계획에서 학생의 위험과 안전을 균형 있게 고려해야 한다.

(2) 학생의 수행 방법 결정하기

생태학적 교육과정은 모든 일정과 활동에서 학생이 다양하게 학문적이고 발달적 기술을 활용할 것을 권장한다. 학생의 교육계획에서 장애학생이 일반교육의 학문적이고 발달적인 기술에 접근하기 어려울 경우 교육계획 팀은 이들이 수행할 수 있는 전략을 고려해야 한다. 일정과 활동에서 인지적, 언어적, 신체적 혹은 학문적 요구를 단순하게(대안적으로) 디자인하여 일반적인 방법으로 수행할 수 없는 장애학생이 가정, 학교, 지역사회 활동에 참여하도록 해야 한다. 예를 들면, 글을 읽을 수 없는 학생이라고 하면 식료품 구입하기에서 식품의 그림을 보고 물건을 구입할 수 있거나 음성 언어가 명확하지 않은 학생이라고 하면 의사소통 보조 장치를 통해 그들이 원하는 것을 활용할 수 있다.

(3) 우선지도 일정표와 활동 그리고 졸업 이후 기대되는 결과와의 연관성

개별화교육계획 팀은 학생의 장차 삶의 질에 잠정적으로 영향을 주는 우선적 일정과 활동을 평가하여야 한다. 예를 들면, 식료품 구입하기, 버스 타기, 현금 인출기 사용하기 등이 학교 졸업 후 학생들의 목적을 성취하는데 도움이 되는가에 대해 계획 팀은 스스로 자문해 볼 필요가 있다.

연습해 봅시다

1. 다음 〈활동자료 4-1〉과 같이 장애학생을 선정하고 해당 학생에 대한 일반교육과정에 대한 수정 수준을 세워 봅시다.

〈활동자료 4-1〉 장애학생 관련 교육과정 수정 계획

1. 장애학생
   1) 학년 :
   2) 대상 학생 특성 :
   3) 교육적 수준(특징 교과):
   4) 장·단점 :

2. 일반교육과정의 대안적 수정 수준
   1) 접근 모델
   2) 보조공학 수정
   3) 교육과정 수정
   4) 교육과정 보완
   5) 교육과정 대안

2. 다음 〈활동자료 4-2〉의 직업역역 기능적 교육과정을 환경분석과 같이 지역사회 영역을 분석해 봅시다.

〈활동자료 4-2〉 기능적 교육과정 환경분석

영역	하위 내용	기능(기술)의 예
직업	기술	직종에 맞는 기술 익히기(근면성, 책임감, 인내심)
	사회성	적절한 대화하기(미소, 인사성, 휴식시간)
	교통수단 이용하기	버스노선 익히기, 버스표 구입하기, 갈아타기, 걷기, 찾아가기
	시간관리	출퇴근시간 익히기, 점심시간 이용하기, 휴식시간 활용하기, 작업시간 익히기
	금전관리	돈의 가치 활용하기, 물건사기, 예금하기, 가계부 정리하기, 예산세우기
지역사회	관공서 이용하기	
	공원	
	동네환경	

영역	환경		하위환경	활동	기능(기술)
직업	현재	버스	정류장	버스카드 충전하기	편의점 들어가기
					지갑에서 카드 꺼내기
					카드 점원에게 주기
					지갑에서 충전할 금액 꺼내기
					금액 직원에게 주기
					카드 받기
					지갑에 넣기
				버스 노선 찾기	
				버스 시간 확인하기	
				정류장 찾아가기	
				버스 번호 확인하기	
				버스 탑승하기	
지역사회					

제 5 장

전환교수와 전략

학습목표

❶ 전환교수의 전제 조건을 이해한다.

❷ 전환의 기능적 측면의 교수 절차 및 전략을 이해한다.

❸ 전환의 인지적 측면의 교수 전략을 이해한다.

01 전환교수의 전제 조건

1) 전환 목표의 IEP 통합

전환계획의 목표는 장애학생 개인의 입장에서 볼 때 궁극적으로 학교 이후 성과에 관한 것이다. 이는 결국 장애학생 미래의 교육적 성취 결과인 개별화교육계획의 장기 목적과 연계되어야 함을 의미한다. 따라서 전환교육의 목표들은 개별화교육계획의 목적에 대한 졸업 이전과 졸업 이후의 과정에 중점을 두고 설계되어야 한다. 또한 전환 목표들은 장애학생 개인을 위해 실계된 개별화교육계획의 주요 구성 요소와 내용들을 반영하는 것이어야 한다. 즉, 전환의 교수 목적은 개별화교육 목적에 서술된 지식과 기술이 연관 되어야 한다. 졸업 이후 상황에서 필요로 하는 지원과 서비스에서도 이들 목적들의 연관성이 강조될 필요가 있다.

2) 통합 환경 교수

통합교육은 적절한 교육적 그리고 사회적 지원과 서비스를 수반하는 일반교육 환경에서 모두가 참여하여, 교육을 통해 장애학생이 사회의 한 구성원으로서 역할을 하도록 준비하는 과정이다. 장애학생의 전환교육도 이러한 맥락에서 현재와 졸업 이후 통합된 사회의 구성원으로서 역할을 하게 하는 교육으로 이루어져야 한다.

3) 결과-중심 과정

전환계획을 설정할 때와 마찬가지로 실제 교수의 설계에서 장애학생의 졸업 이후 성취 결과를 염두에 둔 것이어야 한다. 성공적인 전환 결과는 많은 연구 사례에서 결과-중심의 교수 내용에 그 원인이 있음을 증명해 주고 있다. 따라서 장애학생이 학교 졸업 이후 상황에 적응하게 될 활동들을 지원하는 교수 내용이어야 한다. 이를 통해 학생이 책임 있는 성인으로서 성장하게 될 지식과 기술을 개발할 수 있게 학교 수업의 주된 내용이 될 수 있도록 하여야 한다.

4) 협력적 활동

전환교수는 관련 인사들의 협력적 활동으로 수행되어야 한다. 이를 위해 전환의 교수내용을 계열성과 위계성 있게 잘 조직해야 한다. 일부라도 이들 조직에서 빠지게 되면 궁극적으로 학습 결과에 좋지 않은 영향을 미치게 된다.

5) 학생의 요구와 선호, 흥미

교수는 앞서 언급한 내용뿐만 아니라 가장 염두에 두어야 할 것이라고 하면, 학습 주제나 활동들이 학생 중심이어야 한다. 이는 수업에서 학생들의 동기를 유발할 수 있는 주요 요인이기 때문이다. 또한 이러한 주제나 활동들이 학생과 관련이 깊고, 실제적인 내용이라고 하면 동기 유발뿐만 아니라 성공적인 성인 생활을 기대할 수 있을 것이다.

02 지역사회 중심의 기능적 전환교수

1) 지역사회 중심 교수의 중요성

지역사회 중심 교수의 목적은 학생을 자연스런 지역사회 환경에서 가르치는 것이다. 개인이 생활하고 있는 가정, 학교, 지역의 레스토랑, 쇼핑센터, 작업장 등에서 수업이 이루어지도록 한다. 많은 교육자들은 전환 프로그램의 적용도 이와 같은 자연적 상황에서 수행되도록 노력하고 있다. 이는 장애학생들로 하여금 자연적인 환경인 지역사회에서 사회적응을 할 수 있는 기회를 많이 제공하기 위함이다. 지역사회 중심 교수의 주요 장점은 첫째, 학생들이 수업한 내용을 일반화할 수 있는 기회를 줄 수 있기 때문이다. 학생들이 교실에서 수업한 것을 일반적인 상황에 적응하는 데는 다소 어려움이 있겠지만 주변의 시설이나 환경은 장애학생들이 생활하는 친숙한 자연적인 환경이므로 학생으로 하여금 환경 자체에서 수업과 일반화가 같이 일어날 수 있는 기회를 제공한다. 둘째, 지역사회 중심 교수는 그 자체가 기능적이기 때문이다. 장애학생의 장애 정도에 상관없이, 지역사회 중심 훈련 경험은 가장 기능적이라고 할 수 있다. 예를 들면, 작업장에서의 기술 훈련은 바로 학생이 장차 지역사회 사업장에 취업하여 임금을 받고 일하게 될 바로 그 기술이기 때문이다.

2) 목표 선정

전환과정에 다양한 목표가 제시될 수 있다. 장애학생 개인의 미래 진로와 부모들의 요구에 따라 목표의 유형이 달라 질 수 있을 것이다. 목표 선정 시 고려 될 순서를 Cronin과 Patton(1993)은 다음과 같이 제시하였다.

① 학생의 각 영역에 대한 수행을 평가하고, 학생이 능력을 발휘할 바람직한 미래 환경을 밝힌다.

② 계획된 미래 환경에서 기능할 학생의 현재 환경과 관련한 활동 및 기술을 밝힌다.
③ 관련된 현재와 미래 활동을 검토하여, 몇 가지 영역을 선정하고 연령에 적절한 활동들을 제시한다.
④ 이들 활동들이 가장 많이 일어날 활동에서 가장 적게 일어날 활동 순으로 나열한다.
⑤ 이들 활동 리스트에서 학생의 안전에 중요한 것을 우선 정하고 다음으로 미래 환경에 독립적으로 살아가는 데 필요한 영역을 정한다.
⑥ 즉시 지도해야 할 교수 내용을 선정 한다:
  ▸ 현재 학생의 안전에 가장 중요한 활동
  ▸ 미래 독립적으로 살아가는데 중요하고, 가장 많이 활용될 활동
⑦ 그 외 ④에서 제시된 활동들을 선정한다.

전체적인 목표 선정에 있어 우선적으로 실제 생활환경과 연관이 있어야 한다. 그리고 장애학생의 연령과 발달 정도도 중요한 고려 대상이 된다.

3) 과제분석(task analysis)

과제분석은 제한된 단일 상황에서 과제분석을 해야 할 경우가 있고, 여러 상황에 걸쳐 일반적으로 과제분석을 할 수 있다. 어느 상황에 맞추어 과제분석을 할 것인가는 훈련 상황에 대한 학생의 장애 정도와 적응 능력에 따라 달라질 수 있다. 구체적으로 과제분석은 다음과 같이 진행할 수 있다(신현기, 김형일, 유장순 역, 2001).

과제분석은 과제 일정의 전 과정을 명확하게 하고, 작은 단위의 기술들을 순차적으로 배열하는 것을 의미한다. 과제분석을 할 때, 교사는 학습자에게 기대하는 결과를 얻기 위하여 수행에 필요한 구체적인 행동을 결정한다. 또한 교사는 이러한 행동이 수행되었을 때 나타나는 결과가 효율적이고 성공적으로 이루어질 것이라고 생각하는 순서를 정한다.

과제분석 과정은 과제의 시작과 끝을 먼저 파악해야 한다. 첫 단계는 훈련되지

않은 상황에서 일정을 수행하기 위하여 '자연적 단서'가 바로 이어 질수 있는 과제-관련 행동으로 시작할 수 있다. 여기서 '자연적 단서'는 활동이 수행되기 전 자연적 환경에서 개인이 일반적으로 받아들이는 정보를 의미한다(Falvey, Brown, Lyon, Baumgart, & Schroeder, 1980). 예를 들면, 자연적 단서는 '식사하러 가기', '횡단보도 도착하기', '아침의 알람 소리', 혹은 '점원이 요구하는 가격표'가 될 수 있다. 이러한 각 단서는 바로 구별이 가능하면서 적절한 것이어야 한다. '횡단보도 도착하기'의 다음 단계는 '교통 신호 보기'이고, '식사하러 가기' 다음 단계는 '식사하는 곳으로 이동하기'가 될 수 있다.

과제분석의 마지막 단계는 일정의 기대하는 결과 바로 앞의 성취 행동을 밝히는 것이다. 예를 들면, '의사소통의 상호작용'이라는 일정에서, 기대하는 결과는 학생이 '요구한 것을 얻는 것'일 수 있다. 마지막 단계는 의사표현 소통판에서 '적절한 그림을 지적하는 것'일 수 있다. '외투 입기'의 기대 결과는 '문 밖으로 나가는 것'이다. '외투의 단추 채우기'가 이 단계의 마지막이 될 수 있다. 즉, 학습자의 기대되는 결과(행동)가 수행되었을 때 완료된다.

일단 시작 단계와 끝 단계가 정해지고 나면, 교사는 단계 내에 절차를 결정한다. 단계의 크기와 수는 학생의 현재 수행 능력과 과제의 복잡성에 따라 달라질 수 있다. 만일 학생의 경험이나 지식이 거의 없고, 일정을 완성하는 데 교사의 지원을 상당히 많이 필요로 할 것 같으면, 좀 더 작은 크기의 단계로 과제분석 한다. 이는 교사가 학생의 진행과정을 평가할 수 있고 바람직한 교수적 결정을 할 수 있기 때문이다. 점심 일정에서 지원을 많이 필요로 하는 학생이라면, '점심 챙기기'라는 단계가 너무 큰 제목일 수 있다. 이런 경우 더 작은 단계로 나누어야 한다. 또한 과제를 수행하는데 과제 내 행동이 서로 비슷하지 않거나, 서로 관련이 없는 일련의 반응으로 구성되었다면, 단계를 더 작게 나누는 것이 바람직 할 것이다. 그리고 불필요하거나 중복된 행동(활동)이 나타나지 않도록 해야 한다.

반면, 학생이 몇 가지 연속적인 단계를 독립적으로 수행할 수 있다면, 이 몇 가지를 하나의 단계로 뭉칠 수 있을 것이다. 이는 학생이 가장 부족한 부분이나 기술에 중점을 두고 훈련할 수 있다. 또한 훈련 과정의 시간과 노력을 줄일 수 있을 것이다.

완성된 과제분석이 15단계 이상으로 구성되었다면, 하나의 일정을 몇 가지 다른 일정이나 하위 일정으로 나눌 필요가 있다. 실제 실행 과정에서, 과제분석이 15단계 이상을 초과하면, 일정을 운영하는데 어려움이 많다. 50에서 55단계를 요구되는 점심시간 일정은 세 가지 일정 즉, 점심 준비하기, 점심 먹기, 식사 후 치우기로 나누어 줄일 수 있을 것이다.

4) 일반 사례 분석

일반 사례 분석(general case analysis)은 전통적인 과제분석 절차를 확장하여 수행 상황에서의 단계와 자극 변인들을 나타낸 개념이다(Horner, Sprague, & Wilcox, 1982). 예를 들면, 현금 인출기는 장소나 위치에 따라 각양각색이다. 은행에 따라 다를 수 있고, 기기 종류에 따라 다를 수 있다. 그러나 교사가 지역 내에 있는 모든 현금 인출기에 대한 과제분석과 훈련을 하기 보다는 상황에서 가장 일반적인 변인들이 될 현금 인출기를 골라 훈련하면 훨씬 쉽게 접근할 수 있을 것이다. McDonnell과 Hardman(2009)은 6가지 일반 사례 분석 과정을 통해 지역사회에서 지적장애학생이나 발달장애학생을 위해 보다 효과적으로 적응 훈련을 할 수 있다고 소개하고 있다. 〈표 5-1〉은 '쇼핑하기'를 다음 6가지 접근 원리에 따라 구성한 일반 사례 분석 예시 내용이다.

(1) 학생이 활동을 완성할 가능성이 높은 상황을 선정한다.

학생이 수행을 완성할 것이라 기대되는 모든 상황을 분석한다. 분석된 상황의 수는 학생이 생활하면서 필요성을 보이는 지역사회와 이웃이 될 것이다. 학생이 지역의 모든 식료품 가게를 다녀야 하는 것이 아니기 때문에 학생과 직접적이고 좀 더 기능적인 인근의 가게를 몇 곳 선정하여 분석한다. 전환계획팀에서 지역의 어떤 가게를 분석 대상으로 할 것인지 정할 수 있을 것이다. 그리고 상황에서 수집된 정보는 교수를 위한 훈련 장면에서 활용할 수 있다.

(2) 활동에서 학생이 수행할 범위를 선정한다.

학생이 수행을 완성할 수 있을 것이라 기대되는 것은 이들의 구체적인 요구에 따라 상당히 다양하게 나타날 수 있다. 예를 들면, 혼자 과자 사오기, 음료수 사오기, 과일 사오기, 집에 혼자 있을 때 점심 챙겨 먹기 등 이다. 또한 학생이 어느 정도 완성할 것으로 기대하는지 밝히는 것도 중요하다. 친구들이 수행하는 방식으로 완성하는지 혹은 대안적인 몇 가지 다른 단계의 수행 전략들이 있는지를 확인하여야 한다. 글씨를 읽지 못하는 학생이라고 하면 순서대로 된 그림카드로 가르치는 단계를 선정할 수 있다.

(3) 일반적인 활동 단계를 정한다.

공통적인 수행의 모든 장면들을 단계별로 분석한다. 예를 들면 '카트 가져오기' 단계라고 하면, 모든 가게 상황에서 '카트 가져오기' 단계를 분석하기 보다는 카트를 꺼내 가게로 가져오는 가장 일반적인 상황으로 분석을 한다.

(4) 각 단계에서 일반적인 자극 내용을 선정한다.

학생이 각 단계를 언제, 어떻게 완성할 것인가를 조정할 일반적인 자극을 정한다. 예를 들면, '카트 가져오기' 단계에서 일반적인 자극은 카트 보관소와 카트가 될 것이다.

(5) 기대되는 수행 장면을 선정한다.

일반적인 활동 단계와 자극에서 관찰된 다양한 변인들을 기록하고 기대되는 수행 장면들을 선정한다. 일반적인 자극에서 교사는 대상이나 사건에서의 차이를 기록한다. 예를 들면, A라고 하는 가게에서는 카트 보관소가 출입구 앞에서 꺼내게 되어 있고, 다른 가게에서는 조금 떨어진 뒤쪽에서 꺼내게 되어 있다면, 학생이 반응해야 할 행동을 수정할 필요가 있다. 상황에 따라 다른 자극 변인에 반응을 달리하도록 해야 한다. 일반적인 자극과 활동 상황에서 변인들은 학생을 가르치는 훈련 장면에서 다룬다.

(6) 훈련 상황을 선정한다.

과제분석의 가장 작은 단계(장면)인 이 단계의 목적은 교수를 위해 학생을 자극과 변인 단계에 노출시키는 것이다. 이 자극과 변인들은 학생이 지역사회에서 가게를 이용할 수 있는 가장 일반적이고 대표적인 것을 골라 수행하도록 한다. 다음은 자극과 단계의 선정 시 고려할 점이다.

- 훈련이 이루어지는 곳과 가장 가까운 장소를 선정하여 시작한다.
- 자극과 단계가 학생에게 해당되는 변인인지 확인한다.
- 교수가 이루어지기 쉽고, 시간을 절약할 수 있는 곳으로 선정한다.
- 처음 선정한 장소와 상황이 다른 곳을 선정한다.
- 자극과 단계에서 학생이 가장 폭넓게 노출될 수 있는 내용으로 선정한다.
- 자극과 단계는 가능하면 꼭 필요한 최소한의 숫자로 정한다.

〈표 5-1〉 일반 사례 분석 예시

단계(자극)	자극 변인	반 응	반응 변인
1. 출입문	1) 자동문-회전 2) 자동문-미닫이 3) 자동문-여닫이	1. 가게로 들어가기	1) 걸어 들어가기 2) 문을 밀고(당기고) 걸어 들어가기
2. 카트	1) 카트 보관소 2) 가게 내 카트	2. 카드 가져오기	1) 카트 앞줄에서 빼기 2) 카트 뒷줄에서 빼기
3. 쇼핑 통로 (그림카드)	1) 캔 식품 2) 냉동식품	3. 대상 물건이 있는 통로 둘러보기	1) 넓은 통로 둘러보기 2) 좁은 통로 둘러보기
4. 품목 선택 (그림카드)	1) 선반 위, 개방형 선반, 냉동 진열 2) 선반 중간, 개방형, 폐쇄형 진열품, 폐쇄 냉동식품 3) 개방형 선반 바닥, 폐쇄 냉동 케이스, 개방형 냉동 케이스	4. 물건 담기	1) 선반위에서 물건 내리기 2) 문을 열고 선반 위에서 물건 내리기 3) 중간 선반에서 물건 내리기 4) 문을 열고 중간 선반에서 물건 내리기 5) 선반 바닥에서 물건 담기 6) 문을 열고 선반 바닥에서 물건 담기
5. 계산하기	1) 계산대 줄서서 대기하기 2) 카트 계산대로 붙이기	5. 계산대로 가기	1) 카트 계산대에 대기 2) 줄 따라 나가기 3) 선택한 물건 계산대에 올려놓기

단계(자극)	자극 변인	반 응	반응 변인
6. 계산 확인하기	1) 물건 스캔 확인하기 2) 물건 계산 확인하기	6. 물건 스캔	1) 위쪽 바코드 확인 2) 아래쪽 바코드 확인 3) 점원이 포장지에 담아 주는 것 받기
7. 포장지, 쇼핑 가방	1) 스캔 왼쪽 2) 스캔 오른쪽 3) 종이 4) 비닐	7. 물건 담기(포장지)	1) 포장지 꺼내기 2) 포장지 물건 담게 벌리기
8. 계산하기	1) 현금 지급 2) 잔돈 받기 3) 모니터 확인 4) 영수증 받고 싸인하기	8. 계산하기	1) 현금 꺼내고 지출하기 2) 잔돈 확인 3) 잔돈 받기
9. 잔돈 바꾸기	1) 교환기 모니터 확인 2) 영수증 받기	9. 잔돈 바꾸기	1) 동전 교환기로 가기 2) 동전 내려받기
10. 가방 들기	1) 가방 오른쪽, 왼쪽, 2) 종이가방, 비닐	10. 가방 들기	1) 가방 끈 잡기 2) 가방 들어올리기
11. 출입문	1) 자동문-회전 2) 자동문-여닫이 3) 이중 문 열기	11. 가게 나가기	1) 걸어 나오기 2) 가게 문 열고 걸어 나오기

※ 자료 인용: McDonnell, J., Hardman, M. L. (2009). Successful *Transition Programs ; Pathways for Students with Intellectual and Developmental Disabilities*. Los Angeles CA: SAGEl. 일부 내용을 수정하여 제시함.

5) 기초선 측정

기초선(baseline)은 과제분석이 끝나고 학생의 현재 수행 단계 혹은 수행 수준을 어디에서 시작할 것인가를 결정하기 위한 출발점이라고 할 수 있다. 기초선은 학생이 과제를 완성하는데 기대되는 수행 수준을 평가하는 데 초점을 두어야 한다. 특히, 과제를 정확하게 완성할 수 있는지 없는지, 과제를 완성하는 데 지원을 필요로 한다면 그 지원 수준이 어느 정도인지를 구체적으로 제시하여야 한다. 교수의 궁극적 목적은 학생이 교사의 도움 없이 스스로 과제를 완성하는 것이다. 따라서 기초선은 현재 학생의 지원 수준에서 점차 도움 없는 단계까지 도달하기 위한 교수나 훈련의 시작점이다. 예를 들어 지원의 수준을 언어적 지원-제스처-부분적 신체지원-전반적 신체지원의 순서라고 했을 때, 학생이 교사의 '싱크대에 가라'는 언어적 지시를 듣고서도, 반응이 없자 교사가 학생의 손을 잡고 싱크대로 가는 길 중간쯤까지 데리고 가는 중에, 학생이 싱크대로 가는 것임을 알고 나머지 부분은 혼자서 싱크대에 갔다고 하면, 이 학생의 현재 기초선 수준은 부분적 신체적 지원에 해당한다. 이 단계에서 학생의 교수 최종 목표는 언어적 지시만 듣고 '혼자 스스로 싱크대에 가는 것'이 될 것이다.

6) 교수 수행

(1) 촉진

촉진(prompting)은 학생이 행동이나 반응을 하기 전이나 하는 동안 제시되는 어떤 단서이거나 교수이다. 또한 정반응 행동을 높이고 실패 가능성을 줄이기 위한 것이다. 효과적인 교수적 촉진은 구체적인 과제 및 개인에 따라 다양할 수 있다. 촉진의 목적은 가능한 최소한의 지원으로 학생이 정반응 행동을 하도록 유도하는 것이다.

따라서 계획적이고 체계적인 촉진의 제시와 소거가 중요하다. 〈표 5-2〉는 '손 씻기 과제'에서 '싱크대로 가라'라는 교사의 지시 단계를 수행하는 데 필요한 지원, 촉진 유형을 제시한 것이다.

〈표 5-2〉 지원 유형

청각이나 시각적 지원	
직접적인 언어 단서(V)	교사는 단지 언어적 지시만 한다(아니면 약간의 대안적인 의사소통 모드를 제시한다) 손 씻기 일정에서, 학생이 싱크대에 혼자서 가지 못하면, 교사는 "싱크대로 가라"와 같은 단서를 제시 한다
제스쳐 단서(G)	요구하는 반응의 특성을 나타내는 정보를 제시하는 제스처나 표현(demonstration)을 나타낸다. 예를 들면, 교사가 싱크대 쪽을 가리킬 수 있다.

신체적 지원	
부분적인 신체적 지원(PA)	학생의 신체적 움직임의 일부를 교사가 그대로 지원(mold) 해 준다. 교사가 학생으로 하여금 싱크대 쪽으로 향하게 할 수 있고, 학생을 한 두 걸음 정도 싱크대로 데려갈 수 있다.
전반적인 신체적 지원(FP)	학생의 신체적인 움직임을 교사가 완전히 지원(mold) 해 준다. 학생이 움직여서 싱크대까지 가는 데 필요한 모든 지원을 교사가 해 준다.

※ 자료 인용: 신현기, 김형일, 유장순 역(2001). **중도중복학생을 위한 기능적 교육과정**. 서울: 박학사.

① 점진적 촉진 감소 체계(system of decreasing prompt)

점진적으로 촉진을 감소하는 접근 체제는 지원의 수준을 점차 줄여가는 것이다. 두 개 이상의 촉진을 지원의 정도가 높은 수준에서 점차 지원의 수준이 낮은 것으로 배치한다. 처음 학생에게 과제를 제시할 때, 도움을 많이 주는 높은 수준의 촉진으로 시작한다. 그리고 지원을 점차 체계적으로 소거하여 도움이 없이 학생이 스스로 과제를 수행할 수 있도록 한다. 점진적 촉진의 감소 체제를 사용한다고 해도 한 번에 〈표 5-2〉와 같이 제시된 모든 촉진을 사용하는 것은 아니다.

② 최소 촉진 체계(system of least prompts)

학생들은 촉진이나 어떤 지원을 하지 않고서도 과제를 수행하는 경우가 있다. 최소한의 촉진 체제는 지원을 하지 않은 상태에서 학생으로 하여금 과제를 수행하게 하고 필요한 경우 지원을 늘려가는 방식이다. 이는 많은 지원을 하지 않고 학생이 과제를 수행할 수 있는 기회를 제공하기 위함이다. 따라서 교사는 학생이 과제를 성공적으로 수행하는 데 필요한 최소한의 지원을 하고, 학생이 반응할 때까지 5-6초를 기다려준다. 이후 학생이 반응을 하지 않거나 오반응을 하게 되면, 이보다 더 지원 정도가 높은 촉진을 사용하여 해당 단계를 반복한다. 촉진은 학생이 과제의 행동을 수행할 때까지 계속 증가시켜 나간다. 〈표 5-2〉에 제시된 '싱크대로 가라'라는 훈련에서 최소한의 촉진 체제를 예를 들어 사용하는 경우를 보자. 먼저, 교사는 언어적 언급 없이 시작한다. 학생이 싱크대를 보고 있다. 교사는 '어디에 가야 하지?'라고 한다. 그리고 5초를 기다린다.

학생이 반응이 없으면, 교사는 다시, '싱크대가 있는 곳을 가리킨다(제스처 촉진)'. 그리고 학생이 싱크대로 이동한다. 만일 교사가 싱크대가 있는 곳을 가리켰는데, 5초 내에 이동하지 않으면, 교사는 부분적 신체적 지원을 할 준비를 한다.

(2) 촉진의 활용 순서

[그림 5-1]은 촉진을 통한 훈련의 흐름을 기술하였다. 일반적으로 반드시 이와 같은 틀에 의하지는 않지만, 훈련 시 기본적인 진행 순서로 활용할 수 있을 것이다(신현기, 김형일, 유장순, 역, 2001).

I. 세 번의 교수 시도에서 수집된 자료를 가지고 시작한다. 그리고 학생의 반응을 확인한다.

A. 만일 세 번의 시도가 정확하다면, 좀 더 독립적인 곳으로 이동한다. 그리고 위의 I로 돌아간다.

▸ **설명:** 촉진의 수준을 변화시킴으로써 혹은 촉진을 점차 없애거나, 인위적인 강화를 없애줌으로 학생의 독립성을 더 신장시킬 수 있다. 만일 촉진과 강화가 필요 없다면, 더 이상 독립성으로 이동하지 않아도 된다. 부모나 감독자가 훈련 상황에 참여하고 있다면, 각 단계들에서의 수행을 계속 확인하고, 교사의 위치도 점차 줄여 나가야 한다. 교사의 위치를 학생으로부터 점점 멀리하거나 학생의 눈에 띄는 횟수를 줄이는 것이다. 좀 더 적당한 환경을 만들기 위해 다른 교사, 보조자, 지역사회 인사의 도움을 받아 이와 같은 환경을 만들어 갈 수 있다. 각 단계에서의 교수는 가능하면 반응 양식을 좀 더 정교하게 해 가는 절차를 수행해 나가는 것이다. 학생이 모형 접시를 사용하여 음식을 먹었다면, 더 진전된 교수는 진짜 그릇을 사용하여 음식을 먹도록 지도하는 것이다.

B. 세 번의 시도에서 맞힌 점수가 두 번 이하라면, 프로그램을 수정하고 위 I로 돌아간다.

▸ **설명:** 대부분의 수정은 학생이 적절한 발전 단계로 진행을 하지 않기 때문에 이루어진다. 그래서 교사의 지원 정도를 늘리는 새로운 촉진을 사용할 필요가 있다. 촉진 형태(언어적, 제스처, 신체적)는 변경하지 않고 그대로 사용한다. 그러나 학생에게 정보를 제공하는 양은 늘려가야 한다. 예를 들면, 먼 건너편에서 제스처 촉진으로 "싱크대로 가라"라는 반응을 유도하는데 맞힌 점수가 두 번 이하라면, 교사는 싱크대 가까운 곳에 위치해야 하고 그것을 가리켜야 한다. 만일 부분적 신체적 지원 촉진 평가가 부적절한 것으로 나타나면, 교사는 학생을 좀 더 싱크대가 있는 방향으로 안내하여야 한다.

강화내용을 조정하여야 할 경우, 강화의 수정은 강화 유형, 강화 정도, 혹은 강화 스케줄로 조정한다. 훈련에서의 강화는 학생이 수행하는 속도에 영향을 주기 위해 사용하는 것이다. 따라서 이럴 경우, 수정은 학생이 강화를 받기 위해 제한된 시간 간격 내에서 주어진 단계를 완성하도록 하여야 한다.

C. 반응이 두 번 정확한 것으로 나타나면, II로 간다.

II. 세 번의 교수 시도로 자료를 수집한다.

A. 세 번의 반응이 정확한 것으로 기록되면, I A에 따라 좀 더 독립적인 곳으로 이동한다.

B. 그렇지 않다면, 프로그램을 수정하고 위 I로 간다.

▸ **설명:** 만일 학생이 진행에 앞서 어떤 지점에서 촉진이 제시되기도 전에 자발적으로 독립 반응을 보인다면, 반응 기준을 즉시 좀 더 독립적인 기능으로 정한다.

III. 모든 단계에서 독립적인 수행이 이루어질 때, 전 일정의 수행 시간을 정한다. 수행 시간이 만족되면, 일반화 테스트를 수행한다. 성공적인 일반화가 이루어지면, 유지 테스트 스케줄을 잡는다. 수행시간이 만족되지 못하면, 더 잘 수행할 수 있는 추가 훈련을 한다.

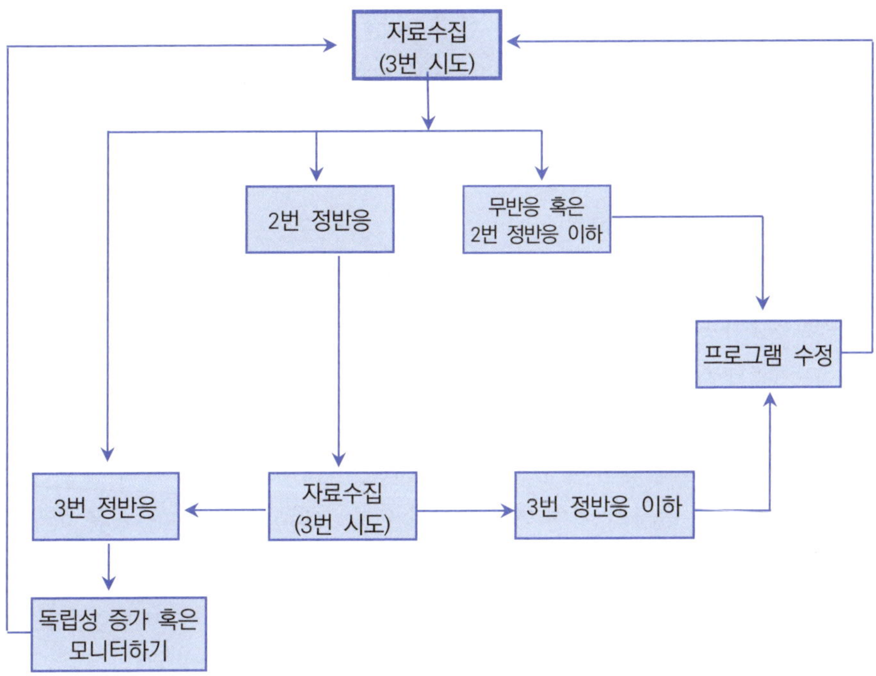

[그림 5-1] 교수적 수정 절차

(3) 강화

강화는 동기를 부여하여 행동을 이끌어내게 하는 과정이다. 동기는 학생들이 학습하는데 있어 매우 중요한 구성 요소 중의 하나이다. 그리고 강화는 학습을 증진시키는데 그 목적이 있다.

자연스런 사회적인 칭찬은 자연적인 상황과 가장 가깝고 자주 활용되는 유형이다. 자연스런 칭찬으로 학생이 과제를 성공적으로 수행한다면, 부가적인 강화를 사용할 필요가 없다. 교사는 자연스런 강화만으로 학습이 충분한지, 어떤 동기가 필요한지, 얼마나 자주 강화를 해야 하는지, 그리고 일단 학습이 되었을 때 강화 내용과 수준을 어떻게 줄이고 얼마나 줄인 것인지 등에 대하여 계획하여야 한다.

또한 강화 시간(time)은 훈련 과정에서 매우 중요하다. 긍정적인 강화는 바람직한 행동을 한 즉시 이루어져야 한다. 바람직한 행동에 대한 즉각적인 칭찬은 정반응 행동을 촉진시키는 역할을 하게 된다. 그러나 보상의 경우는 즉각적인 제시가 오히려 효과가 없을 경우가 있기 때문에, 교사는 활동 이후에 교환할 수 있는 토큰, 스티커 카드에 표시하기, 달력에 표시하기 등의 방법을 사용할 수 있다(Wehmam, 1996).

강화 계획은 크게 두 가지로 수행한다. 지속적인 강화 계획(continuous reinforcement schedule)은 학생이 정반응시 지속적인 강화를 주어 새로운 기술을 익히도록 하는데 주로 사용한다. 학생이 점차 독립적인 행동을 하게 되면, 간헐적 강화 계획(intermittent reinforcement schedule)을 실시한다. 간헐적 강화 계획은 강화자가 사전에 결정해 둔 강화의 수 혹은 시간이 일어났을 때 사용한다.

또한 강화는 강화자의 지원 거리와 친숙도를 고려하기도 한다. 처음 학생이 훈련을 실시할 때 교사는 학생 바로 옆에서 강화를 하고 점차 학생이 과제에 독립적이 되면 거리를 멀리하거나 지원을 철회해간다. 학생이 처음 훈련할 때 학생과 친숙한 사람이 훈련을 시키고 점차 과제에 익숙해지면 제3자가 훈련에 개입하여 독립성을 높이도록 한다.

(4) 테스트(probes)

테스트는 적어도 한 달에 한 번은 이전에 학습한 행동을 유지하기 위해 실시한다. 그리고 훈련 과정에서 새로 나타난 행동을 관찰하기 위해 2주에 한 번 실시해야 한다. 또한 테스트는 비훈련 환경에서 일반화가 되었는지를 평가하는 절차를 수행하여야 한다. 테스트는 세 가지 유형이 있다: 독립성 테스트, 일반화 테스트, 유지 테스트.

유지 테스트와 독립성 테스트 단위는 최초의 평가 실시 단위와 매우 비슷하다. 그러나 세 번 이상하기보다는 단지 한 번만 수행한다. 각 단계에서의 수행은 최초의 평가 기간과 같이 기록한다. 그러나 아래 설명에서는 제외되었지만, 유지 테스트가 수행될 때 각 단계의 수행 시간은 기록할 필요가 없다.

- 독립성 테스트: 독립성 테스트는 최근 교수한 과제에 대해 평가한다. 교사가 교수와 평가를 제대로 해왔는가를 확인하는 것이라기보다는 주로 학생이 과제의 단계 수행에서 얼마나 독립성을 획득 하였는가를 알아보기 위한 의도로 수행된다. 이러한 독립 테스트는 이전에 수행한 각 단계에서 시간을 자연스럽게 증진시켰는지 확인한다. 독립성 테스트는 2주에 한 번씩 수행하는 것이 바람직하다.
- 일반화 테스트: 일단 학생이 교사가 선정한 훈련 상황에서 구체적인 독립적 행동을 획득하였으면 행동이 일반화 될 것인지를 평가하는 테스트가 필요하다. 이런 테스트에서 중요한 점은 학생이 적절하게, 스스로 훈련되지 않은 상황에서 과제를 수행하는가를 결정하는 것이다. 일반화 테스트는 자료 수집 체계의 한 부분이다. 그리고 교수 활동 성공의 최종 평가 단계이다.
- 유지 테스트: 유지 테스트는 학생이 수행할 수 있는 학기 중 학습된 모든 일정에서 수행된다. 즉, 지원의 수준이 가장 적고, 가장 자연적인 보상이 이루어지고, 수용할 만한 기간 내에서 이루어진다. 만일 바람직하지 않은 행동이 유지 테스트에서 관찰되었다면, 수정 계획이 이루어져야 한다.

03 인지적 전환교수

취업을 위한 교수 전략은 학생의 능력, 교수 목적과 목표, 직무환경, 근무시간이나 조건 등에 따라 다양하게 제시할 수 있다. 교사는 학생의 교수와 평가 계획을 위해 사전에 직무환경, 조건 등을 이해하고 적절한 교수 전략을 선택하여야 한다.

1) 환경 분석

환경 분석(environmental analysis)을 위해서는 담당자가 우선 직무 현장을 방문하는 것이 필요하다. 이를 통해 작업 현장의 환경적 특성에 대한 정보를 얻을 수 있다. 예를 들면 주변의 교통 상황, 주차 조건, 조명, 소음 수준, 기온, 냄새, 안전성 문제, 직원들의 상호 관계와 정도 그리고 분위기, 과제분석이 필요한 중요 기술(skills) 등이다. 환경 분석은 담당자로 하여금 적절한 훈련 목적과 교수 전략을 설정할 수 있게 해준다(Moon et al., 1990).

환경 분석은 작업 환경 내에서 학생을 자연스럽게 지원할 수 있는 방법의 유무를 확인할 수 있다. 예를 들면, 작업장 내에 동료가 도와줄 수도 있을 것이고 아니면 다른 관련 직원이 학생의 훈련에 도움을 줄 수 있을 것이다. 대부분의 직장은 직원들 간의 상호 도움을 필요로 하기 때문에 환경 분석에서 직무과제, 요구사항, 직무수행에 대한 조언, 비공식적인 의사소통, 사회적 관계, 정서적 분위기, 기타 문제해결에 대한 지원 등에서 직원들의 지원을 수업 계획에서 고려하여야 한다(McNair, 1991).

2) 직무 분석

직무 분석(job analysis)은 학생이 참여하게 될 각 작업 현장에서 어떤 고용준비활동을 해야 하는지를 알 수 있게 한다. 직무 분석을 통하여 학생이 수행하게 될 직무와 관련된 과제와 순서 그리고 사회적이거나 비직업적인 과제와 기술 등을 파악한다. 직무 분석을 통해 일련의 직업 수행 절차를 개발할 수 있고, 이것을 학생과 어떻게 수업할 것인지 결정해야 할 사항에 대하여 사전에 협의를 할 수 있을 것이다. 교사가 훈련을 위해 직무 분석한 내용을 회사의 관계자와 사전에 검토 받아 보다 정확하게 하는 것이 도움이 될 것이다(Moon et al., 1990).

3) 직무 과제분석

직무 과제분석(job task analysis)은 교수 계획을 보다 적절하게 하기 위해, 큰 과제를 일련의 작은 단계로 나누는 것이다. 직무 과제분석은 특정한 과제나 직무를 성공적으로 완성하기 위해 개별 내용, 행동, 혹은 필요한 단계로 나누어 문서로 작성하는 것이다. 직무 과제분석은 학생의 기술 수준이나 과제의 복잡성 등에 따라 좀 더 상세하게 분석할 수 있다. 반면에, 학생의 수준이 높은 기술을 수행할 수 있다고 하면 직무 과제분석은 좀 더 포괄적이고 전체 과제를 수행할 수 있도록 분석한다. 또한 직무 과제분석은 학생의 진전 정도와 과제의 진행 과정에 대한 자료를 수집함으로써 사전과 사후 테스트로 활용될 수 있다. 그리고 짧은 단어나 문장, 그림, 상징물 등으로 직무 과제를 제시할 수 있고, 이를 통해 학생들이 직접 자기-평가 도구로도 활용할 수 있다(Test et al., 2006).

4) 인지적 전략

교수자가 직무 환경에 대한 이해와 계획이 이루어지고 나면 학생에게 어떤 교수 전략으로 직무를 훈련시킬 것인지 결정하여야 한다. 어떤 교수를 선택할 것인가는 개별 학생의 특성에 따라 크게 달라질 수 있을 것이다. 교수자는 학생이 지금까지 수업 받은 내용, 이전에 주로 사용했던 교수 전략, 훈련 장면 등을 고려하여야 한다. 또한 외부 기관에서 이미 직무와 관련하여 훈련을 실시하고 있다고 하면, 이들 기관과 연계하여 교수 계획이나 내용을 선정할 수 있다.

많은 교수 전략 중 이 장의 앞부분에서 언급한 지역사회 중심 교수에서 기능적 접근을 활용할 수도 있을 것이다. 여기서는 기능적 접근과 맥락적인 면을 달리하는 인지적 전략인 자기-교수(self-instruction)와 문제해결기술(solving-problem skills)을 소개하고자 한다.

(1) 자기-교수 전략

자기-교수전략(self-instruction strategies)은 학생이 언어적 활용 능력이 있고, 소리나 시각적 자극에 주의를 기울일 수 있으며, 의사소통을 스스로 시도할 수 있다고 하면 활용하기가 용이하다. 그리고 자기-교수 전략은 시작하기에 앞서 학생에게 충분히 훈련 내용을 설명하여 훈련 후 얻게 될 장점이나 동기를 내면화 할 수 있도록 해주어야 한다.

훈련 회기는 모델-실행-피드백-강화 과정으로 구성한다. 자기-교수 방법은 언어적 발화 수준, 자기-강화, 그림 단서, 자기-모니터링, 또래 교수, 그리고 그룹 교수 등 학생의 다양한 요구에 따라 다양하게 적용할 수 있다. 자기-교수 전략을 시작하기 전에, 과제분석을 하고 훈련 절차는 과제분석을 통해 정한다.

자기-교수 전략은 직업 훈련 현장에서 자기-평가(self-evaluation) 전략과 함께 사용할 수 있다. 자기-평가 전략은 학생으로 하여금 자기가 수행한 과제에 대하여 스스로 평가 조정할 수 있게 하고 보다 더 높은 수준을 유지할 수 있게 한다. 또한 수행 목적을 설정하도록 훈련 할 수 있고, 목표에 도달할 수 있도록 스스로 필요한 지원을 찾도록 훈련한다.

(2) 대인문제해결 기술전략

직장에서의 대인문제해결 기술전략은 Selman 등(1986)의 연구가 대표적이다. 이들은 기능주의적 입장과 구조주의적 입장을 통합하여 대인문제해결전략 모델을 개발하였다. 이들은 가설적인 딜레마 상황을 제시하고, 연구자와 대상자가 인터뷰하는 가운데 대상자가 응답하는 대인협상전략 수준을 구조주의적 발달과 기능적 발달 관계로 제시하였다. 이 모델과 문제해결에 관련된 반응 수준은 다음 〈표 5-3〉과 같다(Selman et al., 1986; 김형일, 1995).

〈표 5-3〉 대인문제해결 전략 수준

수준	행동수준 분류
	문제의 정의(Definition of problem)
0	상대의 행동을 다시 말하는 것 이외에는 문제에 대한 언급 없음
1	자신과 타인간의 문제를 가장 영향력 있다고 생각되는 사람의 바람과 원하는 바에 따라 언급함
2	자신과 타인 사이에 타인의 요구가 타당성을 가졌지만, 두 사람 중에 한 사람의 요구사항이 우선한다는 것에 중점을 두면서 상호호혜적인 맥락에서 언급함
3	양자간의 요구와 바람이 고려된 공통 문제에 대하여 언급함
	전략 생성(Action taken: 대안 찾기)
0	물리적이고 비언어적 행동 방법
1	일방적 지시나 요구
2	조망에 균형을 둔 상호호혜적인 의사소통
3	타인과의 언어적인 협력
	전략의 평가(Justification of strategy: 선택된 대안에 대한 평가)
0	표현된 결과에 대한 정의나 기대가 없음
1	자기-방어적 정의나 평가
2	장기적인 결과에 대한 주의를 못하고 원인이나 감정에 관심
3	상호관계의 장기적인 결과에 관심
	감정표현의 정도(Complexity of feelings: 선택한 전략의 실행)
0	감정이 없는 전략 결과 수행
1	자기 방어적, 무관심한 방법으로 단순하고 일방적 감정 표현
2	공감적 방법으로 단순하고 일방적 감정표현
3	복잡하고 변화 있는 감정으로 자신과 타인을 표현

Castles와 Glass(1986)는 훈련의 기본 절차로 1) 대안적 해결의 탐색 2) 해결 방안에 대한 인과관계의 평가 3) 최선의 대안 선정 4) 선정한 대안을 실행하기 위한 구체적인 수단의 제시 등을 활용하였다. 그리고 각 훈련 회기에서 사회적 문제 상황(vignette)을 훈련대상자에게 제시한다. 이들 훈련대상자들은 집단별 브레인스토밍을 통하여 제시된 문제 상황에 대한 대안적 해결을 탐색하고, 역

할-놀이를 통하여 탐색한 대안들과의 해결 가능한 인과관계를 평가하고, 평가를 통해 가장 효과적인 대안이라고 결정한 것을 선정한다. 그리고 선정한 대안을 실행하는 데 요구되는 구체적인 단계를 열거하게 한다. 이와 같이 하나의 사회적 문제 상황을 마치면, 또 다른 사회적 문제 상황을 제시하여 계획된 다른 사회적 상황을 반복하게 된다. 예를 들면 다음과 같이 훈련 과정을 진행할 수 있다(김형일, 1994).

① 훈련 구성 요인

▸훈련에 필요한 사회적 상황을 설정한다.

예: 지시따르기, 지원요청하기, 비판이나 오류 지적하고 받아들이기, 협동작업, 조롱이나 야유 받아들이기, 비합리적 요구 거절하기 상황 등

▸훈련의 단계 설정에서 장애학생들에게 중요한 지각 단서나 감정이입 요인 등을 포함할 수 있고, 훈련 장면에서 훈련을 받는 대상자가 긍정적 언어, 비언어적 상호작용을 증가시키도록 한다.

② 훈련과정

▸첫 회기에서 전체적인 오리엔테이션을 하고, 설정한 사회적 상황에 대상자들이 실감 있게 참여할 수 있게 필요에 따라 사회적 상황을 구체적으로 제시하고 관련된 그림이나 사진, 동영상 등을 제시할 수 있다. 그리고 사회적 상황과 관련된 구체적인 언어 개념을 사전에 습득시킨다. 훈련은 역할놀이, 역할 교대, 소집단 토의, 리허설 등 다양한 방법으로 실시한다.

▸문제해결 단계에 따라 다음과 같은 질문을 한다.

－문제정의: 이 이야기에서 주인공의 문제는 무엇일까요?

－대안적 사고: 우리가 역할놀이 한 상황에서 문제를 해결할 수 있는 방법은 어떤 것일까요?

－수단-목적적 사고: (예; 갈등장면이 해결된 내용의 장면을 만들고) 그 사이에 어떤 해결 방법들이 사용되었을까요? 해결할 수 있는 방법 중

에서 1가지의 과정을 말해 봅시다.

-결과 예측적 사고: (예; 칠판에 적어 놓은 학생이 제시한 해결방법들에 대해) 이렇게 하면 어떤 일이 예상될까요?

-인과적 사고: 우리가 역할놀이 한 것과 같은 문제가 일어난 이유(원인)는 무엇일까요?

Vaughn과 Ridley(1983)는 대인문제해결훈련은 장애학생의 특성에 맞게 재구성하여 적용함으로써 훈련의 효과를 높일 수 있다고 제안하였다. 이들이 재구성한 방법은 1) 단서지각, 감정이입 등과 같이 장애학생들의 특성을 반영할 수 있는 내용을 훈련 프로그램에 포함시켰다. 2) 훈련의 교수 목적을 장애학생들에게 적절한 수준으로 조정하였다. 3) 사회적 기술을 쉽게 습득시키기 위하여 모델링, 시연, 구체적인 전략 등을 활용하였다. 4) 실제 상황에서 음성·비음성적 언어 표현을 하게 함으로써 일반화 가능성을 높일 수 있도록 구성하였다. 그 외 대인문제해결훈련을 위하여 교정피드백, 사회적 강화와 토큰 강화, 녹화 등의 방법(Kazdin, 1992)과 소집단 토의, 테이블 게임, 역할교대, 리허설, 감정이입(김형일, 1995; Ross & Ross, 1978) 등의 방법을 통하여 훈련의 효과를 기대할 수 있다.

연습해 봅시다

1. 〈활동자료 5-2〉의 내용을 활용하여 다음 〈활동자료 5-1〉의 기능적 교수전략을 계획 해 봅시다

〈활동자료 5-1〉 장애학생 관련 교수전략 계획하기

1. 장애학생
   1) 학년 :
   2) 대상 학생 특성 :
   3) 교육적 수준(특정 교과):
   4) 장 · 단점 :

2. 일반사례 분석(환경분석에서의 기술영역) :

3. 기초선 세우기 :

3. 교수전략 정하기:

4. 평가 계획 :

〈활동자료 5-2〉 기능적 교육과정 환경분석

영역	하위 내용	기능(기술)의 예
직업	기술	직종에 맞는 기술 익히기(근면성, 책임감, 인내심)
	사회성	적절한 대화하기(미소, 인사성, 휴식시간)
	교통수단 이용하기	버스노선 익히기, 버스표 구입하기, 갈아타기, 걷기, 찾아가기
	시간관리	출퇴근시간 익히기, 점심시간 이용하기, 휴식시간 활용하기, 작업시간 익히기
	금전관리	돈의 가치 활용하기, 물건사기, 예금하기, 가계부 정리하기, 예산세우기

영역	환경		하위 환경	활동	기능(기술)
직업	현재	버스	정류장	버스카드 충전하기	편의점 들어가기
					지갑에서 카드 꺼내기
					카드 점원에게 주기
					지갑에서 충전할 금액 꺼내기
					금액 직원에게 주기
					카드 받기
					지갑에 넣기

2. 〈활동자료 5-1〉의 장애학생을 대상으로 인지적 측면의 교수전략을 실행해 봅시다.

제 6 장

전환교육의 자기-결정 전략

학습목표

❶ 자기-결정의 의미와 중요성을 이해한다.
❷ 자기-결정의 교수 전략을 계획할 수 있다.
❸ 자기-결정 교수 절차에 따라 지도 할 수 있다.

01 자기-결정의 성격과 개념

1) 성격

자기-결정(self-determination)은 특수교육과 재활분야에서 아주 중요하게 여기는 영역이다. 자신의 삶에 대해 자기 자신이 결정하는 것은 모든 사람들의 보편적인 권리라고 할 수 있다. 최근 장애인 관련법들과 주요 문헌에서 자기-결정에 대한 내용들을 다루는 이유도 이러한 중요성 때문일 것이다. 또한 개인의 권리는 스스로 목표한 것을 이룬다는 의미에서 자신이 살고 싶은 곳, 함께 생활하고 싶은 사람을 선택하고, 자신이 원하는 직업을 선택할 수 있는 것으로 보기 때문이다.

자기-결정의 성격을 Wehmeyer, Agran과 Hughes(1998)은 크게 네 가지로 제시하였다. 첫째, 학생이 필요하다고 느낄 때 결정하고 선택할 수 있는 능력이다. 이것은 외부의 영향이나 간섭으로부터 자유롭고 행동함에 있어 자율성과 연관된다. 둘째, 자기-조정(self-regulation)은 학생이 자신의 행동에 대하여 스스로 통제하거나 조정할 수 있다는 것을 의미한다. 셋째, 자기-결정 행동은 심리적인 역량(psychological empowerment)을 가질 수 있어야 한다. 즉 자신이 할 수 있다는 느낌, 그리고 그것을 행동으로 옮길 수 있다는 심리적인 상태를 의미한다. 넷째, 자기-조정이라는 것은 자신이 행동한 것이 어떻게 영향을 미칠 것인가를 이해할 수 있는 것이다.

결국 자기-결정의 성격은 자신의 삶에 대해 직접 가르칠 수 있고, 설계할 수 있는 일련의 기술들에 의해 뒷받침 된다고 할 수 있다. 자기-결정 기술들에는 선택하기(choice making), 문제해결(problem solving), 목표 설정(goal setting), 자기-관찰(self-observation), 자기-강화(self-reinforcement), 자기-교수(self-instruction), 자기-옹호(self-advocacy), 자기-인식(self-awareness) 등이 포함된다. 학생이 이러한 기술들을 활용하는 능력을 발달시켜 감에 따라, 자기-결정 능력도 점차 향상된다(Wehmeyer et al., 1998).

2) 자기-결정의 개념

장애학생에 대한 자기-결정의 출발은 정상화(normalization), 독립적인 생활, 장애인의 권리, 자기-옹호 운동 등에서 찾을 수 있다. 그리고 이러한 운동이 법적 권리의 보장으로 이어지면서 점차 체계화되고 구체화 되었다고 할 수 있다(Ward, 1996). 자기-결정의 방법적 진전은 특수교육에서 장애학생의 전환 관련 성취 결과(outcome)를 향상시키기 위한 노력의 일환인 교수적 관점으로 발전하게 되었고, 미국 특수교육국의 관련 프로그램(Department of Education's Office of Special Education Programs)은 교수 방법, 교수 자료, 교수 전략에서 자기-결정을 증진시키는 중요한 계기가 되었다(Ward & Kohler, 1996). 또한 전환계획에서 적극적인 학생의 참여를 유도하였다(Wehmeyer & Sands, 1998).

자기-결정의 진전은 교수적 접근 방법, 전략 및 자료 설계 시 많은 아이디어를 제시하는 계기가 되었고, 이와 더불어 정의에 대한 다양한 논의할 점을 가져오게 하였다. Field와 동료(1998)들은 다음과 같이 자기-결정을 정의하였다.

> 「자기-결정은 개인으로 하여금 목적 중심, 자기-조정, 자율적 행동을 할 수 있도록 하는 기술, 지식, 신념의 통합이다. 자신의 신념으로 강점과 약점을 함께 볼 수 있고 효과적인 이해를 할 수 있어야 한다. 이러한 기술과 태도에 따라 행동할 때, 개인은 자신의 삶에 대한 통제 능력과 성공적인 성인의 역할이 무엇인지 예상할 수 있다.」

이 정의에서 자기-결정은 장애학생들에게 가르칠 수 있는 내용에 강조점을 두었다. 이들 일반적인 지도내용은 선택 및 결정하기, 목표 설정, 획득, 문제해결, 자기-평가, 관리, 자기-옹호, 개인 중심 개별화교육계획, 긍정적인 관계성, 자기-인식 등이다(Field et al., 1998).

Flexer 등(2008)은 크게, 선택 범주(choice strand)와 목표 설정 및 달성 범주(goal-setting and attainment strand)로 구분하여 정의하고 있다.

첫째, 선택 범주에서, 선택(choice)이 장애학생의 활동에 주요 권리가 되어야 한다는 개념이다. 따라서 자기-결정에 있어 선택과 동기 등이 장애학생의 자기 삶에 대한 자유로운 의사 결정 시 주요 요인이 되어야 한다는 주장이다(Nirje, 1972; Deci & Ryan, 1985; Wehmeyer, 1994). 이를 위해 교사는 학생에게 과제 선택의 기회를 제공할 때, 방해적인 행동을 줄이고, 스스로의 학습 기회를 늘려 주어야 한다. 그리고 직업 과제를 선택할 때, 학생의 산출을 늘릴 수 있도록 하여야 한다. 또한 학생이 흥미 있어 하는 읽기 자료를 보고 있을 때, 학생이 더 잘 이해하고 즐길 수 있도록 해주어야 한다.

둘째, 목표 설정 및 달성 범주에서는 자기-결정에 있어 선택뿐만 아니라 목표 설정 및 달성도 강조하여야 한다는 점이다. 즉, 자기-결정을 잘하는 학생들은 자기 자신에 대한 요구와 흥미 그리고 능력이 무엇인지 알고 표현할 수 있으며, 스스로 목적을 계획하고 설정하며 성취에 필요한 조절을 할 수 있다(Ward, 1988; Martin, Marshall, & Maxson, 1993; Wolman, Campeau, DuBois, Mithaug, & Stolarski, 1994; Field & Hoffman, 1995). 이를 위해 교사는 학생들로 하여금 다양한 전환 영역에 따라 그들의 요구와 흥미를 알게 하고 흥미, 기술, 한계에 어울리는 목표를 설정하고 목표에 따른 진행 과정을 평가하고 지원이나 전략 혹은 목적을 적용해 갈 수 있도록 하여야 한다.

그러나 선택 범주와 목표 설정 및 달성 범주를 포괄하는 개념은 통합 모델이다. 이 모델의 개념은 성공적인 전환을 위해서는 일단 목적이 설정되고, 바람직한 목적을 달성하기 위해 적용되는 학습이 필요하다는 것이다(Mithaug et al., 2003). 결국, 목적을 달성하기 위해, 선택, 실행, 그리고 신념이 적용될 필요가 있다. 학생들은 그들의 요구와 흥미에 따라 스스로 결정한 일련의 선택, 실행, 평가, 그리고 적응에 대한 학습을 할 때, 바람직한 목적의 획득도 증가될 수 있다.

Wehmeyer(2008)는 자기-결정의 정의에서 가장 일반적이고 공통적인 정의에 해당되는 내용을 소개하였다. 이는 자기-결정적인 사람의 특징이 될 수 있다.

> 자기-결정적인 사람은 선택하는 방법을 안다. 즉, 자신이 원하는 것, 원하는 것을 획득하는 방법을 안다. 개인적인 요구, 자기-결정의 개인적인 목표를 인식하고 나서 그것을 추구하는 것을 안다. 자기-결정적인 사람은 자신의 현재 입장을 판단할 수 있고, 자신이 필요로 하는 것을 파악할 수 있고, 목표에 대한 진행 상황을 평가하고, 실행을 조정할 수 있다. 또한 문제해결을 위한 독자적인 방법을 생각할 수 있다(Martin & Marshall, 1995, p. 147).

Wehmeyer는 자신의 기능적 측면을 강조한 자기-결정 모델을 중심으로 설명하고 있다. 즉, Wehmeyer의 기능적 모델은 앞서 자기-결정의 성격에서 언급한 자율성(autonomously), 자기-조정(self-regulated), 심리적 역량(psychologically empowered), 자아실현(self-realising)에 근거한 행동으로 보았다. 이 네 가지 요소는 자기-결정적인 행동을 할 수 있거나 자기-결정적인 행동을 할 수 없는 기능적 행동을 의미한다. 먼저, 자율성은 필요성, 기호, 관심과 능력에 대한 행동이다. 외부의 부당하고 무리한 간섭에서 벗어나 행동할 수 있는 능력이다. 둘째, 자기-조정 행동은 자기-모니터링, 자기-교수, 자기-평가, 자기-강화와 같이 자기 조절 전략 등이 포함된다. 셋째, 심리적 역량은 개인의 효율성, 통제 귀인, 동기화 등을 포함한다. 즉 심리적 역량은 자신이 한 행동을 스스로 통제하고 그 행동의 결과에 대한 예측을 할 수 있는 능력을 의미한다. 넷째, 자아실현은 환경과의 상호작용을 통하여 자신의 입장을 알고, 또한 자신과 다른 사람과의 관계를 이해하고 평가할 수 있는 능력을 의미한다.

이상에서 보면 자기-결정의 개념은 학자와 모형에 따라 다양하지만 크게 다음의 몇 가지 공통적인 요소로 나타낼 수 있다.

첫째, 자신의 강점과 약점에 기초하여 선택하고 목표 설정을 할 수 있는 능력을 갖는다.

둘째, 여러 가지 변인을 고려할 수 있고 일어날 일에 대해 예측할 수 있는 능력이 있다.

셋째, 직면한 상황에 대한 대안(전략)을 제시할 수 있고, 자신이 한 대안에 대한 효과를 평가하고 수정할 수 있는 능력이 있다.

넷째, 다른 사람과 상호 작용하면서 자율적, 독립적, 창의적인 행동을 할 수 있다.

다섯째, 목표에 도달하기 위해 협상, 타협, 설득 등의 의사소통 기술을 사용할 수 있다.

여섯째, 행동과 결정에 대한 책임을 질 수 있고, 자기-주도적 행동을 할 수 있다.

02 자기-결정 전략의 중요성

특수교육에서 최근 자기-결정 전략을 강조하는 주요 이유 중의 하나는 장애학생들의 사회 적응이나 전환 결과가 이들의 삶에서 그들이 원하는 만큼 만족스럽게 이루어지지 않았기 때문이다. 반면, 전환 결과에서 자기-결정 전략이 긍정적인 성인 생활을 가져오는 주요 원인이 되고 있다는 지금까지의 연구 가정 때문일 것이다. 이와 관련된 많은 문헌 연구 결과들이 이를 뒷받침 하고 있다(Wehmeyer, 2008).

선호하는 것에 대한 선택(choice)하기의 표현 기회를 장애학생들에게 과제로 제시했을 때, 다양한 전환 결과들이 나타났다. 장애학생들의 문제행동이 개선되었고(Shogren, Faggella-Luby, Bae, & Wehmeyer, 2004), 지역사회 중심 교수에서 효과를 보인 것으로 나타났다(Cooper & Brower, 1998). 또한 선택하기 기회를 직업 과제에서 활용하였을 때 장애 청소년들이 집단 활동에 참여하는 비율이 높아졌다(Watanabe & Sturmey, 2004).

청소년과 성인을 대상으로 한 결정하기(decison-making)와 문제해결 기술에서 긍정적인 전환 결과를 보인 연구들도 있다. 젊은 지적장애 여성을 대상으로 한 결정하기 기술 지도에서 사회적 상호작용의 남용을 줄이는 효과를 보였고(Khemka, 2000), 인지장애 청소년을 대상으로 한 연구에서는 여가기술(Datillo

& Hoge, 1999)에서, 발달장애인들을 대상으로 문제해결 기술을 적용한 연구에서는 고용, 지역사회 및 독립생활(Gumpel, Tappe, & Araki, 2000)에서, 지적장애 직장인을 대상으로 사회적 상호작용의 증진과 문제해결 기술을 적용한 연구에서는 작업장에서의 긍정적인 사회적 상호작용을 가져왔다(Storey, 2002).

또한 자기-조절, 문제해결 과정은 장애학생으로 하여금 자기-지시 학습, 전환 관련 목적과 교육적으로 관련된 목적들을 성취하도록 하였다(Wehmeyer, 2008). Konrad와 동료(2005)들이 실시한 문헌 연구에 따르면, 자기-결정 기술의 향상은 학령기 장애학생의 교과 성취에 있어서 증가를 보인다고 보고하고 있다.

자기-관리와 자기-조절 기술을 연계한 훈련에서 긍정적인 사회적 관계를 가져 왔고, 자기 조정 전략을 통하여 중증장애인의 학습 기술과 학급 참여 향상 효과가 나타났다(Agran et al., 2005; Gilberts, Agran, Hughes, & Wehmeyer, 2001; Hughes et al., 2002). 또한 발달장애 청소년을 대상으로 한 연구에서 목적 설정, 자기-조절, 자기-평가 전략에서 작업 생산품의 향상을 높이는 결과를 나타났다(Grossi & Heward, 1998). 지적장애인들에게 작업과제에서 자기-시도 과제를 하도록 하였을 때, 자기-교수 전략을 통한 생산 활동의 향상뿐만 아니라 사용자의 만족도가 높아진 것으로 나타났다(Browder & Minarovic, 2000).

Sowers와 Powers(1995)가 장애학생을 대상으로 실시한 자기-결정 향상 훈련에서 이들은 독립성과 지역사회 활동 참여의 증가를 보였다. Wehmeyer와 Schwartz(1998)가 지적장애 성인을 대상으로 자기-결정과 그들의 삶의 질과의 관계에 대한 연구에서도 자기-결정 능력이 높은 집단이 높은 삶의 질을 경험하는 결과를 나타냈다. 반면 낮은 자기-결정 능력을 보인 집단은 상대적으로 낮은 삶의 질을 경험한 것으로 나타났다.

결국 이상의 연구 결과들에서 시사하고 있듯이, 높은 자기-결정 능력은 장애 청소년과 성인들에게 보다 나은 전환 관련 성취 결과를 가져오는 것을 볼 수 있다.

무엇보다도 자기-결정을 특수교육에서 우선 과제로 중요시해야 할 중요 이유는 인간 존중, 평등성 보장, 교육과 삶의 질 보장, 완전사회 통합의 기초가 될 수 있다는 점이다. 장애인도 자기 결정자가 되어야 한다는 인식은 인간의 가치에 대한 깨달음인 것이다. 완전통합교육을 이루기 위해서는 장애인에 대한 이와 같은 인식이 매우 중요하다(김혜경, 2007).

03 자기-결정 교수 전략

1) 자기-결정의 하위 기술

자기-결정은 여러 가지 하위 기술(subskills)과 행동, 그리고 신념의 광범위한 구성체이다(McDonnell & Hardman, 2009). 그리고 이들 하위 기술들은 서로 연관된 요소이고, 자기-결정 행동이 도출되는 데 중요한 핵심 요인들이다. 〈표 6-1〉은 자기-결정 기술을 지원하는 하위 핵심 구성 요소와 간략한 지도 방법이다.

〈표 6-1〉 자기-결정 행동의 구성 요소

자기-결정 구성요소	지도 기술	지도를 위한 공학 자료 활용
선택하기 (choice making)	두 가지 선택할 것을 제시한다.	두 가지 선택을 위한 on-off 스위치, 터치스크린 사용
결정하기 (dedision making)	후속 결과가 따르는 두 가지 이상의 선택 사양이나 정보를 제시한다.	후속 결과가 따르는 두 가지 이상의 선택 사양으로 구성된 터치스크린 사용
문제해결 (problem-solving)	해결해야 할 문제 상황을 제시한다.	새로운 대답, 자기-결정된 학습 모델로 이루어진 의사소통 체제
목표 설정 및 획득	목표에 도달하기 적합한 필요한 단계를 결정한다.	착상(생각해내기)하기 위주의 목표 설정 양식 활용

자기-결정 구성요소	지도 기술	지도를 위한 공학 자료 활용
위기관리, 독립성, 안전	학생이 안전 문제를 이해하고 대처할 수 있는지에 대한 결정	위기 상황시 대처할 순서를 단계별로 디지털화 한 지원 시스템 활용
자기-조절 (self-regulation)	목표에 맞게 프로그램에 따라 진행하도록 함	과제분석, 행동의 자기-모니터링
자기-교수 (self-instruction)	새로운 기술 학습을 통한 독립성 증진	과제 완성을 위해 언어적 교수 녹음을 디지털 기록 장치로 전환하거나 PDA에 과제를 그림으로 나타낸 단계 활용
내적 통제소 (internal locus of control)	주변 상황에 영향을 미치는 내적 행동에 대한 이해	개인으로 하여금 지원을 요청할 기회를 제시한다. 혹은 다른 사람에게 직접 요청할 기회 제공, 의사소통 장치를 활용하여 작업장에서 다른 사람에게 협조를 요청하게 함
자기-효시와 결과 기대의 긍정적 지각 (positive perceptions of self-efficacy and outcome expectancy)	자신이 과제를 수행할 수 있음을 이해하기, 자신이 할 수 있다고 여기면, 스스로 성공할 수 있음	전자 포트폴리오를 통해 1년 동안 수행한 것을 보고, 자신의 장점 등을 인식하도록 함, 스스로 목표에 도달할 수 있다는 인식 갖게 함
자기-옹호(self-advocacy) 와 리더십	자신과 다른 사람을 위해, 권리, 행동을 지원하고 대변해 줄 수 있는 능력	사전에 녹음된 의사소통 메시지를 통해 '나의 권리를 옹호해 줄 수 있니? 나는 ....에 권리를 가지고 있다'. 등으로 이야기할 수 있음
자기-지식 (self-knowledge)	개인의 권리와 약함을 이해할 있는 태도	자신의 장애에 관해 알기 위해 인터넷 검색을 활용함
자기-인식 (self-awareness)	개인의 삶의 질을 신장하기 위한 자기 지식을 활용하는 것을 아는 것	개인의 장점, 요구, 선호도, 흥미를 인식시켜 줄 컴퓨터화 된 검색 도구 사용

※ 자료 인용: Colleen et al., (2009). Universal design for *transition: a roadmap for planning and instruction*. Baltimore: Paul H. Brookes.

2) 자기-결정의 지도 방법

자기-결정 교수 모델에 대하여 Wehmeyer 등(2008)이 구안한 내용을 소개하고자 한다. 이 교수 모델은 학생으로 하여금 자신의 삶과 학습을 스스로 해결하도록 하는데 초점이 맞추어져 있다. 이 교수 모델은 하위 기술을 평가하고 지도하는 일련의 과정이 고정된 틀에 의해 수행되는 것이 아니라 오히려 교육과정, 평가 그리고 교수 전략들을 안내해 주는 과정이다. 이 모델은 현재의 교육과정, 평가, 교수 전략들이 학생의 자기-결정기술이나 교과 혹은 기능적 내용을 향상시키는데 활용된다. 따라서 교사는 문제해결기술(problem-solving skills)을 지도하여 학생의 현재 상황과 원하는 결과(designed outcomes)간의 거리를 좁혀줌으로써, 학생의 자기-결정 기술을 향상시킬 수 있다. 이 과정은 학생 개인에 따라 융통성 있게 적용된다. 또는 소집단이나 전체 집단을 대상으로 적용할 수 있을 것이다. 또는 학생 스스로 이러한 과정의 설계자(causal agent)로서 직접 전환계획, 실행, 평가에 참여하게 하는 것도 효과적이다(부록3 자기-결정 및 자기주장 기술 참조).

이 모델은 [그림 6-1]과 같이 세 단계로 구성된다. 문제-해결 과정에서 단계가 완성되면 처음 새로운 목표를 설정하는 과정에서부터 다시 시작될 수 있다. [그림 6-1]에서처럼 교수과정이 순환되면서 하나의 목표 성취가 추가되거나 더 심화된 목적으로 순환되기 때문이다. 이 모델은 교수 과정에서 일련의 질문을 통해 진행이 되고 이들 질문은 학생들의 문제해결과 이해를 돕는 것이어야 한다. 또한 질문을 통해 현재 자신들의 행동과정이 어디에 있는지 스스로 평가하고 목표 성취를 위해 필요한 단계를 결정하도록 하여야 한다.

[그림 6-1] 자기-결정교수 진행 과정

실제 교수 단계에서 교사는 학생이 몇 가지 선택 할 수 있는 장면을 연출한다. 그리고 학생이 선택할 대상(고정된 선택판을 사용할 수 있음)을 스스로 고르게 한다. 이때 선택 대상은 학생이 필요로 하는 것으로 선정한다. 예를 들면, 일상 활동, 점심 메뉴, 지역사회 활동, 자유놀이 활동, 특별활동이나 재량활동 등이다. 교사는 학생들의 흥미와 관심 또는 장점을 보이는 선택 대상을 선정하는 지혜가 필요하다. 그리고 학생들에게 자신들이 선택한 내용에 대하여 이유와 권리 등을 탐색하고 연습할 수 있는 기회를 주어야 한다. 또한 학생들과 선택한 사항에 대해 토의할 때, '왜 그것을 선택했는지'에 대하여 심리적 역량을 발휘하도록 격려하여 이것이 미래 자신의 삶을 주도적으로 결정하는 기초가 될 수 있어야 한다. 학생이 선택을 하고 난 뒤 선택한 것에 대한 평가를 하여야 한다. 예를 들면, 점심 메뉴에서 라면과 정식 중에서 라면을 학생이 선택하였다면, '라면을 점심으로 먹고 나면 어떤 결과가 예상될 것인가'에 대한 토의가 필요할 것이다. 이러한 자기-평가 과정을 통해 학생으로 하여금 자기-결정 행동, 자기-실현, 자기-주장, 자기-조절 그리고 자율성에 대한 능력을 길러가게 해줄 것이다.

〈표 6-2〉는 자기-결정 교수 모델의 단계별 진행 내용이다. 그리고 〈표 6-3〉은 이에 대한 실제 작성 예시를 제시하였다.

〈표 6-2〉 자기-결정 교수 모델

[단계1] 목표 설정: 나의 목표가 무엇이지?

학생 질문 1: 내가 배우길 원하는 것이 무엇이지?
교사 목표:
- 학생이 구체적인 장점과 교수 요구를 파악할 수 있게 한다.
- 학생의 선호, 흥미, 신념, 가치에 대해 파악할 수 있게 한다.
- 학생이 필요로 하는 것을 우선시 할 수 있도록 지도한다.

학생 질문 2: 지금 내가 알기를 원하는 것이 무엇이지?
교사 목표:
- 학생의 교수적 필요와 관련하여 현재의 입장을 파악하도록 한다.
- 학생들의 환경에서 기회와 방해 요인에 대하여 정보를 수집할 수 있도록 도와준다.

학생 질문 3: 내가 모르는 것을 배우기 위해 내가 고쳐야하는 것은 무엇이지?
교사 목표:
- 학생으로 하여금 실행하려고 하는 것이 환경을 활용하고 수정할 수 있는지 혹은 두 가지 모두를 가능하게 하는지를 결정할 수 있게 한다.
- 학생이 우선적으로 선정한 것을 선택할 수 있도록 지원한다.

학생 질문 4: 이것이 가능하도록 내가 할 수 있는 것이 무엇이지?
교사 목표:
- 학생이 목표를 진술하도록 지도하고, 그 목표를 달성하기 위한 준거들을 파악하도록 한다.

[단계2] 실행하기: 나의 계획이 무엇이지?

학생 질문 5: 내가 모르는 것을 배우기 위해 내가 할 수 있는 것은 무엇이지?
교사 목표:
- 학생이 현재 입장에 대해 자기-평가(self-evaluate)를 하고, 목표에 대해 자기-판단(self-identify)을 할 수 있게 한다.

학생 질문 6: 실행하기 위해 내가 할 수 있는 것이 무엇이지?
교사 목표:
- 학생으로 하여금 목표와 현재 입장 사이를 좁혀 줄 실행 계획을 결정하도록 한다.

학생 질문 7: 내가 이들 방해 요인을 어떻게 극복할 수 있지?
교사 목표:
- 최선의 교수 전략들을 선정할 수 있도록 학생과 협력한다.
- 학생-주도 학습 전략들로 지도하도록 한다.
- 학생-주도 학습 전략들을 수행할 수 있도록 지원한다.
- 교사-주도 교수는 학생과의 상호 동의로 제시한다.

학생 질문 8: 실행은 언제 하지?
교사 목표:
- 실행 계획을 위한 일정을 결정할 수 있게 한다.
- 학생의 실행 계획을 수행할 수 있게 한다.
- 학생의 진행 과정을 자기-조정(self-monitering)할 수 있게 한다.

[단계3] 목표 적용 계획: 내가 배워 온 것이 무엇이지?

학생 질문 9: 내가 실행을 어떻게 하여야 하지?
교사 목표:
- 학생들이 목표를 달성할 수 있도록 그들의 진행 과정을 자기-평가할 수 있게 한다.

학생 질문 10: 어떤 방해 요인이 없어졌는가?
교사 목표:
- 학생들과 협력으로 바람직한 결과에 도달할 수 있도록 진행 과정을 비교하게 한다.

학생 질문 11: 내가 모르는 것이 어떻게 수정되었는가?
교사 목표:
- 진행 과정이 충분치 않다면 학생으로 하여금 그들의 목표를 재평가하도록 해준다.
- 학생으로 하여금 처음 선정한 목표나 수정된 목표를 상기하여 결정할 수 있도록 도와준다.
- 수정되어 제시된 목표나 원래 목적이 실행하기에 적절한지, 적절하지 않은지를 학생과 협력하여 판단할 수 있도록 한다.
- 필요하다면 학생의 실행 계획을 수정할 수 있도록 도와준다.

학생 질문 12: 내가 알고 싶은 것을 어떻게 알 것인가?
교사 목표:
- 진행과정이 적절한지 적절하지 않은지 혹은 목표에 도달했는지를 결정할 수 있게 한다.

※ 자료 인용: McDonnell, J. & Hardman., M. L. (2009). *Successful transition programs; Pathways for students with intellectual and developmental disabilities*. London, United Kingdom.

자기-결정 기술은 개인뿐만 아니라 학급 집단을 대상으로 실시할 수 있다. 학급이 스스로 자신들의 학습 목표를 정하고, 평가하고 수정해 가는 과정을 수행하도록 한다. 이 과정을 통해 개인 학생은 집단 목표와 관련하여 자신의 개인 목표를 비교하고 필요한 수정 가능성에 대하여 판단할 수 있는 기회를 제공한다.

〈표 6-3〉은 학급 집단을 위한 자기-결정 교수 예시 자료이다. 이 예시는

학급의 읽기 수업에 중점을 두었고, 또한 읽기 이해와 단어 학습 증진을 목표로 하고 있다. 교사는 성인 생활에 필요한 기능적인 항목을 찾는 '기능적 선택하기' 전략을 계획 한다: 구직 광고 읽기, 온라인 진로 및 직업평가, 대학 진학 자료 읽기 등. 또한 이 예시 자료는 학습자들이 주도하여 정한 기능적 읽기 학습의 목표와 읽기 이해 증진을 목표로 하는 교과 목표에 중점을 두고 있다. 그리고 자기-결정 교수 모델은 자료, 표현방법, 관련 내용 등을 복합적으로 적용하는 매우 융통성 있는 접근 방법이다. 따라서 상업적으로 개발된 자료나 교과 등을 활용하기도 한다. 이러한 자료들은 자기-결정 기술을 평가하고 지도하는데 도움을 주는 프로그램이라고 할 수 있다(Colleen et al., 2009).

〈표 6-3〉 자기-결정 교수 모델의 학급 집단 수업 적용 예시

1. 학급 수업 목표 정하기: 학생들이 선택한 목표
2. 학급 수업의 어려운 요소 찾기: 자료 읽기의 어려움, 비용, 자료 찾기, 등
3. 정한 내용을 수행할 방법 정하기: 수업 시간 동안 학급의 목표를 진행할 방법, 그들이 정한 읽기 내용 및 읽기 순서 정하기, 읽기 통과 수준 정하기
4. 개별 목표 정하기: 통과 기준 관련 질문과 관련 내용 정하기, 강점과 약점 정하기, 단어의 다양한 교수 방법
5. 실행하기: 구직 광고 읽기, 서류 작성에 필요한 수수료 지불하기, 서류 완성 후 제출하기
6. 목표 수정하기: 구직 광고 읽기 통과 기준 검토하기, 읽기 기준을 통과하지 못했다면 새로운 목표 정하기
7. 새로운 목표 검토하기: 다음에 우리가 할 일이 무엇이지?

※ 자료 인용: Colleen et al., (2009). *Universal design for transition: a roadmap for planning and instruction*. Baltimore: Paul H. Brookes.의 자료를 수정하여 제시함

최근 국내에서 자기-결정 기술과 관련된 다양한 자료들을 소개하고 있다. 아직 독자적으로 개발된 상업 자료는 거의 볼 수 없지만, 일부 번안 자료와 현장 연구 논문들이 소개되고 있다. 이들 자료를 활용하여 자기-결정 기술의 훈련과 사전 사후 평가 결과로 활용할 수 있겠다.

04 자기-결정을 통한 전환계획에서의 학생 참여

자기-결정 기술을 통해 학생으로 하여금 직접 개별화전환계획에 참여하도록 할 수 있다. 이는 학생중심, 학생 주도 학습을 할 기회를 제공하고, 자신의 장래 삶에 대해 스스로 계획하면서 책임 있는 시민으로 성장하게 할 수 있다(부록 4 참조).

이를 위해 교사들이 유의해야 할 중요한 점은 학생들로 하여금 전환계획 시 졸업 이후 바람직한 결과를 산출 할 수 있게 하여야 한다. 그리고 실질적으로 측정 가능한 목표들을 개발할 수 있게 해야 한다. 또한 그들의 개별화교육계획이나 개별화전환교육계획 시 스스로 주장할 수 있는 기회를 제공해주는 것이다.

구체적으로 Konarad(2008)은 학생들이 직접 개별화교육계획이나 전환계획에 참여할 수 있는 것으로서, 배경 지식의 개발, 개별화교육계획 및 전환계획, 학교 졸업 후 목표 정하기, 회의 정하기, 계획 수행, 실행 등을 제안하였다. 이를 근거로 교사들이 학생들에게 효과적으로 각 단계에 참여하게 하는 전략들을 〈표 6-4〉와 같이 제시하였다.

〈표 6-4〉 학생 주도 전환계획 촉진 전략

1. 배경 지식 개발하기
   - 책이나 인터넷 자료, 토론을 통해 학생들이 인식할 수 있도록 지원한다.
   - 학생들과 이전의 IEP 자료를 검토하는 시간을 가진다.
   - 학생들이 IEP 각 내용에 주도적인 역할을 할 수 있는 권한을 확인하게 한다.

2. IEP 계획하기
   - 학생으로 하여금 "졸업 후 나는 ______배우고, ________일하고, ________놀이를 하고, _______살거야"와 같이 비전을 발표할 수 있게 한다.
   - 학생들이 문서로 회의록을 작성하는데 참여할 수 있게 한다.

3. IEP 목표 정하기
   - 학생으로 하여금 자신들의 장점과 필요성에 대하여 자기 말로 이야기 할 수 있게 한다.

-"나는 _______________ 할 거야"와 같은 진술을 할 수 있게 돕는다.
-집에서 부모들과 자신의 목표에 대하여 서로 공유할 수 있도록 격려한다.

4. IEP 회의 정하기
-학생들의 참여할 수 있는 선택 범위를 명시한다. 이들 내용에는 출석하기, 인사하기, 일정 관리하기, 발표 등이 있다.
-학생들에게 모임에 대해 시연 할 기회를 준다.

5. IEP 수행하기
-학생으로 하여금 일반학급 교사에게 보여줄 자신의 장애, 장점, 요구, 서비스 내용, 교수 수정 등이 요약된 IEP 실제 서류를 직접 기록하도록 한다.
-학생에게 자신의 IEP 목표 회의에서 자기-조절, 자기-평가를 할 수 있도록 지도한다.
-부모 및 IEP 팀과 함께 진행 과정에 대한 보고를 할 수 있게 한다.

전환계획에 참여하면서, 학생들은 계획 과정에서의 수집된 정보를 스스로 정리할 수 있는 기회를 가지게 된다. 교사는 학생들이 다양한 방법(그림, 비디오 기록, 컴퓨터 자료 처리 등)으로 기록하고, 정리할 수 있는 기회를 제공해 주어야 한다. 또한 자기-결정 시 학생들이 종합적인 방법(예, 음악, 점자, 확대 글씨, 수화 등)으로 발표, 참여, 표현하도록 기회를 제공한다.

05 자기-결정과 자기-주장

자기-결정과 자기-주장(self-advocacy)은 개념상 서로 비슷하여 종종 구분 없이 사용되고 있다. 실제로 자기-주장은 자기-결정 과정의 큰 개념에 속하는 하위 지식(knowledge)과 기술(skills)이다. Van Reusen 등(1994)에 따르면 「자기-주장은 자신의 흥미, 요구, 권리에 대하여 효율적으로 의사소통, 전달, 협상, 혹은 주장하는 개인의 능력이며, 비공식적인 결정이나 자신이 결정한 일에 책임을 지는 것」으로 정의하였다. 따라서 자기-주장은 자신이 필요한 것이 무엇인지 말할 수 있는 능력, 자신이 필요한 것을 취할 수 있는 능력으로 요약할 수 있다. 또한 자기-주장은 자기-결정 과정, 미래 계획 및 진로 목표 설정에 있어서 기본(fundamental)이 된다(Miller et al., 2007).

Field 등(1998)은 자기-주장에서 가르치는 것은 '무엇을, 어떻게 주장할 것인가'에 중점을 둔 것이라고 하였다. 따라서 자기-주장의 구성 요소인 학생의 지식(knowledge ; 주장 할 것)과 기술(skills; 주장 방법)은 자기-결정 하위영역이 된다. 그러나 상황에 대하여 스스로 통제하고 영향을 미치려는 강한 신념(beliefs)이 없이는, 자기-결정적인 사람이 될 수 없다. 그렇지만 개인이 이러한 기술을 활용하려는 능력이나 의지가 없어도 자기-주장 기술을 가질 수 있다. 또한 자기-결정을 할 수도 있다. 다음 〈표 6-5〉는 지식, 기술, 그리고 신념의 관계를 제시한 예이다. 결국 바람직한 자기-결정적인 사람은 자기-주장에 필요한 지식이나 기술뿐만 아니라 스스로의 결정에 책임과 강한 신념을 가지고 자신의 문제를 독자적으로 결정할 수 있다.

〈표 6-5〉 자기-결정에서 지식, 기술, 신념간의 관계

- 지식: 장애 문제에 있어, 학습 조건에서 수정을 하도록 보장된 법적 보호장치가 있다는 사실을 안다.
- 기술: 권리 진술과 학습 조건 개선 요구를 할 능력을 기르고, 발달시킨다. 즉, 자기-주장 기술을 학습한다.
- 신념: 관련된 학습 조건에 대하여 가지고 있는 지식과 기술을 어떻게 적용할지 선택한다.

연습해 봅시다

1. 〈활동자료 6〉에서 학생의 특성을 기초로 하여 자기-결정 3단계를 구체적으로 계획해 봅시다.

〈활동자료 6〉 자기-결정 교수 계획

1. 장애학생
   1) 학년 :
   2) 대상 학생 특성 :
   3) 교육적 수준(특정 교과):
   4) 장 · 단점 :

2. 목표설정 :

3. 실행하기 :

4. 목표적용 하기:

2. 자기-주장과 자기-결정 기술과의 관계를 비교해 봅시다.

제 3 부

전환의 결과

제 7 장

전환교육과 고용

학습목표

❶ 고용의 유형에 대하여 이해한다.
❷ 지원고용과 소비자 중심고용의 의미와 유형을 이해한다.
❸ 장애학생의 능력에 따라 적절한 고용 유형을 계획할 수 있다.

01 개요

고용(employment)은 모든 사람들의 삶에서 중요한 부분을 차지한다. 각 개인이 가진 직업의 유형, 수입의 정도, 전망이나 가능성은 사회에서 개인의 위치와 개인의 삶에 영향을 미친다. 따라서 장애학생의 학교 졸업 이후 중요한 배치 결과 중의 한 영역은 고용 문제라고 볼 수 있다.

장애인을 위한 일련의 고용 유형은 〈표 7-1〉과 같이 비고용(nonemployment) 상태에서부터 경쟁고용(competitive employment)으로까지 나타낼 수 있다. 이러한 고용 사항은 개인의 재정적인 수입 여부, 고용을 위한 지원 여부, 지역사회의 통합 여부 등 몇 가지 차원들이 포함될 수 있다(Patton & Dunn, 1998). 주어진 시기에 개인에게 가장 적절한 고용 배치의 결정은 경제적인 조건, 적절하고 지속적인 훈련, 고용 현장의 특성, 개인의 특성 등 각 요소들의 상호적인 기능에 달려 있다(Beirne-Smith et al., 1998). 이 장에서는 Beirne-Smith 등(1998)이 제시한 고용 유형들 중에서 주로 지원고용에 대한 내용을 자세하게 기술하고자 한다.

〈표 7-1〉 장애인을 위한 고용 유형

고용유형	예/설명	수입 여부	훈련 여부	통합 여부
비고용	-개인의 지원 요구가 높아 고용이 어려움 -일에 대한 개인의 선택 없음 -개인이 일을 찾을 수 없음	없음	없음	없음
무보수	-무보수 작업	없음	다양함	가능함
보호작업 (보수)	-성인 주간 프로그램 -작업시설 -보호작업장	낮음	지속됨	없음
지원고용 (보수)	-개인 배치 -소집단 모델 -이동작업대 모델	최소 혹은 낮음	지속/소거	가능함

고용유형	예/설명	수입 여부	훈련 여부	통합 여부
	–소기업 모델			
맞춤형 고용 (보수)	–경쟁고용시장에서 근무 –취업자와 고용주 모두의 요구 맞춤,	합리적 임금 높음	개별적 다양함	가능함
경쟁고용 (보수)	–경쟁 노동시장에서 전일제 혹은 시간제 근무	최소 혹은 높음	다양함	가능함

※ 자료 인용: Beirne-Smith, M., Ittenbach, R., & Patton, J. (1998). *Mental retardation*(5th ed.). New York: Prentice-Hall/Merrill Education. 일부 내용 수정 첨가하여 소개함

02 비고용

비고용(nonemployment)은 크게 세 가지 원인으로 나누어 볼 수 있다. 첫째, 장애학생의 지원 요구가 너무 전반적(pervasive)이거나 제한된 기술로 인하여 직업 훈련을 고용으로 연결하기에 어려움이 있는 경우이다. 둘째, 일은 할 수 있지만 일을 선택하지 않는 경우이다. 일부 장애인들은 일하는 것 자체를 싫어하고 노는 것을 더 선호한다. 반면 어떤 학생들은 일에 대한 매력이 없기 때문에 일을 선택하지 않는다. 셋째, 일에 대한 기술과 의욕은 가지고 있지만 일거리를 찾을 수 없어 못하는 경우이다(Patton & Dunn, 1998).

03 무보수

무보수(unpaid)는 재정적인 보상이 없이 일을 하는 것을 의미한다. 일부 개인들은 보수 없이 일하는 것을 긍정적인 것으로 간주한다. 왜냐하면, 수입보다는 작업 활동 참여 자체에 가치를 두기 때문이다. 자원 봉사자로 참여하거나

일반인이 하는 일과 같은 일을 하면서 보수는 받지 않는다. 이는 일을 함으로써 보수를 받고 일을 할 때의 심리적 부담을 갖지 않을 수 있기 때문이다. 그리고 통합된 상황에서 일을 할 수 있는 기회를 가질 수 있다(Brown et al., 1984).

04 보호작업장

보호작업장(sheltered workshops)은 장애가 없는 일반 작업자와 통합되지 않고, 장애인들로 구성되어 있는 별도 작업 시설이다. 보호작업장은 성인 주간 보호 시설 프로그램과 작업 활동을 연계하여 주로 운영된다. 주간 보호 시설에서 각 장애인들은 일상생활 훈련, 사회적 기술, 여가 기술, 취업 전 기술을 훈련받는다. 작업 시설에서는 장애인들에게 훈련이 될 만한 작업 훈련을 실시한다. 보호작업장에서 포장, 조립과 같은 하청 받은(subcontracted) 과제를 수행한다. 임금은 작업 수행 분량에 따라 지급되는 경우가 많다. 그리고 대부분의 보호작업장은 생산성에서 경영 수지를 맞추기 어렵기 때문에 정부의 보조나 후원 등으로 운영되고 있다.

전통적으로, 보호작업장은 주로 중증장애인들을 위한 시설로 알려져 있다. 중증장애인이라고 하더라도 적절한 지원을 하면 지역사회에서 작업을 할 수 있다는 사례가 나타나면서, 많은 보호작업장 시설들이 통합된 작업을 할 수 있도록 프로그램을 수정하고 있는 추세이다. 이와 같은 변화는 장애인들이 통합된 상황에서 보다 높은 임금과 의미있는 작업을 할 수 있다는 것을 의미한다(Pierangelo & Giuliani, 2004).

05 지원고용

1) 지원고용의 개념

지원고용(supported employment)은 주간 활동 센터나 보호작업장과 같이 분리고용으로 인한 만족스럽지 못한 전환 결과의 대안으로 나타난 고용 형태이다. 지원고용은 특히 중증 장애인들과 지적장애인들 뿐만 아니라 뇌손상 장애, 신체장애, 정신장애인들의 직업 훈련에도 효과적인 것으로 입증되고 있다(Flexer, 2005).

1986년 재활법 개정안(Rehabilitation ACT Amendments: P. L. 99-506)은 "전통적으로 경쟁적 고용이 불가능한 상태에 있거나, 혹은 심한 장애로 인한 전환고용이 때때로 중단되거나 방해 받게 되는 중증장애인을 대상으로, 통합된 작업장에서 계속적인 지원 서비스를 제공함으로써 이루어지는 경쟁적 작업"으로 정의하였다(Powell et al., 1991).

이 정의에 따른 '경쟁적 고용'은 전일제 혹은 시간제로 행하어지는 작업으로써 주당 평균 시간이 적어도 20시간 이상이며, 최저임금에 기준하여 급여나 기타 보상을 받을 수 있는 것을 의미한다.

'심한 장애로 인한 전환 고용'은 작업장이거나 혹은 작업장 이외의 장소에서도 직업 기술 훈련이 아닌 지원 서비스를 꼭 필요로 하는 심한 장애인을 위한 통합된 작업장에서의 경쟁적 작업을 의미한다. 직무 배치는 반드시 개인에게 영구적인 고용 결과가 아닐 수 있다.

'통합된 작업장'은 대부분의 작업 동료가 비장애인으로 구성되어 있고, 한 그룹 내에 다른 장애인이 포함되어 있지 않아야 한다. 만일 이와 같은 작업장이 가능하지 않으면 장애인들은 한 작업장의 장애인 수가 8명을 넘지 않아야 한다. 또한 작업 동료가 없거나 작업 동료가 8명을 넘지 않는 소규모의 한 작업장에 모두가 장애인이라면, 직접 작업장에서 장애인들은 개인적인 지원 서비스가 아닌 비장애인들과 정기적인 접촉을 가져야 한다.

'계속적인 지원 서비스'는 장애인이 작업을 제대로 수행할 수 있도록 취업기간 내내 적어도 월 2회 이상, 작업장 안팎에서 제공되는 계속적 혹은 간헐적 지원을 의미한다. 이들 지원에는 고용과 직접적으로 관련되는 것일 수도 있고 간접적으로 관련되는 것(예를 들면 교통, 개인적 치료 서비스, 가족 상담 등)일 수 있으나, 매월 2회 이상 지원이 제공되는 것을 원칙으로 한다.

1992년과 1998년 재활법 개정안(Rehabilitation ACT Amendments: P. L. 102-569)에서 제시하고 있는 지원고용 정의는 다음과 같다(Flexer et al., 2005).

- 전통적으로 경쟁고용이 불가능한 상태에 있거나 혹은 심각한 장애로 인해 경쟁고용이 때때로 중단되거나 방해를 받게 되는 개인, 그리고 그들의 특성이나 심한 장애로 인해 이와 같은 작업을 수행하기 위해 집중적인 지원고용 서비스 그리고 확장된 서비스를 필요로 하는 개인을 대상으로,
- 계속적인 지원 서비스를 필요로 하는 심한 장애인을 위해 강점, 자원, 우선적 사항, 관심, 능력, 가능성, 흥미, 그리고 개인의 선택을 포함하여,
- 통합 장면에서의 경쟁적 작업 혹은 통합장면에서의 고용이 경쟁적 고용으로 이어지도록 한다.

한편, 한국장애인단체총연맹(2003)은 지원고용을 조작적 정의와 법적 정의로 구분하여 제시하고 있다.

- 조작적 정의: 지원고용은 중증장애인을 대상으로 통합된 작업장에서 일반고용이 가능하도록 지원고용 전문가들을 활용하여 대상자 선정 및 평가, 실시 사업체 및 직무분석, 직무배치, 훈련 및 계속적 지원을 제공하는 고용 서비스이다.
- 법적 정의: 장애인 고용 촉진 및 직업 재활법 제12조 ①항에 따르면 노동부 장관 및 보건복지부 장관은 중증장애인 중 제2조 제4호의 규정에 의한 사업주가 운영하는 사업장에서 직무수행이 어려운 장애인이 직무를 수행할 수 있도록 지원고용을 실시하고 필요한 지원을 하여야 한다고 규정하고 있다.

또한 장애인 직업 재활 사업 규정(안) 제13조에 "지원고용수행기관의 장은 직무지도원 및 지원고용 전문 인력을 활용하여 지원고용대상자의 직업생활 및

기술 지도를 행할 수 있다."라고 규정하여 실제 실행에 필요한 수행 주체와 지원인력 및 지원 영역을 제시하고 있다.

지원고용은 〈표 7-2〉에서 보는 바와 같이, 개념상 전통적 고용 훈련과 기본적으로로 차이를 보이고 있다(조인수, 2002).

결국 지원고용의 주요 개념을 요약하면(Powell et al., 1991) 다음과 같다.

첫째, 통합이다.

지원고용에서 가장 필수적인 특성이라고 할 수 있다. 장애인들이 비장애인과 더불어 살아갈 수 있게 하는 것이다. 통합의 수준은 지원고용 서비스의 성공의 수준을 반영하게 된다. 통합이 물리적인 수준을 넘어 완전한 참여 즉 고용인으로서 일반 동료와의 관계와 우정을 형성할 수 있는 기회를 제공하여야 한다.

〈표 7-2〉 전통적 직업훈련과 지원고용

기준	전통적 접근	지원고용 접근
기본접근	선훈련 후배치	선배치 후훈련
과정	전이나 일반화가 어려움	직무를 수행해야 할 특정상황에서 학습된 행동은 다른 상황으로 전이됨. 작업환경 내에서 학습할 때 가장 효과적임.
중재유형	치료활동, 일상활동, 작업활동	과제분석, 실제 작업환경 내에서 개인별, 작업별 특수 훈련을 함
지원, 지도, 감독	개인의 필요와 욕구보다는 프로그램의 규모나 규정의 정도에 따라 결정됨	훈련 초기에는 집중적인 훈련을 하고 시간이 경과함에 따라 지원의 양을 줄여나감, 훈련의 양은 개인의 필요에 따라 정해짐
진단 및 평가	학습이나 훈련이 이루어지기 전에 개인에 대한 평가가 일반적으로 실시됨	훈련 시작 전과 훈련 과정에서 구체적인 직무 수행 가능성이 개인과 환경 차원에서 진단 및 평가됨

기준	전통적 접근	지원고용 접근
프로그램의 유형	일상활동, 작업활동, 보호고용	개별배치, 이동작업대, 전환작업, 소기업 등
비장애인과 통합기회	통합이 제한적이거나 주류사회와 분리됨	통합이 강조되며 지역사회에 중심을 둔 프로그램에 많이 참가함
작업과 관련된 기능	작업기능은 직업을 갖기 위한 전제 조건으로 생각하고 작업 과정에서 크게 강조되지 않음	작업현장에서 작업기능이 지도되고 강조됨
임금	임금수준이 낮고 임금인상의 기회가 제한됨	경쟁적 임금체제 또는 작업결과에 따라 비교적 높은 수준의 임금을 받음

둘째, 비장애인들과 차별 없는 임금과 혜택의 보장이다.

일반 고용인들과 같이 일한 것에 대한 공정한 보수를 받는 것이다. 또한 일반인과 같이 의료보장, 근로시간, 보너스, 연수, 휴가 등 동일한 혜택을 받는 것을 의미한다.

셋째, 선배치, 후훈련이다.

전통적인 직업훈련의 기본은 선훈련-후배치이다. 그러나 대부분의 경우 이와 같은 배치는 성공적인 고용으로 이어지지 못했다. 많은 중증장애인들은 그들이 배운 기술을 실제 작업장에서 일반화 하는데 어려움을 나타냈다. 선배치-후훈련은 이러한 한계를 극복하고 실제 작업 환경에 먼저 배치하고 적응하도록 훈련하는 프로그램이다.

넷째, 차별 금지의 원칙이다.

아무도 지원고용 서비스에 접근하는데 있어 장애의 정도가 심하다는 이유로 인해 거절되거나 거부되어서는 안 된다. 전통적인 직업훈련에서는 중증장애인들은 제외되거나 배척되어 훈련에서 혜택을 받지 못하였다.

다섯째, 융통성 있는 지원을 강조하고 있다.

지원고용은 필요한 다양한 서비스를 제공하는 것이다. 프로그램이 제한된 선택사양이어서는 안된다. 결국 제한된 선택사양은 장애인들의 서비스 혜택을 제한하게 만든다. 지원서비스는 장애인 개인 고용에 성공하는데 도움이 되는 내용들이 포함되어야 한다. 이러한 지원체제는 서비스를 전달하는 사람들의 융통성도 포함된다.

여섯째, 지속적이고 생애에 걸친 지원을 강조하고 있다.

중증장애인들은 생애에 걸친 지원을 필요로 한다. 생활의 다른 측면과 마찬가지로 고용에서의 요구도 지속되어야 한다. 그리고 고용이 유지되기 위해 계속적인 지원이 이루어져야 한다.

일곱째, 선택이다.

지원고용은 장애인들로 하여금 자신의 생활과 삶을 선택할 수 있게 한다. 이러한 선택은 직업 유형, 작업시간, 일의 위치 등에서 기회가 주어진다. 모든 작업자들과 같이, 장애인들도 직업을 바꿀 수 있고, 더 나은 지위의 일을 찾아 선택할 수 있다. 이러한 선택 능력을 발휘하기 위해 연습할 기회를 제공한다.

2) 지원고용의 절차

지원고용의 절차는 학자들에 따라 내용과 단계를 조금씩 달리 제시하고 있지만 공동적인 내용을 제시하면, ① 진로 계획(career planning), ② 직무 분석(job analysis), ③ 작업자 평가(consumer assessment), ④ 직무 배치(job placement), ⑤ 교수(instuction), ⑥ 계속지원(ongoing support) 등의 과정을 거친다. 처음, 각 단계는 순차적인 방법으로 개발된다. 그러나 이 과정이 진행되고 나면 각 작업자의 독특한 환경에 의해 모든 단계가 중요한 요소가 된다(Powell et al., 1991; Wehman & Targett, 1999) 특히, 한국 장애인 단체 총연맹(2003)은 우리나라 실정에 맞는 실제적인 지원고용 절차(직업재활 계획수립-대상자 분석-사업체 개발 및 직무분석-적합성 분석-지원계획 수립-직무배치 및 훈련-계속적 지원-취업 후 적응지도)를 다음과 같이 제시하고 있다(부록5 참조).

▸ **진로 계획(career planning):** 진로 계획에는 바람직한 취업의 결과로 개인의 삶에 질적으로 영향을 줄 수 있는 문제가 다루어진다. 상호관계 개발, 임금 문제, 자기-평가 등이 가능한 고용 결과(employment outcome)가 된다. 모든 개인이 동일한 고용 결과를 갖지 않기 때문에, 진로계획 기간에 고용 결과들을 개별적으로 개발해야 한다. 개인의 삶의 질에 기여할 인사가 진로계획 과정에 팀의 일원으로 참여한다.

▸ **직무 분석(job analysis):** 바람직한 고용 결과가 계획되고 나면, 팀은 개인의 요구에 가장 적합한 것을 결정하기 위해 몇 가지 잠정적인 직무를 심도 있게 분석해야 한다. 직무 분석은 장애인이 일을 처음 시작하기 위한 청사진을 제공해 준다. 적합성 분석(compatibility analysis)이라고 하는 이 단계에서 개인 작업자와 특정 직무 관계(좋아하고 싫어하는 일 / 일정 / 장점)에서 잘 어울리는 부분과 어울리지 않는 부분들에 대해 분석하게 된다. 일반적으로 작업자는 적합성 분석에서 잘 어울리는 직무를 하게 되면 직장에서 적응할 가능성이 높아지게 된다. 진로 계획 단계에서 다루었던 고용 결과를 획득할 수 있어야 한다. 그렇지 않으면, 고용이 개인 삶의 질에 긍정적인 영향을 미칠 가능성이 낮아지게 된다. 그리고 직무 분석은 직업 적응과 관련된 모든 사람들에게 쉽게 이해될 수 있는 의사소통 수단이 될 수 있다.

– 직무 분석 내용

- 담당 직무: 근무 부서, 현장 관리자, 직무명, 주 작업내용, 보조작업, 직무 시 중요한 사항
- 작업 시간대: 평일, 주말 근무, 시간외 근무, 2교대 혹은 3교대
- 작업장 요소: 작업 위험 요소, 작업장 환경, 동료간 분위기, 외부인 접촉 정도, 용모
- 작업 요소: 손 기능, 이동 능력, 주의 집중력, 과제 변화 정도, 작업 지속 시간, 들기(운반하는 힘), 변별력, 직무의 연속성, 작업 속도, 지시 이해력, 의사소통 능력, 작업 자세 등
- 학습 요소: 읽기 능력, 숫자 능력, 쓰기 능력, 시간 개념, 금전 개념
- 기타: 사용 장비, 공구, 재료, 특별 용어, 작업복, 안전 장비(안전모, 마스

크, 장갑, 장화, 보안경 등)

– 직무분석 방법 6단계

- 1단계: 작업장을 방문하여 다양한 과제를 수행하고 있는 직원들의 태도 관찰
- 2단계: 현장관리자 및 직원들을 만나 작업장의 제반 상황 파악
- 3단계: 구체적인 작업과정을 현장 관리자로부터 배우기
- 4단계: 능숙하게 수행할 수 있을 때까지 작업 수행하기
- 5단계: 수행한 직무분석을 검토하기 위해 고용주 면담
- 6단계: 직무 조사 양식 작성

– 작업환경 분석

- 장애 근로자가 대처할 수 없는 원인 제거
- 환경에서 개인적 보호 장치 마련
- 어떤 특정 요건 제거 혹은 보다 효과적인 대처를 위해 다른 작업자를 제한하는 작업 편성
- 방해 작업 도구 제거 및 기계, 온도, 습도, 소음, 작업 시간 등 물리적 환경 개선

– 적합성 분석 기준

- 작업 시간대
- 출·퇴근 기술
- 활동반경
- 과제 변화에 대한 인지도
- 지속력
- 과제 집중력
- 셈하기/읽기
- 외모/청결
- 스트레스 요인
- 임금
- 물리적 환경(이동성)
- 시간 인지
- 운반하는 힘
- 작업속도
- 의사소통
- 사회적 상호작용
- 강화의 제공 정도

▸ **작업자 평가(consumer assessment):** 작업자 평가의 목적은 고용에 잠정적으로 영향을 미칠 작업자의 속성과 관심을 알아내기 위함이다. 작업자 평가는 직무 개발과 같은 단계에서 동시에 실시된다. 평가는 작업자나 관련 인사

의 면접, 작업장에서의 관찰, 공식적인 교육, 심리, 직업 그리고 의료 관련 평가 자료 검토 등이 이루어진다. 지원고용의 작업자 평가가 다른 평가와 다른 점은 규준지향이나 표준화 평가로 작업자의 자격 유무를 판단하는 평가가 아니라는 것이다.

– 대상자 정보 수집 내용
- 과거의 노동 경험
- 작업과 관련된 일반적인 관심과 흥미
- 작업 가능 시간
- 기본적인 사회적 능력
- 운동성, 이동기능
- 이전 서비스 경력
- 의료 및 심리 관련 정보
- 특수한 작업 기능이나 결함
- 재정적 상태
- 작업 태도 및 동기 유발
- 일반적 독립 수준
- 부모 및 상담자의 고용 지원
- 장기 고용에 필요한 지원 수준과 지원 특성
- 장애인이 지니고 있는 잠재력 및 능력상의 장점

– 대상자 선정: 한국장애인단체총연맹(2003)이 제시하는 고용 현장의 대상자 선정과정은 우선 직무 분석(부록 5-1, 5-2)을 통하여 지원고용 대상자에게 필수적으로 요구되는 능력과 자질, 작업과제를 수행하는 과정, 작업장에서 필요한 것들을 확인한 후, 적합성 분석을 통하여 대상자가 선정된다(부록 5-3). 장애인고용촉진 및 직업재활법 제5조의 규정에 의한 직업능력평가를 통하여 선정된 대상자는 지원고용 실시 기관장에게 지원고용 동의서(부록 5-4)를 제출해야 한다. 그리고 지원고용 실시사업주는 지원고용 실시동의서(부록 5-5)를 작성하여 사업수행 기관장에게 제출하도록 되어 있다.

▸ **직무 배치(job placement):** 직무 배치는 개별 작업자에게 특정한 일자리를 연결해 주는 과정이다. 작업자의 속성과 직무가 성공적으로 잘 연결이 되면

작업자의 직업이 보다 잘 적응되고 오래 유지될 가능성이 높아진다. 또한 고용주와 고용인과의 관계도 보다 바람직하게 발전할 수 있다. 그리고 직무 배치가 이루어지면, 취업을 위한 면접이 이루어진다. 직무 배치의 결과는 직장을 갖게 되는 것을 의미 한다.

따라서 성공적인 직무 배치가 완성되기 위해서는 직무요건, 인적 자원 요건, 직무 배치의 기본 요소, 직무 배치에 영향을 주는 요인, 장애인의 동기, 가족의 지지 여부, 신체적 능력, 사회적 행동과 일상생활 기술 등을 면밀히 고려해야 한다.

– 교수(instruction): 특정한 작업장이 정해진 뒤, 작업자는 직무에 배치되고 교수(훈련)를 받게 된다. 이 단계에서 작업자는 직업 현장에서 필요한 중요한 작업과 작업 관련 기술들을 배우게 된다. 교수는 각 작업자를 위해 구체적인 절차로 계획되어야 하고 작업자의 진행 과정에 따라 교수 정도가 조정되어야 한다. 이러한 교수(훈련)과정은 고용 전문가에 의해 실시되어야 한다.

– 사전 훈련 내용
  - 일상생활, 여가 등에 대한 지원
  - 교통기관 등의 이용에 관한 지원
  - 일상적인 직장 매너 지도: 결석, 지각, 긴급 시 연락/출·퇴근 시 인사/질문 및 보고 방법/휴식 시간 활용 방법 및 대화 참여/공손한 말씨/직장 규칙 및 시간 엄수
  - 기타: 간단한 도구 등의 이용 방법/보호자와 협력 관계 유지/훈련사업체 및 훈련 직무 전체 개요 설명

– 현장 훈련 초기 내용
  - 출근시간 엄수 및 직장 상사 동료에 대한 인사
  - 결근, 지각 시 연락 체계 지도
  - 작업복 착용 방법
  - 개인 사물 정리 정돈
  - 휴식 시간의 적절한 활용 방법
  - 작업 종료 후 정리 정돈 및 청소
  - 시설 이용 지도(작업장, 탈의실, 사무실, 식당, 휴게실, 매점, 화장실, 양

호실)
- 개인위생, 용모, 복장지도
- 작업 중 발생하기 쉬운 안전사고 예방에 대한 교육

–현장 훈련 중기 내용
- 일상적인 인사 지도 및 대화
- 작업지시 따르기 및 적절한 언어 사용
- 작업 동료와의 협조적인 관계 형성
- 상대방과의 적절한 의사표현
- 원만한 대인관계 형성
- 현장작업지도(작업태도, 작업방법에 대한 시범)

–현장 훈련 후기 내용
- 사업체 요구 수준 파악
- 직업 능력 평가 실시
- 직장 적응에 대한 집중적인 지원 실시
- 감독자 및 동료 사원 교육

▸ **계속적 지원(ongoing support):** 지원고용은 작업자가 수행하게 될 과제뿐만 아니라 지원 내용에 근거해야 한다. 이는 많은 개인 작업자들이 계속적 지원을 받아야 함을 의미한다. 성공적인 직무 경험을 유지하기 위해 생애에 걸친 지원(lifelong support)이 이루어져야 한다. 대부분의 경우, 개인 작업자가 직무에 익숙해져 점차 독립적이 되어가면서, 지원 강도도 줄여가게 된다.

–사업장 작업 환경 적응 지도
- 사업장 방문 및 근무 여건 확인
- 장애인 애로 사항 청취 및 상담
- 수화 통역사 등의 배치 등의 지원

–취업 후 적응 지도가 요구되는 장애인
- 이직 경험이 많은 자
- 직장생활 무경험자 또는 장기 실직자

• 연령이 낮은 자
• 의사소통능력, 사회적응능력 상 지원이 필요한 자

– 일반 사항
• 직무와 환경과의 조화
• 직무 환경 개선을 위한 사업주와의 관계 유지
• 직장 동료들의 장애 편견 해소와 협조 유지
• 가정환경 확인
• 고용 후 적응 지도 계획 수립
• 권익보호 활동: 부당한 처우나 권익 문제

전반적으로 각 단계들이 서로 분리되어 진행된다고 생각하기 쉽지만, 사실은 서로 상호연계 되어 있다. 진로 계획이 전체적으로 모든 단계에 걸쳐 이루어지고, 직무 개발, 교수 그리고 계속적 지원은 지원고용 서비스의 모든 측면에 영향을 미치게 된다.

3) 지원고용의 유형

지원고용의 유형은 운영 형태, 훈련 담당, 지원 내용, 집단 형태, 그리고 통합의 정도 등에 따라 다양한 모델들이 제시되고 있다. 여기서는 일반적으로 많이 소개되는 모델을 중심으로 정리하였다(조인수, 2002; 오길승, 2007; Bourbeau, 1985; Pierangelo & Giuliani, 2004; Wehman, 2008).

(1) 개별배치 모델(individual placement model)

개별배치 모델의 가장 큰 특징은 작업자를 위한 작업코치가 장애인과 일대일로 배치되어 전반적인 훈련을 실시한다는 점이다. 작업코치는 배치와 훈련 및 추수지도 등 작업 전반에 대해 관리하고 지원을 하면서 점차 지원의 강도와 횟수 등을 줄여간다.

전통적인 방법과 크게 다른 점은 첫째, 직장에 배치하기 전에 직업 준비 과정을 요하지 않고 직업 현장에 배치된 다음에 작업 방법, 사회성 기능, 지역사회 내에서의 이동기능 등에 대해 포괄적으로 훈련시킨다. 따라서 직업 현장에 배치하기 전에 집중적인 직업훈련을 시키지 않는다. 둘째, 단기적이거나 한시적인 훈련 절차가 아니다. 셋째, 작업코치 한 사람이 직업 개발, 직업 배치, 직업 훈련, 추수 지도 등을 모두 담당한다.

개별배치 모델의 주요 장점은 한 명의 작업코치가 한 명의 작업자에게 집중적인 개별 서비스를 제공할 수 있다는 것이다. 그리고 작업 코치가 모든 일을 전담하기 때문에 고용주 입장에서 한 사람과 일을 해결하면 된다. 반면 개별배치 모델의 단점으로는 전적으로 작업 코치 한 사람의 역량에 의존하고 있어 프로그램의 효율성이 한 사람에 의해 좌우될 수 있다. 그리고 한 명의 작업코치가 한 명의 작업자를 담당하기 때문에 시간과 경비의 비경제적인 측면이 있다.

(2) 소집단 모델(enclave model)

이 모델은 지역에 있는 기업 내에서 일하는 특별한 작업 집단으로, 보통 셋 내지 여덟 명으로 구성된 그룹이라고 정의한다(Rhodes & Valenta, 1985; 오길승, 2007 재인용). 이 모델은 회사의 작업라인에서 바로 작업하기에 어려움이 있어 지원을 더 필요로 하는 중증장애인을 대상으로 실시한다. 소집단 내의 작업자들은 회사의 다른 작업자들과 동일한 임금, 근로 시간, 휴가, 상여금 등을 받게 된다.

중증장애인을 대상으로 하기 때문에 행동주의적 훈련 방법이 효과적이며, 회사가 소집단을 위해 생산체계를 수정하면 보다 더 효율적으로 운영될 수 있다. 또한 감독자가 어느 정도의 생산성과 제품의 품질을 보장할 수 있어야 한다. 소집단 모델을 적용하기에 유리한 조건은 소규모 보다는 규모가 큰 회사이다. 이는 통합하기 쉽고, 훈련을 실시하는 생산라인에 주의를 덜 기울일 수 있으며, 초보자의 훈련 기회를 조절할 수 있기 때문이다.

소집단 모델을 운영하면서 작업자들을 위한 통합기회, 임금, 승진 등 주요 복지를 위해 감독자는 수시로 회사와 관계를 이어가야 한다. 개별배치 모델보다 더 지속적이고 집중적인 지원을 할 수 있는 장점을 가지고 있다. 그리고 일반 직장에서 잘 적응하지 못하는 대상에게도 고용의 기회를 제공할 수 있다. 또한 한 명의 감독자가 여러 명에게 동시에 고용의 기회를 제공 할 수 있다. 소집단 구성원 중에서 정규사원으로 채용되면 다른 장애인이 그 자리에 채워질 수 있다.

(3) 이동작업대 모델(mobile crew model)

이동작업대는 한, 두 명의 감독이 3~8명의 작업자들을 담당하도록 하는 집단적인 지원고용 운영 형태이다. 이동작업대는 지역 내에서 특정한 하청 서비스를 수행한다. 주로 경비, 눈 치우기, 건물관리 및 청소, 정원 관리, 농장 용역, 식물 관리, 칠 작업 등 용역 작업이 주류를 이룬다.

이 모델은 작업내용 계약 조건에 따라 활동하며 장소를 옮겨 다닌다는 점에서 소집단 모델과 다르다. 감독자는 중증장애인을 훈련할 수 있는 능력을 갖추어야 하고 지역의 하청을 수주하고 이동작업을 위한 전반적인 작업 및 일정관리를 할 수 있어야 한다.

이 모델의 장점은 기업체가 적은 중소도시 및 농어촌에 적합한 형태로서 지역사회의 요청에 따라 융통성을 가질 수 있다. 또한 지역의 여러 곳을 이동해 다니기 때문에 자연스럽게 통합의 기회가 주어진다. 아울러 일반 지역민들에게 장애인들의 직업적인 잠재능력을 보여줄 수 있는 기회를 준다. 또한 초기 장비 구입 등 사업 착수 비용이 들고 나면 이후 비용이 적게 들고 수입이 발생할 경우 활동비용으로 충당할 수 있다.

(4) 소기업 모델(small business model)

이 모델은 장애인과 비장애인이 함께 고용되어 영리를 목적으로 운영되는 기업이다. 사업을 통해 수입을 창출하고 직원들에게 임금을 지급하는 일반기업과 같이 운영된다. 또한 이 모델은 심한 장애를 가진 중증장애인이라고 하더라도 생산적인 활동을 할 수 있고 사회에 기여할 수 있다는 것을 지역사회에 보여 줌으로써 지역인들의 장애에 대한 편견을 완화하는데 기여할 수 있다.

(5) 효과적인 지원고용 실행을 위한 조건 및 관리

▸ **고용 전문가(employment specialist):** 고용 전문가가 주로 담당하는 지원 영역은 훈련 받을 사람의 프로필, 진로 개발, 진로 발견, 직업 현장 훈련과 지원, 장기적인 지원과 연장된 지원 등이다. 그러나 장애인의 서비스 요구 내용에 따라 역할 범위도 달라질 수 있다. 고용 전문가는 크게 계획, 상담, 시장조사, 기술지도, 지역사회 자원으로써 역할을 담당하게 된다.

지원고용이 성공하기 위해서는 이들에게 맡겨진 역량을 최대한 발휘할 수 있는 능력이 있어야 한다. 즉, 지원고용은 훈련 대상자와 직업 시장에 대한 철저한 분석을 통해 적합한 직종을 개발하고, 기관의 특성 및 사업체의 현황에 대하여 민감하게 대처할 수 있는 능력이 있으며, 지원고용의 제반 절차와 지원에 대한 풍부한 지식을 갖고 조정할 수 있는 능력을 갖추어야 한다(한국장애인단체총연맹, 2003).

또한 작업자와 직장동료 간의 지원적인 조정 역할을 할 수 있다. 작업자가 일을 배울 수 있도록 집중적이며 효과적으로 필요한 지원을 바로 바로 제공하고, 작업자가 직장 동료와 자연스럽게 친해질 수 있는 환경을 만들어 주어야 한다. 고용 전문가 자신의 권위적인 입장으로 인해 작업자와 직장 동료가 자연스럽게 친해지는 분위기를 저해하는 요인이 없는지 돌아볼 필요가 있다.

무엇보다 중요한 것은 Powell 등(1991)이 주장한 것처럼, 작업이 지원고용의 원래 목적에 맞게 잘 진행되고 있는지 늘 확인할 필요가 있다. 그러기 위해서는 개인의 독립성과 능력의 증진, 장애인을 잘 모르는 직장 동료와의 의미 있는 관계, 체계적인 지원 전략 등이 포함되었는지 점검해 보아야 한다. 이외에도 작업자의 임금이 잘 지급되고 있는지, 서비스가 가정, 가족, 다른 사람들과 협력적인 관계로 제공되고 있는지, 작업이 계속적으로 유지가 되고 있는지 등도 확인해 보아야 한다.

▸ **작업장에서의 자연적 지원(natural support):** 장애인의 직업이 유지되고 직장을 계속 다니게 하기 위해서 고용전문가뿐만 아니라 특별한 지원이 더 마련될 필요가 있다. 자연적 지원은 이러한 특별한 지원을 위한 대안으로 최근 관심을 받고 있다. 이에 대한 다양한 접근들이 논의 되고 있지만 여기서는 크게 고용주나 감독자와 직장 동료, 그리고 상담 모형 훈련에 대해 언급하고자 한다(Wehman, 2008). 첫째, 고용주나 감독자는 현장에서 직접 장애인들에게 훈련을 할 수 있는 가장 훌륭한 지원자들이다. 직업이 너무 다양하고 세분화되었기 때문에 확장된 직업 훈련이 요구되는 상황에서 이들 고용주나 감독자들의 활용은 매우 적절하다. 이들은 직장에서 장애인들에게 발생되는 어려움을 조정해 주는 자원으로 볼 수 있다. 고용전문가나 상담사는 행동관리 계획 등과 같은 훈련과 지원을 위한 초기 기본 계획을 마련하고 주된 책임은 고용주나 감독자가 가지고 진행하게 한다. 둘째, 직장 동료의 활용이다. 직장 동료는 작업장에서 장애인들을 위한 관찰과 옹호, 다른 직원에 대한 교육 역할을 할 수 있다. 또한 작업 코치의 전략을 촉진시키거나 작업 코치와 공동으로 전략을 수행하는 역할을 할 수 있을 것이다.

▸ **가족 지원(assisting families):** 가족은 작업에 대하여 기본적인 많은 정보를 가지고 있고, 작업자와 관련된 요구를 누구보다도 잘 알고 있다. 가족 자원의 활용은 지원고용 서비스를 보다 더 효율적으로 제공하는 수단이 된다. 이는 가족으로 하여금 실제 작업 환경과 실제 환경에 접할 수 있는 기회를 제공한다. 그리고 작업자에게 의미 있는 작업 과제가 무엇인지 알 수 있게 한다. 또한 비장애 성인들과 관계를 발전시키며, 이를 통해 관련된 많은 정보를 얻을 수 있게 한다. 따라서 먼저, 부모, 형제, 기타 가족 구성원들이 지원고용의 진행 절차에서 중요한 참여자로 역할을 해야 한다. 작업자에 대한 경험과 지식은 지원고용 계획과 과정에 의미 자원이다. 둘째, 가족과 전문가로 이루어진 팀으

로 협력적 작업을 수행할 수 있다. 이를 위해서 먼저 전문가는 가족이 편안한 마음으로 팀의 구성원이라는 것을 느낄 수 있는 분위기를 조성해야 한다.

▸ **유의사항:** 지원고용 실시 시 유의 해야 할 사항에 대하여 한국장애인단체총연맹(2003)은 일반적인 유의사항과 과정에서의 유의사항으로 나누어 제시하고 있다.

– 일반적 유의사항

- 직장의 접근성: 장애인의 작업장 접근 가능성
- 장애인의 동기: 장애인의 일자리에 관심
- 가족의 지지: 가족이나 보호자의 직무배치에 대한 지지
- 신체적 능력: 장애인의 직업의 요건에 대한 신체적 부응 능력
- 사회적 행동과 일상생활 기술: 사회적 행동의 취업에서 적합성
- 물리적 조건: 작업대, 건물 접근성, 화장실, 출·퇴근 교통수단
- 심리적 환경: 동료 작업자와의 접촉 정도, 작업 감독의 유형과 범위, 직무로 인한 스트레스와 압력, 직무 과정의 규칙성
- 사회적 환경: 직장 동료의 유형, 직무 내외 관련 사회적 활동 횟수와 범위 등

– 과정에서의 유의사항

- 장애인이 정말 원하는 직무에 대해 가족과 충분한 논의
- 최적 임금 이하일 때 그 비용 손실에 대한 고려
- 장애인이 가지고 있는 현실적 기대에 대한 고려
- 출·퇴근 교통수단 문제
- 복리후생: 식대, 휴가, 병가, 4대 보험 가입 여부 확인
- 필요할 경우 작업복 및 직무조정에 대한 논의
- 훈련 시 강화물에 대한 부모와의 협의
- 특수한 요구에 대한 해결 방안 검토
- 필요할 경우 일반계약 외 특별계약 검토

지원고용 사례

기본정보

보람씨는 36세로 표준화 지능 검사에서 경도 지적장애 수준이며, 자폐 정도가 심하다. 언어 생활면에서, 비록 단조로운 억양으로 감정 없이 말하지만 완전한 문장으로 말할 수 없다. 몇 가지 주제에 대해 말할 수 있으나 원하는 것을 얻거나 관심거리를 의사소통하는 등의 기능적인 언어 사용에는 어려움이 있다. 보람씨는 또한 사회적인 상호작용을 먼저 시작하지 않으며 혼자 있는 것을 좋아하는 등 사회적으로 위축되어 있다.

보람씨는 심한 행동 문제를 보인 개인력이 있다. 다른 사람을 때리고 차며, 자신의 옷을 찢고, 손과 얼굴을 할퀴고, 다른 사람에게 물건을 던진다. 공격 행동이 심해서, 다른 사람에게 심각한 위험이 될 수도 있다. 게다가 때로 작업 영역을 벗어나고, 다른 사람에게 소리 지르며, 지시따르기를 거부한다.

고용 경험

보람씨는 유아 때 수양 부모집에서 2년을 지낸 뒤, 지적장애인을 위한 거주 학교에 배치되었다. 그러나 문제행동 때문에 지적장애인을 위한 주 수용시설로 옮겨졌다가, 몇 년 후에 다시 기숙제 학교로 옮겨졌다. 18세에 고향으로 다시 돌아와 인근 정신병원에 수용되었다. 거기서 21세까지 있다가 자폐인을 위한 거주 및 지원고용 프로그램에 들어가게 되었다. 프로그램에 들어갈 때까지 보람씨는 통합된 환경에서 한 번도 교육받거나 살아본 적이 없었고 직업훈련도 받지 않았다.

회사와 직업특징

보람씨는 방위산업체의 전자 부품을 생산하는 작은 제조회사에 일자리를 구했다. 회사는 국가 방위 계약에 주로 의존하고 있으며, 약25명의 사람이 제조나 판매 부서에 근무한다. 넓은 방의 큰 책상 위에서 몇 명의 작업자가 제조일을 하는데, 비록 조립 라인은 없지만 많은 일이 조립 라인 방식으로 작업된다.

보람씨는 이 회사에 부품 조립원으로 채용되었다. 이 일은 그녀의 우수한 시・지각 기술과 세부적인 면에 주의를 기울이는 능력이 도움되었다. 군대와 상업용 차량에 들어가는 여러 종류의 전자 휴즈를 조립하기 위해 고용되었으므로 사회기술 부족과 언어 결함은 큰 장애가 되지 않았다. 직업 과제의 하나는 작은 휴즈관 안에 세심하게 납전선을 넣고, 납전선의 양끝을 자른 다음 끝을 납땜하는 것이었다. 또한 보람씨는 핀셋과 십자드라이버 같이 손에 쥐는 공구들을 사용해야 하고, 휴즈를 조립하기 위해 와셔, 나사, 스프링 같은 작은 부품들을 다루어야 한다.

직장준비

일자리가 구해지자 직무지도원과 기관의 감독은 그 일을 배우고 과제분석을 하기 위해 약 1주일간을 보냈다. 정밀함을 요하는 과제였기 때문에 정확한 과제분석이 서류로 작성되는 것이 중요하였다. 게다가 보람씨에게 과제를 처음부터 정확하게 가르치는 것이 중요했는데, 장애 특성상 과제를 특정 방식으로 한 번 배우고 나면, 새로운 방식으로 다시

지원고용 사례

가르치는 것이 어렵기 때문이었다. 또한 보람씨는 변화 대처 능력이 떨어지므로, 그녀에게 자신이 해야 할 활동의 시간을 미리 알려주기 위해, 직무지도원이 작업 일정을 배우는 데 주의를 기울였다. 직업에서의 사회적 요구와 작업 환경 또한 분석되었다.

고용 지원 계획 수립

지원고용 프로그램에 들어가자마자, 직업 목표를 세우고 필요한 지원을 결정하기 위해 보람씨에 대한 다학제간팀(interdisciplinary team)이 모임을 가졌다.

- 지원의 결정: 언어 사용을 비교적 잘하는 등의 강점을 가지고 있지만 그녀의 인지적 결함과 행동 문제를 고려해볼 때 장애가 없는 동료들과 같은 방식으로 직무를 배울 수는 없을 것이라고 결정하였다. 그리고 그녀의 팀은 그녀가 느닷없이 강한 공격성을 보이고 기물을 파손하기 때문에, 그리고 다른 사람을 보호하고 기물 손상을 막기 위해 특별한 감독과 모니터링이 필요하다고 결정했다. 그러므로 팀은 심한 문제행동과 인지 및 행동적 결함 때문에 전일제 직무지도원이 보람씨를 하루 종일 감독하도록 하는데 동의하였다.
- 직무지도원의 직무: 직무지도원은 근무시간 동안 그녀와 다른 한 명의 자폐성인을 하루 종일 감독하였다. 직무지도원은 보람씨가 작업장까지 버스를 타고 다니는 것을 가르쳤고, 직무 과제를 교육하고, 작업 수행을 감독하고, 과제 및 작업 영역에 붙어 있도록 돕고 문제행동 조절을 도왔다.
- 행동관리 계획: 보람씨의 지원고용 감독과 직무지도원은 행동 관리 계획을 개발하기 위해 심리학자에게 자문을 구하였다. 계획의 목적은 자해와 공격 행동 및 기물 파손을 줄이고 좀더 허용 가능한 사회적 행동 및 작업 행동이 증가하도록 하여, 보람씨가 작업장에서 바람직한 행동을 하도록 돕는 것이었다.

기능 평가 결과, 공격성과 자해 및 기물 파손에 대해 확인된 몇 가지 가능성 있는 기능은 과제 회피, 변화 회피, 도움 얻기 등이었다. 또한 환경 안에서 스트레스를 좀더 적절하게 다룰 사회기술이 보람씨에게 결핍되어 있는 것으로 나타났다.

보람씨의 행동 관리 계획은 변화 및 어려움에 그녀가 대처하는 것을 돕기 위한 전략을 포함하였다. 또한 예방적 요소도 있었는데, 보람씨가 어려움을 느껴 혼란스러울 때 직무지도원이 미리 알아차리고 보람씨의 어려움을 도와서 행동으로 폭발하지 않게 하는 것이다. 좀 더 바람직한 행동을 촉진하기 위해, 행동 계획 속에 아래의 목표 행동을 매시간 점검하는 것이 포함되었다. 자신 존중하기(예: 자해 안하기), 다른 사람 존중하기(예: 공격 안하기), 기물 존중하기(예: 기물 파손 안하기), 적당한 목소리 유지하기(예: 소리 안 지르기), 재미있는 대화하기(예: 부적절한 주제로 대화 안 하기), 작업 과제와 관련된 지시 따르기, 지속적으로 일하기 등이다. 작업장에서 어떤 유형의 대화가 바람직한 지를 보람씨가 모르는 것으로 보였기 때문에, 재미있는 대화와 재미없는 대화를 구분하기 위한 변별 훈련이 시작되었다(재미없는 대화는 공격, 성적인 행동, 자해에 관해 이야기하는 것

지원고용 사례

으로 정의되었다).

보람씨는 잘 읽을 수 있었기 때문에, 이런 규칙들을 적어주고 주기적으로 그녀와 직무지도원이 각 행동에 대한 그녀의 수행을 점검하였다. 점수를 잘 받으면 칭찬을 받았다. 시간이 지나면서, 보람씨에게 스스로 자신을 점검하도록 가르쳤고, 기록카드에 '자신을 정확하게 점검하였다'라는 새 항목을 추가 하였다.

프로그램은 보람씨의 문제행동들을 줄이는 데 효과적이었다. 그러나 혼자 있을 때, 간헐적으로 자해나 옷 찢기 같은 문제행동들이 지속되었다. 따라서 자신을 할퀴거나 옷을 찢고 싶은 충동이 생겼을 때, 이를 멈추도록 돕기 위한 방법이 개발되었다. 하루에 두 번 보람씨와 직무지도원은 그녀가 혼란스럽고 화가 날 때 어떻게 자신을 통제해야 하는지를 연습하였다. 그리고 직무지도원은 그녀가 느닷없는 공격 행동을 할 경우, 그녀나 다른 사람들을 보호하기 위해 비혐오적인 방법으로 공격 행동을 할 경우, 보람씨는 다른 사람들을 보호하기 위해 비혐오적인 방법으로 공격 행동에 대처하는 방법을 훈련받았다.

직장 생활 중에, 보람씨는 특정 선행사건들이 있었을 때 다소의 문제행동을 드러냈다. 어떤 일이 잘 안될 때, 무엇 때문에 힘든가 말해서 도움을 얻기 보다는 화나서 충동적인 행동을 하곤 했다. 예를 들어, 만일 작업장에서 공구가 부러지면, 새 공구를 얻기 위해 도움을 청하는 대신에 소리를 지르고 자신을 할퀴는 행동을 했다. 따라서 어려움이 있을 때 이를 드러내는 것을 도울 사회기술 교육이 실시되었다. 직무지도원은 문제를 드러내도록 연습하기 위해 모델링, 역할 놀이, 연습, 피드백을 사용하였다. 또한 직무지도원은 보람씨가 힘든 것을 잘 나타낼 수 있도록 하기 위해, 그녀를 화나게 하는 것이 무엇인지 면밀하게 관찰하였다. 점차적으로 보람씨는 힘든 일이 있을 때 충동적으로 행동하기보다는 이를 직무지도원에게 말로 표현하기 시작하였다.

직장 생활 중 몇 가지 다른 문제들이 나타났다. 예를 들어, 보람씨는 다른 사람들의 제의를 받아들이는 것과 작업장에서 과제를 바꾸는 데 어려움이 있었다. 따라서 이 두 가지 기술을 익히기 위한 사회기술 훈련이 실시되었다. 때때로 보람씨는 작업장에 지저분한 모습으로 오기도 하고, 지갑이나 열쇠 또는 돈 같은 중요한 품목을 빠뜨리고 오기도 하였다. 이런 문제를 해결하기 위해 보람씨에게 두 개의 점검표를 주었는데, 하나는 몸차림새에 관한 것이고, 다른 하나는 작업장에 가져와야 하는 것에 관한 것이다. 보람씨는 집에서 작업장을 떠나기에 앞서 이것을 검토하였다. 마지막으로, 일하러 다닐 때 한 낯선 남자가 보람씨에게 접근해 집까지 따라오거나 원치 않는 신체적 접촉을 하곤 했다. 거절하는 것을 가르치기 위해 자기-주장 훈련이 실시되었고, 이 기술로 그 남자가 치근대는 것을 효과적으로 막을 수 있었다.

보람씨는 처음에는 낮은 생산율 때문에 최저 임금을 기준으로 해서 자신이 생산한 비율대로 급료를 받았다. 그러므로 그녀의 목표 중 하나는 질적으로 좋은 작업을 유지하면서 동시에 생산율을 높이는 것이었다. 보람씨에게 높은 생산성을 강화하기 위해 생산성 프로그램을 적용하였다. 더불어 그녀의 점검 항목의 하나가 지속적 작업이었다. 이런 전략들의 결과로, 보람씨의 생산성은 증진되었고 최저 임금까지 월급이 올랐다.

지원고용 사례

결과

가끔씩 일을 쉬는 때도 있었지만, 보람씨는 전자 회사에서 10년 동안 일하였다. 보람씨는 장애가 없는 몇몇 작업자가 일시적으로 권고 휴직된 다음에야 권고 휴직되었다. 일을 쉬는 동안, 보람씨는 식품 서비스 작업자 및 회의 기자재 조립원으로 고용되었다. 그러나 보람씨는 항상 전자 부품 조립원으로 일하는 게 좋다고 말하였다. 그 제조 회사에서 새 계약을 체결해 사람이 필요할 때, 그녀가 종종 재고용되는 첫 번째 직원들 중 한 명인 것은 고마운 일이었다. 고용 기간 동안 보람씨의 임금은 시간당 2,000원에서 3,500원으로 올랐다.

보람씨는 자신의 일을 감독 없이 해낼 수 있는 능력이 점차 개선되어, 직무지도원의 도움 없이도 직무 과제를 해낼 수 있게 되었다. 보람씨는 일하는데 점점 더 독립적이 되었고 유능해졌다. 보람씨는 여전히 작업장에서 공격, 기물파손, 자해 같은 행동 문제들을 보였으나, 이런 사건들은 직무지도원에 의해 효과적으로 다루어져 작업을 위협하는 것이 아니었다. 가끔 보람씨는 문제행동 때문에 조퇴하거나 결근하였다.

보람씨의 고용은 그 회사가 경제 사정으로 문을 닫아서 종결되었다. 보람씨는 그 후 다른 일을 찾아 잘 해나가고 있고, 좋아한다. 한 번 문제행동이 있는 경우 강도가 무척 강하기 때문에 그녀에게는 계속 전일제 직무지도원이 필요하였다. 체계적이고 부드러우면서 확고하며 일관성 있게 행동 관리 계획을 실시하는 직무지도원의 감독으로 보람씨는 거의 문제행동을 일으키지 않으면서 직장을 다녔다.

현재 고용주는 그녀의 수행에 만족하고 있어, 현재의 직장에 계속 고용될 전망이 높다. 더불어 변화 및 어려운 대인관계 상황을 다루는 그녀의 능력이 개선되어 왔으며 직업적인 기능뿐 아니라 또한 사회기술도 계속 개선되고 있다.

※ 자료 인용: 김효정 옮김(2005). **자폐인의 성공적인 고용을 위한 안내서**. 서울: 시그마프레스에서 일부 내용 수정하여 인용함.

06 맞춤형 고용

맞춤형 고용(Customized Employment: CE)은 「특정 개인과 고용주 사이의 자발적인 협상을 통해 개별화된 상호관계」로 정의된다(Department of Labor's Office of Disability Employment Policy: ODEP, 2005). 협상 과정은 각 구직자의 능력과 흥미에 따라 진행되며, 이를 통해 특정 개인의 요구를 맞추며, 동시에 사업자의 고용 요구도 충족시키려고 시도한다. 미국연방 관보(The Federal

Register, 2002)에서는 구체적으로 다음과 같이 소비자 중심 고용을 정의하였다.

> 맞춤형 고용은 고용주와 고용인 간의 관계이며 이 둘의 요구를 충족시키는 개별화된 고용 관계를 의미한다. 이는 장애인의 개별화된 강점, 요구, 관심 사항이며, 또한 고용주의 구체적인 요구를 맞추기 위해 고안된 것이다.
>
> 맞춤형 고용은 장애인의 요구에 맞추기 위해 개별적으로 협상하고 소비자 중심의 책임 있는 취업이 될 수 있도록 직업 개발(job carving), 자기-고용, 업주 주도, 혹은 다른 직무 개발이나 전략의 재구조화를 통해 개발된 고용을 포함한다. 소비자 중심 고용은 개별적으로 협상하고 개발한 직무 기능을 개인이 수행하는 데 필요한 것을 제공하기 위하여 합리적인 조절(accommodations)과 지원을 하는 것을 의미한다.

맞춤형 고용은 업무 관련 직무과제나 의무를 적극적으로 협상(negotiating)하여 중증장애인의 강점과 능력을 발견하고 활용하는 창의적인 방법을 모색하는 것이다(Inge & Targett, 2006). 이 과정은 고용주와 고용인의 두 관계에서 비롯된 요구를 충족시키는 방법으로 고용 관계를 개별화 한다. 또한 맞춤형 고용은 장애 구직자의 강점, 요구, 관심뿐만 아니라 고용주나 자영입자의 사업적 요구와의 관계를 맞추려는 데 기초하고 있다.

지원고용에서와 마찬가지로 맞춤형 고용에서도 개인의 취업에 필요한 도움을 주기 이전에 이들의 강점, 흥미에 대한 것을 먼저 찾고, 필요한 지원을 한다는 점이다. 그러나 맞춤형 고용에서는, 고용주와의 협상을 통해 실제로 취업이 이루어진다. 협상에서 신규 구직자의 개별화된 직무 기술(job description)은 현재 직무에서 새로운 일을 협상하는 것이거나 전혀 다른 새로운 것일 수 있다. 이러한 과정을 직업 개발(job carving), 직업 발견, 혹은 직업 재구조화라고 한다. 이것이 지원고용과 다른 점이다.

OEEP(2005)는 맞춤형 고용을 실시하는 데 기준이 되는 일련의 원칙 〈표 7-3〉과 장애인과 고용주 관계에서 고려해야 할 지침 〈표 7-4〉를 다음과 같이 제시하였다.

〈표 7-3〉 맞춤형 고용 원칙

−고용주가 자발적으로 특정한 직무나 혹은 고용인의 기대에 대해 협상한다. −협상된 고용 관계는 양측 모두 즉, 구직자의 독특한 요구, 강점, 그리고 흥미와 고용주의 특별한 요구에 맞아야 한다. −구직자가 주요한 정보원이고, 취업 시장을 탐색하기 위한 방향을 결정한다. −구직자가 지역사회에서 자신의 선호도, 흥미, 연계성에 대한 취업 계획 과정을 조정한다. −계획에 앞서, 탐색 기간은 구직자의 독특한 요구, 능력, 흥미를 알기 위한 필수 과정이다. 필요하다면 더 형식적이거나 전통적인 평가가 이 탐색 단계에 보충될 수 있다. −맞춤형 고용은 개인에게 맞추어져 있고, 그래서 취업이 어려웠던 미취업자들에게 도움이 되는 장점을 가지고 있다. −작업은 지역사회에 통합되고 개별화된 작업장에서 이루어진다. 혹은 장애가 없는 다른 고용인들과 함께 일하는 개인 업체에 고용된다. −월급은 물가 인상률에 따라 일정하게 인상되어야 한다. −고용 결과는 자기-고용 과정을 통해 취업이 이루어져야 한다. −취업 과정은 장애 관련 서비스 기관이나 공공 기관 그리고 노동시장 등 일련의 자원과 정보를 통해 촉진되어야 한다. 그리고 이러한 자원들은 구직자의 요구에 맞게 협력되어야 한다.

〈표 7-4〉 맞춤형 고용 지침

−고용인은 개별적인 직무 설명을 받는다. 그리고 고용주의 기대를 알게 된다. −개인은 고용주의 사업에 분명한 이익을 되어야 한다. −개인은 고용주에 의해 채용되고 직접 임금을 받는다. −맞춤형 고용은 구직자를 고용주와 협상할 수 있는 기회를 줌으로써 스스로 자신을 대표할 기회 갖게 된다. −맞춤형 고용은 취업자와 고용주 양측의 요구를 만족시키도록 하는 일련의 전략에 기초를 두고 있다. −선택 기회의 제공, 자신에 대한 조절 그리고 자기-결정을 증진할 수 있도록 개인적인 예산, 훈련 경비 그리고 기타 개별화된 자금 관련 서류들이 소비자 중심 고용에 활용된다. −취업과 관련된 모든 사항을 일괄 해결할 위치에 있는 고용주나 서비스의 제공자는 구직자의 취업을 위해 필요한 지원과 조절(accommodations)을 제공하여야 한다.

맞춤형 고용은 지원고용과 기본적으로 큰 차이가 없다는 논란이 있다. Callahan (2004)은 '맞춤형 고용은 지원고용과 그 맥락을 같이 하고 있다'고 진술하고 있다. 실제로 맞춤형 고용은 새로운 아이디어라기보다는 철학이나 원칙에서

지원고용과 큰 차이를 보이지 않고 있다. 그러나 맞춤형 고용은 분리 고용 보다는 경쟁고용 상태에서 장애인의 통합된 취업에 강조점을 두고 있다. 어떻게 보면 맞춤형 고용은 지원고용의 실행에서 가장 실제적인 부분을 더 강조한다고 할 수 있다. 그 주요 내용을 Wehman 등(2007)은 1) 소비자 선택, 2) 장애와 잠재 능력 모두를 고려한 객관적 접근, 3) 통합된 작업장, 4) 직업과 진로의 선택, 5) 경쟁적이고 합리적 임금, 6) 개별화된 작업장에서의 지원을 통한 소비자 주도 서비스(customer-directded services)로 제시하였다. 또한 맞춤형 고용은 지원고용, 취업 협상(job negotiation), 보조공학, 조절(accommodations), 자원의 개인화(resource owership), 소규모 기업, 자기-고용, 개인-중심 계획 등을 모두 포함한다고 볼 수 있다(Wehman et al., 2007).

07 경쟁고용

경쟁고용은 「자율 노동시장에서 일반인과 같은 경쟁을 통해 임금을 받고 부과되는 책임을 지며 전일제 혹은 시간제로 일(jobs)하는 것」으로 정의된다. 비장애 직장 동료와 같이 직장 생활을 유지하는데 있어 더 이상의 지원 서비스를 받지 않는 것을 의미한다. 그러나 여기서 직장 생활을 유지하는데 지원을 필요로 하면, 경쟁고용 상태 및 취업을 하기 위해 전환 직업 훈련과 배치 프로그램에 참여할 수 있다. 고용에 앞서 제공되는 지원의 정도(양)는 개인의 요구와 능력에 따라 다양하게 제시된다. 어떤 경우 직업 배정(locating) 자체로 끝날 수 있지만, 어떤 경우 강도가 높은 직업 훈련을 필요로 할 수 있다. 경쟁고용이 지원고용과 중요한 차이점은 경쟁고용은 지원 기간이 일시적으로 제한되고, 개인이 취업을 하고 나면 서비스가 중지된다는 점이다. 그 이후는 개인 스스로 직업을 유지해가야 한다(Pierangelo & Giuliani, 2004; Patton & Dunn, 1998).

연습해 봅시다

1. 〈활동자료 7〉에서 학생의 직무 관련 특성을 고려하여 지원고용 절차에 따라 지원 계획을 세워 봅시다.

〈활동자료 7〉 지원고용 계획

1. 장애학생
   1) 학년 :
   2) 대상 학생 특성 :
   3) 직무관련 현행 수준:
   4) 상・난점 :

2. 직무분석 :

3. 직무평가 :

4. 직무배치 계획:
   1) 교수 및 훈련 내용:
   2) 훈련 방법 :

5. 추수지도

2. 개인의 흥미와 직업적 잠재성에 따라 적절한 고용 계획을 세워 봅시다.

제 8 장

주거와 지역사회 생활

학습목표

❶ 주거생활의 발달 과정을 이해한다.
❷ 지원생활과 개별 중심 지원의 배경과 목적을 이해한다.
❸ 다양한 주택 구입 과정과 재정적 계획을 알 수 있다.

전환교육의 큰 흐름은 포괄적인 접근이다. 이는 장애학생이 학령기를 거쳐 사회에 진출하여 성인으로서의 역할을 하도록 하는 일련의 과정적 맥락을 중시한다. 또한 수직적 전환과 수평적 전환을 통해 이들이 바람직한 지역사회 적응에 이르도록 준비시키는 과정이다. 앞서 제1장 전환교육의 모형과 이론에서 언급한 것처럼 포괄적 전환교육에서 전환교육의 궁극적인 결과는 고용, 지역사회에서의 대인관계 및 사회적 기술, 그리고 주거생활이다. 따라서 주거생활은 전환 결과의 중요한 한 측면을 차지하고 있다. 이는 학교 교육에서 고용 및 사회적 기술뿐만 아니라 졸업 이후 주거생활에 적절한 지원 계획과 구체적인 지도 방안이 수립될 필요가 있다. 학교 교육에서 가사나 가정, 기타 독립적인 가정생활과 관련된 영역의 학습이 이루어지고 있지만 이들 교과의 지도가 졸업 이후 결과 중심으로 체계화되어야 한다. 본 장에서는 주거생활의 발달과정, 유형, 대안적 접근 방법 등에 대하여 살펴보고자 한다.

01 주거생활의 발달

Test 등(2006)은 '장애인의 주거생활 발달은 전체적으로 분리와 격리, 남용과 무시의 역사를 가지고 있다'는 전제로 다음과 같이 주거는 자선과 무시의 기간, 시설 개혁 기간, 독립생활 운동 기간, 지원생활 운동 기간으로 발달하였다고 기술하였다.

1) 자선과 무시 기간

20세기 중반까지 장애인과 가족들은 그들의 지역사회와 지역 서비스 기관들로부터 제한된 주거와 서비스를 제공 받았다. 또한 많은 장애인들은 지역사회 내에서 그들의 부모나 친척들과 함께 생활 하였다. 능력이 있다고 여겨지는 일부 장애인들은 지역에서 가족이나 이웃, 그리고 종교 단체의 도움으로 살아갔다. 중도나 중증장애아동을 둔 대다수의 부모들은 주정부에서 운영하는 시설로 이들을 보내 장애 자녀를 잊고 생활하였다(Meyer, Peck, & Brown, 1991).

2) 시설 개혁 기간

1960년대 초반 비대해진 시설들은 문제점을 들어내기 시작하였다. 이들 시설에서 행하여지는 장애인에 대한 비인간적인 대우와 비참한 생활 조건들이 언론을 통해 세상에 알려지기 시작하였다. 또한 이 시기에 Wolfensberger (1972)의 정상화(normalization)의 개념이 주목을 받고 있었다. 이 개념은 주류사회의 생활 규준과 방식에 가능한 한 근접한 방식으로 장애인들이 일상적인 생활을 할 수 있도록 하는 것이다. Wolfensberger의 이 개념과 운동은 당시 시설 개혁의 원동력이 되었다. 또한 전문가, 부모, 정책 입안자 등도 장애인들을 위한 질 높은 서비스와 환경에 대한 계획과 실행 그리고 평가에 동참하기 시작하였다.

이와 같은 개혁 운동은 이들 시설에 대하여 보다 나은 의료와 교육적 서비스의 발달을 가져오게 하였다. 또한 치료나 교육 등 지원에 있어 상당히 엄격한 규정을 따르도록 하였다. 그리고 대규모 시설 중심에서 3명 내지 6명 정도가 거주하는 소규모 시설로 전환하는 계기가 되었다.

3) 독립생활 운동

독립생활 운동(independent living movement)은 장애인들이 지역사회 주거생활, 교육, 고용 그리고 기타 관련 자원에 접근하고 생활하기 위하여 자기-결정 능력을 높이는 소비자 주도 접근 방법이다. 독립생활은 당사자인 미국 장애인들에 의해 주도되었다. 이 운동은 케네디 대통령 재임 당시 장애문제위원회와 흑인 시민권 운동에 영향을 미쳤다. 처음 이 운동은 캘리포니아 버클리 대학

내 신체장애인들의 소규모 집단에 의해 시작되었지만, 이후 다른 대학의 장애인 접근 시설과 프로그램 그리고 기타 자기-주장 장애 단체에 영향을 미쳤다.

1970년대 이후 독립생활 운동은 자기-주장자들에 의하여 시민 권리 운동과 시설에 대한 대안과 의료적 주거 모델로 발전하게 되었다(DeJong, 1979). 이 운동은 1973년 재활법(Rehabilitation Act)과 소비자 중심, 비영리, 비거주 단체(nonresidental organization)인 독립생활센터(Centers for Independent Livig)에 의해 더 강화되었다. 이 단체는 장애인들을 위해 개인적인 지원 서비스, 동료 상담, 이동, 재활공학, 지원 생활(supported living), 교통 편의 등을 제공하였다. 21세기로 접어들면서 독립생활 운동은 미국 의료 서비스(Medicaid sevices) 지원금, 정책 변화, 장애인에 대한 서비스와 지원의 운영과 조정에 있어 근본적인 사고의 전환을 하게 되는 계기가 되었다.

4) 지원 생활 운동

지원 생활(supported living)은 장애인들에게 지역사회 주거를 선택할 수 있도록 하는 운동으로 정의된다. (1) 이 주거는 비장애 성인이 가정을 갖고 있는 것과 같이 전형적인 거주 형태이다. (2) 이 주거는 거주하는 사람에게 지원 서비스를 제공하는 기관의 이름이 아닌 개인이나 대표자의 이름으로 운영되었다. (3) 이 주거는 장애인 거주자에 의해 선택되고, 개인의 결정에 따라 다른 사람과 공유할 수 있다.

지원 생활 운동이 일어나게 된 이유는 주거생활에 대한 열악함이 현실적인 문제로 자리 잡고 있었기 때문이다. 주에서 운영하는 대규모 시설에 장애인들이 여전히 남아 있었고, 대부분의 장애 성인들은 사설 혹은 공공 기관이 운영하는 공동생활가정(그룹홈)이나 요양 시설, 지적장애 보호 시설에서 생활하고 있었다. 결과적으로 장애인들은 장애 수준이나 행동 특성, 그리고 의료적 필요에 따라 배치되었다. 이는 전통적인 주거 배치와 다를 바 없었다. 이들 장애인들은 기관에서 요구하는 프로그램 기술이나 행동적 요구에 맞추지 못하면 시설에서 나와야 하였다. 특히 많은 주에서 장애 성인이나 그들 가족들에게 장애 정도나 지원 요구에 따라 거주 형태를 선택하도록 하였기 때문에 결과적으로 중증 장애인들은 그들 자신의 소유로 된 집이나 임대 아파트에 거주하지 못하고 공동생활가정에 거주하게 되었다.

한편 지원 생활 서비스를 원하는 사람들은 주거나 아파트를 자신의 이름으로 임대하거나 소유할 수 있다. 부모나 다른 가족, 혹은 주거 단체나 보증하는 사람의 이름으로 임대나 소유가 가능하였다. 만일 거주자가 지원 서비스(supported service)를 필요로 하면, 각 자치도시 혹은 영리 단체는 이들에게 의료 지원금 지원(Medicaid-funded support) 서비스를 제공하여야 한다.

지원 생활 서비스는 기술 훈련과 의료 서비스와 같은 전통적인 의료 지원금 지원 서비스를 강화하였다. 이들에게 지역사회에 있는 지역사회 공동체, 즉, 시민, 가족, 신앙적 환경, 활동에서 지역 내의 사람들과 장애인을 연계하였다. 지원 생활 서비스에서 장애인이 다른 거주 가정으로 이동하지 않고 지원 서비스만 달리 받기 원하면, 현재 거주지에 머물면서 그들이 원하는 서비스를 변경할 수 있다.

02 주거 유형

앞서 장애인의 주거생활 발달에서 언급되었듯이 주거 유형은 시대적 발달과 맥을 같이 한다. 초기 대규모 수용 시설들이 급격하게 사라지고 대안적 주거 형태가 나타나게 되었다. 그리고 탈시설화 운동은 서비스의 연속성 개념으로 인식하게 되었다. 예를 들면 다양한 주거 관련 서비스 제공이 장애인들에게 주거 지원 방법으로 생각하였다. 연속성의 개념(가정)은 장애인에 대한 인식된 기능적 정도와 지원 요구에 근거하여 주거 환경에 배치하는 것이다. Wehman과 Targett(1999)은 주거 환경의 연속성을 〈표 8-1〉과 같이 제시하고 기술하였다.

〈표 8-1〉 주거 서비스의 연속성

시설중심 상황 →	지적장애인 시설 →	공동생활 가정 →	반독립적 생활 →	독립 생활
–대규모 •16명 이상 장애인 거주 집단 시설	–양호 가정 •15명 이하 거주	–지역사회 기반 •주거 시설 다양한 규모	–관리 생활 •장애인 그룹과 관리자들이 생활	–룸메이트와 생활 •아파트 혹은 가정집에서 생활 개인 혹은 배우자와 생활

← 제한적 환경　　　　최소 제한적 환경 →

※ 자료 인용: McDonnell, J. & Hardman., M. L. (2009). *Successful transition programs; Pathways for students with intellectual and developmental disabilities*. London, United Kingdom.

- 대규모 집단 시설(large group facilities): 대규모 집단 시설은 주에서 운영하는 공공기관이다. 이 기관들은 한 곳에서 집단으로 장애인들에게 서비스를 제공한다. 주에서 운영하는 공공기관의 보통 규모는 300명 이상의 거주자가 수용된 양호가정(nursing home)과 사설 기관들은 주에서 운영되는 시설들이 많다. 일부 시설들은 다소 규모가 작지만, 대부분이 많은 수의 인원을 감당하여 일반적인 가정집 분위기와 전혀 다르다. 양호가정은 지적장애인과 그렇지 않은 사람들이 이용하고 주로 의료적인 서비스에 중점을 둔다. 공공 기관과 같이, 사설 기관과 양호가정들은 가장 격리된 상태에 위치해 있었다. 그 이유는 표준적인 일반 생활 배치에 맞지 않는다고 보았기 때문이다. 그리고 아주 제한된 지역사회 통합 기회만 주어졌다. 양호가정들이 주에서 운영되고 지역사회에 위치해 있었기 때문에 덜 제한적이라는 생각과는 달리 모든 면에서 큰 차이가 없었다.

- 공동생활가정(group home): 공동생활가정은 발달장애인들이 가장 많이 생활하는 지역사회의 한 유형이다. 공동생활가정이란 용어는 가정에서 대부분의 서비스와 지원이 이루어지고 함께 가정에서 생활하는 다양한 주거 유형을 의미한다. 3명 정도의 소규모의 가정도 있지만, 15명이 함께 생활하는 규모가 큰 가정도 있다. 같이 생활하는 상담사(생활지도사)가 있는 경우도 있지만 다른 경우 교대로 근무하는 직원이 배치되기도 한다. 어떤 가정은 거주자가 영구적으로 생활하도록 설치되기도 하고, 다른 경우는 일시적으로 거주자의 독립성을 훈련시키는 장소로 설치되어 훈련을 마치면 이들은 제한

이 적은 환경으로 이동할 수 있도록 한다. 공동생활가정은 규모가 작고 지역사회를 기반으로 설치되었기 때문에 대규모 집단 시설 보다는 덜 제한적이라고 여겨졌다.

- 양육가정(foster homes): 양육가정은 발달장애인이 가정집에서 가족으로 함께 생활하는 것이다. 양육가정은 가정과 같은 자연스런 생활을 할 수 있어 가장 덜 제한적이라고 볼 수 있다. 장애인은 급료를 받는 직원과 다르게 가정에서 가족 구성원들과 상호작용하고, 함께 지역사회 생활을 할 수 있다. 또한 직원들에 의한 관리가 아니라 하루 24시간 늘 동일한 가족 구성원의 관심을 받을 수 있다.

- 반-독립적 생활(semi-independent living): 반-독립적 생활 유형은 다양한 형태로 분류될 수 있다. 일반적으로 반-독립적 생활은 발달장애인이 그들의 장애에 따른 요구에 의해 지원이나 관리를 통해 가정이나 아파트에서 혼자나 한, 두 명의 룸메이트와 함께 생활하는 형태이다. Heward와 Orlansky(1992)는 반-독립적 생활 배치의 세 가지 일반적인 형태를 제시하였다. 첫째는 아파트 집단 배치이다. 장애인이 아파트 단지 내에서 소규모 아파트에 생활하는 형태이다. 장애인 거주자를 관리하고 지원하는 직원이 단지 내 다른 아파트에서 생활한다. 장애인과 사회적 상호작용을 할 기회를 제공할 비장애인들이 나머지 아파트에 생활한다. 둘째는 장애인과 비장애인이 함께 생활하는 형태이다. 비장애인의 역할은 장애인의 필요에 따라 달라진다. 어떤 경우에는 배치 자체가 주된 지원이 되기도 하지만, 다른 경우에는 집중적인 관리나 지원이 이루어지기도 한다. 셋째는 장애인이 가정 혹은 아파트에 혼자나 한, 두 명의 다른 장애인과 함께 생활하는 형태이다. 반-독립적 생활의 다른 모델에서처럼, 가정의 거주자들은 지역사회에서 그들 자신의 생활을 유지하는 데 꼭 필요한 정도의 지원을 받는다. 이들은 기본적으로 일상생활을 하는데 기본 기술을 가지고 있으나 생활을 유지하기 위해서 일과 중이나 주중, 특별한 요리하기 등과 같이 가끔 발생하는 해결하기 어려운 과제에 직면할 때 도움을 받는다. 혹은 월말 정산하기 등과 같이 정기적으로 어려움을 보일 때도 도움을 받는다.

- 독립생활(independnt livinig): 독립생활은 대규모 집단 시설과 연속성에서 정 반대에 있는 생활 형태이다. 독립생활은 장애인을 지역사회에 배치하는

데 있어 공식적인 서비스와 지원이 더 이상 필요하지 않는 경우이다. 궁극적으로 독립생활은 장애인들의 최종 목적이다(Taylor, 1988).

개인이 지역사회 상황에서 좀 더 독립적으로 기능할 수 있는 능력을 가졌다고 설명할 때, 〈표 8-1〉에서 보는 바와 같이 그들을 더 통합된 즉 최소 제한적인 환경에 배치된 것으로 본다. 대규모 시설들은 가장 제한적인 배치로 간주되고, 통합의 기회가 거의 없는 것으로 특징 지워진다. 반면 독립적 생활은 최소 제한적인 환경으로 가장 통합된 형태와 정상화 서비스를 제공하는 것으로 본다. 이와 같은 서비스의 연속성에 대한 설명이 장애인들이 시설이나 기타 집중된 요양 시설에서 나오게 하는 계기가 되었지만, 연구자들과 주장자들은 서비스의 연속성을 이미 오래된 타당성 없는 서비스 전달 체계로 보았다(McDonnell & Hardman, 2009). Taylor(1988; 2001). 그 이유를 크게 다섯 가지로 설명하고 있다.

첫째, 연속성은 가장 제한적 배치로써 서비스의 강도를 혼란하고 있다는 것이다. 이는 최소 제한 환경에 배치된 사람들이 같은 지원 수준의 서비스를 받지 않기 때문이다. 이 모델의 기준에 의하면, 분리된 시설 중심 환경이 서비스의 지원을 더 많이 받고 덜 분리된 통합된 환경이 서비스 지원을 상대적으로 덜 받는 것으로 이해될 수 있다. 그러나 예를 들어, 공동생활가정에 있는 사람은 분리된 환경이지만 지원을 더 집중적이고 강도 있게 받을 수 있다. 따라서 연속성 모델의 분리 수준과 지원의 강도는 서로 다른 차원의 문제이다. 사람들은 통합된 유형에 배치되어 생활할 수 있고 그들에게 필요한 지원을 더 많이 받을 수 있다.

둘째, 연속성은 기본적인 인간 권리에서 왜곡된다. 그리고 제한적 주거 환경에서의 배치도 일부 장애인들에게는 합법적이고 대안적 배치가 될 수 있다. 따라서 연속성 모델은 제한적 환경에 배치된 장애인에 대한 지역사회 생활의 기본적 권리와 자유를 부정하고 있다.

셋째, 주거 서비스의 연속성은 '준비도' 모델을 제시하고 있다. 그러나 이 준비도 모델은 장애인들로 하여금 지역사회 생활을 위해 필요한 의미 있는 기술을 준비하도록 하지 않는다. 준비도 모델은 연속성 접근에 근거하고 있다. 따라서 다음 배치 형태에서 요구하는 기술들을 발달시킴으로써 덜 제한적인 환경 형태로 이동한다. 불행하게도, 연속성의 맥락은 다음 생활배치 단계에서 요구하는 기술을 발달시킨다는 것이 매우 어렵다. 예를 들어, 음식을 조리하고, 세탁을 할 수 있는 사람이 시설에서 생활하고 있고 시설 직원이 매일 천 원씩만 준다고 하면, 이 사람들은 지역사회에서 책임 있는 활동에 참여할 기회가 없고 지역사회에서 어떻게 살아갈 것인지 배울 수 없을 것이다. 따라서 제한된 시설에서 제한된 활동을 하는 사람들은 지역사회 중심 프로그램에서 요구하는 모든 기술을 익힐 수 없게 될 것이다. 결과적으로, 만일 다음 단계로 이동하는 기술을 익히지 못하고 이동 자체를 강제로 제한한다고 하면, 기술을 익히지 못한 사람은 결코 최소 제한 환경에 배치되지 못할 것이다.

넷째, 연속성은 장애인들의 물리적 환경에 초점을 두었지만, 지역사회에서 생활하는데 필요한 서비스와 지원은 간과하였다.

다섯째, 인도적인 관점에서 보면, 독립적인 형태로 이동한 사람들이 성공적인 성취를 하였다는 것이 된다. 즉 이들은 가정을 떠나야 성공하는 것이 된다. 성공적인 사람이 되기 위해 친구와 이웃을 떠나야 한다. 안전과 편리를 위해 설립된 생활 배치에서도 이동을 해야 한다. 이로 말미암아 장애인을 지원하기 위해 개발될 모델의 궁극적 목적은 가장 비인도적인 모델이 될 수도 있을 것이다. 왜냐하면, 이 모델은 개인의 삶에 뿌리 깊은 감정과 연관된 것을 무시하고 있기 때문이다. 규모가 작고 최소 제한적인 주거 환경에 장애인들을 배치하였을 때 적응능력, 사회성, 일상생활 기술 등이 향상되었다는 연구 결과(Kim, Larson, & Lakin, 2001; Stancliffe & Lakin, 2007)들이 나타나고 있음에도 불구하고, 아직도 대부분의 장애인들은 그들과 같은 또래 동료들이 가정에서 생활하는 것과 다른 생활을 하고 있다는 사실이다.

이러한 현실적 문제는 많은 연구자들로 하여금 주거 서비스의 연속성과 관련하여 대안 개발에 관심을 보이게 한 주된 이유가 되었다(Lakin, Gardner, Larson, & Wheeler, 2005).

03 대안적 주거생활 지원

지금까지 대안적 주거 유형에 대한 많은 연구들이 진행되어 왔다. 대부분은 장애인들이 그들의 가정에서 지원을 통해 생활하는 유형과 비장애인들과 아파트나 가정에서 혼자이거나 룸메이트와 생활하는 유형에 이르기까지 다양하다. 이들 유형의 기본 철학적 가정은 서비스 프로그램보다는 개인 주거에 기초해 있다는 점이다. 이들 대안적 접근은 크게 지원 생활과 인적 지원 서비스로 분류하여 접근하고 있다(McDonnell & Hardman, 2009). 이는 기본적으로 장애 정도나 유형에 관계없이 장애인 자신의 가정에서 다른 사람들이 누리는 일상생활과 같은 삶을 살 수 있는 권리를 갖게 하는 것이다.

1) 지원 생활

지원 생활(supported living)은 장애인의 주거생활에 대한 대안으로 인식되어 왔다. 지원 생활은 장애인이 자신의 집에서 거주하면서 각 개인에게 필요한 지원을 받게 하는 것이다. 자기 소유의 가정을 가질 수 있는 기회를 제공하고 자신의 일상생활 기능을 스스로 조정하고 활용할 수 있는 기회를 넓혀주는 것이다. 이를 통해 생활에서 자기-결정 능력을 높이고 자신이 하고 싶은 일을 결정하는데 있어 적극적으로 참여하도록 하는 것이다. 지원 생활의 주요 개념은 다음과 같다(Stancliffe & Lakin, 2007).

- 지원에서 분리된 거주지: 주거 형태의 결정은 개인에 따라 달라진다. 장애인은 자신의 거주지, 서비스 지원 체계 그리고 지역사회의 독립을 선택할 수 있다.
- 자기 소유의 주거지에서 생활: 장애인은 자기 자신의 주택을 소유하거나 빌릴 자율성과 독립성을 가질 수 있다.
- 지원 생활은 각 개인에 따라 달라져야 함: 지원 생활은 장애인을 지원하는데 있어 개별화된 접근을 강조하여야 한다. 지원은 개인의 요구와 선호도에 근거하여 개발되어야 한다.
- 지원 생활은 원하는 것들을 선택할 수 있어야 함: 장애인 본인이 적합한 주거 양식을 구하는데 있어 적극적인 역할을 하여야 한다. 주택 가격과 독립생활의 다른 관련 요소와 균형을 맞춰야 한다.
- 지원 생활은 도구적 활동에 더 많은 참여가 있어야 함: 장애인은 독립생활과 관련된 모든 활동에 완전히 참여할 수 있어야 한다. 장애인이 지원을 필요로 할 때나 요구했을 때 서비스가 제공되어야 한다.
- 지원 생활은 비공식적 지원을 통합함: 독립성을 높이고 비용 부담 의존을 줄이기 위해 장애인은 지역사회에서 일반적으로 활용할 수 있는 자연적 지원을 개발할 필요가 있다.

이와 같이 지원 생활의 거주지 배치는 개인을 우선하여야 한다. 장애인이 선호하는 배치가 이루어진 다음, 선택한 생활이 지원되어야 한다. 이는 지원과 주거를 서로 분리된 영역으로 보려는 의미이다. 이와 관련하여 O'Brien(1993)은 지원 생활에서 주의할 사항을 다음과 같이 지적하였다.

- 지원 생활은 사람을 끼워 맞추고(fix) 바꾸려는(change) 프로그램이 아니다.
- 지원 생활은 사람들로 하여금 그들에게 좋을 것이라고 생각하는 우리 방식으로 살게 하는 것이 아니다.
- 지원 생활은 문제가 있는지 없는지 살아보게 하고, 문제가 있으면 다시 원래 생활로 돌아가게 하려고 시험 삼아 하는 것이 아니다.
- 지원 생활은 좋은 일을 하고 인센티브나 보상을 받으려는 것이 아니다.
- 지원 생활은 룸메이트와 짝 지워 주는 것이 아니다.
- 지원 생활은 사람을 모으고 통제하는 서비스가 아니다.
- 지원 생활은 사람들의 불리한 조건에서 중요한 결정을 피해갈 수단이 아니다.

- 지원 생활은 서비스 연속성 상에 있는 한 기관이나 시설에 불과 한 것이 아니다.
- 지원 생활은 동일한 같은 서비스를 단지 더 제공하는 자금 지출 수단이 아니다.
- 지원 생활은 기관이 관리하는 아파트에 생활하도록 하는 것이 아니다.
- 지원 생활은 현재의 시설을 더 작은 단위로 낮추어(downsizing) 부르거나 현재의 서비스를 유지하려는 용어가 아니다.
- 지원 생활은 고립이나 외롭게 생활하도록 하는 것이 아니다.

연구자들은 지원 생활이 장애인들의 삶의 질을 증진시켰다고 보고하고 있다(Gardern & Carran, 2005; Howe, Horner, & Newton, 1998). 예를 들면, Howe와 동료(1998)들은 전통적 주거 프로그램과 지원 생활과의 비교 연구에서, 지원 생활을 한 사람들이 다양한 지역사회와 사회적 활동에 참여한 것으로 나타났다. 그리고 더 자기-결정적이며 결정 능력에서 스스로 통제 및 관리 능력이 높은 것으로 보고되었다. 뿐만 아니라 자기가 선호하는 활동에 참여하는 것 등에서 전통적 주거 상황 집단과 차이가 나타난 것으로 보고되었다.

2) 개별 중심 지원

개별 중심 지원 서비스(person-centered services)는 개별 지원 서비스(personal assistance services)나 맞춤형 모델(consumer-directed models)과 전체적인 발전 과정에서 맥락을 같이 하고 있다.

초기 개별 중심 지원은 의료적(Medicaid) 지원의 일환으로 시작되었다. 이 서비스 지원 모델은 의사에 의해 처방되고 간호사가 감독하는 전형적인 의료적 서비스 전달 체계를 따랐다. 이후 이 모델은 점차 더 통합된 서비스를 제공하는 형태로 변화되었고, 장애인들이 지역사회에 통합하여 생활하는데 필요한 추가적인 지원을 제공하게 되었다. 이들 지원 내용은 건강 유지, 외모, 안전, 지역사회에서의 통합 등이다(Litvak, Zukas, & Heumann, 1987). 그러므로 개인 중심 지원 서비스는 장애인들에게 여러 가지 과제를 제공하는데 구체적으로, (1) 화장, 의상, 식사, (2) 교통과 이동, (3) 요리, 청소, 세탁 등의 가정생활, (4) 재정적 관리 등이다(McDonnell & Hardman, 2009). 그러나 이와 같은 의료 중심 개별 지원 서비스가 주로 의료 기관 중심으로 서비스가 제공되었기 때문에 여러 가지 제한을 가지고 있었다. 왜냐하면 서비스 유형을 선택하고 서비스를 제공해 주는 사람에 대한 당사자(소비자)의 선택권이 거의 없었기 때문이다.

맞춤형 모델은 개인에게 맞춘 지원이 장애 영역별(예: 지적장애, 자폐, 시각, 청각, 지체장애 등)로 판별된 진단 기준에 의한 서비스를 제공하는 그런 의미가 아니다. 결정과 계획은 진단 팀이 개인에 대한 정확한 비전을 확보한 이후에 결정한다. 이 비전은 개인의 삶의 질을 의미있게 보장하는 결과로 나타나야 한다(Wehman & Targett, 1999). 이는 장애인들이 그들에게 필요한 유형을 스스로 선택하고, 그들 자신의 지원내용을 관리할 수 있어야 한다. 이러한 개별 중심 서비스는 지역 사회 내에서 이들의 과제와 서비스가 수행되기 때문에 개인의 만족과 역량을 강화하는데 있다. 개별 지원 서비스는 독립생활에 필수 요소이며, 서비스에 소비자가 직접 관여하는 내용이 포함되어야 장애인들은 통합된 지역사회 환경에서 살아갈 수 있다. Litviak 등(1987)에 의하면 개별 서비스의 과제를 다음과 같이 설명하고 있다.

> 개별 지원 서비스는 장애인을 위해 다른 사람을 통해서 수행되는 과제이다. 이 과제의 목적은 복지(well-being), 개인적 외모, 편안함, 안전, 지역사회에서의 상호작용, 전반적인 사회적 관계이다. 즉, 개별 지원 과제는 장애를 가지고 있는 개인이 장애가 없는 것과 같이 자신을 위해 정상적으로 할 수 있는 것들이다.

Flexer 등(2008)은 구체적으로 이들 과제를 다음의 내용들로 설명하였다.

> (1) 개인적 보호(care) 활동이 포함된 지원: 옷 입기, 화장하기, 식사, 화장실 이용 등 (2) 가정과 지역사회에서의 이동 지원 (3) 가사 유지하기: 청소, 쇼핑, 요리, 세탁, 그리고 수리 (4) 유아 및 학생 돌보기 (5) 인지적 생활 관리; 재정 및 결정하기 (6) 개인 그리고 가족 안전 지원 (7) 의사소

통 지원: 해석 혹은 읽기 지원.

한편 세계장애기구(World Institute on Disabilities, 1991)는 장애인들은 개인적 기능, 적합한 교육을 통한 독립성, 건강관리, 사회적 서비스와 보조공학, 필요하다면 다른 사람을 돕는 일까지 가능한 최고 수준으로 발전할 수 있다고 보고하였다. 이를 위해 세계장애기구는 개별 지원을 개발하는 데 필요한 14가지 원칙을 아래 〈표 8-2〉와 같이 발표하였다. 이들 원칙은 지역사회 생활의 모든 측면에서 통합을 기반으로 한 장애인들의 포괄적인 소비자 중심 체계를 개발하는데 필요한 사항들이다.

〈표 8-2〉 개별 지원 서비스에 대한 권고: 세계장애인기구

우리는 아래의 원칙에 따라 정부와 정책 입안자들에게 장애인 지원에 있어 적합하고 적절한 접근을 권고한다.

① 개별 지원 서비스는 인간과 시민의 권리이다. 개인의 기능적 제한으로 인해 서비스가 필요하게 될 때, 이 권리는 장애, 개인적 건강, 수입, 부부나 가족의 위상에 관계없이, 인종, 국가, 문화적 배경, 종교, 성별 혹은 지역에 대한 차별 없이, 이들 서비스는 모든 연령에 적용되어야 하고, 출생에서부터 전 생애에 걸쳐 이루어져야 한다.
② 모든 장애인들(필요할 경우 스스로 지명하거나 법적 대리인)에게 접근 가능한 수단과 적절한 언어로 개별 지원 서비스와 관련된 그들의 권리와 의견에 대하여 알려 주어야 한다. 개별 지원 서비스의 모든 수준은 사용자의 개인 보호와 비밀이 보장되어야 한다.
③ 개별 지원 사용자는 사용자가 다룰 수 있는 여러 가지 수준을 몇 단계로 함께 제시한 서비스 모델 중에서 선택할 수 있어야 한다. 일반인들의 관점에서, 사용자는 의사 결정이나 의사소통에서 지원을 위한 내용이나 그들의 필요를 합법적으로 알려주어야 하고, 그들의 장애에 관계없이, 모든 사람에 의해 활용될 수 있어야 한다.
④ 서비스는 사용자가 그들의 권리를 활용할 수 있어야 하고, 포함된 사회 문화적 생활의 모든 측면에 참여할 수 있어야 한다. 가정, 학교, 직장, 문화적 그리고 정신 활동, 레저, 여행, 정치 생활 등에 제한되지 않아야 한다. 이들 서비스는 장애인들에게 불리함이 없이 그들이 그와 같이 선택하면, 개인, 가족, 그리고 지역사회 생활을 구성하고, 이러한 생활의 모든 측면과 연관된 모든 책무성에 만족할 수 있어야 한다.
⑤ 개인이 자원이 부족하다거나, 비용이 많이 들어간다는 이유로 시설에 강제 배치되어서는 안된다. 혹은 어떤 모든 서비스에서 기준 이하이거나 서비스가 이루어지지 않거나 거절이나 부인되어서는 안된다.

⑥ 이러한 서비스는 일주일에 7일 하루 24시간 단기간, 장기간, 응급 시 언제나 필요할 때 이용할 수 있어야 한다. 이들 서비스에는 제한 없이 다음과 같은 지원이 포함되어야 한다. 개인적 신체적 기능; 의사소통, 가사, 이동, 일, 정서적, 인지적, 개인적 그리고 재정적인 일 / 지역사회 참여 / 양육 / 여가 / 기타 관련 요구 사항. 사용자의 입장에서 서비스 설계와 전달에 권한이 주어져야 한다. 사용자들은 서비스를 선택하고 거부할 수 있어야 한다.
⑦ 정부 자금은 양육에 개인적인 독립성 권리가 주어져야 한다. 그리고 고용에 불리함이 있어서는 안된다.
⑧ 정부 자금은 임금 지급에 차별이 없어야 하고 지원을 위한 고용 혜택과 관련 행정적 관리 비용 등이 포함되어야 한다.
⑨ 사용자에 대한 비용 지급이 일회성 수입금이나 세금 포함 수입으로 처리되지 말아야 한다. 사용자가 기타 법적 혜택이나 서비스에 부적격자가 되지 않도록 하여야 한다.
⑩ 적절한 후원, 빈곤 지원, 취업 모집, 상담, 사용자와 보조자의 훈련이 확보될 수 있도록 충분한 정부 자금이 이루어져야 한다. 정부는 사용자가 제한되지 않고 충분한 자격과 능력을 갖춘 개별 지원자나 서비스 기관을 포함하여 여러 가지 개별 지원 서비스 모델에 접근할 수 있도록 노력해야 한다.
⑪ 사용자는 가족 구성원을 포함하여 그들이 선택할 개별 지원자를 고용하는데 있어 자유로워야 한다.
⑫ 개별 지원 서비스를 필요로 하는 학생들은 통합교육을 받을 수 있는 권리의 일환으로 서비스가 제공되어야 한다. 이와 같은 교육과 개별 지원 서비스는 활용 방법을 익히는데 있어 연령에 적합한 기회가 주어져야 하고 개별 지원 서비스를 효율적으로 관리할 수 있어야 한다.
⑬ 기부자, 서비스 제공자, 평가자들과 관계없는 일관된 호소 절차가 있어야 한다. 그리고 지원자나 사용자가 주장하는 서비스, 법적 권위 기관이 부담하는 법률 상담을 받을 수 있도록 하여야 한다.
⑭ 이상의 모든 것에 더하여, 사용자는 공식적으로 그리고 확고하게 포함되어야 하고 모든 결정 단계에 지속적인 의사소통 과정을 통하여야 한다. 그리고 개별 지원 서비스의 계획, 실행, 설계, 개발에 영향을 미쳐야 한다.

※ 자료 인용: Resolution on Assistance Services, by World Institute on Disability, 1991. Available at http://www.wid.org/publication/personal-assistance-services-a-new-millennum/resolution-on-personal assistance-services

04 주거생활 준비

지원 생활(supported living)은 이제 학생들이 학교를 졸업한 뒤 지도해야 할 영역이 아니다. 장애학생이나 부모들에게 있어 지원 생활은 아직 학교 현장에서는 다루기에 비현실적이고 장기간에 걸친 전환 목적이 아니다. 졸업 이후 고용 및 사회성 지도뿐만 아니라 주거를 위한 지원 생활 지도도 학교 교육과정의 주요 영역으로 다루어져야 한다.

이를 위해 교사들은 개별화전환교육계획(ITP)에 주거생활 지도 과정을 포함할 필요가 있다. 여기서는 Test와 동료(2006)들이 제시한 주거생활 관련 지도 과정을 소개하고자 한다.

1) 주거 희망 및 선호도 조사

장애인들이 그들의 장래 주거에 대한 생각을 어떻게 하고 있는지 파악하기 위하여 다음 〈표 8-3〉과 같이 질문지를 활용할 수 있다. 이 희망 및 선호도 평가를 통해 장애 청년들을 대상으로 주거 평가 계획을 개발할 수 있다. 이 평가는 시각적이고 그래픽으로 구성되어 개인의 독특한 희망과 선호도를 묘사할 수 있다. 그리고 교육 전문가나 가족의 도움을 받아 학생에 대한 기대치를 얻을 수 있을 것이다. 이 조사지는 개인적으로 희망하는 것을 나타내는 그림, 단어, 사진, 잡지 오린 것, 기타 시각적인 표현들로 구성된다. 주거에 대한 자기-평가나 계획에 대한 도구는 교육자들에게 학생의 지역사회 생활에 대한 ITP 목적을 계획할 수 있는 기본 정보를 제공한다.

처음 시작 단계에서 가족을 포함하여 청년들에게 학교를 졸업한 후 자신의 꿈과 선호하는 것을 생각하게 한다. 그리고 어른이 되었을 때를 가정하여 그 꿈과 선호하는 것을 탐색하고 구체적으로 고민하게 한다. 학생들이 생각의 표현을 구체화 시키면서, 학생들의 가족들도 그들의 주거 선호도를 생각하게 한다. 또한 자기 소유로 집을 가졌을 경우와 빌렸을 경우와 관련하여 장단점을 탐색하게 한다. 또한 이들에게 지원 서비스와 지역사회 생활 기술에 대한 요구사항과 선호도를 생각하게 한다. 그 외 개별화교육계획에 포함시키길 원하는 경험들을 생각하게 한다. 이들이 청년으로 자라면서, 학생들은 그들의 희망과 선호하는 것을 좀 더 구체화하고 다듬어 가도록 하고, 이를 자신들의 직업 계획과 졸업 이후 교육 계획 그리고 재정적 계획 등을 세울 때 도구로서 활용하게 한다.

〈표 8-3〉 주거 기회 탐색을 위한 개별 중심 계획: 생각하기 질문

〈사는 지역 개발하기〉

1. 당신이 대부분의 시간을 보내는 곳은 어디인가요?(예를 들면, 일하는 곳? 혹은 일하려고 하는 곳? 자유 시간에 당신이 보내려고 하는 곳? 당신 가족이나 친구들이 사는 곳?)
2. 당신이 살고 싶은 곳은 어디인가요? 도시에 살고 싶은 가요? 아니면 시골에 살고 싶은 가요? 살고 싶은 특정한 이웃이나 거리를 생각해 본 적이 있나요?
3. 인근에 어떤 장소에서 살고 싶은가요?(예를 들면, 직장, 가족들의 집, 친구 집, 쇼핑, 교회, 특정 병원이나 클리닉 혹은 레스토랑 등)
4. 안전한 장소에 산다는 것은 얼마나 중요한가요? 어떤 장소가 당신에게 안전한 곳인가요?(예를 들면, 호신용 알람이나 경보기 지참, 대문 외등, 이웃들의 순찰 등) 어떤 장소를 당신은 안전하다고 느끼나요?
5. 대중 교통 수단과 가까운 곳에 살 필요가 있다고 보나요? 일을 하게 된다면 어떤 방법으로 직장에 가나요? 어떻게 교회, 쇼핑, 레스토랑, 친구나 가족들의 집에 가나요?

〈관계 형성 지도 개발하기〉

1. 당신은 함께 기거할 친구를 고려하고 있나요? 그렇다고 하면, 마음에 정해 둔 친구가 있나요?
2. 당신의 생활에서 식구 중 누가 가장 중요한 사람인가요?
3. 당신의 생활에서 중요한 서비스를 제공해주는 사람은 누구인가요?
4. 당신의 생활에서 그 외 중요한 사람이 있나요?(예를 들면; 친구, 직장 동료, 교회 성도 등)
5. 당신의 집을 장만하고 이사하여 생활하게 될 때 어떻게 이들이 도움을 줄 수 있을까요?

〈선호도 지도 개발하기〉

1. 당신의 주택에 어떤 시설들을 갖추고 싶나요? 싫어하는 시설은 어떤 것인가요?(예를 들면, 1층이나 2층집, 담장 있는 마당, 붙박이 벽장, 개방식 부엌, 현관, 카펫, 샤워부스 등)

2. 함께 기거할 친구의 성격은 어떤 스타일이면 좋은가요? 어떤 스타일을 싫어하는가요?(예를 들면, 동갑, 남자나 여자, 담배 피우지 않는 사람, 조용한 사람, 당신과 같이 일하는 사람, 가사 일을 함께 할 사람 등)
3. 이웃은 어떤 특징이면 좋을까요? 싫어하는 분위기가 있나요?(예를 들면, 골목길, 큰 마당, 애완 동물이 많은 곳, 사람들이 많이 활동하는 곳, 상업 지역, 공장 지역, 공원 근처, 대중교통 시설이 있는 곳 등)

〈희망 지도 개발하기〉

1. 지금까지 당신이 대답한 모든 질문을 생각해 봅시다.
   당신이 생각하는 이상적인 집은 어떤 것인가요? 그림을 그려 보거나, 잡지에서 비슷한 것을 찾아 오려 봅시다. 또는 지역의 부동산 광고나 잡지에서 찾아봅시다. 집의 특징을 글로 적어 봅시다. 가능하면 자세하게 적어 보세요.(예를 들면, 방의 수, 화장실의 수, 1층, 2층, 오래된 집, 새 집, 벽돌집, 조립식 집, 도시형 혹은 콘도형, 주차장, 카펫, 마루, 현관, 욕조, 부엌 등)
2. 언제 당신의 집으로 이사하길 원하나요?(예를 들면, 고등학교 마친 뒤, 대학 졸업 뒤, 취업 하고 1, 2년 뒤, 집을 장만할 돈을 저금 한 이후, 대출금을 갚은 뒤 등)
3. 당신이 희망하는 집을 장만하기 위해 해야 할 것은 어떤 단계들이 있나요? 그렇게 하기 위해 더 필요한 정보가 있나요? 필요한 것을 배워야 할 추가 기술이 있나요? 이제 실행에 옮기기 위해 당신이 무엇을 할 수 있나요? 당신 생활에서 사람들이 어떻게 당신에게 도움을 줄 수 있을까요?

※ 자료 인용: Test, D. W., Appel, N. P., & Everson, J. M. (2006). *Transition methods for youth with disabilities*. New Jersey: Pearson Merrill Prentice Hall.

교사들은 이와 같은 활동을 다른 교과 영역에서도 활용할 수 있을 것이다. 일단 학생들의 희망과 선호도 지도가 개발되면, 학생들에게 다음 개별화교육계획이나 전환교육계획 회의에 참석하여 발표하게 할 수 있다. 이와 같은 지도는 학생 본인과 가족 그리고 개별화교육계획팀에 독립생활의 목적 설정과 계획에서 자기-결정 정보로 활용할 수 있다.

2) 주거 및 재정적 계획 세우기

주거에 대한 장애학생이나 가족들의 희망과 선호도를 생각하게 하고, 이후 이들에게 지역에서 얻을 수 있는 주거에 대한 지식을 충분히 제공하여야 한다.

그 다음 단계는 재정 계획에 대한 지식을 갖게 하는 것이다. 거주할 주택에 대한 전반적인 선택 사양을 제공하고 학생들이 자신들의 희망과 선호도를 진지하게 표현할 수 있도록 하여야 한다. 이를 위해 교사는 여러 가지 접근 방법과 활동을 도입할 수 있다. 다른 교과와 연계하는 방안도 고려할 수 있다. 〈표 8-4〉는 이러한 활동의 일환으로 활용할 수 있다. 또 〈표 8-4〉의 방법과 활동을 언어, 수학, 사회 등 다른 교과에서도 연계하여 지도할 수 있을 것이다. 이를 통해 학생들은 그들이 원하고 필요로 하는 최선의 선택과 결정을 할 수 있을 것이다.

또한 거주할 주택과 재정적 문제에 대한 더 많은 정보와 지식을 가지고 희망과 선호도를 탐색함으로써, 이들은 구체적으로 자기 자신의 주택과 이와 관련한 재정적 사항에 관심을 가지게 된다. 교사들은 학생들이 주거 관련 희망과 선호도를 다른 교과에서도 연계하여 탐색하게 함으로써 자기-결정 경험을 제공할 수 있다. 〈표 8-4〉는 이러한 교육 활동의 한 예시로 활용할 수 있다. 여기서 제시된 활동들은 학생들이 취업, 주택 그리고 재정적 책임과의 관계를 탐색하는 동기를 제공하는데 도움이 될 것이다.

〈표 8-4〉 지역사회 주택 및 재정 탐색 활동

〈주택 탐색 하기〉
1. 은행이나 임대 기관, 신용 상담 회사, 주택 관련 영리 단체, 부동산 회사 등 주택 관련 전문가를 초청하여 학생들과 부모들에게 전환 및 진로 탐색 시간을 활용하여 특강을 의뢰한다.
2. 지역에 있는 지원 생활 기관의 직원이나 거주자를 초청하여 학생들과 부모들에게 전환 및 진로 탐색 시간을 활용하여 특강을 의뢰한다.
3. 학생들이 은행이나 임대 기관, 신용 상담 회사, 주택 관련 영리 단체, 부동산 회사 등 주택 관련 전문가와 인터뷰를 할 수 있게 과제를 준다. 그리고 인터뷰 후 그들이 배우고 경험한 것을 정리하여 보고서를 작성하고 학급에서 발표하게 한다.
4. 학생들에게 임대 주택과 자기 이름의 주택의 장점과 단점 등에 대하여 그들 가족들이나 다른 어른들과 면담하게 한다.
5. 학생들에게 지역의 주택 기관, 부동산 기관 등의 홈페이지에서 주택 매매, 임대 주택 등에 대한 정보를 탐색하게 한다.
6. 지역 신문이나 광고지의 부동산 관련 자료를 모으게 하고, 지리적 여건, 주택 구입

가능성, 기타 타당성 등을 토론하게 한다.
7. 집 짓기 자원 봉사 같은 관련 봉사 활동에 참여할 수 있는지 탐색하게 한다.
8. 독립생활 지원 기관이나 지원 생활 기관 등에 현장 학습할 기회를 제공하고 학급에서 주택과 자기-결정에 대한 발표할 기회를 준다.

〈재정 탐색 하기〉

1. 학생들에게 주택 구입 관련 용어를 익히게 한다(예; 신용, 양도, 임대, 재산, 기탁금, 융자금, 금리, 개별 융자 보험, 매매 협정, 재산세 등의 용어를 게임, 가로세로 퍼즐, 단어 숫자 문제 등으로 익숙하게 한다).
2. 학생들에게 사례연구 용지를 나누어 준다. 이 사례에는 취업하여 월급을 받고 잉여 수입금이 있는 여러 사람들의 예시가 기록되어 있다. 학생들에게 사례 내용에 기초하여 월별 예산 계획을 작성하게 한다.
3. 학생들에게 신용카드와 현금카드, 정기 적금, 장기 주택 부금 등의 개설과 사용 설명서를 나누어 주고, 장단점을 토론하게 한다.
4. 학생들에게 가상 수입과 생활 지출 내용이 적힌 사례를 주고 수입 범위에서 어떤 유형의 주택을 구입하는 것이 적합한지 계획을 세워 선택하게 한다. 이를 위해 월별 융자금 및 이자 등을 고려하게 한다.
5. 정부에서 제공하는 서민용 아파트 분양 제도, 장애인을 위한 정책, 기타 주택 관련 정책 등을 설명하는 자료를 나누어 주고, 여러 가지 선택 가능한 지출 범위를 판단하게 한다.
6. 은행이나 임대 기관, 신용 상담 회사, 주택 관련 영리 단체, 부동산 회사 등 주택 관련 전문가를 초청하여 학생들의 입장에서 고려할 수 있는 재정 계획에 대하여 토론하게 한다.
7. 지역의 주택 수리 업자나 관리 업체의 담당자를 초청하여 집을 구입하여 유지하는데 필요한 기본 소요 경비와 유지 및 관리 전략 등에 대하여 들어 본다.

※ 자료 인용: Test, D. W., Appel, N. P., & Everson, J. M. (2006). *Transition methods for youth with disabilities*. New Jersey: Pearson Merrill Prentice Hall.의 자료에서 일부 내용을 수정하여 제시함.

연습해 봅시다

1. 장애학생을 대상을 대상을 주거생활을 지도하는 선호도 조사를 실시해 봅시다.

2. 선호도에 나타난 결과를 중심으로 개별화전환교육의 일환으로 주거생활지도 계획을 세워봅시다.

제 9 장

지적장애인의 직장 대인 문제해결 능력

학습목표

❶ 대인문제해결 능력의 이론적 모형을 이해한다.
❷ 지적장애인들의 직업 관련 특성과 대인문제해결 능력을 이해한다.
❸ 대인문제해결 프로그램을 설계하고 이를 통해 직업 훈련을 실시할 수 있다.

01 개요

지적장애인들의 학교 졸업 이후 직장 배치에 관한 여러 연구 결과들은 이들이 지역사회의 한 구성원으로서 필요한 직업 기술을 익혀 고용될 수 있다는 것을 입증해왔다(Bellany, Horner & Inman, 1979; Gold, 1973; Neuhaus, 1967). 그러나 직업적응에 대한 연구결과를 보면, 이들은 직업장면의 사회적 상호작용에서 많은 어려움을 겪고 있는 것으로 나타났다(Bae, 1968; Eagle, 1967; Foss & Bostwic, 1981; Greenspan & Shoults, 1981; Kolstoe, 1961). 구체적으로 지적장애인들이 직장에서 오래 적응을 하지 못하고 이직을 하는 주된 이유는 직업과 관련된 작업수행능력 부족이 아니라 다른 사람들과 효과적으로 상호작용하는 능력의 부족한 것에 그 원인이 있는 것으로 밝혀졌다(Niziol & DeBlassie, 1972).

Schalock과 Harper(1978)는 지적장애인의 성공적인 직업 수행은 적절한 사회적 행동과 관련이 있다는 주장을 하였다. 그리고 Ohwaki(1974)도 대인관계 적응은 성공적인 재활과 고용에 중요한 요인이라고 하였다. Foss와 Peterson(1981)은 지적장애인이 직장에서 실패하는 이유로 작업감독과 동료 직장인과의 대인관계 어려움으로 인해 적절한 작업기능을 방해하게 되고 결국 직장을 그만 두게 되는 문제를 야기하는 것이라고 주장하였다.

이와 같이 졸업 이후 취업한 지적장애인들이 직장에 오래 머물지 못하고 이직하게 되는 주 원인이 직장대인문제해결 능력의 결핍과 관련이 있다는 연구사실이 밝혀지면서, 대인문제해결 이론을 중심으로 훈련프로그램 개발과 훈련내용 및 방법에 대한 연구에 관심이 집중되기 시작하였고, 동시에 이러한 훈련을 통하여 지적장애인들이 직장에서의 대인문제해결 능력이 증진된다는 결과들이 보고되었다(Cheney & Foss, 1984; 김형일, 1995).

본 장은 지적장애인들의 직업과 관련한 사회적 대인문제해결의 선행 연구분석을 통하여 지적장애인의 대인문제해결 능력의 이론적 배경, 직업관련 대인문제해결 능력의 특성, 훈련에서의 사회적 상황과 내용 및 방법 등을 알아보고 이를 바탕으로 장차 직장에 배치할 지적장애인들을 효과적으로 훈련하기 위한 시사점을 탐색하고자 한다.

02 대인문제해결 능력의 이론적 이해

대인관계는 학자들의 이론적 시각에 따라 관점을 조금씩 달리하고 있다. 대인문제를 기능적인 측면과 구조주의적 측면, 혹은 이들 두 이론을 통합한 통합주의 측면에서 살펴볼 수 있을 것이다.

먼저 기능적인 측면에서 대인문제를 살펴보면, Shaw(1984)는 대인지각을 다른 사람의 심리적 특성이나 신체적 특징을 파악하는 능력이나 태도라고 했다. 그리고 대인지각과 상관관계가 있는 대인전략은 다른 사람의 표출행동이나 언어로부터 정보를 분석해 받아들이고 그에 따라 최선의 반응 양식을 발견하여 자신의 관점을 행동이나 언어로 표출하는 과정이라고 하였다.

Weinstein(1969)은 대인관계 기술을 사회적 상황에서 다른 사람의 역할을 조망할 수 있는 능력, 문제 상황에 대하여 여러 가지 관련된 반응을 제시할 수 있는 능력, 제시한 반응들을 효과적으로 수행할 수 있는 능력이라고 하였다.

이와 비슷하게 Kitano, Stiehl 그리고 Cole(1978)은 대인관계의 수행 능력은 정의적 상태(affective state)의 이해, 인지적 상태의 지각이 포함된다고 하였다. 이것은 대인간 상호작용에서 능력이 있는 사람은 다른 사람의 감정과 다른 사람이 무엇을 생각하고 있을까 하는 것을 정확하게 파악할 수 있다는 것이다.

Spivack(1976)은 사회적 대인문제해결에서 상황에 직면한 문제를 해결해 가는 과정으로 대인문제를 다루었다. 문제 상황을 인식하고, 그 상황에 대한 적절한 해결방법을 선택하고, 선택한 해결방법을 적용하였을 때 어떠한 결과가 나올 것이냐를 예측하거나 평가하고, 그 문제의 발생 원인이 무엇인가도 밝혀가는 일련의 과정을 대인문제해결력이라고 하였다. 그것은 직면한 문제를 자신의 내적 구조로 인식하고 받아들이는 능력으로써 문제의 정의, 문제해결을 위해 행동으로 나타낼 대안을 제시하는 대안적 사고력, 주어진 목적이 단계적으로 시행되도록 계획을 세우는 수단-목적적 사고력, 문제의 해결 방안에 뒤따를 수 있는 결과를 예상할 수 있는 결과 예측적 사고력, 타인의 행동이나 감정을 아는 등 그 원인을 통찰하는 인과적 사고력 등 다섯 가지 능력으로 구성되었다고 하였다.

대인문제를 구조주의 측면에서 살펴볼 수 있는데, 구조주의적 인지발달은 Piaget(1989)에 의해 출발되었다. 수직적 단계로 표현할 수 있는 인지적 조작은 전체적으로 단계적 과정을 거친다고 할 수 있다. 이들 인지적 구조(세마)가 끊임없이 분화와 통합을 하면서 사고를 조직해가고 이러한 발달은 조직과 환경간의 상호작용 과정을 거치게 된다. 이때 환경과 구조 간에 갈등이 나타나며 제기된 갈등은 평형화를 통해 해결되며 균형과 성장을 해 나아가게 된다. 이와 같은 구조주의 이론에 기초해서 Selman과 동료들(1984)은 대인관계 갈등 상황에 대하여 사회적 조망 수행의 발달 단계를 대인관계 이해의 관점에서 다음과 같이 제시하였다.

- 수준 0: 충동적이고 신체적인 공격을 가하는 전략 사용
- 수준 1: 자기중심적이고 일방적 전략사용
- 수준 2: 심리적인 상호 의사교환에 앞서 상대방에게 영향을 미치는 의견이나 감정 표현
- 수준 3: 상대방의 입장에서 타협, 대화, 과정분석, 공통된 목적 달성
- 수준 4: 사회적이고 상징적인 조망수용 단계

대인문제에 대한 기능주의와 구조주의의 단점을 보완하기 위해 대두된 것이 두 이론간의 통합을 시도하는 통합주의 이론이라고 할 수 있다(Shantz, 1983; Selman et al., 1986; Brion-Meisels & Selman, 1984). 통합주의 시도는 Selman과 그의 동료들(1986)의 연구가 대표적이다. 이들은 기능주의적 입장과 구조주의적 입장을 통합하여 대인협상전략 모델을 개발하였다. 대인협상전략은 일반적인 사회적 능력이 아닌 구체적인 행동이다. 예를 들어 대인 간 상호관계에서 어떤 필요성이 야기되었을 때, 다른 사람과의 상호작용을 통해서 개인적 요구

와 필요를 충족시키려는 수단으로 행동이 나타날 수 있다(Yeates et al., 1989). Selman은 이러한 통합 이론에 기초하여 대인협상전략 수준을 다음 〈표 9-1〉과 같이 제시하였다.

〈표 9-1〉 대인협상전략 수준

수준	행동수준 분류
	문제의 정의(Definition of problem)
0	상대의 행동을 다시 말하는 것 이외에는 문제에 대한 언급 없음
1	자신과 타인간의 문제를 가장 영향력 있다고 생각되는 사람의 바람과 원하는 바에 따라 언급함
2	자신과 타인 사이에 타인의 요구가 타당성을 가졌지만, 두 사람 중에 한 사람의 요구사항이 우선한다는 것에 중점을 두면서 상호호혜적인 맥락에서 언급함
3	양자간의 요구와 바람이 고려된 공통 문제에 대하여 언급함
	전략 생성(Action taken: 대안 찾기)
0	물리적이고 비언어적 행동 방법
1	일방적 지시나 요구
2	조망에 균형을 둔 상호호혜적인 의사소통
3	타인과의 언어적인 협력
	전략의 평가(Justification of strategy: 선택된 대안에 대한 평가)
0	표현된 결과에 대한 정의나 기대가 없음
1	자기-방어적 정의나 평가
2	장기적인 결과에 대한 주의를 못하고 원인이나 감정에 관심
3	상호관계의 장기적인 결과에 관심
	감정표현의 정도(Complexity of feelings: 선택한 전략의 실행)
0	감정이 없는 전략 결과 수행
1	자기 방어적, 무관심한 방법으로 단순하고 일방적 감정 표현
2	공감적 방법으로 단순하고 일방적 감정표현
3	복잡하고 변화 있는 감정으로 자신과 타인을 표현

여기서 Selman은 제시한 〈표 9-1〉 대인협상전략 수준은 문제정의, 전략생성, 선택한 전략의 평가, 스스로 선택한 전략을 실행해가는(감정표현의 정도) 과정으로 문제해결 능력을 구조화 하였고, 여기에 각 과정별로 사고의 수준(0수준에서 3수준)이 작용한다고 설명하고 있다.

이와 같이 통합주의 배경은 인간의 복잡한 특성과 능력을 어느 한 측면만 고려하기보다는 여러 가지 변인들을 복합적으로 살펴야 한다는 입장이다(Yeates et al., 1989). 따라서 대인문제해결 훈련을 계획하거나 실시할 때 이러한 복합적 기능들이 확인될 수 있도록 구성할 필요가 있다.

03 지적장애인의 직업 관련 사회적 대인문제해결 능력의 특성

지적장애인들의 직업 관련 사회적 대인문제해결 능력의 특성을 파악하기 위한 방법은 주로 자연적 상황에서의 관찰, 자기-보고, 구조화 면담 방법, 표준화된 검사 도구를 활용한다.

Cheney와 Foss(1984)는 작업 동료와 감독의 관찰, 그리고 면담을 통해 지적장애 직장인들의 대인문제해결 특성을 다음과 같이 제시하였다.

첫째, 작업감독과의 관계에서 지적장애인들은 감독의 권위적 행동을 이해하는데 어려움이 있기 때문에 작업장에서 문제를 야기하게 된다. 잘못된 점을 지적하였을 때 적절하고 효과적으로 감독에게 대처하지 못하고 갈등을 유발한다는 것이다.

둘째, 지적장애인들은 동료들만큼 작업을 만족스럽게 할 수 없다. 동료들과의 협력적 작업이 어렵고, 문제해결전략을 효과적으로 사용하지 못하기 때문에 일에 적응하는데 어려움이 있고 이러한 이유로 실망감과 고립감을 느끼고 결국 일을 그만두게 된다는 것이다.

셋째, 작업장에서 지적 장애인들의 산만하고 소란스런 행동이다. 자기-통제를 잘하지 못하기 때문에 작업장의 다른 사람들에게 방해를 주고 작업수행에 영향을 미치기 때문에 감독으로부터 지적을 당한다는 것이다.

Bullis와 Foss(1986)도 직장에서 지적장애인들이 직면하는 대인문제의 구체적인 유형을 제시하였는데, 주로 작업 감독과 직장동료와의 문제를 지적하였다. 1) 작업 감독과의 관계에서 야단과 잘못의 지적을 제대로 수용하지 못한다. 2) 문제가 발생했을 때 적절하게 지원을 요청하지 못한다. 3) 감독의 지시를 잘 따르지 않는다. 4) 직장동료들과의 관계에서는 협력 작업이 곤란하다. 5) 동료의 조롱이나 야유를 적절하게 대처하는 능력이 부족하거나 인간관계를 형성하지 못하는 것으로 기술하였다. 이와 같이 Bullis와 Foss는 지적장애인들이 직장에서 고용주나 상사가 기대하는 일의 기술적인(skills) 능력에 문제가 있다기보다는 비기능적인 적응행동의 문제점을 제기하였다.

한편, 연구자들은 직장에서 감독과 동료와의 관계에서 대인문제가 주로 발생하지만, 상대에 따라 대인관계의 관련 정도에 차별성이 있다는 점을 지적하였다. 지적장애인들의 직업관련 대인관계 특징에서 감독과의 관계는 일과 관련된 상호작용이 많으나 직장동료들과의 관계는 주로 일과 관련이 적은 직접적인 대인관계문제가 많이 발생한다고 본다. 따라서 지적장애 직장인들의 사회적 대인관계는 감독과의 관계보다는 직장동료들과의 관계에서 발달할 수 있는 기회가 더 많기 때문에 동료와의 대인관계의 결핍은 친구관계 발달에 장애를 줄 수 있다는 것이다(Chadsey-Rusch & Gonzalez, 1989; Storey & Hornern, 1991).

LaGreca 등(1982)은 지적장애인들이 직장 상황에서 어려움을 겪는 직업관련 대인문제 장면들을 지적장애인들이 일하고 있는 작업감독과 동료들과의 면담과 관찰을 실시하였다. 그 중 많은 문제를 일으키는 내용으로 작업감독과의 관계, 동료들과의 관계, 자기 자신의 내적 문제로 구분하였다. 그리고 이 세 영역에 대한 하위 문항을 만들어 직장 적응을 방해하는 문제행동의 빈도를 이들과 같이 일을 하는 감독과 동료들을 대상으로 다음 〈표 9-2〉와 같이 조사하였다. 각 문제 상황은 문제행동의 빈도와 심각성으로 제시하였다.

〈표 9-2〉 작업 상황에서 직장 적응을 방해하는 문제행동

상황	하위문제	문제 상황	빈도					심각성				
			1	2	3	4	5	1	2	3	4	5
부적절한 대인문제 행동 (동료/상사)	언어적	일하면서 동료와 이야기하기										
		일하지 않고 동료와 이야기하기										
		지나가는 사람에게 이야기 걸기										
		이리저리 돌아다니며 말 걸기										
		감독에게 사적인 것 부탁하기										
		감독에게 일에 관해 수시로 질문하기										
		감독의 하는 일에 대해 물어보기										
		일과 관계없는 것에 관해 말 걸기										
		감독의 작업지시에 끼어들어 방해하기										
		다른 사람과 이야기하는 감독 방해하기										
		일하고 있는 감독 방해하기										
	비언어적	일하지 않고 동료 쳐다보기										
		동료에게 걸어가기										
		동료주의 맴돌기										
		감독 건드리기										
공격적인 대인문제 행동 (동료/상사)	신체적	동료에게 물건 던지기										
		동료와 주먹질하며 싸우기										
		동료를 밀거나 때리기										
		감독을 밀거나 때리기										
	언어적	동료 야유하기										
		동료와 다투기										
		동료 위협하기										
		동료에게 욕설하기										
		감독이 지시하면 뒤에서 욕하기										
공격적인 대인문제 행동	언어적	감독이 질책하면 뒤에서 욕하기(일하지 않거나 이야기 할 때)										

상황	하위문제	문제 상황	빈도					심각성				
			1	2	3	4	5	1	2	3	4	5
(동료/상사)		일을 하라고 했을 때 감독과 다투기										
		감독에게 욕설하기										
		감독 위협하기										
좌절이나 화냄에 대한 부적절한 반응	공격적	화나거나 좌절했을 때 물건 집어던지기										
		화났을 때 물건 던지기										
		화났을 때 소리 지르기										
	비공격적	동료가 놀리면 화내기										
		화나거나 좌절했을 때 소리 내서 울기										
주의나 기억 문제		작업시간에 잠자기										
		작업할 일 잊어버리기										
		자리 이탈하기										
		공상하기										
부적절한 개인적인 습관이나 태도		단정하지 못하게 옷 입기										
		특이한 얼굴모양 해서 다니기										
		매우 큰소리로 이야기하기										
		다른 사람이 알아듣지 못하게 불분명하게 말하기										
		일하면서 혼자 떠들고 노래하기										
		일하면서 소란 피우기										
부적절한 작업 습관		더디게 일하기										
		출근 늦게 하기										
		휴식 끝나고 늦게 들어오기										
		허가 없이 근무지 이탈하여 돌아다니기										
		허가는 받아도 작업 주위 자주 돌아다니기(물 마시기)										

※ 빈 도: 1점 전혀 없음, 5점 매우 높음 ; 2.5점 이상 높음, 이하 낮음,
심각성: 1점 전혀 심하지 않음, 5점 매우 심함 ; 3점 이상 높음, 이하 낮음

이들 연구에서 심각한 행동은 감독과 동료들에 대한 부적절하고 공격적인 대인문제 행동들뿐만 아니라 작업 습관과 주의력 문제도 아주 심각한 것으로 나타났다. 즉, 개인적인 나쁜 습관이나 태도 그리고 좌절과 같은 비공격적인 반응, 화냄 등을 문제점으로 제기하였다. 따라서 LaGreca 등(1982)은 그들의 조사에서 밝히고 있는 것처럼 이들에게 나타난 문제행동에 대한 빈도나 정도가 심한 행동들을 우선적으로 직업 관련 대인문제해결 훈련의 내용으로 선정하여 집중적인 지도를 해야 할 필요성을 강조하였다.

또한 Foss와 Peterson(1981)이 작업장에서 지적장애인의 직장배치 업무를 맡고 있는 인사들을 통해 이들의 직업유지에 필요한 대인문제를 조사한 결과, 지적장애인들의 직업유지에 필요한 것으로 1) 감독의 지시 따르기, 2) 감독의 비판이나 지적에 적절하게 대처하기, 3) 직접 감독 없이 독립적으로 일하기 등이었고, 가장 부족한 것으로 1) 유머 감각을 유지하는 것과, 2) 필요할 때 동료를 지원할 수 있는 능력 등이라고 제시하였다.

04 직업 관련 사회적 대인능력의 훈련 방법

대인문제해결 훈련은 D'Zurilla과 Goldfried(1971), 그리고 Spivack, Platt와 Shure(1976)에 의해 시작되었다. 이 훈련은 특정한 문제해결 내용을 가르치는 것이 아니라 문제해결의 과정을 가르침으로써, 훈련과정에서 습득된 기술을 일반화하거나 유지가 잘될 수 있는 장점이 있다. 또한 연구자들은 대인문제해결 훈련을 통하여 문제해결 기술과 다양한 사람들과의 사회적 적응력을 향상시킬 수 있는 장점을 제안하였다(Intagliata & Doyle, 1984; Shure & Spivack, 1979; Weissberg et al., 1981).

1) 대인문제해결 훈련의 사회적 상황

대인문제해결 훈련에서의 사회적 상황은 인위적인 직업 상황을 통하여 직장에서의 대인문제해결 능력을 신장하려는 것과, 이러한 인위적인 상황에서의 단점을 보완하기 위하여 자연적 상황, 즉 지적장애인들이 직접 작업하고 있는 경쟁고용, 지원고용, 그리고 보호고용 작업장에서 대인문제해결 훈련을 주로 실시하고 있다. 이러한 대인문제해결 훈련에서 다루는 사회적 상황은 대인문제해결 이론과 선행연구들의 연구 결과에 바탕을 두고 선정하고 있다고 볼 수 있다.

인위적인 훈련의 장은 학교의 직업시간에 직업전 교육을 받고 있은 졸업 전 학생들을 대상으로 주로 실시되었다. 작업 활동 중에 동료와 지도교사 또는 작업감독과의 대인관계에서 발생하는 문제 상황을 설정하여 훈련을 하고 그 효과를 검증하였다(김형일, 1995; LaGreaca et al., 1983). 이들은 학교 졸업 전 지적장애학생들을 대상으로 한 연구 결과에서, 문제해결과정의 대안적 사고, 결과 예측적 사고, 인과적 사고 능력 등에서는 의미 있는 향상을 보였지만, 일반화 정도를 알아보기 위한 적응행동 능력에서는 의미 있는 향상을 보이지 않았다(김형일, 1995). 그리고 LaGreaca 등(1983)의 연구에서도 직업배치 전에는 사회적 대인관계기술과 사회적 적응 능력에서 훈련 효과가 입증되었지만, 학교졸업 이후 지역사회에서의 직장 대인관계 기술의 일반화와 유지에서는 효과에 한계가 있는 것으로 나타났다.

이러한 일반화 문제를 극복하기 위하여 연구자들은 지적장애인들이 직접 경쟁고용이나 보호고용 상태에서 일반인들과 상호작용하는 실제 장면을 통하여 훈련을 실시한 결과, 사회적 행동 개선이나 사회적 책임감에서의 능력이 향상되거나 이들 행동의 유지 효과가 있다고 보고하고 있다. 그러나 지적장애인들의 대인문제해결 능력을 높이기 위해서는 훈련 프로그램에 일반화 전략이 포함될 필요성이 있다는 것을 제안하고 있다(Wheeler et al., 1988; Butterworth & Strauch, 1994; Castles & Glass, 1986).

한편, 선행 연구의 훈련에서 다루어진 사회적 상황의 장면들은 주로 직업현장에서 지적장애인들이 직면할 수 있는 문제 장면들과 관련이 있다. LaGreca와 동료들(1982) 그리고 LaGreca와 Stone(1983)은 장면 선정을 위해 문제 장면이 동료작업자와 관련된 것, 작업 감독과 관련 된 것, 하루 중 가장 잘 발생하는 시간 등에 기초하여 훈련 장면을 설정하였다. Bullis와 Foss(1986)의 훈련에서는 사회적 상황을 감독과 관련하여 감독의 지시 따르기, 감독의 지적 수용하기, 도움 요청하기와 작업동료와 관련된 협력적 작업 활동하기, 조롱이나 야유 대처하기, 개인적 관심사 해결하기 등으로 설정하였다. 또한 Castles과 동료(1986)들은 문제 상황의 질문하기, 비합리적 요구 거절하기, 합리적인 비평 처리하기, 불화 조정하기, 낯선 사람 대면하기, 타인과 의견이 다를 때 대처하기 등 6가지 훈련 상황을 제시하였다. 결국 사회적 상황은 직업 활동과 관련하여 지적장애인들이 직장의 대인관계에서 직접적으로 직면하는 환경, 상황, 사람, 갈등 내용 등으로 구성되었다고 볼 수 있다.

2) 훈련 내용과 방법

대인문제해결 훈련 내용과 전략은 주어진 사회적 상황에 따라 이론적 구성단계를 '어떻게 지적장애인들에게 효율적인 방법으로 훈련을 시킬 것이냐'하는 문제와 관련이 있다. 연구자들은 지적장애인의 직업적 특성, 관련변인, 이론적 구성내용에 따라 훈련 효과를 높이기 위한 다양한 전략들을 시도하고 있다. 이 장에서는 지적장애인을 대상으로 직업 관련 대인문제해결 훈련의 대표적인 선행연구를 살펴보고자 한다.

Castles와 Glass(1986)는 훈련의 기본 절차로 1) 대안적 해결의 탐색 2) 탐색한 해결에 대한 가능한 인과관계의 평가 3) 최선의 대안 선정 4) 선정한 대안을 실행하기 위한 구체적인 수단의 제시 등을 활용하였다. 그리고 각 훈련 회기에서 연구자가 이미 구성한 사회적 문제 상황(vignette)을 훈련대상자에게 제시하였다. 이들 훈련대상자들은 집단별 브레인스토밍을 통하여 제시된 문제 상황에 대한 대안적 해결을 탐색하고, 역할-놀이를 통하여 탐색한 대안의 가능한 인과관계를 평가하고, 평가를 통해 가장 효과적인 대안이라고 결정한 것을 선정하였다. 그리고 선정한 대안을 실행하는데 요구되는 구체적인 단계를 열거하게 하였다. 이와 같이 하나의 사회적 문제 상황을 마치면, 또 다른 사회적 문제 상황을 제시하여 계획된 6가지 사회적 상황을 반복하였다. Castles와 Glass는 이상의 대인문제해결 훈련과 사회적 기술훈련, 그리고 이들 두 가지 훈련을 통합한 훈련을 실시한 뒤, 각 기술의 훈련 효과를 평가한 결과, 대인문제해결 훈련이 다른 두 가지 훈련보다 지적장애인들의 사회적 책임감이 향상되었다고 기술하였다.

Vaughn과 Ridley(1983)는 대인문제해결 훈련을 지적장애인들의 특성에 맞게 재구성하여 적용함으로써 훈련의 효과를 높였다. 이들이 재구성한 방법은 1) 단서지각, 감정이입 등과 같이 지적장애인들의 특성을 반영할 수 있는 내용을 훈련 프로그램에 포함한다. 2) 훈련의 교수 목적을 지적장애인들에게 적절한 수준으로 조정한다. 3) 사회적 기술을 쉽게 습득시키기 위하여 모델링, 시연, 구체적인 전략 등을 활용한다. 4) 실제 상황에서 음성·비음성적 언어 표현을 하게 함으로써 일반화 가능성을 높일 수 있도록 구성한다. 이와 같은 내용으로 훈련을 실시한 결과 지적장애인들이 대인문제해결 능력이 상당히 향상된 것으로 나타났다는 것은 지적장애인을 위한 훈련 계획에 여러 가지 시사점을 제시하고 있다.

그 외 대인문제해결 훈련을 위하여 교정 피드백, 사회적 강화와 토큰 강화, 녹화 등의 방법(Kazdin, 1992)과 소집단 토의, 테이블 게임, 역할 교대, 리허설, 감정이입(김형일, 1995; Ross & Ross, 1978) 등의 방법을 통하여 훈련의 효과를 보고하고 있다.

3) 직장 대인문제해결 훈련 예시

(1) 문제상황 정하기

예) 감독의 지시 따르기, 감독의 지적 수용하기, 도움 요청하기와 작업동료와 관련된 협력적 작업 활동하기, 조롱이나 야유 대처하기, 개인적 관심사 해결하기 등

(2) 학생의 문제 상황에 대한 현행 수준 정하기

〈표 9-3〉 조롱이나 야유 대처하기 평가표

수준	행동수준 분류		
	문제의 정의(Definition of problem)	사전 평가	사후 평가
0	상대의 행동을 다시 말하는 것 이외에는 문제에 대한 언급 없음		
1	자신과 타인간의 문제를 가장 영향력 있다고 생각되는 사람의 바람과 원하는 바에 따라 언급함		
2	자신과 타인 사이에 타인의 요구가 타당성을 가졌지만, 두 사람 중에 한 사람의 요구사항이 우선한다는 것에 중점을 두면서 상호호혜적인 맥락에서 언급함		
3	양자간의 요구와 바람이 고려된 공통 문제에 대하여 언급함		
	전략 생성(Action taken: 대안 찾기)		
0	물리적이고 비언어적 행동 방법		
1	일방적 지시나 요구		
2	조망에 균형을 둔 상호호혜적인 의사소통		
3	타인과의 언어적인 협력		
	전략의 평가(Justification of strategy; 선택된 대안에 대한 평가)		
0	표현된 결과에 대한 정의나 기대가 없음		
1	자기-방어적 정의나 평가		
2	장기적인 결과에 대한 주의를 못하고 원인이나 감정에 관심		
3	상호관계의 장기적인 결과에 관심		
	감정표현의 정도(Complexity of feelings; 선택한 전략의 실행)		
0	감정이 없는 전략 결과 수행		
1	자기 방어적, 무관심한 방법으로 단순하고 일방적 감정 표현		
2	공감적 방법으로 단순하고 일방적 감정표현		
3	복잡하고 변화 있는 감정으로 자신과 타인을 표현		

〈표 9-3〉의 평가표에 따라 학생의 현행 수준을 평가하게 위하여 상황에

대한 다음과 같은 질문을 하여 각 행동 수준 분류에 따라 다음과 같은 질문을 하고 수준을 표시(√) 해 나간다.

• 상황 제시하기:

직장에서 동료가 일을 엉터리로 한다고 나에 대해 다른 동료에게 놀리는 상황을 제시한다.

상황에서 학생의 흥미나 수준 등을 고려하여 이야기 글, 역할놀이, 비디오 장면, 기타 관련 동영상 등으로 활용한다.

• 1단계: 문제 정의하기

"무슨 일이지요? 뭐가 문제인가요?" 등으로 문제 상황에 대한 질문을 통해 학생이 상황의 문제를 어떻게 받아들이는지 파악한다.

• 2단계: 전략 생성(대안 찾기)

직장 친구가 자신에 대해 조롱이나 야유를 하면 "너라면 어떻게 하겠니? 저 상황이 너라고 생각하고 너의 방법을 이야기 해 볼래?"

문제 상황을 자신의 입장에서 해결하는 전략 즉 대안을 제시하도록 유도한다. 전략은 여러 가지가 나올 수 있다. 다른 더 좋은 대안이 있는지 확인한다. 제시한 대안 수준을 파악해 평가표에 체크한다.

• 3단계: 전략의 평가(선택된 대안에 대한 평가)

2단계에서 학생이 제시한 대안들에 대하여 다시 "너가 대답한(예; "조롱한 친구한테 가서 주먹으로 한 대 때릴거야" 등)대로 친구한테 대응을 하면 어떤 일이 일어날까? 혹은 어떤 결과가 발생할까?"(결과의 예측 및 평가) 등으로 학생이 제시한 대안에 대한 예측되는 결과를 스스로 평가하게 한다. 그리고 평가한 대답의 수준을 평가지에 체크한다.

• 4단계: 감정표현의 정도(선택한 전략의 실행에 따른 기분, 만족도)

"그러면 그렇게 실행했을 때 기분이 어떨까? 그것이 좋은 생각일까? 좋지 않은 생각일까?" 등으로 해결방안에 대한 표현을 평가하도록 한다.

현행 수준 평가하기 과정에서는 교사의 교수적 질문이나 보충질문을 하지 않고 바로 학생의 대답을 듣고 평가지에 체크해 둔다.

(3) 훈련하기 및 사후평가

훈련 상황에서는 앞서 현행 수준 평가에서 제시했던 상황과 비슷한 상황(직장에서 조롱이나 야유 대처하기)을 제시하여 사전 평가과정에서 진행한 방식(문제정의-전략생성-전략평가-실행)과 같이 진행한다.

훈련 상황에서는 진단평가와 달리 학생의 대답을 듣고 교수적 질문이나 단서(스케폴딩 등)들을 제시해 학생의 현행 수준(사고의 수준)을 증진하도록 유도한다. 예를 들어, 해결방안에 대한 적절한 평가를 하도록 한다. "그것이 좋은 생각일까? 좋지 않은 생각일까?" 만약 좋은 생각이라면 실행을 유도하고, 좋지 않은 생각이라면 "뭔가 다른 방법이 없을까?" 등으로 더 긍정적 사고를 통한 대안을 찾도록 한다. 또한 학생의 생각이나 대안에 긍정적인 피드백을 준다. 해결방안이 성공적일 때, "네 힘으로 해냈구나, 문제를 잘 해결하는구나." 해결방안이 부정적이고 실패했을 때, "뭔가 다르게 한 번 생각해 볼래? 넌 잘 해결할 수 있어?" 등으로 칭찬을 통한 피드백을 한다.

훈련 상황은 가능하면 학생에게 실질적인 문제를 다루어야 한다. 질문이나 대화과정에서 실제 상황에서 일어나고 있는 문제를 다루는 것이 중요한다. 그리고 문제를 해결하는 것은 교사가 아니라 학생 스스로 해결할 수 있도록 해야 한다. 즉 문제해결 방안이나 어떤 일이 다음에 발생할지를 학생에게 제시해서는 안되고 학생이 문제에 대해 자연스럽게 생각할 수 있고 또 무엇을 하고 하지 말아야 할지를 스스로 결정할 수 있게 하여야 한다. 교사는 이러한 과정속에서 단지 질문이나 단서를 제시하면서 문제 해결에 대한 안내와 격려만 하면 된다.

사후평가는 훈련과정에서 학생의 증진을 수시로 체크하거나 훈련을 마치고 일정기간을 정해 단서를 제공하지 않고 수준을 평가하는 사전평가와 같은 방법으로 평가를 수행하여 사전과 사후간의 변화를 확인할 수 있다.

05 대인문제해결 프로그램 활용 시 고려사항

이상의 선행연구의 분석을 통해 나타난 결과를 근거로 지적장애인들의 직업관련 대인문제해결 능력을 향상시키기 위한 앞으로의 훈련 프로그램 구성에 고려해야할 점을 제안하면 다음과 같다.

첫째, 대인문제해결 훈련의 계획과 실행에서 개인의 다양한 특성을 고려해야 한다.

이론적 탐색에서 살펴보았듯이 대인문제해결 능력은 기능주의나 구조주의와 같이 발달상의 한 측면만을 고려하는 것이 아니라 두 가지 측면을 동시에 고려하는 통합주의적인 접근이 더 바람직하다. 그 이유는 인간의 복잡한 특성을 다양하게 반영하기 위해서는 여러 가지 변인들을 복합적으로 고려해야 하기 때문이다.

둘째, 직장에서 작업동료와 직장상사와의 대인문제해결 능력을 높여야 한다.

지적장애인들의 직업관련 대인문제해결 특성에서 제시하였듯이 지적장애인들이 직장에서의 어려운 관계에 있는 사람들은 같이 작업을 하는 직장동료나 상사와의 적절한 관계 형성이다. 또한 작업과 관련된 문제뿐만 아니라 비직업적인 관계에서 동료와 상사와의 적절한 대인관계 기술을 향상시켜야 한다.

셋째, 대인문제해결 훈련의 장면과 사회적인 갈등상황은 일반화와 유지의 효과를 높일 수 있는 것으로 선정되어야 한다.

훈련 효과를 높이기 위해서는 직접 직장생활을 하고 있는 자연적인 장면과 지적장애인들이 대인관계에서 직접적으로 직면하고 있는 상황을 훈련에 도입한다면 장차 실제 직장 내 대인문제에서 일반화와 유지가 잘 될 수 있을 것이다.

넷째, 훈련 내용과 방법은 지적장애인들이 쉽게 이해하거나 받아들일 수 있는 내용으로 구성해야 한다.

대인문제해결 훈련 내용과 절차 그리고 방법들이 지적장애인들의 특성을 고려한 수준과 내용으로 구성하고 아울러 이러한 훈련 내용을 쉽게 획득할 수 있도록 하는 모델링이나 시연, 언어적 표현 등 특정한 전략들로 준비할 필요가 있다.

연습해 봅시다

1. 다음 〈활동자료 9〉와 같이 직장에서의 대인문제해결 훈련계획을 세워 봅시다.

〈활동자료 9〉 직장애인문제해결 훈련 계획

1. 장애학생
   1) 학년 :
   2) 대상 학생 특성 :
   3) 직장에서의 대인문제행동 혹은 상황:

2. 직장대인문제해결 계획
   1) 문제 상황 정하기

   2) 사전평가 및 사후평가 계획

   3) 문제 정의하기

   4) 대안 생성하기

   5) 결과 예측하기

   6) 실행하기

3. 효과적인 문제해결을 대안적 방법 세우기:
   예) 교정피드백, 강화계획, 역할놀이, 감정이입 활용 등

2. 다음 〈활동자료 9〉와 관련하여 기타 가능한 직장에서의 문제 상황을 제시해 보고 프로그램을 계획해 봅시다.

제 10 장

지적장애 학생의 중등 이후 교육과 전환

학습목표

❶ 지적장애학생의 중등 이후 교육 경로 및 유형을 알 수 있다.

❷ 지적장애학생의 중등 이후 교육을 위한 전환 전략을 알 수 있다.

01 개요

고등학교를 졸업하고 계속교육을 한다는 것은 성인기로 접어들면서 하나의 진로 과정을 선택한다는 의미를 갖는다. 중등 이후 교육(postsecondary education)을 준비한다는 것은 장애학생 본인뿐만 아니라 이들을 지원하는 관련 교육자 및 부모들에 있어도 어려운 문제이다. 중등 이후 교육은 2년제나 4년제 대학, 전문대학, 직업 기술학교, 그 외 성인교육기관 등이 여기에 해당된다. 장애학생들이 중등교육을 마치고 이들 기관으로 전환하는데는 상당한 준비와 계획이 요구된다. 왜냐하면 각 환경에 적응하는데 필요한 기술이나 경험이 요구되기 때문이다. 중등 이후 교육에 필요한 전환 교육 내용을 파악하는 것은 교사가 장애학생들이 이러한 환경에 요구되는 서비스와 지원을 계획 하는데 도움을 줄 것이다.

최근 지적장애학생들의 졸업 이후 진로에 대한 관심이 높아지고 있고 이들의 평생교육 및 대학 프로그램 참여에 대한 논의가 활발하게 진행되고 있다. 이에 본 장에서는 지적장애학생을 위한 중등 이후 교육에 대한 전반적인 내용을 살펴보고, 중등이후 교육 유형에 대하여 국내 현황 및 실태를 비교하여 살펴보고자 한다. 그리고 중등 이후 교육을 위해 고등학교에서 준비해야 할 전략을 다루고자 한다.

02 지적장애학생을 위한 중등 이후 교육의 실태 및 필요성

중등이후 교육(postsecondary education)은 일반적으로 중등교육을 마친 고등교육과 직업교육을 의미하는 개념이다. 고등교육은 중등교육과 대비되는 용어로 당대 최고의 교육을 말하며, 교육과정을 이수하면 이를 증명하는 학위나 졸업증서 또는 수료증을 수여하는 대학이나 대학원 등의 교육을 의미한다. 그리고 직업교육이란 일정한 직업에 종사하는데 필요한 지식이나 기능을 가르치는 교육을 의미한다. 따라서 중등 이후 교육은 2년제 대학이나 4년제 대학 및 성인교육기관 등에서 이루어지는 교육을 지칭한다고 정의할 수 있다(정동영, 2012). 따라서 중등 이후 교육 결과를 위한 학생들에 대한 준비나 목표 설정은 전환지원팀이 고려하여야 할 매우 중요한 영역이라고 할 수 있다. 그리고 비교과뿐만 아니라 교과 영역, 지역사회 경험 등은 중등 이후 교육에 성공하기 위한 과정이라고 할 수 있다(Debra, et al., 2005).

그러나 미국의 경우 중등학교를 졸업하는 장애 청소년들의 고용 비율은 그렇게 높지 않게 나타났고 이로 인해, 장애 청소년들이 점차 중등 이후 교육을 위해 고등학교에서 수학 및 과학과 같은 대학 진학 준비 수업을 포함하는 엄격한 학업적 교육과정 받고 있다. 그럼에도 불구하고 장애 성인 10명 중 3명만이 고등학교를 떠난 이후 고등교육에 참여하고 있는 것으로 보고 있다(Wagner et al., 2005). 그리고 대학에 출석하는 장애성인의 경우 일반 성인에 비해 절반 이하인 것으로 나타났고, 이중에서도 지적장애학생들은 극소수에 해당한다(Johnson & Nord, 2010). 이러한 결과는 지적장애학생들의 대다수에게 대학교육은 아직도 실행 가능하거나 현실적인 선택권이 되지 않고 있어 중등 이후 교육이 제대로 이루어지지 않고 있음을 나타내는 것이라고 할 수 있다(정동영, 2012).

또한 미래의 고용 요구 경향은 중등이후 교육에도 계속적으로 더 많은 훈련을 필요로 한다. 뿐만 아니라 높은 기술, 고임금에 수반되는 창의적 사고, 교과 기술, 문제해결이나 대인문제 해결 능력을 요구하게 된다(Getzel, Stodden, & Briel, 2000; Hoye, 1998). 많은 직종은 직업 및 기술 고등학교를 졸업하기 이전에 취업에 필요한 다양한 자격증을 필요로 하고 있다(Gray, 2002). 따라서 이러한 급변하는 시대에 요구되는 사항을 체계적으로 준비하지 못한다면, 중등이후 교육, 직장유지 및 지역사회 적응을 어렵게 할 수 있을 것이다.

우리나라도 통합 환경에서의 장애인 평생교육 프로그램 실시와 중등이후 교육의 교육기회 확대의 일환으로 대학입학특별전형 제도와 같이 대학 수업에 장애학생들이 고등교육에 참여할 수 있는 제도적 장치를 마련하였다. 그러나 지적장애학생의 중등 이후 교육 전환교육 과정에 대하여 현재 우리나라 특수교육 전달체계는 고등부를 졸업하고 특수교육기관인 전공과에 진학하는 구조를 취하고 있다. 현실적으로 전공과는 중등이후 교육기관이어야 함에도 「장특법」에서는 중등과정의 교육기관으로 분류하고 있다. 그리고 고등부를 졸업한 일부 학생들만 전공과 과정에 진학하고 있어 취업하지 않은 지적장애학생들의 진로가 매우 제한되어 있다고 할 수 있다. 현재 일부 대학에서 지적장애학생을 위한 학부과정을 개설하거나 평생교육과정을 설치하여 진학기회를 제공하고 있지만, 소수의 학생들에 국한되었다(김형일, 2013). 따라서 고등학교 졸업 이후 지적장애학생들의 진로를 다양화할 필요가 있다. 정동영(2012)이 주장하는 것처럼 전공과는 고등학교 과정의 특수학교나 특수학급에 설치하기보다 대학과 공동으로 설치하여 중등 이후 교육을 위한 이중등록이나 동시등록을 허용하는 경로로 재구조화할 필요가 있다. 이에 대한 경비는 중등교육을 지원하는 국가나 지방자치단체에서 부담하게 하는 것이다. 그리고 미국과 같이 지적장애학생을 위한 중등 이후 교육 모형을 현재 우리나라 일부대학에서 시도하고 있는 분리모형 외에 혼합·혼성모형과 통합모형을 개발하여 중등 이후 교육모형을 다원화할 필요가 있다. 이를 위해 법적 토대를 마련하여 제도화할 수 있을 것이다(김형일, 2013).

관련하여 국가 차원에서도 장애성인 평생교육 활성화 방안을 마련하여 교육기회를 놓친 장애성인의 초·중등교육지원, 원격교육 시스템을 활용한 장애성인 평생교육 지원, 프로그램, 관련 인프라 구축을 실시하고 있다(교육부, 2010). 따라서 학령기를 놓친 지적장애인들이 평생교육을 받을 수 있게 되었고, 졸업 후에도 특수학교, 특수교육지원센터, 평생학습관, 대학 등에서 운영하는 다양한 평생교육 지원 프로그램에 참여할 수 있게 되었다(송준만 외, 2012). 지적장애성인을 위한 이러한 평생교육 제도가 확대, 정착될 수 있도록 제도적 장치가 구체화되어야 한다. 그리고 자격 있는 장애인 평생교육사 제도의 활용 등으로 지적장애인들이 각자 특성에 맞는 서비스를 받을 수 있는 기회를 만들어야 한다(김형일, 2013).

03 중등 이후 교육의 유형

지적장애 및 발달장애 청소년이 정규 고등학교 과정을 마치고 중등 이후 교육교육(postsecondary education)에 참여하는 것이 일반적인 사항이 아닐 수 있다. 또한 불행하게도, 많은 고등학교 프로그램의 구조와 조직은 장애 청소년들의 교육적 요구를 충족시키는데 충분한 여건을 갖추지 못한 실정이다. 예를 들면, 장애 청소년들이 그들의 직장에 전환하는데 필요한 준비를 지역사회 중심 고용 환경에서 정규적인 교수(instruction)를 받아야 한다. 그러나 일반 고등학교 과정에 학생들과 교사들을 위한 이러한 교수적 필요성을 효과적으로 제공하지 못하고 있다. 또한 이들 장애 청소년들은 친구 사귀기나 사회적 관계 형성을 통해 성인으로서 사회적 관계를 유지해야 하지만, 고등학교에서의 또래들과의 제한된 접근으로 인해 어려움을 갖게 된다(Debra, et al., 2005).

최근 장애 청소년에 대한 일반 고등학교에서의 위와 같은 불충분한 지원 상황에 대하여 여러 분야의 지원 조직들이 관심을 갖기 시작하였다. 이들의 주 관심사항은 기술 및 직업학교, 전문대학, 대학에 접근을 용이하게 하는 프로그램 개발이라고 할 수 있다(Doyle, 2003; Fisher, Sax, & Pumpian, 1999; McDonnell et al., 1996; Patton et al., 1996; Smith & Puccini, 1995; Tashie, Malloy, & Lichtenstein, 1998; Wehman, 2006). 장애 청소년으로써 이러한 환경에 접근한다고 하는 것은 지식과 생산적인 고용에 필요한 기술을 획득하는 것이며, 부모들로부터 자신들의 독립성과 자율성 이루는 것이고, 완전한 지역사회 참여를 가능하게 하는데 필요한 사회적 관계를 개발하는 것이 된다. 결과적으로 이러한 환경은 고등학교를 졸업하고 사회에 진출하는 장애학생들의 전환 요구를 충족시키는 것이 된다(Debra, et al., 2005).

현재 미국에서 지적장애학생들의 중등이후 교육을 지원하는 모형으로 혼합·혼성 모형(mixed/hybrid model), 분리모형(substantially separate model), 통합모형(inclusive individual model)이다. 이들 이중 등록 프로그램(dual enrollment program)은 지적장애학생이 대학에 접근하고 참여하도록 지원하는 것이다. 이

프로그램은 학생이 지역의 학교에서 제공하는 프로그램과 대학에서 제공하는 프로그램을 동시에 등록하는 것이다. 이 이중등록 프로그램은 원래 고등학교 상위 수준 학생들에게 교육적 기회를 제공하기 위하여 시도되었지만, 현재는 장애학생들의 고등학교 중도 탈락 방지와 대학으로의 전환을 돕기 위하여 활용되고 있다. 일반적으로 수반되는 비용은 지역교육청에서 법령에 따라 지급하고 있지만, 대부분의 프로그램은 주정부의 직업재활국, 지적장애 기관, 대학의 장애학생지원프로그램에서 보충해 주고 있다. 미국에서 시행되고 있는 세 가지 각기 다른 유형의 프로그램은 다음과 같다(Hart, Grigal, & Weir, 2010; Hart, Girgal, Sax, Martinez, & Will, 2006; Neubert & Moon, 2006; 정동영, 2012 재인용; McDonnell, et al., 2009).

1) 혼합 · 혼성 모형

혼합 · 혼성 모형(mixed/hybrid model)은 장애학생들이 일반학생들과 함께 사회적 활동과 학업적 강좌(청강 또는 학점 인정 강좌 수강)에 참여하거나 다른 장애학생들과 함께 하는 강좌(때론 생활기술 혹은 전환 수업이라고 하는 강좌)에도 참여하는 모형이다. 이 모형은 일반적으로 학생들에게 교내외에서 고용 경험을 제공한다. 이 모형은 일부 지역사회에서도 운영되지만 전형적으로 지역사회 대학이나 4년제 대학의 캠퍼스에서 운영된다. 일부 분리된 교수와 통합되지만, 지적장애학생들에게 대학 강좌에 등록하고 캠퍼스의 사회적 활동에 참여하며, 지역사회 고용을 탐색하는 기회를 제공한다. 이 모형에서 지적장애학생들은 고등학교를 졸업하는 때인 18세에 한 번 또 대학을 졸업하는 때인 21세에 한 번, 모두 두 번의 졸업식에 참여한다.

혼합 · 혼성 모형은 미국에서 가장 빈번히 시행되고 있는 모형이라고 할 수 있다. 그리고 대부분 특수교육 교사들이 학생집단과 개별적 또는 소집단으로 주간 작업의 일부를 수행하는 분리된 교실이나 사무실 공간을 지방의 중등과정의 학교체제에 두고 있으며(예; 기능적 학업, 자기결정 기술), 지역사회 중심 교수, 직무 훈련, 개인별 지역사회 현장 고용, 지역사회 서비스 프로젝트, 기관 간 연계 및 부모 참여 프로그램 등을 포함하고 있다. 그리고 이 모형은 지방의 중등과정 학교체제의 특수교육자들, 전환 전문가들, 보조원들이 프로그램의 스태프로 참여하며, 대학이나 지역사회 현장은 수업공간, 장비 및 교실, 시정 및 시설을 기증하거나 유상으로 제공하고, 연방정부의 생활보조비(Supplemental Security Income: SSI)를 받을 자격을 지닌 학생들에 대해서는 지역사회 대학 교실에 등록하는 수업료의 일부를 면제해 주고 있다.

2) 분리 모형

분리모형(substantially separate model)은 학생들이 생활기술 혹은 전환 프로그램으로 불리는 수업에 다른 장애학생들과 함께 참여하는 모형을 말한다. 이 모형에서 지적장애학생들은 교내의 일반적인 사회적 활동에 참여할 기회를 가지며, 종종 미리 설정된 교내외의 고용 장소를 통하여 고용 경험을 제공 받는다. 지적장애학생들을 위한 중등 이후 교육의 분리모형은 역사적으로 지적장애학생들을 위한 생활기술 교육과정에 기초하여 고용훈련, 직업기회 및 분리수업을 제공하였다. 이 모형의 프로그램들은 대부분 주간 활동 프로그램의 대안으로서 비영리적인 성인기관들이나 지역사회 대학 캠퍼스 혹은 직업 훈련 프로그램에 장애성인을 통합하는데 관심을 지닌 부모들이나 개인들에 의해서 시작되었으며 또한 지원을 받는다. 지적장애학생을 위한 중등 이후 교육의 분리모형은 학생들이 연령에 적절한 지역사회 중심의 경험을 제공받지 못하고 있다는 부모들과 교육자들의 관심 때문에 개발된 것이다.

3) 통합모형

통합모형(inclusive individual model)은 학생들이 대학 과정 인증 프로그램, 학위 프로그램, 청강 혹은 학점 이수를 위해 교육 코치, 가정교사, 기술적·자연적 지원과 같은 개별화된 서비스를 받는 모형이다. 이 모형은 인턴십, 도제, 작업중심학습과 같이 학습 과정 및 고용 경험과 직결되는 학생의 진로 목표를 확립하는데 초점을 두고 기관간 팀을 매개로 성인 서비스 기관, 일반적인 지역사회 서비스, 그리고 대학의 장애학생교육지원센터 등이 협력을 하며, 서비스의 범위를 확인하여 비용을 공동으로 부담한다. 이 모형에서 학생들은 각각 개인 팀과 학교 이후의 목적을 계획하며, 그에 따라 특정 목적을 충족시키는데 필요한 서비스나 기금에 배정된다. 특수교육자나 전환전문가들은 서비스와 지원을 조정하는 사례 관리자로서 역할을 한다. 학생들은 자신의 선호와 흥미에 따라 대학 강좌, 수료증을 받는 훈련 프로그램 및 지역사회의 직장에 등록하며, 지역사회의 여가 활동에 참여한다. 교사나 사례 관리사들은 지역사회의 대학이나 다른 기관들과 함께 학생의 진보를 점검하고, 필요한 지원을 확인하며, 서비스를 조정한다. 특히, 통합모형이 요구하는 멘토링은 경험과 지식이 풍부한 사람이 상담자에게 지도와 조언을 하면서 실력과 잠재력을 개발하는 것으로 지적장애학생들의 중등 이후 교육의 교수에 유용하게 활용된다. 멘토들은 친구의 역할과 사회적 동아리로서 그리고 사회적 행동의 모델이 될 수 있다. 또한 지적장애학생들이 도전적인 사회적 상황을 의논할 수 있는 멘토뿐만 아니라 튜터로서 학업적 지원도 제공할 수 있다.

04 중등 이후 교육의 성공 조건

최근 미국을 중심으로 지적장애학생을 위한 대학 수준의 전환 프로그램에 대한 논의가 상당히 많이 이루어지고 있다. 또한 고등학교에서 지적장애학생들의 대학 과정에의 참여를 지원하기 위한 교수적 전략을 적용하고 있다. 그리고 지원 프로그램들은 주로 학생들이 중등 이후 교육에 사회적 활동과 대학에서의 활동에 참여를 증진하는 전략을 수행하는데 맞추어져 있다. 학생들이 지원 받는 방법들은 주로 고등학교와 대학이 협력적으로 계발한 개별화된 계획으로 진행된다. 지적장애학생들을 위한 상당히 많은 프로그램들은 지적장애학생들과 그들의 부모들이 전통적 고등학교에서 연령에 적절한 대안을 모색할 수 있을 정도로 발전했다. 또한 프로그램은 학생의 요구를 충족시키기 위해 개별화된 지원, 학생중심, 기관간 협력, 교직원의 준비 등을 중시하게 되었다. 이와 관련하여 McDonnell 등(2009)은 성공적인 중등 이후 교육 프로그램의 특징으로 다음과 같은 내용을 제시하였다.

1) 개별화, 학생중심 계획

성공적인 중등이후 교육 프로그램의 핵심은 교육 계획 시 학생 중심 접근을 수행하는 것이다. 학생중심 IEP와 전환 계획은 구체적으로 개별화전환교육계획(ITP) 장에서 논의 되었다. 대학에서의 성공적인 계획의 핵심은 개별화교육지원팀이 학생을 위한 대학 경험 목적의 명확한 비전을 제시하는 것이다. 이러한 비전의 방향은 학생의 중등 이후 교육 목적과 직접적으로 일치해야 한다. 그리고 중등 이후 교육 프로그램의 서비스와 자원, 대학, 기타 기관들도 이러한 목적들이 성취될 수 있도록 협력적으로 지원하여야 한다. 또한 학생에게 제공되는 개별화전환교육프로그램은 대학 프로그램에서도 연간 정기적으로 점검되고 검토가 이루어져야 한다. 전환계획에서 설정한 지원, 교수적 수정, 서비스를 제공하기 위한 활동 목록들은 수시로 학생의 진전에 따라 수정될 수 있어야 한다. 최종적으로 졸업을 할 시기에는, 개별화나 개별화전환교육계획은 학생들이 학교를 떠나 서비스를 제공하게 될 관련 성인 서비스 기관들과 연계하여 문서화하는 작업이 이루어져야 한다.

2) 기관간 협력

중등이후 교육과 서비스의 지원 환경을 효과적으로 관리함으로써 장애학생들의 대학과 지역사회를 경험하는 전환 과정을 강화 시킬 수 있다(Stodden, Conway

& Chang, 2003). 대학 프로그램은 특수교육, 대학, 지역사회 서비스 기관 직원들이 밀접하게 협력하면서 이들의 전반적인 요구사항을 프로그램에 맞게 유지시켜 나가는 것이 필요하다. 성공적인 대학 프로그램의 일반적인 특징은 지역교육청, 대학, 직업재활기관, 지적장애 기관과 같은 지역의 관련 기관들 간의 팀협력을 구성하는 것이다. 이러한 팀들의 목적은 첫째, 학생들이 그들의 교육적 서비스를 위해 대학 캠퍼스에 효과적으로 전환할 수 있도록 정책적 구성 절차를 설정하는 것이고, 둘째, 학생들이 적절한 프로그램이나 과정에 참여하기 위해 필요한 자료를 개발하고, 셋째, 학생들에게 제공되는 지역사회 중심 고용과 거주 서비스를 협력하고, 넷째, 학생이 고용과 지역사회 생활을 위해 학교를 떠나 지역의 성인 서비스 체계에 전환할 수 있는 원활한 지원을 제공하는 것이다.

3) 대학의 교직원들의 준비

대학 프로그램과 대학의 장애학생지원센터 직원과 연관된 이중 등록 실행에 대한 직접적인 책무는 주로 특수교육교사가 담당하게 된다. 이들은 학생들이 특정한 과정에서 추가적인 지원과 필요한 서비스가 이어질 수 있도록 한다. 그러나 학생들이 교과적인 성공을 위해 가장 의미 있는 영향을 미치는 사람들은 대학의 구성원들이라고 할 수 있다. 또한 대학 및 각 전공의 교직원들은 대학에서 생활하는데 필요한 도움을 주는데 있어 중요한 역할을 하게 된다. Getzel과 Finn(2005)은 중등 이후 교육 프로그램의 장기적인 성공은 장애학생의 요구에 맞출 수 있는 대학 교직원들의 능력을 개발하는데 달려 있다고 하였다. 이것은 다음과 같은 사항이 충족되어야 함을 의미한다. 첫째, 중등이후 교육과 장애학생지원서비스센터 직원이 훈련과 공학(예: 유니버설디자인, 보조공학 등)과 같은 중요한 영역에 배치하여야 한다. 둘째, 교직원들이 학생의 요구를 충족시킬 수 있는 지식과 기술을 배울 있는 다양한 기회(예; 일대일 훈련, 온라인 자료 활용 등)를 제공하여야 한다. 셋째, 교직원들에게 항상 새로운 전략과 지원 접근이 가능한 공학적 지원 자료가 제공되어야 한다. 넷째, 훈련과 공학적 지원 활동을 통한 장애학생들에 대한 교직원들의 수용 정도가 어느 정도 효과적이었는지에 대한 규칙적인 평가가 이루어져야 한다.

05 중등 이후 교육 대학 프로그램

1) 대학 프로그램의 경로

미국에서도 지적장애학생을 위한 중등 이후 교육 프로그램은 제한적으로 운영되고 있으며, 프로그램의 유형 또한 다양하지 않고, 학생의 장애와 주거 및 다른 서비스들이 충분히 제공되지 않고 있는 실정이다. 그러나 현재 미국에서는 지적장애학생과 중등이후 교육을 위하여 보조금을 확대하며, 프로그램의 표준을 개발하는 연구들을 지원하는 등의 체계적인 노력을 기울이고 있다고 할 수 있다(정동영, 2012).

일반적으로 미국의 지적장애학생들이 중등 이후 교육에 접근하는 경로는 [그림 10-1]처럼 전통적인 경로와 대안적인 경로로 구분하여 볼 수 있다. 전통적인 경로는 지적장애학생이 대학의 입학 심사를 받고, 필요한 경우 대필자, 통역사, 튜터링, 시험시간 연장과 같은 조정과 상담 및 보조공학을 이용하여 모든 강좌를 이수한다. 여기서 전통적인 경로를 받아들이기 어렵거나 불가능한 지적장애학생들은 비전통적인 경로를 통하여 중등 이후 교육에 접근한다(Hart, Grigal & Weir, 2010; 정동영, 2012 재인용). 비전통적인 경로는 대학의 입학 허가를 받지만 학위나 수료증 프로그램을 추구하지 않는 학생들을 위한 대안적인 경로이다. 이들 지적장애학생은 대학의 강좌를 청강할 수 도 있고, 학점을 인정하는 강좌나 학점을 인정하지 않는 강좌를 이수할 수도 있으며, 특수교육과 관련되지 않은 평생교육 강좌를 수강할 수도 있고, 장애학생들만을 위하여 설계된 분리된 교육과정에 참여할 수 도 있다. 이러한 미국의 지적장애학생을 위한 중등 이후 교육의 대안적인 경로는 앞서 제시한 중등 이후 교육의

전통적인 경로(학생1)		대안적인 경로(학생2)
지도교수, 장애 지원 사무소 또는 전환 조정가와 함께 ▸진로 목적 확인(교사, 변호사, 소방관, 경찰관, 의사, 보육사 등) ▸상담가와 가족과 함께 진로 목적을 성취할 수 있는 단계를 확인한다.		지도교수, 장애사무소 또는 전환 조정가와 함께 ▸진로 목적을 설정하기 위하여 일을 한다(예, 인간중심계획) ▸진로 목적을 성취하는 단계를 확인한다. ▸작업중심 학습계획을 개발한다.
	중등이후 교육 교육 선택권	
2년제 대학(학점 인정 강좌, 학점 비인정 강좌, 수료증, 전문학사학위) 4년제 대학(학점 인정 강좌, 학점 비인정 강좌, 학사학위) 직업기술학교(학위) 평생교육 성인교육 원격교육		2년제 대학(청강, 학점 인정 강좌, 학점 비인정 강좌, 수료증, 전문학사학위) 4년제 대학(청강, 학점 인정 강좌, 학점 비인정 강좌, 학사학위) 직업기술학교(청강, 학위) 평생교육(청강, 학점인정 강좌) 성인교육(청강, 학점인정 강좌) 원격교육(청강, 학점인정 강좌)
	입학 기준	
대학진학적성검사(SATs) 선수요건 및 기타 자격요건의 면제 대안적인 기준		포기 또는 대안적인 기준 포기 또는 대안적인 기준 포기 또는 대안적인 기준
	중등이후 교육 교육 오리엔테이션	
캠퍼스 여행 재학생과의 만남 면담		캠퍼스 여행 재학생과의 만남 면담
	재정	
재정 보조 근로 장학(work-study) 학비 면제(tuition waiver) 가족학생 자체 부담		재정 보조 근로 장학 학비 면제 가족학생 자체 부담 교육청 부담 성인기관 부담
	중등이후 교육 교육 활동	
학생증 발급 장애 지원 사무소 등록 오리엔테이션 참여 학업적 참여 캠퍼스 생활의 모든 비학업적 활동 참여		학생증 발급 장애사무소 등록 오리엔테이션 참여 수강 신청(진로 목적과 흥미 영역에 의해 안내된) 필요한 경우 교육 코칭과 학업적 지원 인터십, 봉사학습, 도제식 수업, 유급 통합 고용 참여 캠퍼스 생활의 모든 비학업적 활동 참여
	경쟁고용 및/또는 계속된 중등이후 교육	

[그림 10-1] 지적장애학생의 중등이후 교육 접근 경로

※ 자료 인용: Hart, D., Grigal, M., & Weir, C. (2010). Expanding the paradigm: Postsecondary education options for individuals with autism spectrum disorder and intellectual disabilities. *Focus on Autism and Other Developmental Disabilities,* 25(3), 140. 정동영, 2012 재인용.

유형과같이 혼합·혼성 모형, 분리 모형, 통합모형 외에, 대학 주도 프로그램(college- initiated program), 개인 또는 가족 주도 지원(individual or family-intiated supports) 등이 있다(Hart, Grigal, 2009; Hart, Grigal, Sax, Martinez & Will, 2006; 정동영, 2012 재인용).

대학주도 프로그램은 대학이 캠퍼스에서 지적장애학생을 지원하는 프로그램으로 이중 또는 동시 등록 프로그램과 동일한 범위에서 다양한 서비스를 제공하지만, 중등과정의 학교 체제는 학생에 대한 지원이나 서비스를 제공하지 않는다. 이 프로그램은 일반적으로 교수 중심이지만, 항상 일반학생들이 이용하는 전통적인 입학 허가 과정을 요구하지 않는다. 이 프로그램의 장애학생 지원은 연방과 주 기관들에 의하여 제공된다.

그리고 개인 또는 가족주도 유형은 지적장애학생들이나 그들의 가족들이 다양한 방식으로 중등 이후 교육에 대한 접근 경로를 개발하는 경우이다. 이 학생들의 일부는 표준적인 입학 허가 과정을 통하여 대학에 입학하나, 나머지 대부분은 표준적인 대학 입학 허가 과정대신 개별 교수들에게 접근하여 대학에 입학한다. 또 다른 학생들은 관심을 지닌 교과를 확인하기 위하여 장애지원센터 찾기도 한다. 지적장애학생들을 대부분 직업재활기관, 성인서비스기관, 발달서비스기관 등과 같은 장애성인들이 이용할 수 있는 기관을 통하여 지원을 받는다. 이러한 협력적인 지원은 일부 지적장애학생의 경우 성공적인 것으로 증명되고 있다(Hart, Grigal, 2009; Weir, 2004; 정동영, 2012 재인용).

우리나라의 경우 나사렛대학교에서는 지적장애학생들을 위한 독립된 재활자립학과를 설치 운영하고 있다. 나사렛대학교 재활자립학과는 국내에서 유일하게 학위과정으로 운영되고 있다. 주요 교육과정은 주요 이론 및 여가관련 과목으로 재활기초, 인간관계, 자립생활, 자기결정기술, 사회적응기술, 컴퓨터 활용, 재활 스포츠 교과가 있다. 직업관련 과목으로 직업 생활과 직업탐색, 직업준비, 직업적응, 현장실습 및 실기, 그리고 인턴과정, 간병보호, 동물관리, 원예치료, 사서 보조 및 사무행정실제 등이 있다. 그리고 교양 일부 과목과 학교의 채플 과목은 일반학부 학생들과 통합교육 차원에서 공통으로 이수할 수 있도록 하고 있다. 그 외의 이화여자대학교와 대구대학교에서는 비학위과정으로 평생교육 프로그램을 운영하고 있다. 호산나대학교에서는 대안교육과정으로 대학주도로 프로그램을 운영하고 있다. 교육부(2010) 차원에서 지적장애인들의 중등 이후 교육으로 예산을 지원하는 프로그램을 운영하고 있다. 선정된 대학은 금오공대, 백석대, 이화여대, 충주대, 한국폴리텍Ⅱ대학으로 이들 대학들은 평생교육 차원에서 지적장애학생들을 대상으로 대학주도 프로그램을 운영하고 있다. 그리고 매년 선정된 대학에 대하여 프로그램 운영에 결과에 대한 평가를 하고 프로그램의 지속 여부를 결정한다.

이상과 같이 중등 이후 교육은 미국이나 한국에서 아직까지 체계적인 운영이 이루어지고 있는 상황은 아니지만 지적장애학생들의 졸업 후 과정에 대한 중요성이 점차 강조되고 있음을 확인할 수 있었다. 그리고 프로그램도 다양하게 시도되고 있다는 것을 볼 수 있다. 이는 장차 우리나라도 지적장애학생들을 위한 중등 이후 교육프로그램이 대학, 평생교육기관, 그리고 기타 지역사회 관련 기관 등에서 다양한 과정으로 확대 운영될 것으로 예상할 수 있다. 이 절에서는 중등 이후 프로그램 접근에 필요한 준비에 대하여 McDonnell 등(2009)과 Finn과 Klein(2009)이 제시한 내용을 중심으로 소개하고자 한다.

2) 중등이후 교육프로그램을 위한 준비

중등 이후 교육프로그램의 준비과정에서 지적장애학생들이 알아야 할 중요한 점은 고등학교와 대학과정간의 많은 차이점이 있다는 것이다. 강의시간, 수업규모, 독립적인 연구 시간, 다양한 시험, 학점 이수, 교수 스타일, 자유시간 활용 등, 많은 것들이 고등학교와 다르다는 점이다(Brinckerhof et al., 2002). 지적장애학생들은 고등학교시기에 개별화전환교육(ITP)의 일환으로 대학 준비를 하는데 필요한 설계에서 자신의 능력이 어느 정도 인지 그리고 계획을 위한 지원을 어떻게 하여야 하는지 명확하게 확인할 필요가 있다. 이와 관련하여 Babbitt와 White(2002)는 다음 〈표 10-1〉과 같이 학생이 중증과정 이후 준비를 체크할 수 있는 질문지를 제시하였다.

〈표 10-1〉 중등 이후 교육 준비에 대한 학생 질문지

학생 정보	이름: 학년: 일자:
확인 안내	맞으면: Y, 아니요: N, 확실하지 않음: NS, 전혀 그렇지 않음: NA

	Y	N	NS	NA
1. 나는 고등학교 졸업 후 계속 공부하길 원한다.				
2. 나는 고등학교에서 중등 이후 교육준비를 위해 필요한 수업을 들어 본적이 있다.				
3. 나는 중등 이후 교육을 마치고 어떤 직장을 갈 지 알고 있다.				
4. 나는 여러 기관의 중등 이후 교육 기관의 정보를 검색하였다.				
5. 나는 전화번호부와 전화 안내를 활용할 수 있다.				
6. 나는 내가 가길 원하는 중등 이후 교육 기관의 직원과 만나서 이야기 한 적이 있다.				
7. 나는 나의 예산을 어떻게 쓰는지 알 수 있다.				
8. 나는 일반 교통 노선을 이용할 수 있다.				
9. 나의 가족은 중등 이후 교육을 위한 계획을 도와주고 있다.				
10. 나는 일정의 과정을 알 수 있다.				
11. 나는 중등 이후 교육을 위한 비용을 도울 수 있다.				
12. 나는 ATM기를 사용할 수 있다.				
13. 나는 중등 이후 교육을 위한 계획 세우기에 도움이 필요하다.				
14. 나는 내가 참여하고 필요로 하는 장애지원센터에 지원을 요청할 수 있다.				
15. 나는 중등 이후 교육 기관에 참여하는 동안 집에서 생활할 수 있다.				
16. 나는 중등 이후 교육에 참여하는 동안 직업을 갖기 위한 계획을 세울 수 있다.				
17. 나는 건강/치과 관련 보험을 들었다.				
18. 나는 중등 이후 교육 기관 동안 어디에서 살 것인지 알 수 있다.				
19. 나는 은행을 이용할 수 있다.				
20. 나는 중등이후 교육에서 내가 성공하는데 도움을 주는 자료와 교수적 수정을 알 수 있다.				
21. 나는 내가 참여하는 기관에서 부모가 아닌 내 스스로 필요한 것을 요구할 수 있다.				
22. 나는 나의 교육을 계속하기 위해 필요한 재정 지원하는 방법을 알 수 있다.				
23. 나는 공공 지원을 요청할 수 있다.				
24. 나는 중등 이후 교육기관에 가기 위해 필요한 서류를 작성하기 위해 도움을 요청할 수 있다.				
25. 나는 나의 중등 이후 교육 경험기간 동안 비용을 지불 할 수 있다.				
26. 나는 고등학교와 중등 이후 교육간의 차이점을 알 수 있다.				
27. 나는 약속 일정을 정할 수 있다.				
28. 나는 나의 장애가 중등 이후 교육에 어떤 영향을 미칠 지 알 수 있다.				
29. 나는 중등 이후 교육에서 성공에 필요한 영역을 알 수 있다.				
30. 나는 대중교통 수단을 이용할 수 있다.				
31. 나는 중등 이후 교육이 나에게 맞지 않으면 다시 바로 계획을 수정 할 수 있다.				
32. 나는 새로운 친구를 사귈 수 있다.				
33. 나는 내 스스로 살아갈 기술이 있다.				
34. 나는 필요할 때 도움을 요청할 수 있다.				

35. 나는 어떻게 나를 주장하는지 알 수 있다.
36. 나는 장애인지원센터에 갈 수 있다.
37. 나의 IEP/ITP는 나의 중등 이후 교육을 준비하기 위해 작성되었다.
38. 나는 나의 개인정보를 관리할 수 있다.
39. 나는 의료지원을 받게 되는지 알 수 있다.
40. 나는 우체국이 어디에 있는지 알 수 있다.
41. 나는 집단에서 편안함을 느낀다.
42. 내 주위의 사람들을 나의 학습을 방해할 것이다.
43. 나는 컴퓨터와 워드프로세스를 사용할 수 있다.
44. 나는 읽기와 쓰기를 위해 특수한 도구를 필요로 한다: 필요한 것 적어보기
45. 나의 컴퓨터는 기술적인 장비 수정이 필요하다: 필요한 것 적어보기
46. 나의 과제는 수정이 필요하다: 수정이 필요한 것 적어보기
47. 교수적 방법이 학습을 위해 수정되어야 한다: 수정이 되어야 할 것들 적어보기
48. 나는 나의 학습에서의 장점을 알고 있다: 장점들 적어보기
49. 나는 나의 학습에서의 약점을 알고 있다: 약점들 적어보기
50. 나는 중등이후 교육에서 다음 영역에 도움이 필요하다: 이들 영역 적어보기.

관심 영역 알아보기

사회적 기술: 32, 41, 42
자기-인식, 자기-주장: 1, 3, 18, 28, 29, 35, 48, 49
일상 기능적 기술: 5, 8, 10, 12, 19, 23, 27, 30, 33, 39, 40
교과 수정 및 교수적 적합화, 기타 요구사항: 20, 36, 37, 44, 45, 46, 47
준비도: 2, 4, 6, 26, 31, 43
지원사항: 9, 13, 15, 17, 24, 50
고용과 재정적 사항: 7, 11, 16, 22, 25
책임감: 14, 21, 34, 38

※ 자료 인용: "R U Reading? Helping Students Assess Their Readiness for Postsecondary Education", by B. C. Babbitt and C. M. White, 2002, *Teaching Exceptional Children,* 35, pp. 62-66.

질문지에서 소개된 것은 문항별로 사회적 기술, 자기-인식, 자기-주장, 일상 기능적 기술, 교과 수정 및 교수적 적합화, 준비도, 지원 사항, 고용과 재정적 사항, 책임감으로 구분되어 있다. 질문지의 결과를 통해 개별화전환교육계획팀이 학생의 계획에 대한 준비과정을 확인할 수 있게 하고, 대학에서의 적응에 필요한 기술과 전략을 개발하는데 도움을 줄 수 있다.

학생의 지역사회에서 중등 이후 교육 목적과 중등 이후 교육의 접근성에 따라, 개별화교육(IEP)과 개별화전환교육(ITP) 팀은 학생의 요구에 맞는 대학이

나 전문대학을 선택할 수 있도록 지원하여야 한다. 이러한 결정에는 학교의 규모, 위치, 지역에서의 접근성, 장애관련 시설에서 지원되는 서비스의 유형 등, 여러 가지 요인들을 고려하여야 한다. Adron과 Durocher(2007)은 IEP/ITP 팀이 대학을 선택할 때 고려해야할 사항들에 대하여 〈표 10-2〉가 같이 제시하였다.

〈표 10-2〉 대학 선택 시 고려할 사항

영역	고려 사항
1. 참여하고자 하는 대학의 규모와 유형	▸지방대학 혹은 전문대 ▸수도권 4년제 대학
2. 학생이 거주할 곳	▸대학내 기숙사 ▸학교 주변 아파트 ▸룸메이트와 거주 ▸단독 생활(자취 생활)
3. 독립생활 기술 가능성	▸생활비 운영 ▸대중교통 여건
4. 자신의 장애에 이해하기	▸이야기 할 사람 ▸이야기 할 시기
5. 적절한 교과 지원과 접근 시설 알기	▸필요한 기록 노트 ▸필요한 추가 시험 시간 ▸알아야 할 보조공학 장비
6. 필요한 사회적 지원 알기	▸위기 상황시 도움 구할 사람 ▸친구에게 나에 대하여 소개하기 ▸학급에서 동료와 스터디 그룹 구성하기 ▸멘토 정하기
7. 대학 환경 적응 전략 알기	▸장애인지원센터 위치 일고 찾아 가기 ▸장애관련지원 법 알기 ▸대학의 장애학생 지원 장학금 파악하기, 활동도우미 및 학습지원 제도 알기 ▸여러 가지 음식 만들기와 계획

※ 자료 인용: "Evaluating the College Transition Needs of Individuals With High-Functioning Autism Spectrum Disorders", by D. Adreon and J. S. Durocher, 2007, *Intervention in school and Clinic,* 42, pp. 271-279.

3) 관련된 생존 기술 개발

학생들이 대학에서 적응하기 위하여 교과기술과 내용 지식을 아는 것도 필요하지만, 대학 주변 환경을 스스로 찾아다니거나 대학의 일상생활에 필요한 여러 가지 사항에 대한 숙지하는 것도 중요한 요인이다. 연구에 따르면, 주로 5가지 영역이 학생들이 대학 생활을 성공적으로 적응하는데 중요한 것으로 나타났다. 1) 자기-주장 기술 2) 시간 관리 및 자습 기술 3) 공학기기 활용 능력 높이기 4) 대학 캠퍼스와 지원 서비스 찾아 가기 5) 독립생활 기술 익히기(Brinckergoff et al., 2002; Gajar, 1998; Getzel, Stodden, & Briel, 2001; Sitlington, 2003).

(1) 자기-주장 및 자기-결정 기술 개발

중등이후 교육과 대학 프로그램에서는 학생들에게 학급에서 성공적인 수행과 제시된 프로그램에 필요한 교수적 수정에 대한 구체적인 이해를 할 수 있는 기회를 주어야 한다. 또한 학생들은 교수들에게 그들에게 요구된 과제와 프로그램에서의 요구사항을 완성하는데 필요한 교수적 수정 사항에 대하여 설명할 수 있어야 한다. 학생들은 이러한 기능에 대하여 주로 그들의 부모나 교사들에게 의지한다. 그러나 학생들이 교수와 상담자들에게 접근할 수 있는 자기-확신 능력을 개발하고 그들의 필요성을 의사소통하는데 더 효과적이 될 수 있는 전략들을 활용하여야 한다. 그리고 교육계획에서 보다 더 적극적인 참여를 할 수 있도록 해야 하며, 그들의 요구에 대하여 일반교육자들과 적극적인 상호작용을 지원할 수 있도록 해야 한다. 그러기 위해서는 장애 청소년들이 자신의 실제적인 장단점을 인식할 수 있는 상담 서비스를 제공할 수 있다.

(2) 시간 관리 및 자습 기술

중등이후 교육에서 크게 차이나는 수업 구조는 학생으로 하여금 자신들의 시간을 스스로 관리하고 학습에 대한 책임감을 더 요구한다는 점이다. 이는 장애학생들이 자신들의 학교 일정과 중요 과제에 대하여 자기-조절 기술 능력이나 전략을 개발하여야 함을 의미한다. Reis, McGuire, 그리고 Neu(2000)은 학생들에게 대학 생활 준비를 위해 다양한 보상 전략(compensatory strategies)을 가르쳐야함을 제안하였다. 이들은 보상 전략을 다음과 같은 것들을 포함하는 것으로 정의하였다; 학습전략(노트하기, 시험 준비, 플래쉬카드나 기억장치와 같은 기억전략), 자기-조절 학습 전략(self-regulating learning strategies), 보상 지원(녹음테이프, 워드프로세스 프로그램, 테이프나 CD로 된 책, 철자기계, 음성 활성화 소프트웨어 프로그램), 교수적 평가 수정(시간 연장, 조용한 환경 조성, 참고 자료, 대독, 대필). 이들은 또한 학생들에게 과제의 요구에 따라 그리고 자신의 선호도나 스타일에 따라 특정한 전략을 선정하는 방법을 가르칠 필요가 있다고 제안하였다.

Oliver, Hecker, Klucken, 그리고 Westby(2000)는 관련 학습 전략을 지도할 때, 교육자들은 학습 능력을 높여주는 다음의 구체적인 요인들을 파악하여야 함을 제안하였다. (1) 표현 속도(자료의 제시 속도), (2) 학습할 자료 분량(일주일에 읽을 자료의 양), (3) 자료의 조직(정보를 좀 더 작은 단위로 나누기), (4) 어휘, 문단, 생각의 복잡성, (5) 동시 처리 요구, (6) 여러 가지 방법으로 표현되거나 대안적 형태로 제시된 지원의 활용성

(3) 공학기기 활용 능력 높이기

기술/직업학교, 전문대학, 대학은 공학 활용이 상당히 많은 환경이다. 학생들은 교과적 요구에 필요한 공학이나 행정적 절차에 요구되는 공학의 활용을 배워야 한다. 결과적으로 학생들의 대학 적응 능력은 대학 입학 사전 요건으로 컴퓨터를 얼마나 잘 활용하고 보조공학적 지원을 잘 활용하는가에 달려 있다. 학생의 공학 활용 능력을 높이기 위해서는 중등 이후 교육 프로그램에 대한 학생의 요구와 현재 능력에 대한 평가에 근거하여야 한다. 일단 적절한 방법이 결정되면 학생들에게 과제나 활동에 일반화된 적용을 높일 수 있는 공학의 활용을 직접 교수하여야 한다.

(4) 대학 캠퍼스와 지원 서비스 찾아 가기

대학에 가기 위한 준비 활동의 하나로 학생을 위한 대학 오리엔테이션에 참여하는 것이다. 이들 프로그램은 학생들이 대학에 좀 더 친숙하게 적응력을 높이기 위해 마련된다. 대학 캠퍼스 익히기, 수강신청 방법, 사회적 지원 상황, 장애학생 지원 시스템 등, 이들 프로그램은 일반학생 자원봉사자들과의 연계를 통해 도움을 주기도 한다. 또한 대학에 입학하기 전에 방학을 이용하여 전환 프로그램 형식으로 개최하기도 한다.

(5) 독립생활 기술 익히기

종종 대학에 가는 학생들에게는 가정과 지역사회 생활에서 직면하는 문제를 극복하는 학습 지원이나 교수를 요구하지 않을 수 있다. 그러나 다른 학생들과 달리 지적장애학생들은 일상생활에 필요한 독립성과 책임감을 늘리는데 필요한 많은 도전을 받고 있다. 이들 학생들에게는 돈 관리와 공공시설에서의 계산하기 등 많은 부분에서 지속적인 교수와 지원이 필요하다. 성공적인 대학 생활을 위하여 전반적인 영역에서의 전환 교육 프로그램이 체계적으로 운영되어야 한다.

4) 개별화된 지원 계획 개발하기

이중 등록 프로그램의 장점은 학생들이 중등 이후 교육 프로그램과 대학에서 이중으로 지원을 받을 수 있다는 점이다. 지원 계획은 학생에게 맞추어져야 하고, 학생의 구체적인 장점과 요구를 반영하여야 한다. 모든 학생들에게 적절하게 맞는 계획은 없지만, 모든 학생을 위한 지원 계획은 다음과 같은 몇 가지 중요한 원칙에 근거하여야 한다.

- 학생이 그들의 프로그램에서 요구하는 사항에 가능한 책임감을 가지고 임하

게 한다.

- 학생이 중등 이후 교육 기관에서 장애학생들에게 일반적으로 제공하는 교과와 사회적 지원을 최대한 활용 한다. 학생들로 하여금 언제든지 스스로 이러한 지원을 찾아보도록 한다.
- 중등 이후 교육 프로그램 인사는 학생으로 하여금 특정한 과정에서의 요구를 지원하기 위하여 공식 및 비공식적인 일대일 또래 관계 지원 전략을 활용할 수 있도록 지원한다.
- 중등 이후 교육 프로그램 인사는 학생들이 관련 고용 및 인적 관리에서 요구되는 사항을 직접적인 교수나 모니터링 통해 지원하여야 한다.

지원 계획에서 가장 우선적으로 고려되어야 하는 것은 학생이 대학에 가기 위해 알아야 하는 것을 어떻게 접근시킬 것인가와 이를 성공하기 위해 요구되는 지원들을 어떻게 수행하게 할 것인가 이다; 입학 지원, 재정적 지원 얻기, 필요한 경우 주거 문제, 학생 신분 증 발급, 교수적 수정, 학점 신청하기, 장애학생 활동도우미 활용하기 등. 일반학생들과 마찬가지로 장애학생들도 대학 입학 준비를 위해 수개월에 걸친 계획과 훈련이 필요하다. 대부분의 대학과 전문대학은 학생들로 하여금 지원 과정과 대학 시작을 위한 오리엔테이션을 실시한다. IEP/ITP 계획 팀은 이러한 자료를 확보하여 학생들의 전환 계획에서 안내될 수 있도록 계획을 세워야 한다.

이상과 같이 대학에서 요구하는 것을 포함하여, 지원 계획에는 학생들이 필요로 할 때 바로 활용할 수 있는 기타 다른 영역들도 포함하여야 한다. 일대일 또래 지원 활용 계획은 전공을 이수하는데 많은 도움이 된다. 최근 장애대학생들이 재학하고 있는 대학에서는 장애학생지원센터를 통해 이들 장애학생들을 일대일로 돕는 일반 대학생 자원봉사자들을 활용하는 프로그램을 운영하고 있다. 이들로 하여금 수업지원, 대필, 대학 캠퍼스 이동 지원, 수강신청 지원, 또래와 함께하는 문화생활, 동아리 참여, 개인 교습 등 다양하게 지원하고 있다(나사렛대학교 장애학생고등교육지원 센터). IEP/ITP 팀은 이러한 대학에서의 지원 계획 자료를 확보하여 또래 활용하기 프로그램을 계획할 수 있다. 그 외에도 가족이나 친구들을 통한 지원을 활용할 수 있다. 그리고 중등 이후 교육 프로그램 인사는 고용 훈련, 대중 교통수단 이용하기, 학생회 참여하기, 자기-관리, 일정 관리 등과 같은 활동들을 전환 교육 과정에 포함하여 지원할 수 있다.

5) 대학 생활 준비를 위한 교사와 학생의 역할

Finn과 Klein(2009)은 장애학생의 중등 이후 교육 준비를 위하여 교사와 학생의 역할을 다음과 같이 제시하였다.

(1) 교사의 역할

▸ 대학이나 중등 이후 교육 기관들의 지원 담당자와 만남 주선하기

각 대학의 장애학생지원센터는 학생들에게 적절한 서비스를 제공하기 위해 설치된 기관이다. 고등학교에서 전환과정의 일환으로 대학에서의 일반대학생들을 위한 지원과 장애학생들을 위한 지원에 대한 사항을 담당 직원을 통해 설명을 듣고 질의 응답하게 하는 것은 매우 중요한 부분이다. 특히 대학에서의 장애학생들을 위한 특별한 지원 프로그램(관련 서류, 장애학생과 대학 교수들과의 의사소통 방법, 정보 활용 등)에 대하여 설명을 안내 받게 하면 학생으로 하여금 사전에 대학에 대한 정보를 충분히 파악할 수 있는 좋을 기회가 될 것이다. 또한 대학 담당 직원들과의 사전 안면을 통해 장애학생이 대학에 진학 했을 때 더 효과적이고 즐거운 마음으로 적응할 수 있게 한다.

▸ 원활한 학교 생활에 필요한 요구사항과 관련 서류를 사전에 조사하기

입학 첫 날부터 서비스를 받기 위해 학생들은 필요한 서류를 준비하여야 한다. 중등이후 교육 학교에서는 장애학생을 증명하는 관련 서류를 요구할 수 있다. 이러한 서류는 동사무소에서 공식적으로 발급 하지만, 장애유형에 대한 판정은 지정된 병원의 담당 의사에 의해 사전에 검증되어야 한다. 전환교육의 한 과정으로 장애인수첩 뿐만 아니라 대학생활과 중등이후 교육 기관에서 필요로 하는 관련 서류 목록을 작성해 보고, 준비하는 훈련을 사전에 조사하고 스스로 챙기는 훈련을 해 볼 수 있을 것이다.

▸ 여러 가지 관련 과제를 사전에 준비하기

일반적으로, 지역사회 대학이나 직업 프로그램에 참여하기 위해 입학 시험을 치르는 것이 아니지만, 이들에게 대학 수준의 학습 준비도를 확인하는 배치평가를 간단한 읽기 및 셈하기 수준으로 시행할 수 있다. 교사가 대학 프로그램 참여를 위한 사전 승인 요건을 검토해 보는 것은 매우 중요할 수 있다. 관련 대학이나 중등 이후 교육 기관 담당자를 통해 필요한 정보를 파악하고 이것을 학생들에게 어떤 내용을 사전에 이해시키고 준비는 어떻게 할 것인지 결정할 필요가 있다.

▸ 학생과 가족들에게 사전에 대학 캠퍼스 탐방 권장하기

대학이나 전문대학에서는 종종 특별한 행사를 준비한다. 축제나 학생 체육대회, 문화 행사 등 하루 일정, 아니면 며칠이나 일주일 간 진행되는 행사들도 있다. 또한 예비대학생들을 위한 대학교 자체 오리엔테이션 행사를 개최하기도 한다. 이러한 행사의 목적은 대학에 대한 선택 기회와 인지도를 높이기 위해 진행된다. 교사들은 이러한 기회를 활용하여 학생과 가족들이 대학에 대한 시설과 관련 서비스 기관(식당, 학습 센터, 도서관, 컴퓨터 및 보조공학 실 등)에 대한 정보를 얻을 수 있게 한다. 이러한 기회를 통해 학생으로 하여금 대학이라는 새로운 환경에 대한 흥분과 도전을 하게 할 수 있다. 이를 위해 사전에 대학 담당부서나 직원들에게 전화하여 행사 개최 일정을 파악해 둘 필요가 있다.

(2) 학생의 역할

▸ 캠퍼스 정보 파악하기

학습관, 도서관 자료실, 온라인 지원, 교통노선, 교내 써클 등과 같은 장애인과 비장애인들에게 제공되는 이용 자료들을 탐색한다. 특히, 1학년이 이용하는 시설을 탐색한다.

▸ 원하는 자료가 없을 때는 장애학생지원센터에 추가적인 지원 요청하기

교내 장애인 접근 시설이나 교수적 수정 그리고 특수한 서비스가 갖춰져 있지 않을 경우, 자신에게 필요한 자료에 대한 정당한 요구를 할 수 있다. 자신에게 필요한 요구 사항의 이유와 관련 배경 지식, 정당성 등을 표현할 수 있다. 고등학교에서는 교사가 무상의 적절한 공교육에 필요한 모든 것을 챙겨 주었지만, 대학에서는 교수를 위한 접근 시설과 교수적 수정에 대하여 학생 스스로 어떻게 주장할 것인가에 대한 책임이 있다.

▸ 필요한 서류 준비하기

본인이 장애인임을 증명하기 위한 근거 자료를 요청받을 수 있다. 고등학교를 졸업하기 전에 이와 관련한 준비를 할 필요가 있다. 상담가, 특수교사와 같이, 중등이후 교육 학교에서 필요한 서류가 무엇인지에 대해 상의할 필요가 있다.

▸ 교과 수업 이외에 필요한 접근 시설과 교수적 수정에 관해 생각해보기

레크리에이션과 여가 시설 그리고 중등 이후 교육 성공의 중요한 요소인 직업 유형을 파악하기 위해 필요한 건물이나 공간에 접근하기 위한 시설에 대하여 관심을 가져 볼 필요가 있다. IEP/ITP의 한 과정으로 이러한 내용을 알아보기 위해 정리한 것을 가지고 대학 직원과 이와 관련한 중요한 정보를 자문해 볼 수 있을 것이다.

▸ 교수적 수정의 필요성 및 이유에 대하여 교수와 개인적으로 이야기하기

고등학교에서는 당연히 모든 걸 다 해주었는데, 대학교에서는 왜 안되는가를 요구하기 보다는 지금 나의 장애로 인해 절실히 필요한 지원과 접근 시설, 교수적 수정에 대하여 교수에게 지원을 요청한다.

▸ 권리, 법, 교내 학칙 알기

대학에 가기 위한 준비의 일환으로 그리고 지원 서비스를 받기 위해 자신의 권리나 법규, 교내 학칙 등에 대하여 다음 〈표 10-3〉과 같이 IEP/ITP의 연간 목적을 정해 훈련할 수 있다.

〈표 10-3〉 중등이후 교육 지원 서비스를 받기 위한 계획

전환 목적: 대학에서의 지원 서비스 받기
1학기 수행할 내용 : 1. 내가 합격한 대학을 찾아 대학에서 필요로 하는 서류 알기 2. 선생님과 내가 해야 할 일 정하기 3. 장애인증명서를 받기 위해 학교 심리학자, 안내자, 상담사, 장애인복지관, 병원, 동사무소에 엄마가 해야 할 일 도와주기
어려운 일 1. 내가 어디서부터 시작해야 할지 모를 때 2. 너무 부담스러움 3. 지금 내가 받아야 할 서비스를 받을 수 있을 지 확실하지 않음 4. 내가 공부를 하고 싶은지 아니면, 지원이 정말 필요한지 잘 모를 때
어려움 극복하기와 실행하기 1. 대학에서 서비스를 받기 위해 필요한 것이 무엇인지 엄마에게 도움 요청하기 2. 상담사와 안내자에게 상담하기 3. 선생님께 도움 요청하기
실행 계획 1. 어디서부터 시작해야 하는지 오늘 저녁 엄마와 이야기하기 2. 상담사를 찾아가서 상담할 시간을 정하기 위해 선생님께 도움 구하기 3. 엄마와 함께 이야기할 것들을 찾아 목록 작성하기 4. 다음 주 나의 IEP/ITP회의 전에 선생님과 이와 관련된 일 이야기하기
올 해 내가 수행할 일 1. 대학에 가지 위해 내가 해야 할 과제에 대하여 선생님과 훈련하기 2. 엄마와 나의 장애에 대하여 더 많은 정보 이야기 해보기 3. 상담사와 내가 해야 할 일에 대하여 이야기하기 4. 대학을 방문할 때, 내가 보고 싶은 내용에 대하여 확인하기 위해 장애학생지원센터

찾아가기
5. 최소한 3개 정도의 대학에 지원하기
6. 나의 IEP/ITP 회의 준비를 위해 선생님과 발표 자료 준비하기(예; 내가 수행할 내용의 파워포인트)
7. 대학 과정을 준비를 위해 교사와 컴퓨터 프로그램 작동에 대해 훈련하기

※ 자료 인용: Wehmeyer, Sands, Knowlton, & Koleski, 2002, Sample approach for planning to receive postsecondary support services; Finn과 Klein, 2009, 재인용

연습해 봅시다

1. 다음 〈활동자료 10〉과 같이 중등 이후 교육 기관 진학을 위한 개별화전환계획을 세워 봅시다.

〈활동자료 10〉 중등 이후 교육기관 진학 계획

1. 장애학생
   1) 학년 :
   2) 대상 학생 특성 :
   3) 대학진학을 위한 현재 능력:

2. 대학진학을 위한 전환교육계획 세우기
   1) 사전준비활동
      - 기관 선택시 고려사항

   2) 관련 기관간 협력 계획

   3) 고등학교에서의 훈련 내용
      - 교사의 역할
      - 학생의 역할

   4) 진학할 대학이나 기관에서의 훈련 내용

   5) 부모와의 역할 계획기

2. 한국의 실정에 맞는 중등 이후 교육기관이나 관련 기관을 찾아 장애학생을 위한 전환계획을 세워봅시다.

제 11 장

지역사회 전환을 위한 사회성 기술

학습목표

❶ 지역사회 전환을 위한 사회성 기술의 정의 및 의미를 이해한다.
❷ 지역사회 전환을 위한 사회성 기술지도 영역 및 수준을 이해한다.
❸ 지역사회 전환을 위한 사회성 기술지도 및 현장학습 계획안을 작성해 본다.

01 사회적 기술

1) 사회적 기술 정의

Gresham과 Horner(2001)에 의하면, 사회적 기술(social skills)은 개인이 구체적인 사회적 과제를 능숙하고 성공적으로 수행하는 특정한 행동이고, 사회적 능력(social competence)은 개인이 수행한 사회적 과제를 능숙하게 수행했는가의 여부를 다른 사람의 기준이나 판단에 근거해 평가한 결과라고 주장하여 사회적 기술과 사회적 능력을 구분하여 제시하였다. 즉, 사회적 기술은 가르치고 배우고 수행해야 하는 행동인 반면, 사회적 능력은 여러 상황에 걸쳐 이러한 행동을 판단하거나 평가하는 능력이라고 하였다.

사회적 기술은 학자들의 보는 관점에 따라 조금씩 달리 정의되고 있다. Foster와Ritchey(1979)는 사회적 기술은 제시된 상황에서 학생이 상호작용을 할 때 긍정적인 효과를 증진 및 산출할 가능성을 극대화하고, 다른 사람에게 해를 주지 않는 반응들이라고 하였다. Ladd와 Mize(1983)는 인지와 행동이 문화적으로 수용되고 대인관계 목적에 부합되게 행동하는 능력이 사회적 기술이라고 정의하였다. Vaughn과 Hogan(1990)은 사회적 기술을 네 가지 요소로 다른 사람과 긍정적인 관계, 연령에 적절한 사회적 인지, 부적응 행동이 없는 것, 다른 사람에 대한 적절한 사회적 반응이나 시도로 구분하였다. Gresham(1984)은 사회적 기술 부족, 수행부족, 자기통제 부족으로 나누어 부분적인 기술로 분류하여 설명하고 있다. 사회적 기술 부족은 요구되는 사회적 인지와 기술을 배우지 못해서 일어나는 것이고, 수행부족은 기술은 획득되었으나 그것을 수행하는데 어려움을 지니는 것이다. 그리고 자기통제 부족은 적절한 사회적 기술을 획득하고도 수행에 어려움을 보이는 회피적 행동이라고 기술하였다.

사회적 능력은 이러한 사회적 기술을 효과적으로 활용하는 것이라고 할 수 있다. Hazel과 동료(1985)들은 사회적 능력을 복잡한 기술의 복합체라고 기술하고 사회적 능력은 적절한 상황을 구별할 수 있고, 적절한 음성/비음성적 행동을 결정할 수 있고, 사회적 규준에 적당하고, 조화 있고 부드럽게 기술을 수행할 수 있고, 반응을 정확하게 읽고, 이러한 것을 무리 없이 피드백을 할 수 있는 능력을 포함한다고 제시하였다.

Gresham(1986)은 장애아들이 여러 가지 사회적 능력에 실패하는 이유는 이들이 적절한 사회적 기술을 사용할 수 있는 동기는 가지고 있지만, 이들 사회적 단서를 해석하고 구분하는 인지적 기술이 부족하기 때문이라고 주장하였다. 즉, 자신의 행동적 레퍼토리는 가지고 있지만 그것을 어떻게 사용하는지에 대한 방법을 모른다는 것이다. Gresham은 이것을 자기통제 기술 결함(self-control skill deficit)이라고 하였다. 그는 또한 학생이 방법과 내용은 알지만 실제 생활에 직면해서는 적절한 사회적 행동을 수행하지 못하는 수행결함(performance deficit)도 사회적 능력의 부족을 유발한다고 제안하고 있다.

Vaughn 등(1992)은 사회적 능력은 다차원적인 요소로 이루어졌다고 주장하고 그 구성 내용은 동료관계(peer-relations), 자기-수용(self-acceptance), 적응행동(behavioral adjustment) 그리고 사회적 기술(social skill)이라고 하였다.

이상 연구자들의 주장에 따르면, 사회적 기술은 사회적 능력의 부분적인 요소이고 사회적 능력은 이러한 기술들의 종합적인 의미를 가진다. 사회적 기술과 사회적 능력은 별개의 요소로 존재하는 것이 아니라 서로 얽혀있다고 할 수 있다. 따라서 사회적 기술은 강화된 행동을 표출할 수 있는 능력, 타인으로부터 제약을 받거나 비판을 받을만한 행동을 하지 않는 능력 또는 사회적 상황에 맞게 행동할 수 있는 능력이라고 정의할 수 있다(Gambrill & Richey, 1986).

2) 사회적 기술 지도의 중요성

사회적 기술은 사회에서 모든 학생들이 다른 사람들과의 관계를 유지하는데 필요한 요인이다. 사회적 기술은 개인의 전체 생애에서, 가정과 학교에서, 지역사회에서 그리고 직장에서 다양한 사람들과 관계하면서 요구되는 기술이다. 결국 사회적 기술의 결핍은 학교나 직장 그리고 사회생활에서의 적응 실패를 의미한다.

장애학생들은 일반학생들보다 이러한 사회적 기술을 획득하고 개발하는 데 어려움이 있는 것으로 보고되고 있다. 그 이유로 장애학생들은 사회적 기회가 상대적으로 제한되어 있고, 사회적 기술을 개발하는데 요구되는 노출과 경험이 부족하기 때문이다. 따라서 교사, 부모, 그리고 전문가들은 이들의 사회적 기술을 가르치고 훈련할 수 있는 기회를 다양하게 제공할 필요가 있다(Pierangelo et al., 2004).

3) 사회적 기술의 획득

사회적 기술 발달은 매우 일찍 시작된다. 일상생활에서 의미 있는 개인에 대한 모델을 통해 이러한 기술이 획득될 수 있다. 사회적 기술이 발달하는 과정을 보면, 적절한 행동과 적절하지 못한 행동을 했을 때 부모의 즉각적인 피드백을 통해 기술이 발달된다. 바람직한 행동에 대한 보상과 바람직하지 못한 행동에 대한 지적은 학생으로 하여금 이 다음에는 어떻게 행동해야 하는지를 알게 해주고 나름대로의 사회적 기술을 형성하게 하는 과정이 될 수 있다.

사회화는 우리의 일상에서 끊임없이 이루어진다. 새롭게 직면하는 여러 상황과 장면에 노출되는 과정에서 사회적 기술을 익히는 것이다. 사회적 기술을 익히게 되는 것은 학생이나 성인이 자기 자신과 다른 사람의 행동을 관찰하고, 행동 방식을 논의하고, 피드백을 받을 수 있는 여러 상황에서의 실천 능력에 달려 있다. 그리고 신뢰와 존경을 받는 분들로부터 건설적인 피드백을 들을 수 있는 능력과 관련이 있다.

사회적 기술을 모델링 하는데 중요한 대상은 친구들이다. 타인의 반응을 읽을 수 있는 학생은 자신이 한 행동에 대한 다른 사람의 긍・부정적인 반응에 따라 자신의 행동을 수정할 수 있다. 그러나 장애학생의 경우 이와 같은 중요한 피드백 수행에 어려움이 있는 것으로 나타났다(Duncan & Canty-Lemke, 1986; Pierangelo et al., 2004 재인용). 어떤 학생들은 사회적 행동에 필요한 기본적인 것도 배우지 못하기 때문에 사회적 고립 상태에 있게 된다.

장애인들이 사회적 기술을 유지하는 데 많은 어려움을 가지게 된 이유를 제시해 보면 다음과 같다.

- 대화를 주고받는 기술의 어려움
- 시선 맞추기의 부적절함
- 공손함을 유지하지 못함
- 주의력 부족
- 오해를 푸는 방법 부족
- 상호간의 관심사항에 대한 대화 주제 찾기 부족
- 얼굴 표정이나 목소리 톤에서 사회적 단서 찾기 부족
- 언어적인 장애가 있는 경우 의사 전달의 곤란
- 다른 사람과의 대면에서 어느 정도의 위치에 서야 하는지 잘 모름

우선 장애학생의 부적절한 행동에 대한 지도는 가정에서 시작될 수 있다. 학생의 사회화에 도움이 될 수 있는 실제적인 놀이에 역할을 줄 수 있을 것이다. 가족이 사회적 활동에 참여할 수 있는 기회를 제공해 줄 수 있을 것이다: 손님에게 인사하고 안내하기, 방석 갖다 드리기, 음식 나르기 등. 이러한 가정에서 일어나는 사회적 활동에의 조기 참여는 장래의 사회 참여에 영향을 준다.

학생이 나이가 들어가면서 좀 더 낯선 환경에서 부모나 교사가 상호작용 할 기회를 만들어 지원할 수 있을 것이다. 학생이 학교에서 친구들과 그리고 그룹 활동을 하는 과정에서 서로 협력하는 방법을 익히게 되고, 점차 성숙해가면서 사회적 기술을 더욱 세련되게 다듬어 가게 될 것이다. 우정은 학생들이 타인과의 기본적인 인간관계를 유지하는데 필요한 만남과 이해 그리고 공유할 수 있는 기회를 갖게 하는 중요한 요소다. 학생이 성장해 가면서 자연스럽게 부모로부터 또래 집단으로 옮겨지게 된다. 친구들과의 놀이를 통해 부모에게서 배울 수 없는 사회적 기술과 자신의 정체성을 익히게 된다.

4) 장애학생의 사회적 기술지도 내용

사회적 기술 지도가 어렵고 좌절에 직면하는 점은 구체적인 생각을 실행에 옮기면서 나타난다. 왜냐하면, 사회적 행동은 같은 행동이라고 하더라도 맥락에 따라 다르게 적용되고, 장애학생들은 상황에 적절하게 그리고 바로 적응하는 능력이 부족하기 때문이다. 따라서 교사들은 다양한 방법으로 이들의 사회적 경험을 넓힐 수 있도록 준비해야 한다(Pierangelo & Crane, 1997).

- 바르게 화장하기, 개인위생관리, 자기관리 지도 강조
- 좋은 친구들의 성격에 관한 토론과 탐구하기: 좋은 친구 사귀는 방법, 친구관계 맺기와 유지하기, 친구관계가 이어지지 못하는 이유 알아보기
- 중요한 사회적 행동 모델링하기, 친구관계 맺기 역할 놀이하기, 전화로 대화하기, 다른 친구의 관심사항에 대해 이야기하기, 친구 초대하기, 친구와 활동이나 우정 나누기
- 학생의 취미와 특별한 관심사항 개발해주기
- 지역사회에서 여가활동 지원하기
- 학교에서의 특별활동 지원하기
- 지역사회에서 청소년 일터나 자원봉사활동 지원하기
- 과잉보호하지 않기, 실패 두려워하지 않고 다른 사람의 거절, 마음의 상처 회피하지 않기
- 사회적 실수 줄이기: 지나친 과잉친절 행동 피하기, 공공장소에서 타인이 싫어하는 행동이나 말버릇 고치기

02 사회성 기술 평가

사회적 기술에 대한 평가는 면접을 통한 방법과 대상자를 직접 혹은 간접적으로 관찰함으로써 평가하는 방법이 있다(Schloss et al., 1988).

1) 면접법

면접은 교사들이 학생의 대인관계와 관련한 자료를 얻는데 도움을 준다. 부모나 학생 본인이 대인관계 기술에 대한 현재의 수준을 척도로 나타낼 수 있다. 또한 면접법은 구체적인 기술의 결함을 확인할 수 있다. 이와 같은 정보는 사회적 기술 훈련을 위한 연간(장기)목적과 단기 목표 설정에 기초가 된다.

또한 면접법은 개인의 사회적 능력에 대한 전반적인 자료를 얻을 수 있게 한다. 예를 들면 평가자는 면접 과정에서, 면접 질문에 대한 대답의 적절성뿐만 아니라 대인관계 관련 행동들 즉, 눈 맞추기, 발화 길이, 비평에 대한 반응 등을 파악할 수 있다.

사회적 기술 면접법은 비구조화나 구조화된 방법으로 실시한다. 비구조화된 방법은 실험자가 질문을 하고 여기에 반응하는 응답자의 대답에 따라 개방적인 질문이 이어진다. 따라서 비구조화된 면접법은 구체적인 질문이 사전에 정해지지 않고 응답자의 대답에 대한 실험자의 질문 유형에 따라 달라진다. 특별히 기록 방법이나 반응 척도가 정해져 있지 않다.

반면 구조화된 면접법은 실험자가 사전에 질문할 사항, 질문 순서, 질문 형태 등을 구체적으로 정한다. 질문 유형이나 질문 형태 자체로 인해 면접 평가에 영향을 받지 않도록 한다. 응답자의 반응에 따른 기록 유형도 사전에 어떻게 할 것인지 정해둔다. 이는 기록상에서 관찰자의 편견을 최소화하기 위함이다. 사회적 기술 평가를 위한 구조화된 면접법 척도 개발의 주요 4단계는 다음과 같다.

① 평가할 구체적인 대인관계 기술을 결정한다(예를 들면; 비평에 대한 반응).
② 각 기술을 따른 개별적인 행동을 밝힌다(예를 들면; '너 화장이 엉망이구나' 라는 소리를 들었을 때 나타내는 반응).
③ 각 행동에 대한 척도를 설정한다.
④ 면접 척도에 대한 지시 사항 등을 준비한다.

2) 관찰법

관찰법은 사회적 행동에 대한 더 직접적인 측정이다. 장애학생의 대인문제 기술에 대한 관찰법은 면접보다 좀 더 객관적으로 타당하고 신뢰를 주는 정보를 제공한다. 관찰법은 크게 두 가지 방법으로 진행된다. 구체적으로 정해진 시간 동안 진행되는 실제 장면 관찰법(vivo observation)과 어떤 행동이 일어날 수 있는 통제된 조건을 만들어 실시하는 유사관찰법(통제관찰법, analogue observation)이 있다.

(1) 자연 관찰법

실제 장면 관찰법은 학교, 가정, 일터, 놀이터 등 자연스런 상황에서 행동을 관찰하는 것이다. 실제 장면에서 행동을 관찰하기 위하여 다양한 관찰 행동 양식 즉, 빈도 기록법(event recording: 특정 문제의 기록 횟수), 등간 기록법(interval recording: 특정 시간내 행동의 유무 기록), 지속시간 기록법(duration recording: 행동의 시작과 종료 표시), 반응지연 기록법(latency recording: 예상 자극의 제시 후 행동이 시작되기까지의 경과 시간 기록), 시간 표집법(time sampling: 등간 기록법처럼 특정 시간내 행동 유무 기록), 일화 기록법(anecdotal recording: 문제 행동의 원인 측정에 이용, 되풀이 되는 선행사건과 후속사건의 서술적 기록 방식, 매일 일정한 상황을 삽화 형식으로 기록 후 분석) 등이 사용된다. 관찰 기록은 주어진 관찰 양식에 따라 객관적이고 정확하게 실시한다. 관찰 결과의 분석 또한 사전에 정해진 기준(빈도, 양, 지원수준 등)에 따라 학생이 보이는 행동의 일관성을 밝히고 이를 교수 자료의 기초로 활용한다. 그러나 실제 장면 관찰법은 시간이 많이 소요된다는 점과 모든 사회적 기술과 상황에 적용하기 어렵다는 한계를 가지고 있다.

(2) 유사(통제) 관찰법

실제 장면 관찰법의 제한점을 극복하기 위해 주로 활용된다. 상황과 행동이 반드시 연계된다. 교사는 학생이 구체적인 행동을 나타낼 상황을 설정한다. 이는 자연적인 상황이 아니라 임의로 설정한 상황이 된다. 따라서 실제 장면에서 관찰이 어려운 행동들을 측정하고 싶을 때 많이 활용된다. 그러나 진행 절차 및 관찰 결과의 분석은 실제 장면 관찰법과 거의 동일하게 수행된다. 실제 장면 관찰법과 마찬가지로 시간이 많이 소요될 수 있다. 주의할 점은 경도 장애학생의 경우 실제 자연스런 장면이 아닐 경우 그들의 행동을 잘 표현하지 않을 수 있다는 것이다.

03 사회적 기술 훈련 모델

장애학생을 위해 사회적 기술을 지도하는데 많은 전략들이 사용될 수 있다. 일반적으로 활용되고 있는 모델들을 소개 하고자 한다(Craig, 1994).

1) 모델링(modeling)

모델링은 관찰을 통해 대리 학습(vicarious learning)의 기회를 제공하는 것이다. 즉 다른 사람의 행동을 관찰하고 대리 경험 하게 하여 학습을 모방하게 하는 것이다. 모델은 실생활, 비디오 테이프, 오디오 테이프 등으로 이루어질 수 있다. 관찰은 관찰자 자신의 입장에서 관찰하게 한다. 여러 그룹이라면 각 그룹의 리더, 멤버들이 서로 모델로서 역할을 할 수 있다. 연구에 의하면 훈련받는 사람과 연령, 성, 사회적 특성이 비슷하거나 약간 높은 위치(2학년 정도 선배)에 있는 사람이 효과적이라고 한다. 특히 관심 있는 상황을 연출할 수 있는 비디오 테이프 모델링은 목표 기술을 반복하여 제시할 수 있어 자주 활용되고 있다.

2) 시연(rehearsal)

행동 시연은 일반적으로 교사나 집단 멤버들이 격려를 위한 피드백이나 제안 등을 함께 활용하는 역할놀이(role playing)나 실행이다. 사회적 기술 훈련이라는 맥락에서 역할 놀이는 특정한 언어적 그리고 비언어적 행동을 증진시키려는 의도로 시도된다. 교사가 학생들로 하여금 문제 상황을 연출하게 하고 실생활에서처럼 실제 행동에 따르는 인과 결과(consequences)의 염려 없이 대안적인 새로운 행동을 학습할 수 있는 기회를 준다. 또한 학습 과정에서 혐오적인 반응 결과로부터 보호 받을 수 있을 뿐만 아니라, 역할 놀이는 수행 과정에서 학생이 긍정적인 강화를 받아 실제 생활에서도 그와 같은 바람직한 행동을 할 가능성을 높여 준다.

3) 강화(reinforcement)

강화는 긍정적인 행동에 대한 인정과 칭찬이다. 정적인 강화는 사회적, 물질적, 혹은 행동적인 보상 등의 유형으로 이루어질 수 있으며 집단의 리더, 다른 멤버들 혹은 개인 스스로가 할 수 있다. 강화는 행동을 변화시킬 수 있는 효과적인 방법이며 가치 있는 기술이다.

4) 지적해주기(coaching)

지적해주기는 학생의 긍정적인 반응을 유도하기 위해 구체적으로 제안을 하는 교정적 피드백이다. 집단의 리더나 멤버들이 서로 사회적 기술 훈련 상황에서 활용할 수 있다. 이러한 지적해주기는 개인이 적절한 사회적 반응을 발달시키고 유지하도록 하는데 도움을 준다. 또한 교정적 피드백은 수정하려는 사항에서 긍정적인 측면과 함께 제안하면 효과적이다. 예를 들면, “너가 눈 맞추기는 아주 잘 했구나.” “그런데 목소리를 조금만 더 높이면 더 좋을 것 같구나.” 지적해주기는 다른 사회적 모델링과 함께 활용하면 더 효과적이다.

5) 긍정적 자기-진술(positive self-statement)

개인은 자기 진술을 통해 강한 영향을 받게 된다. 즉, 사건이나 상황에 대하여 자신의 평가나 해석을 자신의 말로 해봄으로써 강화를 받는다. 이들 메시지에는 평가적(“그렇게 한 건 정말 바보 같은 짓이었어”), 교수적(“계속해, 보고 있는 사람이 없어”) 요소를 담고 있다. 모델링, 상상하기, 조건 붙여 생각하기 등과 같은 개인의 내적 대화는 부적응 행동을 긍정적인 행동으로 수정할 수 가능성을 높여 준다. 긍정적인 자기 진술 훈련의 첫 과제는 개인으로 하여금 행동에서 상상 역할 놀이를 더 적극적으로 할 수 있도록 돕는 것이다. 인지적 그리고 내적 진술 행동은 스스로 개인이 자극하고 인식하는 단서를 활용함으로써 발달된다. 자신의 비합리적 신념이나 부적응적인 행동을 스스로 인식하고 난 뒤, 자기 반성이나 비판 의식을 발달시키게 되고, 또한 다른 사람으로부터 받게 되는 비판이나 두려움을 의식하고 그들 스스로를 더 긍정적인 진술로 대체하는 훈련을 하게 된다(예를 들면, “이것은 내가 잘 할 수 있는 것이야” 혹은 “잠깐만, 내가 해야 할 것에 대해 잠시 멈춰 생각해보자”).

04 사회적 기술지도

1) 지원수준 결정하기

사회적 기술과 지원수준을 결정하기 위해 교사는 각 학생의 지도에 필요한 명확한 우선순위를 결정해야 한다. 이 과정은 신중한 평가가 요구된다. 이를 위해 학생과 부모와의 효과적인 의사소통이 필요하고, 학생의 장애가 현재와 미래 환경에 독립적으로 생활하는데 어떤 영향을 주고, 이를 고려하여 어떻게 참여시킬 것인가에 대한 명확한 그림이 그려져야 한다. 이러한 결정 과정에 크게 도움을 주는 것은 각 학생과 가족이 진행해온 미래에 대한 장기적인 비전이다. 지역사회 적응을 위한 전반적인 지도영역에 대해 1992년 AAMR 정의 매뉴얼에서 9가지 적응기술 영역을 제시하고 있다. 이들 영역을 참조하여 다음 〈표 11-1〉과 같이 학생들의 지역사회적응기술 지도를 위한 계획을 세우는 데 활용할 수 있을 것이다.

〈표 11-1〉 지역사회적응 기술의 수준 정하기

영 역	기술 활용 수준(하위영역)
의사소통	다른 사람과 상호작용 시도, 낯선 사람과 보완대체의사소통 사용, 상호호혜적 대화, 의사소통 선택, 요구나 도움요청, 복잡한 지시에 대한 효과적인 반응
자기관리	개인위생관리, 일상생활에서의 적절한 외모관리, 위생관리 품목 관리하기, 머리손질, 양치, 계절에 맞는 옷 입기
가사생활	생활용품 관리하기, 금전관리 및 저축, 쇼핑 리스트 작성하기, 간강디이이드 계획, 요리하기, 집안청소 및 단장
사회적 기술	다른 사람과의 공유, 상호작용 시도, 부정적 피드백 대처하기, 분위기 인식, 실수에 대한 사과, 집단 참여, 사회적 역할 인식, 사회적 규칙과 질서 지키기, 다른 사람 도와주기
지역사회 이용	자동차 운전, 대중교통수단 이용, 버스 노선표 읽기, 여행 계획과 택시호출, **지역사회 이동**, 위치 알기, 낯선 사람 대하기, 길을 잃었을 때나 문제발생시 도움 요청, 식당이용하기, 지역 내 서비스기관 이용하기, 교회가기, 건강센터

영 역	기술 활용 수준(하위영역)
	나 시설 이용, 지역센터에 도움구하기, 원하는 물건 구하기
자기지시	일, 주, 월별 개인일정관리, 개인일정변경하기, 타인과 활동 계획하기, 사전계획, 자기행동관리, 지시하기, **필요한 지원 요청하기**
건강과 안전	안전규칙 따르기, 비상시 출구 찾기, 아프거나 다쳤을 때 다른 사람에게 알리기, 지시에 따라 약 복용하기, 도움 요청을 위한 전화걸기, 알코올, 마약, 담배 피하기, 비상시 구급센터 알기, 건전한 성생활, 위험한 상황 알리기, 피임, 자신의 계획 타인에게 알리기
기능적 교과	은행이용하기, 계획한 물건구입을 위한 저축, 기능적 읽기와 쓰기, 컴퓨터 활용을 통한 정보이용
여가생활	여러 가지 레크리에이션 활동참여, 건강과 체력증진 활동, 지역 내 다른 사람과의 관계 증진을 위한 활동, 참여 레크리에이션, 관람 레크리에이션(단독활동, 그룹활동, 가족활동, 지역단위활동)

※ 자료 인용: Ford, A., Schnorr, R., Meyer, L., Davern, L., Block, J., & Dempsey, P(1989). *The Syracuse community-referenced curriculum guide for students with moderate and severe disabilities*. Baltimore: Paul Brookes.

2) 훈련

앞에서 제시한 〈표 11－1〉과 같이 사회적응을 위한 여러 가지 영역이 있을 수 있지만, 그 중에서 지역사회 접근을 가능하게 하는 지역사회 이용하기와 자기 지시를 예를 들어 제시하면 다음과 같다. 이들 두 영역 훈련도 개별화교육계획 및 전환교육계획에 따라 체계적으로 접근할 필요가 있다.

(1) 지역사회 이용 영역

① 영역: 지역사회이용

② 하위영역: 이동하기

③ 지도내용

▸ 이동 경로를 안다.

- ▸대중교통 수단의 종류를 안다.
- ▸대중교통 수단에 따라 승·하차하는 방법을 안다.
- ▸목적지까지 가서 내리고 다시 돌아온다.

〈사전 준비학습〉

① 일반적 지식: 공간 지각 능력, 주위 환경 인식 능력, 안전 지각 능력

② 구체적인 지식

- ▸교통신호에 따라 안전하게 길 건너기
- ▸전철이나 지하철 바르게 타기
- ▸표지판 바르게 읽기
- ▸상황에 맞게 결정하기
- ▸스스로 행동 취하기
- ▸필요한 지원 알기 및 적절한 도움 요청하기
- ▸지시 따르기
- ▸위험한 상황과 장애물 인식 및 피하기
- ▸적절한 행동 유지하기
- ▸예기치 못한 상황 대처하기(예: 버스나 지하철 놓치기)
- ▸낯선 사람과 마주하기

〈사전평가 시 고려 점〉

① 사전 면담을 통해 학생의 기능과 행동에 대한 정보 수집

② 다양한 과제를 수행하면서 학생의 기능적 능력, 요구, 경험, 동기 등에 대한 정보 기록

③ 부모 동의서 확보

- ▸훈련 내용 및 절차에 대한 충분한 설명
- ▸낯선 세상에 대한 불안 요인 최소화

〈훈련절차 및 방법〉

① 모델링: 학생이 이동 경로와 이동 절차에 친숙하도록 교사와 동행한다.

② 촉진: 교사는 학생이 각 절차에 성공할 수 있는 언어적 단서를 사용한다.

③ 지원 줄이기: 교사는 학생의 수행 여부가 성공적인지 관찰하고, 좀 더 많은 지원을 필요로 하는지 판단하면서 학생으로 하여금 독립적으로 수행하게 한다.

④ 혼자 시키기: 학생이 안전하게 그리고 최선의 방법으로 수행한다면 교사는 차를 이용하여 뒤에서 따라가기만 한다. 이때 더 필요한 훈련 내용이 무엇인지를 결정하기 위한 기초 자료를 수집한다.

⑤ 훈련 방법

지역사회 이동 훈련은 학생이 이동을 독립적으로 할 수 있을 때 실시해야만 한다. 그래야 학생이 소음, 다양한 조명, 거리의 많은 사람들, 피로, 복잡한 교차로, 그리고 아무도 없는 특정한 거리를 효과적 통제하는지 평가할 수 있고, 이동 훈련을 조정할 수 있다. 이동 훈련은 날씨가 좋지 않은 때도 실시되어야 한다. 이는 우산을 사용할 수 있도록 훈련 받을 수 있고, 눈이나 결빙 등으로 날씨 조건이 좋지 않을 때도 적절한 옷을 입을 수 있는 방법을 제시할 수 있기 때문이다. 장애 특성과 관계없이, 대부분의 학생들은 이동에 필요한 모든 조건에 직면하게 해 주어야 한다. 그리고 이동 훈련은 한 번에 일대일로 실시하는 것이 바람직하다. 교사는 학생과 이동로를 같이 수행하고 길을 잃거나, 공사 현장을 우회하는 문제 등을 훈련하여야 한다. 교사는 결정하는 것, 결정에 따른 예상 결과에 대처하는 것, 그리고 적절한 안전을 유지하고 적절한 행동을 수행하는 것을 가르쳐 주어야 한다.

처음 학생이 지정된 도로를 교사와 동행하여 혼자서 완수하면, 그 다음 단계로 학생 혼자 버스나 기차를 타고 이동하는 훈련을 하도록 한다. 이때 교사는 자가용이나 훈련용 자동차를 타고 뒤를 따라 가면서 수행과정을 지켜본다. 처음 단독 이동 훈련에서는 학생 뒤에 교사가 따라 가고 있다는 것을 알려 준다. 그 다음에는 학생이 모르는 제3의 훈련자가 학생이 모르게 추적하면서 독립적인 수행 여부를 확인한다. 실제적으로 학생이 누구의 도움도 받지 않고 책임감 있게 이동을 할 수 있는지 평가한다. 이때 학생이 중재를 필요로 하면, 바로 지원할 수 있도록 가까이에 있어야 한다. 마지막으로 교사는 학생과 부모 그리고 관련 인사들에게 학생의 독립적인 이동 훈련에 대한 정보를 자세하게 문서로 기록하여 제공한다(Pierangelo & Crane, 1997).

(2) 자기지시 및 지도기술(영역)

① 영역: 자기지시

② 하위영역: 필요한 지원 요청하기

③ 활동환경: 직장 내, 직장 밖

④ 활동영역

- 공장 내에서의 활동
- 공장 밖에서의 활동

⑤ 지도 기술

- 공장 내에서의 활동
  - * 도움을 요청할 감독/동료에게 다가간다.
  - * 대답할 상대와 마주한다.
- 공장 밖에서의 활동

⑥ 학습목표

- 직접적인 촉진이 없이 80% 정확하게 요청할 수 있다.
- 직접적인 촉진이 없이 80% 정확하게 대답할 수 있다.

〈사전 준비학습〉

① 지시 따르기를 할 수 있다.

② 요청하기의 4가지 상황을 파악할 수 있다.

③ 요청하기의 절차를 파악할 수 있다.

④ 질문에 답하기 절차를 파악할 수 있다.

〈준비물〉

작업장에서 활용할 질문 카드 및 상황 카드

〈훈련절차〉

교사는 작업 상황의 내용이 있는 카드를 보여준다. 한 명의 학생이 요청하는 역할과 다른 한 명의 학생이 이에 대답하는 역할 놀이를 하게 한다. 예시 카드는 아래와 같다.

요청하기: 당신은 동료와 교대하고 싶습니다. 어떤 질문을 하면 될까요?

- 적절한 요청: "철수야 너 월요일 아침에 나와 교대해 줄 수 있니? 내가 치과에 가야 하는데..."
- 적절한 대답: "그러니! 영수야, 내가 교대해 줄께. 치과 잘 다녀와."

다른 카드를 아래와 같이 사용 할 수도 있다.

지원하기: 당신은 작업 순서에 도움이 필요합니다. 어떤 질문을 하면 될까요?

초대하기: 당신은 회사 사장님을 저녁 식사로 집에 초대하고 싶습니다. 어떤 질문을 하면 될까요?

정보 요청하기: 당신은 회사 감독님을 어떻게 하면 만날 수 있는지 알고 싶습니다. 어떤 질문을 하면 될까요?

〈훈련방법〉

첫 단계에서 기술을 연습시키기 위해 교사는 게임이나 역할 놀이를 활용할 수 있다. 교사는 직접적인 교수를 하지 않더라도 학생의 반응을 도울 수 있다. 지원은 정해진 촉진 단계에 맞추어야 한다. 즉, 지원이 많은 모델링 촉진에서 언어적 촉진, 단서 촉진, 학생 스스로 시도 하도록 하는 순으로 한다. 목표는 독립적으로 수행할 수 있도록 하는 수준에 맞춘다. 최종적으로 학생이 교사의 촉진 없이도 요청하고 대답할 수 있게 한다.

- 모델링 촉진: 교사가 모델이 되어 요청하고 대답하는 적절한 방법을 시범 보인다.
- 언어적 촉진: 교사가 학생이 반응할 내용이 포함된 구어적 관련 단계를 제시한다.
- 단서 촉진: "요청하세요", 혹은 "대답하세요"와 같이 말한다.

교사는 단서 촉진으로 시작하고 나서 필요하다면, 언어적 촉진을 사용한다. 두 가지 촉진에서도 정확하게 반응하지 않으면, 모델링 촉진을 사용한다. 촉진은 일관되게 사용하여야 하고, 계획성 없이 접근하지 말아야 한다. 촉진 과정에서 학생의 실수를 줄이기 위해 학생이 실수를 하면 즉시 중지 시키고 적절한 촉진으로 지원해야 한다. 이는 실수의 반복을 피하고 적절한 반응 시 즉각적인 피드백을 주기 위함이다.

〈평가〉

평가는 학생을 지도 한 후 학생의 반응에 대하여 교사의 지원(촉진) 수준을 기록하는 것이다. 기록 용지를 만들어 각 지도 기술에 따라 어느 수준의 촉진을 달성했는지 체크한다. 학생이 자기 스스로 수행하는데 있어 어느 정도 도움을 필요로 하는지에 대한 평가는 다음 독립적인 단계의 준비가 된다.

05 지역 사회 참여 기술

1) 현장학습 지도수준 정하기

다음 〈표 11-2〉에 제시한 것처럼 사회적 기술 향상을 위한 현장학습은 단계별로 지역사회 가상, 지역사회 참조 그리고 지역사회 중심 교수로 구분하여 지도할 수 있다. 일상생활에서 직면하는 다양한 기술들을 가정이나 학교, 지역사회에서 현장경험을 통해 독립적이거나 적절한 지원을 통해 지속적인 지원을 할 수 있다. 이러한 활동의 목적은 가능하면 일반 사람들이 하는 것과 같은 활동과 내용들을 수업시간에 다루어줌으로써 학생들에게 많은 경험을 하게 하는데 있다(문영옥, 2006).

〈표 11-2〉 현장학습 지도 수준

영 역	수 준	기 술
물건사기	지역사회 중심	약국에서 약품사기, 볼링 게임비 지불하기, 패스트푸드점에서 음료수 시키기, 우체국에서 우표사기
	지역사회 참조	식당에서 점심사기, 자판기에서 음료수 사기, 구내 문구점에서 노트사기
	지역사회 가상	수업시간에 돈 계산하기, 수업시간에 채소가게 놀이하기, 동전 세기
그림자료 통한 의사소통하기	지역사회 중심	패스트푸드점에서 그림 메뉴판으로 주문하기, 식료품 가게에서 채소 그림판으로 주문하여 물건사기
	지역사회 참조	학교 점심 메뉴 조사하기, 원하는 품목의 그림 지적하기, 그림 선택판에서 원하는 놀이 활동 선정하기, 그림으로 된 학교 일과표 사용하기
	지역사회 가상	여러 가지 음식 그림과 모형 음식과 짝짓기, 교사가 지적하는 그림 지적하여 찾아보기

2) 현장학습 단계별 지도계획

순	영 역	제 재	구성 내용	장
1	공공기관 이용	우체국 이용하기	-편지형식에 맞게 편지 쓰기 -편지봉투 바르게 쓰기 -우표 사기 및 우표 붙이기 -우편함에 편지 넣기 -소포 보내기 -우체국에서 하는 일 알기	00우체국 (2006.7.3)
		동(읍, 면) 사무소 이용하기	-주민등록등본 발급 받기 -전입 신고하기 -동사무소에서 하는 일 알기	00동사무소 (2006.5.29)
		금융기관 이용하기	-금융기관의 종류 알기 -금융기관에서 하는 일 알기 -대기번호표 뽑고 순서 기다리기 -입·출금하기 -각종 공과금 납부하기 -무통장 입금하기 -현금자동지급기 사용하기	00동 단위 농협 본점 (2006.6.12)

3) 훈련방법

교수-학습 훈련에 있어서 기본 요소인 연계성(correspondence), 구체성(specification), 적극적 참여(participation) 3가지의 원리에 따라 사전지도 단계, 현장체험 활동 단계, 사후 활동 단계의 3단계로 구성하여 실행한다([그림 11-1]).

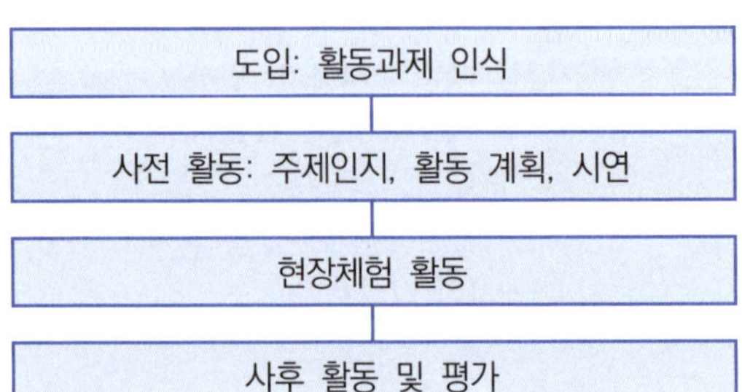

[그림 11-1] 현장체험학습 교수-학습 훈련 모형

4) 현장학습 지도 단계별 활동

위의 현장 교수-학습 훈련 모형을 적용하여 각 단계에서 실시한 활동 내용들은 다음 〈표 11-3〉과 같다.

〈표 11-3〉 현장학습 지도 단계별 활동

지도 단계		학습 기능	활동 내용 및 방법
교 사	학 생		
주제 제시 및 사전 활동	사전 학습	주제인지 및 시연	-장소 선정, 범위와 대상 한정 -현장체험학습 목표 제시 -세부적인 체험학습 활동 내용 추출 -체험할 주제 결정 및 주제인지 -계획서 작성 -준비물 점검 -현장체험학습 계획 재확인 -현장에서 지켜야 할 사항 주지 -모의 체험학습 시연
본 활동 (현장체험활동)	본 학습 (현장체험학습)	주제 발견 탐색·조사	-체험, 관찰, 조사, 탐구한 것 메모 -현지에서 자료 수집 -체험학습 활동하기 -맡겨진 역할 분담하기 -현장체험학습시 주의 사항 지키기 -사진기에 담기
사후 활동 및 평가	사후 학습	체험·조사한 자료 해석 및 정리하기 표현 제시 공동 참여	-활동 및 조사된 자료 정리 분석 -문제점 발견 및 해석 -보고서 작성 -발표하기

5) 현장학습 수행 시 유의사항

- 현장학습 시 안전사고에 대비한다. 학생에 대한 신상정보카드를 사전에 작성해 둔다.

- 학생 개별 신분증을 반드시 지참한다.
- 현장학습 방문기관과의 공식적인 절차를 갖춘다: 방문목적, 기간 및 인원 등.
- 학생과 인솔교사의 비율을 적절히 한다.
- 사전에 충분한 자원봉사자를 확보한다.
- 함께 동행 할 지역 사회 내 관련 전문가의 지원을 받는다.
- 위기 상황 시 대처 요령을 자원봉사자나 학생들과 사전에 연습해 둔다.
- 가능한 대중교통 수단을 사전에 파악한다.
- 부모의 동의를 구한다.

연습해 봅시다

1. 다음 〈활동자료 11-1〉에서 전환을 위한 학생에 대한 기본정보를 바탕으로 〈활동자료 11-2〉에 구체적인 사회적 기술훈련을 계획해 봅시다.

〈활동자료 11-1〉 전환을 위한 사회적 기술훈련계획1

1. 장애학생
   1) 학년 :
   2) 대상 학생 특성 :
   3) 교육적 수준(특정 교과):
   4) 장・단점 :

3. 사전준비계획
   진단평가계획: 방법, 도구, 측정방법 등

〈활동자료 11-2〉 전환을 위한 사회적 기술훈련계획2

영역	하위(영역)환경	지도내용	훈련방법 및 절차

2. 전환교육을 위한 사회적 기술 능력을 향상시킬 수 있는 프로그램을 선정하여 개별화전환교육계획에 맞추어 구체적인 계획을 세워 봅시다.

제 12 장

여가와 레크리에이션

학습목표

❶ 여가와 레크리에이션의 의미와 중요성을 이해한다.
❷ 장애학생을 위한 여가 활동의 유형을 탐색하고, 평가, 계획할 수 있다.
❸ 여가와 레크리에이션 활동을 지도할 수 있다.

장애인의 지역사회 전환에서 여가와 레크리에이션도 중요한 부분을 차지한다. 지금까지 전환에서 고용과 독립생활이 주로 강조된 경향이 없지 않다. 그러나 여가와 레크리에이션은 지역사회에서 장애인들의 전반적인 성공 및 만족한 삶과 직접적인 관련을 갖고 있다. 연구 결과에 의하면 장애인들의 여가와 레크리에이션은 일생생활에서의 건강 유지뿐만 아니라, 직장 생활의 만족과 관련이 깊은 것으로 나타났다(Dunn, 1977; Walter & Harris, 2003). 또한 비만, 건강 악화, 신체 노화 등은 부족한 여가 시간, 신체 활동, 건강 예방 활동과 밀접한 관계가 있다(Draheim, Williams, & McCubbin, 2002; Graham & Reid, 2000; Lennox, Geen, Diggens, & Ugoni, 2001; Rimmer, Braddonk, & Fujuura, 1993).

일반적으로 장애인들은 독립적으로 여가와 레크리에이션의 선택과 참여에 제한이 있을 뿐만 아니라 지원 여건 또한 충분하지 못한 실정이다. 그러나 체계적인 여가 프로그램의 지원을 통하여 다양한 레저 활동 참여와 기회 제공, 여가와 사회적 기술 개발, 자기-결정력 신장, 정신 및 신체 건강 증진을 도모할 수 있다(Dattile & Hoge, 1999; Dattilo & St. Peter, 1991). 또한 교사들은 자연적인 여가나 레크리에이션 활동을 통하여 장애인들의 전환에 필요한 생활기술, 자기-결정, 사회적 기술 등을 지도할 수 있는 기회를 가질 수 있을 것이다.

본 장에서는 여가와 레크리에이션의 의미 및 중요성, 유형, 전략 그리고 대안적 여가 활동 등에 대하여 살펴보고자 한다.

01 여가 및 레크리에이션의 의미와 중요성

여가(leisure)와 레크리에이션(recreation)은 때론 서로 같은 의미로 사용되기도 한다. 여가 프로그램 혹은 활동은 개인이 자유로운 시간, 엄밀하게 말해서 여유로울 때(laxation), 즐거울 때(enjoyment), 일에서 벗어나 오락을 즐길 때(diversion) 추구하는(pursuit) 것으로 정의된다(Moon, 1994; Schleien, Ray, & Green, 1997). 또한 Argyle(1996)는 여가(leisure)를 사람들이 자기 자신, 재미,

오락(entertainment), 자기-증진 혹은 자신이 선택한 목적을 위해서, 자유로울 때 참여하기를 원하는 활동으로 정의하였다. 한편, 레크리에이션(recreation)에 대하여 Test 등(2006)은 개인이 재미있다고 여기는 어떤 것들이라고 하였고, Argyle(1996)는 레크리에이션은 좀 더 활동적인 여가 추구(leisure pursuits)라고 하였다.

결국 여가는 레크리에이션 보다는 더 넓고 일반적인 의미로써, 사람들이 여유로울 때 즐거움을 위해 스스로 원해서 참여하는 활동이라고 볼 수 있고, 레크리에이션은 개인이 주관적으로 더 흥미를 가지고 적극적으로 몰두하는 활동이라고 볼 수 있다. 그러나 이 장에서는 두 용어에 대한 의미의 특별한 구분없이 기술하고자 한다.

사실, 여가와 레크리에이션에는 개인적인 자유 시간(free-time) 활동에 대한 선택하기의 의미가 내포되어 있다. 자유 시간이란 용어에는 자기-유지(self-manitenance) 혹은 생활 유지(sustaining life)를 위해 강제되지 않는 시간이다(Dattilo, 1999). 교육에서 범하는 일반적인 오해로 '여가 시간은 자유 시간이다'는 것이다. 제한이 없는 자유 시간은 따분함이나 외로움, 혹은 어떤 경우에는 부정적 행동과 같이 부정적 경험으로 인식될 수 있다(Weissinger, Caldwell, & Bandolos, 1992). 그러나 중요한 차이는 여가와 레크리에이션은 개인적 이익(benefit)을 위해 자기가 선택한 것이라는 점이다. 이는 암벽 등반을 다른 사람들은 끔찍한 것으로 여기는 반면, 어떤 이들은 레크리에이션 활동으로 보고, 우표 수집을 다른 사람들은 따분한 일로 여기지만 어떤 이들은 즐거운 일로 보는 것과 같다(McDonnell & Hardman, 2009).

장애인을 대상으로 한 여가와 레크리에이션은 과거에는 주로 분리된 프로그램과 치료적 레크리에이션 전문가, 혹은 장애인을 위해 특별히 훈련된 사람들을 통해 이루어졌다. 그러나 최근에는 장애인들이 지역사회 레크리에이션 시설이나 프로그램 등에 다양하게 접근하고 있고 특별히 고안된 프로그램들은 장애인들이 지역사회 참여와 통합 기회를 가질 수 있도록 하고 있다(Test et al., 2006).

또한 여가와 레크리에이션 활동들은 이전의 집단 공동 활동에서 점차 개인의 특성을 고려한 수정된 활동으로 변화되고 있다. 이는 장애인들의 개별적 요구에 맞는 지도에 한계가 있었던 그룹 활동에서 바람직한 여가 활동을 통해 독립적인 참여를 도모하기 위한 구체적인 기술을 개발하는데 중점을 둔 활동들이라 할 수 있다(McDonnell & Hardman, 2009).

여가 추구는 청소년들과 성인들의 신체 및 정신 건강에 있어 매우 중요하다. 신체적이나 정신적으로 건강한 사람들은 다양한 실내·외 활동뿐만 아니라 집단 여가 활동, 가족, 친구, 지역사회 참여, 심지어 직장 동료와의 관계를 잘 유지한다. 레크리에이션 활동은 장애인들로 하여금 운동기술, 의사소통 기술, 사회적 기술, 심지어 교과 기술 능력을 신장시킬 기회를 마련하고 있다. 레크리에이션 활동과 기술은 중등 이후 교육, 고용, 지역사회 주거 등 전환과 관련된 다른 영역과 상당히 밀접한 연계성을 가지고 있다.

뿐만 아니라 여가와 레크리에이션 활동은 다양한 사회적 상황과 자연적 환경을 제공한다. 지역사회에서 여가와 레크리에이션 프로그램은 여러 사람들과 접촉할 수 있는 기회를 제공한다. 통합 기회에서 지역의 이웃, 친구, 직장 동료와의 자연스런 만남을 통하여 사회적 기술과 대인관계를 넓힐 수 있다. 이들 환경에서 교사들은 학생들에게 결정하기 기회를 제공하고 자신감을 갖도록 수업을 설계할 수 있을 것이다. 또한 이러한 환경을 통해 학생은 실제적으로 실행과 일반화 기술을 높일 수 있다.

02 여가에 대한 관심 및 흥미 평가

대부분의 사람들은 장애인들이 즐길 수 있는 여가가 무엇인지를 결정하는데 어려움을 느낄 수 있다. 장애인들의 여가 활동을 선택하기 위해 요구, 관심사항, 기술, 두려움, 제한성 등을 탐색해 볼 필요가 있다. 이를 위해 다음과 같은 내용을 확인할 수 있다(Pierangelo & Giuliani, 2004).

- 이전에 이들이 참여하였던 여가 유형은 어떤 것인가?

- 이들이 좋아하는 활동들은 무엇인가?
- 이들이 누구와 함께 여가 활동을 하고 싶어 하는가?
- 이들이 하루 중 어떤 시간에 가장 즐겁게 여가 활동을 할 수 있는가?

졸업을 앞둔 학생들의 여가 기술을 개발하기 위해 먼저 해야 할 것은 장애학생이 일반교육과정에서 같은 연령대의 학생들이 여가 시간에 즐기는 것이 무엇인가를 확인하는 것이다. 왜냐하면 나이에 따라 놀이 문화나 유형이 다르고(Moon, 1994), 장애학생들과 비장애학생들이 서로 다르기 때문이다. 장애학생들이 비장애학생들에 비해 여가에 대한 관심 폭이 더 낮다. 이는 여가 활동에 참여할 기회가 적고 또래들에 의해 여가 활동에 참여를 권유 받는 일이 적기 때문이다(Moon, 1994).

흥미 평가는 전환시기에 있는 학생의 여가와 레크리에이션에 중요한 요인이므로 교사는 학생에 대한 교육 및 전환계획을 위해 평가 정보가 필요하다. 특히, 여가 기술과 흥미, 이전에 학생이 여가 활동에 참여하였던 경력이나, 현재 활동하고 있는 유형, 여가 활동 시 부모나 친구들의 참여 정도, 의료적 고려사항, 여가나 사회적 기술에서의 강점과 약점 등은 조사할 중요한 정보이다.

여가와 레크리에이션 평가 도구는 설문지를 통해 이루어질 수 있고, 별도 제작한 체크리스트나 그림 표현 체크리스트, 관찰, 혹은 구두 평가 등을 활용할 수 있다. 체크리스트는 전체 활동들을 목록으로 표현하여 평가할 수 있다. 구두 평가는 평가자가 학생에게 좋아하는 것을 질문을 하여 정보를 얻을 수 있다. 또한 부모를 통해 여가와 레크리에이션 평가를 실시할 수도 있다. 부모들에게 자녀들이 자유 시간에 무엇을 하고 보내는지, 좋아 하는 활동과 싫어하는 활동이 무엇인지 질문할 수 있다. 일반적으로 대부분은 교사의 직접 관찰과 질문법을 통하여 평가를 실시한다. 학교에서 일정한 시간에 학생이 활동하는 것을 관찰함으로써 학생이 좋아하는 활동 및 학생의 수행 수준 등을 파악할 수 있다. 교사의 다양한 질문에 따른 학생의 반응을 보고 학생의 현재 수준을 파악한다. 특히 질문법을 통해 학생의 '선택하기' 능력을 평가할 수 있다(Flexer et al., 2005).

Test 등(2006)은 학생의 흥미를 결정하기 위하여 중학부나 고등학교에 재학 중인 학생들을 대상으로 〈표 12-1〉과 같은 설문지를 통해 확인해 볼 수 있다고 제안하였다. 이 설문지는 장애학생들뿐만 아니라 일반 다른 십대 또래 집단에 같이 나누어 설문할 수 있다. 또한 이 설문지는 졸업을 앞둔 청소년들을 대상으로 학교에서 직장 혹은 지역사회로 전환하는 데 필요한 정보를 얻는데 활용할 수 있다.

〈표 12-1〉 전환 시기 학생의 지역내 여가 활동 조사지

설문지 활용: 질문은 다음과 같이 개방형으로 실시할 수 있습니다.
예: 학생은 시간 여유가 있을 때 즐겨 하는 것 세 가지는 무엇인가요?, 지난주에 재미있게 한 것이 무엇인가요?, 어제 저녁을 어떻게 보냈나요? 등.

안녕하세요? 여가 활동에 대한 간단한 질문입니다.

1. 어디에 살고 있습니까? 도시 이름: (반응이 없으면 중단함)
2. 몇 살인가요?
3. 성별: 남, 여
4. 시간이 남을 때 가장 재미있게 하는 일이 무엇인가요?
   1) 2)
   3) 4)
   5) 6)

5. 학생은 ( )기관에서 주체하는 활동에 참여해 본 적이 있습니까?
   예, 아니오 ('아니오'라고 반응하였으면 6.으로 가세요)
   지난 2년 동안 어떤 활동에 참여해 보았습니까?
   (, ,)

6. 학생은 다음의 어떤 활동에 관심을 가지고 있습니까?('√표'로 적어주세요)
   .... 예술 (예: 그리기, 미술, 도예, 공예) .... 야구
   .... 농구 .... 응원 .... 댄스(무용)
   .... 연극/영화(드라마) .... 축구 .... 태권도
   .... 유도 .... 무술 .... 수영
   .... 테니스

7. 학생이 관심을 가지고 있는 다른 활동들이 있나요?
   ( )

8. 학생이 살고 있는 (   )지역에서 가장 좋아하고 재미있는 레크리에이션은 무엇인가요?
   (   )

9. 가장 싫어하는 것은 무엇인가요?
   (   )

※ 자료 인용: Test, D. W., Appel, N. P., & Everson, J. M. (2006). *Transition methods for youth with disabilities*. New Jersey: Pearson Merrill Prentice Hall.

학생의 흥미 조사에 대한 분석은 전환교육 담당자, 지역의 레크리에이션 관련 인사 등이 포함된 전환교육팀이 함께 실시할 수 있다. 여가 요구 조사는 장애학생 본인뿐만 아니라 지역 내의 다른 일반학생들이 관심을 가지고 활동하는 내용을 파악할 수 있어 비교가 가능하다. 이러한 정보는 교사가 다양한 학생들을 대상으로 실시한 설문지 분석을 통해 가능하고, 레크리에이션 행사 주관 담당자와의 면담 등을 통해서도 자료를 수집할 수 있다.

수집된 정보를 통해 전환교육팀은 지역 내의 일반학생들의 잠재적 여가활동의 종류와 유형을 파악하고 장애학생들이 활용할 수 있는 여가활동을 선정한다. 이는 장애학생에 대한 여가활동 영역의 목표 설정이 될 수 있다. 또한 전환교육팀은 가능한 여가활동 기회를 높이기 위해 지역 내 다른 기관의 인사들과의 협력 방안이나 장애학생들이 활동 범위를 넓힐 수 있는 전략들도 함께 계획할 수 있을 것이다. 또한 평가 활동 결과는 전환교육팀으로 하여금 지역의 대표적인 십대들에게 인기 있는 활동들을 파악할 수 있게 하고, 장애학생들과 비장애학생들이 함께 할 수 있는 관심거리, 경험, 방해 요인, 함께 할 기회 등에 대한 정보를 얻을 수 있다.

요구 평가가 이루어지고 나면 구체적이고 개인적인 흥미, 선호도, 경험, 기술들에 대한 평가가 실시되어야 한다. 이 과제는 대상학생에 대한 질문이나 가족들을 대상으로 한 설문을 통해 이루어진다. 또는 체크리스트나 개인 면담, 소집단 모임 등을 통해 실시될 수 있다. 〈표 12-2〉와 같이 일반적인 여가 및 레크리에이션 활동 목록을 통해 부모나 장애학생들에게 관심 활동을 설명하고, 개인에 따라 더 보충하거나 세부적인 활동을 소개할 수 있다.

〈표 12-2〉 일반적인 여가활동 목록

	여가 활동목록		
가정	▸TV 혹은 영화 보기 ▸요리 ▸뜨개질이나 바느질 ▸애완견 기르기 ▸수집(우표, 카드 등) ▸집안 가꾸기 ▸친구와 시간 보내기	▸독서 ▸음악감상 ▸가죽 공예 ▸패션/화장 ▸인터넷/비디오 게임 ▸카드 및 보드 게임 ▸파티	▸운동 ▸요가 ▸정원 가꾸기 ▸달리기와 걷기 ▸애완견 운동시키기 ▸농구 ▸원반 및 부메랑 던지기
학교	▸예능/미술 교실 ▸음악감상 ▸악기연주 ▸사교반 참여 ▸친구와 시간보내기	▸독서 ▸선택과목 듣기 ▸드라마/연극 영화반 ▸봉사활동반 참여	▸야구 ▸축구 ▸테니스/탁구 ▸댄스 ▸골프 ▸체력단련 ▸트랙 및 필드운동
지역사회	▸공원산책 ▸영화/극장 공연보기 ▸봉사단체 참여 ▸사교클럽 가기 ▸만찬 참여 ▸레크리에이션 클럽 가기	▸도서관 이용하기 ▸골프 ▸교회활동 ▸쇼핑 ▸여행 및 관광 ▸스포츠 행사	▸스포츠 클럽 ▸특수 올림픽 ▸휠체어 스포츠 ▸롤러스케이트 ▸근력강화/에어로빅 ▸수영/다이빙 ▸볼링 ▸지역사회 댄스 하기
야외	▸주류 관찰 ▸달리기 및 하이킹 ▸낚시 ▸캠핑 ▸수집 ▸사진 찍기		▸하이킹 ▸카누/카약 ▸암벽 등반 ▸스키 및 스케이팅 ▸승마 ▸썰매

※ 자료 인용: McDonnell, J. & Hardman., M. L. (2009). *Successful transition programs; Pathways for students with intellectual and developmental disabilities*. London, United Kingdom. 표 수정하여 인용함.

03 목표 설정

IDEA에서는 여가와 레크리에이션과 관련하여 다음 네 가지 주요 요소가 계획시 포함되어야 함을 강조하고 있다. 1) 학생의 요구와 관심 그리고 선호도, 2) 결과-중심 과정, 3) 기관 간 책무나 연계, 4) 학교에서 졸업 이후 활동의 준비이다. 이들 요소들은 학교에서 교사들이 학생들의 여가와 레크리에이션 활동을 위해 수행해야할 요소로 강조하였다. 구체적인 목표 설정을 위해 고려할 사항은 다음과 같다(Flexer et al., 2005).

1) 학생의 요구 파악

여가와 레크리에이션에 대한 전환계획을 설정하기 위해 우선 고려해야할 사항은 현재 학생의 위치를 면밀하게 조사하는 것이다. 학생이 어디에 있고, 어디로 갈 예정이며, 어떤 유형의 지원을 받고 있고 필요한 것이 무엇인지 등을 살펴보아야 한다. 여가와 레크리에이션 프로그램 구성과 목표는 개인의 요구와 능력에 근거하여 작성하여야 한다. 그러기 위해서는 여가와 레크리에이션 전환 프로그램은 기본적으로 학생 중심 목표 설정과 활동이 되어야 하고, 가족과 동료, 지역사회 및 학교의 관련 인사들이 참여하여야 한다.

2) 결과 중심 목표 설정

전환교육팀은 학교에서 이미 실제 생활에서 접할 수 있는 결과 중심의 목표를 설정할 수 있도록 준비해야 한다. 여가나 레크리에이션 또한 이러한 환경에 익숙해 질 수 있는 계획이 되어야 한다. 그러기 위해서는 학생이 자신의 여가나 레크리에이션 활동에 대한 선택의 중심에 있어야 한다. 다양한 여가와 레크리에이션 선택 유형에서 스스로 좋아하는 것을 결정하는 것이다. 또한 교사는 지역사회와의 접촉에서 적극적 역할을 하여야 한다. 이는 학생의 지역사회 통합이 학교의 일방적인 계획만으로는 진행되기 어렵기 때문이다. 또한 지역사회에서 시민으로서 요구되는 다양한 정보를 정확하게 파악하고 이를 목표 설정에 반영할 수 있기 때문이다.

3) 기관 간 책무와 연계

기관 간의 연계를 위해 우선 여가와 레크리에이션과 관련된 학생의 요구와 관심, 그리고 선호도에 대하여 기관들과의 정보를 공유하는 것이 중요하다. 교사들은 관련 기관을 통해 제공되는 여가와 레크리에이션의 정보를 파악하여야 한다. 즉, 각 기관에서 제공하는 여가와 레크리에이션의 내용, 접촉해야 할 담당자, 프로그램이나 활동에 대한 참여 절차의 유무, 참여 자격, 구체적인 계약 조건 등이다. 각 기관들에 대한 정보는 사소한 것이라도 자료화해서 정리해두면 이후 검색 시 도움을 받을 수 있다. 또한 일정한 시간을 두고 최신 자료로 업데이트 할 필요가 있다. 이는 학생과 부모들에게 독립적으로 기관과 접촉하는데 도움을 줄 수 있기 때문이다. 교사는 전환교육계획 회의에 지역의 여가 및 레크리에이션 관련 기관의 담당 인사들을 초대하여 학생의 요구와 지역의 실정을 조절하는데 도움을 받을 수 있을 것이다.

4) 학교에서 졸업 이후 활동 준비

학생들이 학교를 졸업하고 지역사회로 이동하는 과정은 온실에서 거친 들판으로 가는 것과 같다. 이들이 지역사회에 적응을 잘 하기 위해서는 학교에서부터 지역사회와 현실적으로 동일한 활동들을 많이 경험하여야 한다. 또한 다양한 여가와 레크리에이션 활동을 통해 접촉하는 관계들은 실제 지역사회에서 직면하는 현실 세계와 유사한 경험을 제공한다. 이러한 과정을 통해 장애학생들의 잠재력을 발견하고 개발할 기회를 가질 수 있고, 이들과 접촉하는 일반인들도 장애인들에 대한 인식을 개선하는 기회가 될 수 있다. 따라서 교사들은 학생들이 자연스럽게 지역사회에 전환할 수 있는 기회를 많이 제공하는데 중점을 두어야 한다. 특히 나이든 장애학생의 경우 지역사회에서 그들의 연령에 적절한 여가와 레크리에이션 활동과 환경에 참여할 수 있도록 하여야 한다.

5) 집중지도 및 다양한 경험

전환교육팀은 학생이 여가와 레크리에이션 활동에서 여러 여가 활동 종목들을 다양하게 경험 하도록 할 것인지, 혹은 특정한 종목을 구체적으로 집중 지도할 것인지도 계획과정에서 검토하여야 한다. 여가 활동의 목적은 개인의 선호도에 따라 연령에 적합한 여러 가지 여가 활동에 접할 수 있는 기회를 제공하고 즐기게 하는 것이다. 그러기 위해서는 앞서 〈표 12-2〉에서 제시하였듯이 교실에서 교사가 권해주는 것이나 지역사회의 기관에서 운영하는 것뿐만 아니라, 또래의 일반학생들이 즐기는 다양한 여가 활동을 경험할 수 있도록 하여야 한다. 또한 특정 여가 활동 종목은 전과정을 교수적 일정으로 계획하여 구체적인 기술을 익힐 수 있도록 지도할 수 있다. 학생이 선호하는 특정 종목은 독립적으로 즐길 수 있도록 기술을 숙달시키는 지도 계획을 세우는 것이다. 일반적으로 전환교육계획팀은 특정 종목의 집중적 숙달과 더불어 다양한 여가 활동을 경험할 수 있도록 하는 두 가지 계획을 동시에 고려하는 것이 바람직하다(McDonnell & Hardman, 2009).

04 여가 및 레크리에이션 지도

장애학생들이 통합된 상황에 참여할 수 있도록 지원하기 위해서는 지원과 조절이 필요하다. 지원은 개별적이어야 하고 융통성 있게 이루어져야 한다

(Schleien, Ray, & Green, 1997; Walker & Edinger, 1998; Walker, Edinger, Willis, & Kenney, 1988). 지원의 유형과 수준은 특정 학생의 요구와 필요에 근거하여 결정되어야 한다. 이러한 지원은 환경의 분위기와 일정에 맞아야 한다. 따라서 다양한 형태의 지원과 조절은 장애학생에게만 혜택이 되는 것이 아니라 모든 사람들에게 도움이 되어야 한다(Komissar, Hart, Friedlander, Fufts, & Paiewonsky, 1997; Pierangelo & Giuliani, 2004에서 재인용). 지원은 물리적으로 개인이 활동에 참여하도록 하는 것과 사회적 상호작용을 할 수 있도록 하는 것이 포함된다. 또는 개인이 특정한 기술과 능력을 획득하도록 하는 것이 있다. 그리고 수정된 장비나 설비를 통하거나 활동의 일부를 수정하는 것일 수 있다(Walker, 1999).

여가활동 기술을 숙달 한다는 것은 장애학생에게 많은 기회와 장점을 갖게 한다. 이러한 과정은 개인의 흥미를 증진하고, 자기-평가와 자신감을 신장시킨다. 또한 의사소통 주제들은 사회적 상호작용을 증진하게 된다. 뿐만 아니라 개인의 세상에 대한 사고의 폭을 넓히는 계기가 될 것이다.

1) 교수적 접근

일반적인 여가활동에 대한 기술 이외에 여가와 레크리에이션에서 핵심적인 기술은 크게 세 가지 영역으로 구분된다; 여가와 레크리에이션의 인식, 기술의 학습(skill learning), 자기-결정(McDonnell & Hardman, 2009). 첫째, 여가와 레크리에이션의 인식은 학생들이 일과 자유 시간에 대한 인식을 갖게 되는 것을 의미한다. 이러한 일과 자유 시간 구분 지도는 장애학생들의 사회적응 및 직업적응의 한 영역으로 중요하게 다루어지고 있다. 또한 여가에 대한 인식은 여러 여가 활동에서도 별도로 소개되고 있어 여기서 구체적인 기술은 생략한다. 둘째, 기술의 학습은 여가 참여에 필수적인 요소이다. 이 학습은 여가활동에 참여하는데 필요한 기술을 교수하는 것이다. 이러한 기술은 사회적 의사소통 기술 및 독립생활 기술이 포함된다. 셋째, 자기-결정은 여가활동에 대하여 학생이 선택하고, 여가 시간을 계획하고, 독립적으로 여가와 레크리에이션 활동을 시도하는 것을 교수하는 것이다(다음 단락에서 설명). 긍정적인 졸업 이후 여가 생활 결과를 이루기 위해 전반적인 여가와 레크리에이션 프로그램은 이상의 세 가지 영역에 대한 교수라고 할 수 있다(McDonnell & Hardman, 2009). 그 외에 지역사회 중심 교수(community- based instruction)도 긍정적인 여가 결과와 일반화를 돕는다는 측면에서 여가활동 교수와 밀접한 관계를 가지고 있다(Ashton- Schaeffer et al., 1995; Lanagan & Dattilo, 1989).

2) 자기-결정 중심 지도

자기-결정 지도는 여가 지도에서 중심적인 전략이다. 학생들이 무엇이 재미있고, 재미없는 것인지를 결정하는 자기 지식 개발이다. 여가와 레크리에이션은 목표 설정, 문제해결, 독립성 개발, 어려움 극복, 안전 훈련, 자기-평가, 자기-주장, 그리고 자기-지식 개발과 깊은 관련성을 가지고 있다. 또한 여가와 레크리에이션 교수는 교사들로 하여금 학생들에게 자기-결정 전략 요소들을 지도할 수 있는 기회를 갖게 한다. 구체적인 지도 방법은 제6장 자기-결정 지도 전략의 〈표 6-1〉을 참조할 수 있다.

전환 시기에 있는 학생들을 위해 지역사회 중심의 다양한 여가 및 레크리에이션 교수를 제공할 수 있다. 일반학교의 체육시간, 지역사회 레크리에이션 센터 등을 활용할 수 있고, 지역의 교회 및 관련 단체에서 운영하는 프로그램이나 행사를 통해 교수 기회를 가질 수 있다.

Test 등(2006)은 연령에 적절한 여가와 레크리에이션의 특징〈표 12-3〉과 기술에 대하여 다음과 같이 제시하였다.

- 학생이 좋아하는 활동과 새로운 활동 선택-하기에 대한 다양한 기회를 가진다.
- 지역사회와 자연적 환경 그리고 자원을 활용한다.
- 결과 중심의 참여를 하게 한다.

- 연령에 적절한 활동과 자료를 권장한다.
- 동료 및 통합적 관계 형성을 높인다.
- 기술 증진을 교수 목표로 한다.
- 학생, 인사들 기타 다른 참여자들에게 장애에 대한 인식을 갖게 한다.
- 학생의 요구에 맞는 지원을 한다.
- 자기-평가 및 경험과 기술에 대한 평가 기회를 제공한다(Moon, 1994; Schleien et al., 1997; Strand & Kreiner, 2001).

〈표 12-3〉 전환 연령에 적절한 여가와 레크리에이션의 특징

전환 연령 학생들은 독립적으로 혹은 지원을 통해 다음과 같이 할 수 있을 것이다. –선호하는 다양한 여가에 대한 흥미와 활동을 파악할 수 있다(예; 그룹, 혼자 즐기기, 지역사회 중심, 가정 중심, 참관자, 참여자 등) –자유 시간 인식하기 –자신의 장애, 건강 상태, 자신이 즐기는 여가나 레크리에이션의 기능적 요구 등을 기술할 수 있다. –여가와 레크리에이션에 참여하기 위해 필요한 장비나 자료, 규칙의 조절이나 수정을 제안하고 활용할 수 있다. –적절한 보조공학을 제안하고 활용할 수 있다. –선호하는 여가와 레크리에이션을 즐기기 위한 기회나 자원을 파악할 수 있다. –지역사회 레크리에이션 센터로부터 일정, 비용, 참여 가능성, 규칙, 장비, 자료 등에 대한 정보를 요구할 수 있다. –지역사회 자원을 적절하게 이용할 수 있다(예; 시설 사용 규칙, 집단 참가, 자료와 장비의 공동 사용). –여가 행사에 친구나 다른 사람들을 참여시켜 일정을 짤 수 있다. –혼자 여가 활동을 즐길 수 있다. –활동에 참여하는데 필요한 적절한 기술을 표현할 수 있다.

※ 자료 인용: Test, D. W., Appel, N. P., & Everson, J. M. (2006). *Transition methods for youth with disabilities*. New Jersey: Pearson Merrill Prentice Hall.

3) 대안적 전략

여가와 레크리에이션에 참여한다는 것은 여러 가지 수준의 의사소통, 사회

성, 인지, 운동 기술 등을 필요로 한다. 특히 지적장애인의 경우 이러한 한, 두 영역의 기술에 어려움을 가지고 있기 때문에 많은 제한을 가지고 있다. 그러나 이러한 기술의 어려움으로 인해 기능적인 여가 활동이나 독립적으로 선호하는 활동에 참여할 수 없는 것은 아니다. 전환 시기의 장애학생들을 대상으로 한 여가 및 레크리에이션 지도를 위하여 대안적 전략(alternative strategies)을 마련할 필요가 있다. 여가 및 레크리에이션 교육은 학생들이 원하는 여가 활동에 적극적으로 참여하도록 하는 것이다. 개인-중심 접근은 선택적인 대안적 전략을 활용하도록 하는 것이다(McDonnell & Hardman, 2009).

대안적 전략 수행은 학생들이 여가 일정 전체의 과제나 기술을 수행하기 어렵거나 장애로 인해 여가 일정의 전체적인 내용을 소화하지 못할 때 유용한 방법이다. 교사는 과제의 요구에 맞는 전략을 선정하여야 한다. 그리고 독립성이나 통합을 증진하는 방향으로 계획하여야 한다. 가장 바람직한 전략은 여러 상황과 교수적 영역에 걸쳐 대안적 전략을 활용하는 것이다. 대체의사소통(alternate augumentative communication, AAC) 장비는 여러 상황과 교수적 영역에 걸쳐 대안적 수행 전략을 활용하는 한 예가 될 수 있다. 교사는 이미 훈련한 전략을 학생의 여가 활동 일정에서 학생이 동료와 서로 의사소통 활동을 시도하도록 돕는데 활용할 수 있다. 대안적 전략이 다른 상황에 활용된다고 하더라도, 일정의 맥락 안에서 기술 획득 및 일반화를 촉진하는데 전략들이 지도되어야 한다. 교사들은 바람직한 결과를 도출하지 못하는 대안적 전략 수행은 피해야 한다. 예를 들어, 학급의 축구 경기에서 득점표를 넘기는 역할을 맡기는 것은 축구경기에 동등하게 참여하는 것이 아니다. 수정된 게임에 참여하도록 하기 위해 체육 교사와 기타 다른 지원 인사들이 교사를 지원할 수 있을 것이다. 다음 〈표 12-4〉는 여가와 레크리에이션 활동에서 대안적 수행 전략을 위한 예시들이다(McDonnell & Hardman, 2009).

〈표 12-4〉 여가와 레크리에이션을 위한 대안적 전략 수행의 예들

대안 요인	전 략
수행	–규칙의 단순화: 게임이나 활동에서 중요한 몇 가지에 중점 –그림 일정표: 활동의 순서와 절차를 그림으로 나타냄 –동료 지원: 활동의 단계 수행에서 동료나 파트너 활용 –촉진 단서: 활동의 수행에서 학생 지원을 위한 언어적, 시·청각적 단서를 활용함 –규칙 변경: 획득되는 결과에는 변화가 없고 활동의 참여를 높이기 위해 규칙을 변경함(예: 휠체어 농구, 소리나는 공) –활동 기간: 활동에서 일반적으로 요구되는 시간이나 활동량을 줄이거나 적게 함 –활동 지역: 활동이 이루어지는 장소의 변경 –부분적 참여: 전체 활동 일정에서 일부분을 수행함
사용된 장비와 자료	–특수 제작된 휠체어: 스포츠, 지역사회, 야외 활동을 위해 특별히 디자인된 휠체어 사용 –큰 활자: 시각장애인을 위해 읽을 수 있는 글자 폰트를 크게 함 –입력 장치와 스위치: 컴퓨터를 활용한 여가 활동에 참여하기 위한 사양을 변경함 –확대 카드/게임: 게임의 내용이나 종류를 장애인이 즐길 수 있도록 변경함 –수정된 볼: 볼을 크기, 무게, 문자나 소리가 접목된 볼 등, 수정될 볼을 사용함 –수정된 실외 설비: 인지 및 지적 장애인들의 야외 활동을 지원하기 위한 특별히 고안되거나 다양화 한 장비

※ 자료 인용: McDonnell, J. & Hardman., M. L. (2009). *Successful transition programs; Pathways for students with intellectual and developmental disabilities*. London, United Kingdom.

연습해 봅시다

1. 다음 <활동자료 12>와 같이 여가와 레크리에이션 지도 계획을 세워 봅시다.

<활동자료 12> 여가와 레크리에이션지도 계획

1. 장애학생
   1) 학년 :
   2) 대상 학생 특성 :
   3) 여과 및 레크리에이션에 대한 흥미 및 장·단점:

2. 목표설정

3. 대안적 교수 내용 및 방법 정하기
   –전략 및 자료, 도구 수정 등

4. 기타 관련 활용

2. 지역사회에서 장애학생이 대안적으로 할 수 있는 여가와 레크리에이션 프로그램을 찾아 접근 방법을 계획해 봅시다.

제 4 부

전환의 지원

제 13 장

전환교육의 정책적 지원

학습목표

❶ 전환교육 활성화를 위한 정책적 지원의 중요성을 이해한다.

❷ 정책 지원의 법률적 측면을 이해한다.

❸ 교육과정, 평가, 인사 및 기타 전환교육의 정책 사항을 이해한다.

01 개요

전환교육은 장애학생을 위한 서비스 제공의 종착점이라고 할 수 있다. 학령기 초에 장애학생을 대상으로 한 진단 및 평가는 학생의 재능과 발달 가능성에 초점을 두며, 이에 따른 다양한 지도내용은 성인생활에서의 준비과정에 해당된다. 장애학생의 학교에서 사회로의 전환과정은 성인으로서 독립된 삶을 살아갈 수 있도록 지원하는 매우 중요한 시점이라고 할 수 있다.

이러한 중요성에 비추어 우리나라 특수교육관련법에서도 직업·진로 및 전환교육에 대한 방향성을 다음과 같이 제시하고 실천을 강조하고 있다.

- '진로 및 직업교육'이라 함은 특수교육대상자의 학교에서 사회 등으로의 원활한 이동을 위하여 관련 기관의 협력을 통하여 직업재활훈련·자립생활훈련 등을 실시하는 것을 말한다(장애인 등에 대한 특수교육법 제2조 9항).
- (진로 및 직업교육지원) ① 중학교 과정 이상의 각급학교의 장은 특수교육대상자의 특성 및 요구에 따른 진로 및 직업교육을 지원하기 위하여 직업평가·직업교육·고용지원·사후관리 등의 직업재활훈련 및 일상생활적응훈련·사회적응훈련 등의 자립생활훈련을 실시하고, 대통령령이 정하는 자격이 있는 진로 및 직업교육을 담당하는 전문인력을 두어야 한다. ② 중학교 과정이상의 각급학교의 장은 대통령령으로 정하는 기준에 따라 진로 및 직업교육의 실시에 필요한 시설·설비를 마련하여야 한다. ③ 특수교육지원센터는 특수교육대상자에게 효과적인 진로 및 직업교육을 지원하기 위하여 대통령령이 정하는 바에 따라 관련기관과의 협의체를 구성하여야 한다(장애인 등에 대한 특수교육법 제23조)
- (전공과의 설치·운영) ① 특수교육기관에는 고등학교 과정을 졸업한 특수교육대상자에게 진로 및 직업 교육을 위하여 수업연한 1년 이상의 전공과를 설치·운영할 수 있다(장애인 등에 대한 특수교육법 제24조)

그리고 최근 정부에서도 취약계층의 인적자원개발의 중요성을 강조하고, 장애인들을 위한 취업 기회 제공, 관련 정책 모색 그리고 자립을 도모하는 직업교육을 강화하고 있다. 이러한 정부의 노력은 학령기 장애학생의 교육-직업훈련-취업 연계 체제를 통한 전환계획 모형 개발연구, 직업평가, 직업교육, 취업알선 및 추수지도, 그리고 직업교사를 위한 연수 강화 등으로 구체화 하고 있다(특수교육 연차보고서, 2005). 또한 성인장애인을 위한 직업훈련의 사회 정책적 기반을 이루고 있는 「장애인고용촉진 등에 관한 법률」에 기반을 둔, 한국 장애인 고용 촉진 공단 산하 관련 각종 훈련기관 및 시설에서의 접근성이 점차 확보되는 추세를 보이고 있다. 뿐만 아니라 보건복지부관련 장애인 직업훈련 기관들의 취업을 위한 사업 확대 등도 이러한 전반적인 변화와 노력의 한 과정이라고 할 수 있을 것이다.

그러나 사회적 소외계층에 대한 정부의 인적자원 개발의 노력과 관심에도 불구하고 현실적으로 학령기 장애학생들의 직업적성개발과 취업을 위한 교육훈련기회가 사실상 매우 부족한 실정이다. 특히 상대적으로 열악한 여건에 놓여있는 장애학생들이 학교를 졸업하고 사회에 진출하는 과정이 그리 쉽지 않은 게 사실이다(김형일 외 8인, 2001b).

2008년도 특수교육기관의 고등학교 과정의 졸업생 취업 및 진로 실태를 보면, 특수학교 고등부 졸업생 2,062명 중에서 취업을 한 학생은 467명(45.7%)에 불과하다. 또한, 상급학교에 진학한 학생은 1,039명(50.3%)으로 나타나고 있다. 그리고 취업이 안된 경우는 556명이다. 특수학급의 경우, 고등부 졸업생 1,102명 중 386명(53.0%)이 취업하고, 상급학교에 진학한 학생은 374명(41.5%)이며, 취업과 진학이 안된 경우는 342명이다(특수교육통계, 2008).

이러한 결과는 아직도 많은 장애학생들에 대한 학교 졸업 이후의 성인생활을 위한 고용, 진학 등의 전환이 제대로 이루어지지 못하고 있음을 나타내는 것이다. 더구나 이들의 취업분야도 주로 침구업, 안마업, 양재업, 원예업, 인쇄업 등 대부분이 시각, 청각, 지체장애인의 업종에 편중되어 있는 실정이어서, 많은 장애학생들은 학교를 졸업한 후 적절한 직업을 갖지 못하고 다시 가정이나 시설로 돌아가 의존적이고 고립된 생활을 하고 있다. 특히, 지적능력과 적응기술에 제한성을 가지고 있는 발달장애학생들은 더욱 심각한 상황이다(김진호, 2002).

곽준기(1995) 등은 5년 이상 졸업생을 배출한 2개 지체부자유학교와 4년 동안 졸업생을 배출한 1개의 지체부자유학교를 대상으로 졸업생에 대한 추적 조사를 실시한 결과 고등부를 졸업한 졸업생의 25% 미만이 전일제 혹은 시간제 취업에 종사하고 있는 것으로 나타났으며, 또한 1990년에서 1994년까지 지적장애학교 고등부를 졸업한 지적장애인들의 전환과정 결과를 추적 조사한 결과 취업이 30%, 미취업이 52%, 기타가 18.1%로 나타나 장애학생들의 취업이 그리 쉽지 않음을 보여주고 있다(박희찬, 1995).

이와 같은 장애학생들의 취업 실패 원인은 여러 가지 요인들이 복합적으로 작용하여 일어난 결과이지만, 최근 연구자들은 그 주된 이유로 학령기의 직업적성개발을 위한 전환과정의 여러 지원요인들과 관련이 있다고 보고 학령기에서부터의 적절한 지원에 관심과 노력을 기울이고 있다(OECD, 1994). 최근에 수행된 연구 결과에 의하면 장애학생들이 학교를 졸업하고 사회에 성공적으로 진출하기 위해서는 학령기부터 직업적성개발을 위한 체계적이고 시기에 적절한 전환훈련이 이루어져야함을 강조하고 있다. 그 이유로 심신 장애를 지닌 장애학생들은 졸업시의 집중적인 취업훈련만으로는 직장적응에 필요한 태도와 기술을 훈련하는데 한계가 있다고 보기 때문이다(김형일 외 8인, 2001b).

오길승(2003)도 장애학생은 그 특성상 1~2년 정도의 집중적인 훈련만으로는 직업능력의 향상이 그리 쉽게 이루어지는 것은 아니며, 이들의 고용확대가 이루어지기 위해서는 학령기 동안 특수교육 현장에서 보다 철저하고 충분한 전환교육이나 직업 전 준비교육이 이루어져야 하고, 교육연한이 끝날 경우 자연스럽게 성인 직업재활 서비스가 연계되어야 함에도 불구하고 사실상 현재 우리의 특수교육에서 이루어지는 직업교육은 그러한 면에서 제 구실을 하지 못하고 있다고 지적하였다.

박희찬(2002)은 최근 졸업한 장애학생들의 실태를 추적 조사한 결과에 기초하여 장애학생들이 중도탈락하지 않고 학교를 잘 마칠 수 있고, 졸업 이후를 준비할 수 있도록 하기 위해 기관 간 협력 프로그램, 학생의 진로개발, 지역사회에 대한 학습, 전환계획 등을 강조함으로써 졸업 후의 성공적인 진로를 위해 학령기부터 취업을 위한 준비의 필요성을 강조하였다. 또한 김형일 등(2001; 2002)은 학교를 졸업하고 사회로의 전환에 성공한 장애인들을 대상으로 학교를 졸업하기 이전인 학령기에서 지원되어야 할 내용에 대해 면담 및 관찰을 통해 이들의 성공적인 사회 전환에 영향을 미친 긍정적 요인과 부정적 요인을 조사하였다. 그리고 앞으로 전환교육에서 개선해야 할 요구사항을 분석하고, 그에 따른 실제 훈련내용을 제시하였다. 이 외에도 전환교육의 이론적 분석을 통한 학령기 전환교육과정의 구성요소와 적용방안에 대한 접근(김형일, 2001; 김진호, 2001)과 구체적인 전환훈련을 실시하고, 이에 따른 태도나 기술향상을 검증한 연구들이 수행된 바 있다(조인수, 2001; 김진호, 2002).

그러나 우리나라에서 수행된 장애학생 전환교육 관련 연구를 살펴보면, '장애학생을 대상으로 학령기부터 직업적성을 개발하고 이에 따른 구체적인 교육훈련과 기회를 어떻게 제공할 것인가' 하는 종합적이고 체계적인 접근을 통한 대안 제시가 부족한 실정이다. 또한 이러한 종합적이고 체계적인 문제해결의 핵심적인 역할을 하는 정책적 방안 및 지원에 대한 연구나 학술활동 또한 부족하다. 따라서 본 장에서는 전환과 관련한 여러 문헌과 논문들의 분석을 근거로 정책적 지원 방안을 논의 하고자 한다.

02 전환교육 현황 및 정책적 지원 방안

1) 전환교육에 관한 일관성 있는 모형 정립

이유훈, 김형일, 강병호(2003) 등의 연구 결과에 따르면, 현재 특수학교에서 직업교육훈련 목표 및 지원체계, 직업훈련 내용 및 훈련방법 그리고 이에 따른 지원여건 등, 종합적인 맥락에서의 전환교육 지원이 체계적으로 구성되지 못하고 있는 것으로 나타났다. 특히 학령기 초부터 진로인식-진로탐색-직업교육훈련-취업알선 및 추수지도 등 진로발달 단계에 따른 체계적인 지원이 효과적으로 이루어지지 않고 있다.

이러한 맥락에서 최근 전환교육에 대한 연구와 모형 변화가 주는 시사점이

크다고 할 수 있을 것이다. 특히, 미국을 중심으로 고용에 초점을 둔 협의의 모형에서(Levinson, 1998), 고용뿐만 아니라 사회적 대인관계기술, 주거환경까지 포함하는 포괄적 모형으로 변화하고 있다(Wehman., et al 1987).

포괄적 모형에서 Halpern(1985)은 성공적인 지역사회 적응을 위해 의미 있는 취업이외에 중요한 두 개의 다른 차원, 주거환경의 질과 적절한 사회·대인관계를 제안하였다. 다시 말하면, 성공적인 전환의 목적을 독립생활, 지역사회 적응에 두고 있다. 그리고 각 개인의 삶의 질과 적절한 사회적 대인관계 형성을 고용과 마찬가지로 중요하게 다루고 있다. 고용에 성공했다고 해서 나머지 인생도 성공한 것으로 보지 않기 때문에 서비스를 결정할 때 개인의 모든 삶의 질 차원에서 프로그램을 개발하여야 한다고 주장하고 있다.

결국, 전환교육은 졸업을 앞둔 취업 시기에 집중적으로 이루어지는 것은 바람직하지 않다. 이는 전환의 관점에서 볼 때 교육체제들이 바람직하지 않을 수 있다는 전제를 하고 있다. 따라서 학교만이 전환과정을 계획하거나 지원하는 것이 아니라, 해당 지역사회 서비스 기관들이 참여하는 포괄적 범위의 교육과 서비스를 제공해야 한다. 이러한 전환과정의 틀이 성공적으로 이루어지기 위해서는 종합적인 계획, 개별화 실행계획의 시행, 그리고 각 기관 간의 조정이 적절히 자연스럽게 이루어져야 한다.

김형일 등(2001b)은 전환성공의 긍·부정적 요인과 요구분석 내용 등의 논의를 바탕으로 전환과정 지원방안을 [그림 13－1]과 같은 모형으로 제시하고 있는데, 이 모형은 크게 전환의 지원내용 및 연계 체제를 가로축으로 하고, 지원환경과 평가를 전환 시기별로 상·하로 관련시키고 있다.

이 모형은 한국의 실정에 맞는 전환교육의 강조하고 있다. 즉, 장·단기계획에 의한 체계적인 접근, 장애영역과 수준의 고려, 직무현장의 직무체험 중심 전환, 긍정적 지원 환경 고려, 전환평가의 중요성, 기관 간 연계 등을 강조한다.

준비과정	배치과정	유지과정	결과
상급학교 진학과정	⇒	대학진학 및 취업	
기술·공과 중심과정	⇒	취업 및 자영업	
직업적응 훈련과정	⇒	보호·지원·경쟁고용	
기타 진로 과정	⇒	취업 및 지역사회 진출	
일상생활·지역사회적응	⇒	주거·자립생활(여가활동)	
↑	↑	↑	↑

환 경 적 요 인

시기별 평가 및 기관협력

[그림 13-1] 전환과정 지원모형

※ 자료 인용: 김형일(2001b). 취업한 장애인의 사례분석을 통한 특수학교 전환교육과정 운영방안. 특수교육 교육과정 연구, 제2집, 189-204. 국립특수교육원.

한편, 교육인적자원부(2003)의 특수교육 발전 종합계획('03~'07)'에서 장애학생이 학교에서 성인생활로의 전환을 지원하기 위해서는 그 지원체계를 확립하지 않고서는 장애학생의 전환에 대한 전체적인 조망과 접근이 어렵다고 보고 있다. 따라서 중학교 2학년은 진로상담과 직업평가를 통해 직업 및 전환교육을 실시하고, 고등학교 졸업학년에는 전환능력을 평가하여 전환을 지원하고 추수지도를 하는 장애학생 전환 지원체계를 다음 〈표 13-1〉과 같이 제시하고 있다.

이 체계는 장애인의 직업교육과 직업재활을 위해 우선 학령기 장애학생의 직업재활 및 전환 지원체계에 나타난 업무부서, 관련 부처나 기관이 특성에 따라 역할과 기능을 분담하는 것이 중요함을 보여주고 있다. 그러나 정동영(2003)이 지적한 것처럼, 이 체계는 학령기 장애학생을 위한 체계이기 때문에 이를 토대로 하거나 아니면, 전혀 새로운 체계로 장애유아부터 장애 성인을 포함하여 생애 단계별로 적절한 지원을 제공하는 직업재활체계가 마련될 필요가 있다.

〈표 13-1〉 장애학생 직업재활 전환지원체계

단계	지원시기	지원내용	담당기관
진로상담	중학교 2학년	-학교생활 및 일상생활 관련자료 제공	교 육 부(특수학교 및 학급) 보건복지부(장애인복지관) 노 동 부(장애인고용촉진공단)
↓			
직업평가	중학교 2학년	-직업적성 평가 -직업능력 평가 -직업태도 평가	교 육 부(특수학교 및 학급) 보건복지부(장애인복지관) 노 동 부(장애인고용촉진공단)
↓			
직업교육	중학교 2학년 ~ 고등학교 졸업학년	-개별화전환계획 수립·적용	교 육 부(특수학교·학급)
		-장애학생 적성직종 개발	노 동 부(장애인고용촉진공단)
		-직업교육 프로그램 개발	교 육 부(국립특수교육원)
		-장애학생 현장실습지원	보건복지부(장애인복지관) 노 동 부(장애인고용촉진공단)
↓			
전환능력 평 가	고등학교 졸업학년	-장애학생 사회진출 여부 및 지원 정도 결정	교 육 부(특수학교 및 학급) 보건복지부(장애인복지관) 노 동 부(장애인고용촉진공단)
↓			
취업알선	고등학교 졸업학년	-취업 알선·배치	교 육 부(특수학교 및 학급) 노 동 부(장애인고용촉진공단) 보건복지부(장애인복지관)
↓			
추수지도	고등학교 졸업이후	-직장적응지원	교 육 부(특수학교 및 학급) 보건복지부(장애인복지관) 노 동 부(장애인고용촉진공단)

이상에서 살펴 본 선행 전환교육 모형 및 프로그램을 종합하여 보면, 다음과 같은 공통적인 요인을 발견할 수 있다. 첫째, 지원 시기에 따른 직업교육훈련을 강조한 점이다. 둘째, 직업교육훈련 내용과 수준을 중요시하고 있다. 셋째, 직업교육훈련 방법과 체계에 대한 요인이다. 넷째, 직업교육훈련에 대한 평가적 요인의 지적이다. 다섯째, 관련 기관의 협력과 기타 환경적 요인을 강조한 점이다. 따라서 일반적으로 학령기에 해당하는 전환을 위한 준비와 배치과정, 그리고 졸업 이후 진학이나 취업과 관련되는 전환의 유지과정과 전환결과 즉, 현재 상태라는 전환 지원시기별 모형을 근거로 다음 [그림 13-2]와 같이 종합적이고 체계적인 지원 정책이 마련될 필요가 있다.

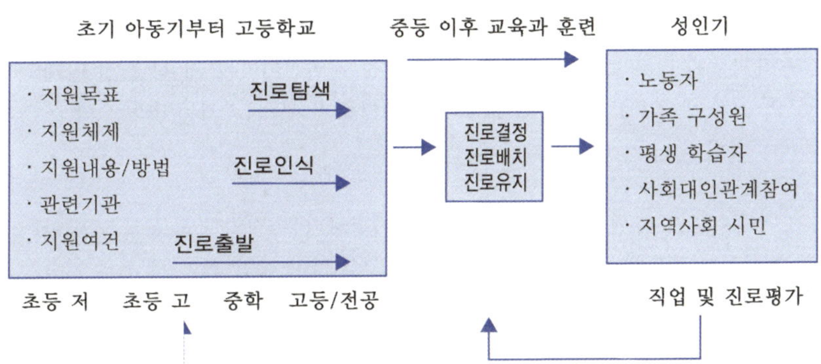

[그림 13-2] 장애학생 직업교육훈련 체계

※ 자료 인용: 이유훈, 김형일, 강병호(2003). **학령기 장애인의 직업적성개발을 위한 직업교육훈련 기회 확충방안.**

2) 현행 특수교육 직업관련 교육과정의 현실화

현행 특수교육 직업관련 교육과정의 비현실적 내용에 대한 지적이 많다. 사회적으로 성공한 장애인을 대상으로 한 학교교육과정에 대한 연구결과에서 다음과 같은 시사점이 제시되었다(김형일 외, 2001).

전혀 도움이 되지 않았어요. 학교가 너무 무기력했지요. 우리 때는. 지금도 마찬가지라 생각합니다. 너무 천편일률적으로 30년 전이나 지금이나 똑같아요. …중략… 맹교육은 지금까지 안마와 침으로 유지되어 왔고 맹인들이 그것으로 생업을 삼아 왔지만 그것이 또한, 우리를 가로막고 있습니다. 그래서 다른 직업을 하려고 하지 않고 있으며 학교 자체도 다른 직업분야를 개발하려 하지 않고 있습니다. 학생들 스스로도 겨우 진학이나 해서 교사나 목사 등을 생각하지 다른 직업에 진출하려는 의지가 부족합니다. 직업이 개발 안 되고 있다는 겁니다.… 직업의 다양화, 엘리트화가 되어야 하는데 맹학교는 그런 것을 안 하고 있다는 게 문제점이지요." (정화원의원, 부산시의회, 시각장애)

뇌성마비 애들이 많아지니까, 눈과 손 협응, 다른 것보다 요즈음 유럽 황실자수 같은 것 애들은 손이 떨리고 그래서 정교한 것은 못해요.… 취업이라는 게 너무 탁상공론 같은 게 있어요. 직업전이라는 게 직업 전 단계의 교육이라기보다는 직업에는 아직 도달하지 못하는 기능이라는 데 쓰고 있거든요. (D씨, 지체장애인)

특수학교 학생들의 대부분이 대학 진학보다는 직업보도 교육을 받아 취업하고 있는데 다양한 진로교육을 받을 수 없어 졸업 후 다시 전문 기술 교육을 받고 있는 실정이므로 장애인들에게 고등교육 기회를 더욱 많이 제공해 주어야 한다.… 중략… 청각장애인이 대학에 가지 위해서는 학교 공부이외에 개인적으로 더 해야 합니다. 학교에서는 진학보다는 문장력 향상을 위한 것에 치중하고 있으니까요. 그리고 재학생들이 학교에서 가르치는 내용을 다 이해하지 못하고 있어요.

(박광택 교사, 청각장애인)

학교에서 교육과정을 이론적으로 배우고 듣고, 공부하고 하잖아요, 근데 실질적으로 장애인들이 사회 생활하면서 살아갈 수 있는 능력을 거기서 채웠으면 좋겠어요. 예를 들어 직장에서 뭐를 시켰을 때 어디까지 할 수 있는가, 실습을 통해서 이건 이렇게 해야 되고 저건 이렇게 해야 되고, 어디까지 갖다 놓고 어디까지 몇 개를 만들고 이런 과정들을 교육을 좀 시켰으면 좋겠어요. (장순기 공장장, (주)투게이, 장진혁 정신지체인 근무)

이들의 주장에서 학교교육과정의 경직성과 능력을 무시한 일제수업, 비현장

감이 나타난다. 결국 이와 같은 교육과정은 장애인이 적당한 직장을 찾는데 많은 시간을 허비하게 만들고 심지어는 직장으로 전환하지 못한 상태로 있게 한다. 또한 사전 충분한 진단이나 평가가 이루어지지 않은 상태에서 직장에 배치되기 때문에 적성과 능력이 맞지 않아 적응하지 못하고 바로 실패하여 가정으로 돌아오게 하는 결과를 가져온다.

특히 직업교과 면에서 보면, 시각 · 청각 · 지체부자유학생이 특수학교에서 전문적인 기능을 익혀 취업을 한 영역은 침술, 의료, 컴퓨터, 원예 등 일부 제한적인 과목에 한정되었고, 대부분이 학교에서 훈련받은 직업교과와는 관련 없는 직종에 종사하고 있다는 것이다.

그러나 최근 전환교육을 강조하는 변화의 영향과 학교장들의 전환교육에 대한 관심으로 전환교육 체제면에서 많은 변화가 나타나고 있는데, 두드러진 특징은 일부 학교장 및 교사들이 주축이 되어 '선배치-후훈련의 전환체제' 시도, '사전소질 계발', '사업체 특성 조사', '적소배치', '현장 견학', '현장취업 훈련', '취업 및 추수지도 체제'를 수행하고 있다는 점이다.

이러한 일련의 변화를 위한 체제 운영은 학교 단독으로 수행하기에는 한계가 있기 때문에 장애인 고용촉진 공단, 업체, 학교, 부모와의 연계를 통하여 동시에 진행되어야 하고, 정부 차원에서는 이와 같이 작지만 큰 변화의 노력을 지원하는 정책을 마련하여야 할 것이다.

또한 급변하는 사회와 직업시장의 변화에 맞는 교육내용과 직종개발을 위해 '초 중등특수학교 교육과정 수시개선체제'를 도입하는 것도 하나의 방안이 될 수 있을 것이다. 이를 위해 특수교육법이나 관련 조항에 국가와 지방자치단체 차원에서 수행할 수 있는 일련의 방법과 절차적 단계를 규정할 수 있을 것이다 (김형일, 2005).

시각장애학교에서 이료교육을 받고 안마사로 살아가고자 하는 시각장애인들에게 향락산업과 결부된 기존의 안마시술소를 탈피하여 보다 안정적이고 건전한 직업생활을 영위할 수 있도록 하는 건전한 안마업의 육성을 위한 정책적 지원도 할 수 있을 것이다. 이를 위해 건강 안마원, 마사지 클리닉 혹은 안마치료원 등 남녀노소 가릴 것 없이 국민 모두가 함께 누릴 수 있는 건강증진 시설의 개업을 육성할 필요가 있다. 이를 위해 정부차원의 초기 창업비의 일부 보조 및 대출 등 금융상의 지원과 세금 혜택 등의 세제상의 제도적 지원이 마련되어야 할 것이다(김양수, 대통령자문 빈부격차・차별시정위원회 협의자료 2005. 9. 6).

3) 평가체제 및 평가주체의 확립

평가(assessment)는 학생들의 전환교육에서 중요한 의미를 지닌다. 전통적으로 평가는 학생에게 제공하는 서비스의 타당성(eligibility)과 서비스의 지속 여부를 결정하는데 사용되었다. 그러나 전환교육과 관련한 평가는 전환계획에서 가장 먼저 실시해야 할 부분이다. Thurlow 등(1998)은 전환교육계획 시 학생의 능력, 수준 등에 대한 평가가 제대로 이루어지지 않는다면, 졸업 이후의 전환 결과가 만족스럽지 못하게 되고, 또한 학교 졸업 후의 전환 결과에 대한 평가를 정확하게 하지 않는 것도 실패의 원인으로 보았다. 전체 계획과 교수가 평가에 근거하여 수행되고, 개인의 강점과 약점, 제시된 과제수행 기술, 개인의 학습양식을 찾아낼 수 있도록 디자인되어야 함을 강조하고 있다.

그러나 현실적으로 전환교육 평가는 여러 가지 장벽을 가지고 있다. Michaels (1998)은 평가를 수행하는데 있어 개인의 환경과 장애특성, 그리고 실제 세계와 일치되지 않거나 오류가 있을 수 있다는 것을 고려해야 한다고 주장하고, 이를 극복하기 위하여 다양한 성인 '현실세계'(real world)의 기능적 요구와 성인들이 지역사회 환경에서 성공적으로 역할하기를 기대하는 특성을 평가에 반영하여야 한다고 제안하였다.

성공저인 진환을 위해 전환교육 평가에서 고려해야 할 사항을 살펴보면 다음과 같다.

첫째, 현재와 미래 환경에서 학생의 요구에 맞는 지원을 해주기 위해서는 수준별 평가가 이루어져야 한다. 학교 졸업 이후 환경은 학생의 기술이나 능력에 관계없이 매우 다양하기 때문에 학생의 개별 특성에 따른 수준별 평가와 계획이 필요하다(Thurlow et al., 1998).

둘째, 학생의 전환에 관련되는 다양한 인사들이 평가에 관여해야 한다. 학생, 동료, 부모 및 기타 가족, 지역인사, 고용주, 행정관련 인사들의 참여시기, 참여 정도 등을 신중히 고려하여야 한다(Amado & Lyon, 1991). 그리고 이들 인사들 간의 영역별 팀 접근이 이루어졌을 때 효과적이다(Clark, 1998).

셋째, 평가는 전환과정에 따라 적절한 시기에 이루어져야 한다. Clark(1998)은 취학 전에서부터 성인기에 이르기까지 각 전환 시기에 따른 적절한 내용이 이루어져야 한다고 주장하고 있다〈표 13-2〉.

〈표 13-2〉 장애학생 시기별 평가 체계

취학전	초등학교	중학교	고등학교	성인
아동의 흥미	학생의 흥미	학생/소년의 흥미	청소년의 관심	성인의 관심
가족의 선호성	학생과 가족의 선호성	학생과 가족의 선호성	학생과 가족의 선호성	개인 혹은 가족의 선호성
신체적 건강과 체력	신체적 건강과 체력	신체적 건강과 체력	신체적 건강과 체력	신체적 건강과 체력
운동기술	운동기술	운동기술	운동기술	운동기술
발화·언어 발달	발화·언어 발달	발화·언어 발달	발화·언어 발달	발화·언어 발달
인지적 발달	인지적 수행	인지적 수행	인지적 수행	인지적 수행
적응기술	적응기술	적응 및 일상생활기술	일일생활 및 지역사회 생활 기술	일일 및 지역사회 생활기술
사회화 기술	사회화 기술	사회화 기술	사회화 기술	사회화 기술
정서적 발달	정서적 발달 정신건강	정서적 발달 정신건강	정서적 발달 정신건강	정신건강
독립 및 의존 생활 기술	독립 및 의존생활 기술	독립 및 의존생활 기술	독립 및 의존생활 기술	독립 및 의존생활 기술
고용 전 기술	고용 전 기술	고용 전 기술	고용가능성과 직업기술	고용가능성과 직업기술
선택하기 기술	선택하기 기술	선택하기와 자기 결정기술	자기 결정과 자기 주장 기술	자기 결정과 자기 주장 기술

취학전	초등학교	중학교	고등학교	성인
지역사회 참여	지역사회 참여	지역사회 참여	지역사회 참여	지역사회 참여
필요한 가족이나 기타 지원	필요한 가족이나 기타 지원	필요한 가족이나 기타 지원	필요한 가족이나 기타 지원	필요한 가족이나 기타 지원
차기 수직적 전환에 필요한 기술이나 정보	차기 수직적 전환에 필요한 기술이나 정보	차기 수직적 전환에 필요한 기술이나 정보	차기 수직적 전환에 필요한 기술이나 정보	차기 수직적 전환에 필요한 기술이나 정보
지원서비스에 필요한 연계	지원서비스에 필요한 연계	지원서비스에 필요한 연계	지원서비스에 필요한 연계	지원서비스에 필요한 연계

※ 자료 인용: Clark, G. M. (1998). *Assessment for transitions planning*(p. 7), pro-ed An International Publisher: Austin, Texas.

넷째, 평가영역은 학생이 학교에서 사회로 전환하는 과정에 가장 직접적으로 관련되는 요인들을 중심으로 이루어져야 한다.

다섯째, 평가방법은 기능적(functional), 상황적(situational) 평가와 작업현장(job try-out) 평가가 이루어져야 한다. Gaylord-Ross와 Browder(1991)는 그 이유로 ① 실생활에서 생존해 갈 수 있는 실제적이고 독립생활 기술, ② 자신의 주변 환경에서의 개인 기능, ③ 학습과 실행과정의 훈련, ④ 성공 가능성 높은 개입 방법, ⑤ 처치 과정의 현장 평가와 수정을 중시하기 때문이라고 하였다.

따라서 학령기를 중심으로 한 평가체제는 〈표 13-3〉과 같이 평가의 중점단계에 따라 평가내용, 방법, 그리고 주체가 결정되어야 한다. 이를 위해 관련 기관 및 관련 인사들이 협력적이고 전문적인 협의가 이루어져야 한다.

〈표 13-3〉 평가 단계별 평가방법 및 평가주체

단계	1단계	2단계	3단계	4단계
평가 중점	계획 및 교수를 위한 평가 →	계획 →	교수 →	평가
	↑	↑	↑	↓
평가 내용	학생의 요구, 선호와 흥미, 희망, 졸업이후 결과, 현재와 미래의 자원	개별화 교육계획에 따른 전환 구성내용	영역: 교과, 자기-결정, 사회적 기술, 건강, 지역사회의 주거, 지역사회 참여, 고용기술	졸업 이후 결과에 대한 학생의 진전사항; 교수상황에서의 학생 수행
평가 방법	형식적 평가, 흥미도 검사, 면접, 직접관찰, 교육과정-중심 평가	지원팀간의 협력으로 지역사회 내에서 수행	각 내용에 따른 지도과정상의 평가수행	소비자 만족도, 과제분석, 직무분석, 교육과정중심 평가, 포트폴리오
평가 주체	학생, 가족, 특수교사, 일반교사, 직업재활교사, 고용주, 작업 및 물리치료사, 친구	전환교육지원팀(관련 전문가)	각 기관의 관련 인사: 학교, 지역사회관련기관, 직장	학생, 가족, 특수교사, 일반교사, 직업재활교사, 고용주, 작업 및 물리치료사, 친구

※ 자료 인용: Spephen(1977). *Teaching skill to students with learning and behavioral disorders*. Upper Saddle River, NJ:Merrill.Prentice Hall.

4) 전문 인력 양성

아직도 상당히 많은 특수학급에 직업특수교사가 배치되지 않은 상황에 있고, 이미 배치된 실기교사 및 일반교사들의 직업교사로서의 재교육이 꾸준히 실시되어야 함을 시사하고 있다. 그리고 전환교육의 측면에서 볼 때 현재 특수학교 및 특수학급에서 직업교육의 비중과 중요성이 매우 중요함에도 불구하고 전문 인력의 양적인 수요가 확보되는 것이 우선 시급한 문제라고 할 수 있다.

또한 진로발달단계에 따른 일련의 전환교육이 직업인식-직업탐색-직업준비-

직업배치 및 추수지도 등의 주요 내용이 제공된다는 점에서 전환과정에 따른 교육과정을 통합하고 조정하는 전문적인 역할을 할 수 있는 교사배치가 고려되어야 한다. 이는 별도의 직업재활전문가가 전환과정상에 수행되는 직업관련 모든 과정을 통합·조정하도록 하는 것이 아니라, 일련의 전환과정에서 특수교사와 직업특수교사, 그리고 실기교사 및 관련 직업재활전문가들이 장애학생을 중심으로 고유의 전문성을 공유하는 것이 바람직할 것이다. 이와 같이 전문성을 공유한다는 것은 진로발달단계에 따라 학령기에서는 특수교육 전문가의 전문성 역할이 크고, 학령기 이후에는 직업재활 전문가의 역할 비중이 점차 높아지게 될 것이다. 그리고 장애정도에 따른 훈련 유형(경쟁고용, 지원고용, 보호고용 등)에 의해서도 역할이 달라질 수 있을 것이다. 이와 더불어 우리나라 실정에서 현실적으로 적용하기 위해서는 많은 논의와 합의를 거쳐야 하겠지만, 장애인의 생의 전반을 지원 관리하는 사례관리사(미국의 캘리포니아주에서 실시)의 배치도 고려할 수 있을 것이다. 따라서 특정한 분야의 전문인력을 획일적으로 배치하는 것보다는 국가차원의 다양한 전문가를 체계적으로 양성 및 배치하는 방안이 바람직할 것이다.

교육부가 현재 직업교육교사 양성대학으로 분류하고 있는 주요 대학의 교육과정을 미국의 재활교육위원회(Commission on Rehabilitation Education)와 비교한 것이 〈표 13-4〉와 같다. 물론 이들 대학에서 전공을 설치하고 있는 매해 졸업생 중 1/3에 한하여서만 특수교사(직업교육) 정교사 2급자격증을 받도록 하고 있고, 대부분은 장애인복지관이나 성인직업재활시설에 종사하고 있다(오길승, 2003). 이들 4년제 대학의 교육과정은 현행 특수학교 직업관련 교육과정의 내용과는 상당히 거리가 있음을 알 수 있다. 특수학교 직업관련 교육과정을 보면, 기본교육과정의 중·고등부 과정에서는 직업생활, 직업준비, 직업기능을 다루고 있다. 또한 공통교육과정의 선택중심교육과정의 내용은 공예, 포장·조립·운반, 농업, 전자조립, 제과·제빵, 정보처리, 시각디자인, 이료, 직업과 생활로 구성되어 있다. 현장에서 위의 특수학교 교육과정에 근거하여 교육과정이 편성 및 운영된다고 보면, 이들 직업특수교사들이 4년간 대학에서 국가수준의 교육과정에 근거한 과목을 이수하지 못하고 현장에 배치된다고 볼 수 있다. 결국, 직업교과에서 다루는 기술을 익히기 위해 별도의 실기교사를 배치하거나, 교사 연수비를 책정하여 배치된 직업교사를 대상으로 재교육을 실시하는 결과를 초래하게 될 것이다. 따라서 현재 직업특수교사를 배출하는 양성대학의 교육과정에 대한 개편을 유도하거나 신설 및 증원하는 대학 및 해당학과에 대하여 이러한 실기능력을 익힐 수 있는 시설이나 제도 그리고 교육과정 설정을 인가의 조건으로 강화할 필요가 있을 것이다.

〈표 13-4〉 CORE와 국내대학 교과과정 현황

CORE	가 톨 릭 대	나 사 렛 대	대 구 대	한 신 대
1. 재활기초(재활의 역사, 법률/직업재활체계/윤리/ 수요자)	특수교육과 재활(1학년) 직업재활개론 재활정책론 직업재활시설론	재활학개론(1학년) 장애인 복지론 특수교육론	재활 행정 및 정책 직업재활시설과 프로그램	장애총론 직업재활개론
2. 상담서비스(인간의 발달/상담 이론과 실제/다양성/환경과 태도의 장벽/ 권익옹호)	직업재활상담 장애인부모교육 및 상담	재활심리학 발달심리 직업재활상담 부모교육과 가족치료	이상심리 재활심리학 직업재활상담(1) 직업재활상담(2)	장애가족상담론 발달심리학 직업재활상담 성격심리학 발달정신병리학
3. 사례관리(사례관리과정/자립생활 및 직업재활서비스 제공/재활계획/재활공학)	전환교육 정신지체아교육 정서및행동장애아교육 학습장애아교육 지체장애아교육 청각장애아교육 시각장애아교육 언어청각장애아교육 중증장애인재활 유아특수교육 수화실기 장애인성교육 놀이치료 예술치료 행동수정 재활공학	전환교육 및 고용 의사소통장애론 청각장애인 교육과 재활 정신지체인 교육과 재활 정서행동장애아교육과 재활 중복지체장애아교육과재활 시각장애인교육과재활 수화의 실제 음악치료 미술치료 작업치료 치료레크리에이션 재활스포츠 행동수정	장애인직업및진로지도 장애아직업전교육 정신지체아 교육 청각장애아교육 중증장애인의재활 시각장애아교육 지체부자유아교육 정서장애아교육 학습장애아교육 정신재활론 행동수정	정신지체교육 지체부자유교육 시각장애교육 청각장애교육 학습장애교육 정서장애교육 고급수화실기 학습이론및행동수정 놀이치료의 이론과실제 재활 및 특수교육공학 장애인독립생활 특수치료

CORE	가 톨 릭 대	나 사 렛 대	대 구 대	한 신 대
4. 직업과 진로개발 (장애와 직업/ 직업 정보, 노동시장, 고용)	기능적생활기술 직업적응훈련 작업가능훈련	직업훈련 직업실기교과 I 직업실기교과 II	직업준비기능 직업적응과정신위생 산업교육및 훈련	직업적응훈련 생활기술훈련
5. 평가(의료적 측면/ 심리사회적 측면/ 평가의 접근/ 직업평가)	인체해부 및 기능 장애의진단및평가 직업능력평가 I 직업능력평가 II	재활의학 장애진단과 평가 직업평가	의료재활 장애아심리및검사 장애의심리사회적이해 직업평가	심리평가및진단 직업평가
6. 직업개발과 배치 (직업분석, 작업 개발, 직업배치, 지원고용)	직업재활방법론 지원고용	직업개발 및 배치 지원고용	보호고용 및 지원고용 직업개발및배치 직업재활방법론	직업배치 지원고용원강 직업재활방법론
7. 연구(연구 분석/ 연구 적용)	재활세미나	재활연구방법론 재활세미나	직업재활연구	사회교육통계 재활연구방법론
8. 실습(100시간)	실습	재활실습	실습	재활실습 I 재활실습 II
9. 인턴쉽(600시간)				
비분류		사회복지개론 인간행동과 사회환경 지역사회복지론 사회복지실천론 장애학생보육론 사회복지실천기술론 사회복지행정론 노인복지론 사회복지정책론 사회복지법제 사회복지실습 정신건강론 사회복지조사론 프로그램개발 및 평가	산업복지학 사회복지론 장애인사회교육	재가장애론 지역사회재활론

※ 자료 인용: 오길승(2003). 직업재활분야에서 본 현행 특수직업교육의 문제점과 앞으로의 개선 및 협력방안. **2003년도 한국직업재활학회 연차학술대회 자료집.** 한국직업재활학회.

또한 앞서 2004년 정기국회 국정감사 자료에서 제시되었듯이 현장에는 상당수의 실기교사 및 일반교사들이 직업교사 또는 실기교사로 배치되어있다. 이들에 대한 전문적인 직업교사 재교육프로그램이 지속적으로 실시되어야 한다.

5) 범정부 차원의 추진기구의 구성과 역할 제고

우리나라의 특수교육 발전과정을 보면 크게 국가차원의 정책 입안 및 실행이 변화와 발전의 큰 흐름을 이어 왔다고 할 수 있다. 유엔 장애인 10년 기간에 우리나라에서는 '제24회 서울올림픽대회'(1988.9)를 개최하고 그 뒤를 이어 '88 서울장애자올림픽대회'를 개최하였다. 이들 올림픽 개최 이전에 대통령 소속 기구인 '장애인 복지 대책 위원회'가 설치되었고, 이 위원회에서 '장애자 복지 종합대책' 수립 및 보고서의 제출에 이어 '장애인 고용 촉진 공단 등에 관한 법률' 제정과 이에 따른 한국 장애인 고용 촉진 공단의 설립이 이루어졌다. 이러한 과정을 통해 장애인 취업을 지원하기 위한 많은 사업이 진행되었다(김승국, 2003). 또한 최근에는 장애인 등에 대한 특수교육법의 개정, '특수교육 발전 종합계획('03~'07)' 그리고 대통령 자문 기구인 '빈부격차・차별 시정 위원회' 등의 제도적 장치의 정책 입안 과정에서 종합적이고 범부처 차원의 장애학생 직업교육 정책 대안들이 제안되어 실천되고 있다.

이와 같이 국가 차원의 행・재정적인 정책 입안 및 실행은 추진 과정의 파급효과와 강력한 실천력이 수반된다. 따라서 장애학생의 궁극적인 특수교육의 종착점이라고 할 수 있는 전환교육도 이러한 맥락으로 강력하게 추진될 필요가 있다(이유훈, 김형일, 강병호, 2003).

먼저 관계 부처 간 협력체제 구축을 위한 기구의 구성이 필요하다. 장애학생의 직업평가-직업교육훈련-취업알선 및 추수지도에 대한 지원의 활성화를 위해 교육부, 노동부, 보건복지부 등 관련 부처의 과장급에 상당하는 인사가 중심이 되어 업무의 조정 및 역할과 책임을 다루기 위한 상설 '장애학생 직업교육 관련 부처 간 업무 조정 협의회(가칭)'를 구성・운영할 필요가 있다.

둘째, 학교와 장애인 고용 촉진 공단 등 관련기관, 그리고 업체를 연계하는 지역 단위의 인프라를 구축하고 이를 종합하고 지원하는 '장애학생 취업 정보 센터'를 지역 교육청 단위의 특수교육지원센터와 연계 운영하도록 한다.

셋째, 장애학생들의 취업 기회 확대를 위해 현실적인 다양한 직종을 개발하기 위해서는 노동부와 교육부가 공동 주관하는 '장애인 직종 개발 협력 연구팀'을 구성하여 관련 장애학생들의 직무연구 실태조사와 더불어 객관적인 직종 개발 방안을 제시할 수 있다.

넷째, 학령기 초부터 졸업 이후까지 장애학생의 직업교육 훈련을 종합적이고 체계적으로 지원하기 위하여, 국가 수준의 전환교육 모형개발과 이에 따른 교육과정 및 지도 자료를 국립특수교육원과 같은 국가 수준의 연구기관에서 개발·보급하도록 한다.

6) 취업 활성화를 위한 정책적 지원 강화

장애학생이 학교에서 사회로 진출하거나 직업을 얻기 위해서는 학교교육과정에서의 준비교육뿐만 아니라 이들을 받아들이는 직업세계의 수용자세도 매우 중요하다. 장애학생이 학교에서 사회로의 전환이 원활하게 이루어지기 위해서는 관련된 다양한 정책적 지원이 구체적으로 마련될 필요가 있다. 특히 장애학생의 취업을 활성화하기 위한 전환 정책 방안을 제시해 보면 다음과 같다.

먼저 직업교육 활성화를 위한 우수 실천학교의 지정 및 운영과 이에 따른 포상과 예산 지원 등의 인센티브를 제공할 수 있을 것이다. 직업교육 활성화 방법은 국가나 지방자치단체 차원에서 그 기준을 제시할 수 있을 것이다. 예를 들면, 직장체험 프로그램 운영, 체험중심 및 실무중심 학교단위 직장적응 프로그램 운영, 취업 활성화를 위한 학교기업운영, 학교-기업 연계 프로그램 등이 될 수 있을 것이다. 이러한 프로그램들에 대한 인센티브 제공을 통해 우수 프로그램의 개발 및 유도 그리고 프로그램의 일반화를 유도할 수 있을 것이다.

둘째, 고용 기회 확대를 위한 관련 업체에 대한 홍보와 장애이해 연수 프로그램 운영, 그리고 장애인 고용 업체에 대한 세제 혜택과 각종 지원 정책을 강화할 필요가 있다.

셋째, 교사들의 관련기관 방문 및 현장학습이나 취업지도 혹은 추수지도를 수행하는 데 있어, 다른 업무나 심적 부담을 받지 않고 적극적이고 취업과 관련한 전문적인 역할을 수행할 수 있도록 '현장 방문 전담교사제' 도입과 같은 행정적인 배려가 필요하다. 아울러 실업계 고등학교에 특수학급이 설치된 경우, 전공 영역마다 배우는 내용이 다르고 많은 시간을 실습장에서 학습해야 하기 때문에 작업 위험도가 높고 장애의 특성상 일반학생과 함께 실습하기 곤란한 경우가 있다. 또한 인문계 고등학교의 특수학급의 경우 직업을 가르칠 수 있는 전담교사가 배치되어 있지 않다. 이를 위해 지역교육청이나 장애인고용촉진공단에서 순회교사를 배치하거나, 고등학교 과정 특수학급에 장애학생 직업교육훈련을 전담하는 교사를 배치하는 것도 강구할 필요가 있다.

넷째, 의무고용제가 실질적으로 성과를 거두기 위해서는 무엇보다도 국가 및 지방 자치단체는 물론 일반 기업체에서 장애인 고용에 앞장서는 정책이 마련되어야 한다. 이를 구체적으로 실현하기 위해 '장애 영역별 절대의무고용제도'(가칭)를 도입할 필요도 있다. 예를 들면, 장애 영역별로 보편적으로 수행할 수 있는 직무 특성을 정하고, 이들 장애 특성에 맞는 직종을 국가기관, 국영기업 및 대기업을 대상으로 국가에서 일정수의 장애인들에게 취업을 의무로 보장해주는 것이다. 이는 현재 시각장애인을 대상으로 국가에서 혜택을 주고 있는 이료(안마 및 침술)영역과도 같이 장애특성에 맞는 직종을 다른 장애 영역으로 확대하고자 하는 의미가 될 수 있을 것이다. 구체적으로 예를 들면, 지적장애인이라고 하면 단순 분류작업을 수행할 수 있기 때문에 우체국 등에서 이과 같은 업무를 수행하면서 근무할 수 있을 것이다. 따라서 지적장애인이라고 하더라도 국가에서 정한 일정한 조건을 갖추면, 공정한 채용과정을 거쳐 국가가 지정하는 기관에 취업을 할 수 있을 것이다. 이와 같이 어느 일정한 수준의 채용 기준을 정해 두면, 결과적으로 각 장애 영역별 특수학교(급)에서는 이들 기관에 취업하기 위해, 그리고 정해진 채용기준을 통과하기 위해 장애학생을 대상으로 가르치게 될 교육과정과 수업내용의 변화를 시도하게 하는 효과도 가져올 수 있을 것이다(김형일, 대통령자문 빈부격차·차별시정위원회 협의자료 2005. 9. 6).

다섯째, 직업훈련을 실시하기 위한 시설 및 설비를 확충할 필요가 있다. 현재 대부분 특수교육기관에 설치되어 있는 직업교육 관련 시설은 특정 직종에 편중되어 있고, 시설 설비가 노후되어 제 기능을 하지 못하는 경우도 있다. 이러한 문제를 해결하기 위해서는 기존의 방식에서 탈피하는 것도 대안이 될 수 있을 것이다. 우선 특수학교 단위로 설치되어 있는 시설을 집중 배치하여(특정한 곳에 장애학생을 위한 직업지도 시설을 배치함) 관내에 있는 모든 장애학생들이 이용할 수 있도록 하는 방안이다. 또한 산업체의 장이나 교육청 또는 학교장이 협력관계를 통해서 융통성 있게 시설 및 설비를 활용할 수 있을 것이다(최세민, 대통령자문 빈부격차·차별시정위원회 협의자료 2005. 9. 6).

03 제안

이상 살펴 본 바와 같이 전환교육은 장애인의 삶의 질을 결정짓는 매우 중요한 요인이다. 특히 전환과정에서 초기 학령기에서부터의 준비과정이 졸업 이후 성공적인 독립적 생활에 많은 영향을 주고 있다는 점은 시사하는 바가 크다고 할 수 있다. 이러한 점에서 학령기의 전환과정에 대한 적절한 정책적 지원은 전환교육의 효율성과 적합성 그리고 성과를 높이는데 기여하게 될 것이다. 이를 위해 첫째, 전환교육과 관련된 제반 법규의 정비가 필요하다. 이는 전환관련 용어의 모호한 법 규정에 대한 정비뿐만 아니라 개별화교육 전환계획에 대한 법 규정이 새롭게 제정되어야 한다. 둘째, 전환교육의 체제는 졸업 시 집중적으로 이루어지는 직업훈련 중심의 직업모형이 아니라 졸업 이후 장애인의 삶의 질 향상을 도모하는 포괄적 측면의 전환모형이 정립되어야 한다. 셋째, 현행 특수학교 직업교육과정은 급변하는 사회와 직업시장의 변화에 맞는 교육과정과 직종개발이 이루어져야 한다. 넷째, 장애학생을 위한 평가체제는 평가의 중점 단계에 따라 평가내용, 평가방법 그리고 주체가 결정되어야 하고 이와 더불어 관련 기관 및 인사들이 협력적이고 전문적인 협의 과정을 거쳐 수행되어야 한다. 다섯째, 직업교사의 양성은 현행 특수학교 교육과정에 대한 전문성과 전환과정상에 직업 관련 전문가들이 고유의 전문성을 공유하는 방향으로 양성 및 배치되어야 한다. 여섯째, 전환교육의 강력한 추진과 실천을 위해 범정부 차원의 관련 추진 기구의 설치가 필요하다. 일곱째, 취업 활성화를 위해 다양한 정책적 지원이 강화될 필요가 있는데, 구체적으로 직업교육 우수 실천교 및 프로그램에 대한 인센티브제 도입, 업체 대상 홍보활동, 현장방문 교사제 도입, 절대의무 고용제 도입, 직업훈련 시설의 효율적 활용 등이 고려될 수 있을 것이다. 결과적으로 전환교육의 효율적인 운영 및 실천을 위해서는 이들 방안에 대한 범정부 차원의 실현 의지와 노력, 그리고 관련 분야의 다양한 인사들의 적극적인 관심과 노력이 지속될 때 가능하게 될 것이다.

연습해 봅시다

1. 특수교육 전환교육 관련 법률, 교육과정, 평가, 인적 지원 등 전환교육에 영향을 미치는 주요 정책에 요인을 제시해 봅시다.

2. 전환교육 활성화를 위한 기타 정책적 방안을 제시해 봅시다.

제 14 장

전환교육과 관련 기관 간 협력

학습목표

❶ 기관 간 협력의 필요성과 중요성을 이해한다.
❷ 기관 간 협력의 유형과 모형을 이해한다.
❸ 기관 간 협력의 과정을 이해하고 계획할 수 있다.

01 기관 간 협력*의 필요성

장애학생들을 위한 특수교육 프로그램은 학교의 노력만으로 그 효과를 달성할 수 없다. 서비스를 제공하는 관련 기관들과 협력은 전환서비스를 효율적으로 제공할 수 있는 기본 체제가 될 수 있다. 기관 간 협력 팀은 다른 조직이나 기관의 자원, 정보 및 기술의 공유를 통하여 환경의 복잡성과 불확실성에 유연하게 반응하며, 서비스를 필요로 하는 학생들을 더욱 통합적으로 지원할 수 있게 한다. 기관 간 협력은 분야별, 기관별로 제공되는 서비스의 중복이나 누락을 방지하고 서비스를 통합하여 제공하는 이점을 가진다. 기관별로 제공되는 서비스의 중복이나 누락을 방지하는 것은 재정의 낭비를 줄이고, 수혜자들이 요구하는 서비스를 모두 제공한다는 의미이다. 실제 기관 간 협력은 다양화, 세분화, 전문화된 현재의 조직구조에서 특정 조직이나 기관이 다른 조직이나 기관을 고려하지 않고 독립적으로 결정하는 정책이나 그러한 정책의 시행에 의하여 유발될 수 있는 오류를 줄여준다. 특히, 산업의 발달과 지식의 팽창으로 하루가 다르게 변화하는 시대 사회적 특징은 필수적으로 관련 분야의 기관 간 협력을 요구한다. 왜냐 하면, 특정 기관이 다른 분야나 기관과의 협력 없이는 복잡한 사회의 변화나 다양한 수혜자의 요구에 적합한 서비스를 제대로 제공할 수 없기 때문이다(정동영, 2000).

장애학생의 학교생활에서 성인생활로의 전환과정은 신체적, 심리적, 사회적, 교육적, 경제적, 직업적 영역들이 복합적으로 관련된 분야이다. 이러한 다양성과 복잡성에 따라 장애학생들의 전환과정은 학교만의 서비스가 아니라 다양한 기관의 서비스를 필요로 한다. 특수교육 교사, 직업교육 교사, 물리치료사, 작업치료사, 사회복지사, 심리전문가 등 장애학생의 교육과 직접 관련된 전문인력의 서비스는 물론, 특수교육기관, 직업재활기관, 직업훈련기관, 사회복지기관 등의 서비스도 필요로 한다. 이러한 전문가들과 기관들은 모두 독특한 전문

* 제14장 전환교육과 관련 기관 간 협력은 정동영(2000). 장애학생의 전환서비스 강화를 위한 기관 간 협력방안. 대구대학교 박사학위 논문에서 일부 내용을 발췌 및 인용하였음.

성을 지니고 있으면서도 장애학생의 학교생활에서 성인생활로의 전환을 위하여 서비스를 제공하는 공동의 목적을 지니고 있는 사람이나 기관들이다. 인간은 물리적인 존재만도, 사회적인 존재만도, 심리적인 존재만도 아닌 총체적인 존재이기 때문에 학교는 이런 관련 분야의 전문가나 기관들과 협력하여 공동으로 장애학생의 학교생활에서 성인생활로의 전환을 지원하여야 한다(정동영, 2000).

02 기관 간 협력 관련 주요 개념

팀(team)은 '공통의 필요나 목적을 추구하기 위해 상호 협력적으로 모여 과제를 수행하는 그룹이나 두 명 이상의 사람들'로 정의된다. 그룹은 팀이 되고 구성원들은 1) 요구와 가치를 추구하고 2) 공동의 목적에 동의하며 3) 팀에서 정한 규정과 절차에 따른다. 팀의 의미는 일반적으로 구성원이나 역할이 다양하지만 어떤 목적을 수행하기 위해 일정한 기간 동안 함께 책임을 지고 일을 하는 그룹을 가리킨다. 팀으로써 특징 지워지는 역할을 수행하지 않으면 팀으로써 의미가 없고, 기대했던 팀의 결과를 성취할 수 없다(Everson & Guillory, 2002).

'기관 간(interagency)'이라는 의미는 둘 이상의 기관이나 조직 또는 이들 기관과 조직들을 대표하는 사람들 간의 관계를 기술할 때 사용된다. 전환 서비스 영역에서 '기관 간'이라는 용어는 교육과 성인 서비스 인사들로 구성되는 팀을 기술한다. 예를 들어 교육 인사라고 하면 하나의 기관(agency)을 대표하지만 그 체제 속에는 특수교사, 일반교사, 직업교사, 보건교사 등 다양한 관련 학문(disciplices) 종사자들이 있다. 이것을 전환 서비스에 적용하면, '기관 간'은 학생들, 그들의 가족, 예비 고용자, 그 가족과 친구들을 포함하는 팀을 의미한다. 즉, 전환계획팀(transition planning team)은 항상 한 명 이상의 교육자와 학생, 그리고 한 명 이상의 가족 구성원 혹은 한 명 이상의 성인 서비스 종사자들이 포함될 수 있다(Test et al., 2006).

또한 협력(collaboration)은 상호 공동의 이익을 추구하는 둘 이상의 사람, 기관 혹은 조직 간의 관계로 정의된다. 이러한 협력의 목적은 서로 동의한 행동이나 역할에 의해 공동의 목적을 추구하기 위함이다. 협력은 서로 다른 기관이나 조직을 대표하는 여러 팀 구성원들 간의 조정(coordination)과 의사소통(communication)이 요구된다. 서로 협력적이 되기 위해, 전환 팀은 공통 목적과 가치를 지향하고, 전체 계획을 조정하고, 역할과 책임 그리고 자원을 공유하고, 성공과 실패에 대한 공동의 책무를 져야 한다. Everson과 Guillory(1998)는 전환 서비스의 협력적 기관 간 팀(collaborative interagency team)을 다음과 같이 정의하였다.

> 기관 간 협력팀(collaborative interagency team)은 공통의 요구와 목적을 수행하기 위해 함께 하는 개인이나 조직이다. 많은 시간과 노력을 통해, 공통의 가치와 추구하는 이상이 일치하게 되면 그룹은 하나의 팀이 되고, 목적과 목표를 명확하게 하며, 전체 계획을 디자인하고, 과정을 진행하며, 공통의 의사소통 체계를 개발하며, 서로 동일한 역할과 활동을 추진한다.

03 기관 간 협력 팀의 개발과 과정

기관 간 협력 팀의 개발은 어렵고 힘든 과제이다. 왜냐하면, 관련되는 기관들도 많고, 관련되는 분야들도 다양하기 때문이다. 그러나 이런 팀을 개발하지 않으면 장애학생들의 전환요구를 제대로 충족시킬 수 없고, 전환계획도 바람직하게 지원할 수 없다. 따라서 장애학생들의 전환계획을 개발・시행하는 기관 간 협력 팀인 전환계획팀의 개발 목적, 형태, 과정 및 단계를 분석하면 다음과 같다(정동영, 2000).

1) 전환계획 팀의 개발목적

Bates 등(1992)은 장애학생을 위하여 전환서비스를 제공하는 관련 기관들로 구성되는 전환계획팀은 지역사회 내의 서비스를 확인하고, 협력 팀의 개발을 촉진하며, 서비스의 개선 계획을 개발하고, 정보를 교환하는 목적을 위하여 개발할 필요가 있다고 주장하였으며, Blalock(1996)은 전환계획 팀의 개발은 장애학생들의 효과적인 전환 프로그램과 서비스를 촉진·개발·지원하는데 목적이 있다고 주장하였다. 그리고 Benz, Lindstrom, Halpern 및 Rothstrom(1991)은 전환계획 팀은 지역사회의 통제를 위하여 구조화된 서비스를 제공하는데 목적을 두고 개발되어야 한다고 주장하였다. 그러므로 장애학생에게 전환서비스를 제공하는 전환계획팀은 다음과 같은 목적을 위하여 개발되어야 한다.

첫째, 전환계획팀은 장애학생의 전환과 관련된 기관들과의 협력을 추구하는 집단을 형성하고, 관리하며, 평가하기 위하여 개발된다.

둘째, 전환계획팀은 다양한 방법으로 장애학생들의 전환과 관련된 지역사회의 요구를 사정하기 위하여 개발된다.

셋째, 전환계획팀은 장애학생들의 전환계획을 지원하는 실행계획의 작성과 시행을 위하여 개발된다.

넷째, 전환계획팀은 장애학생들의 교육, 훈련 및 고용의 확대를 위하여 개발된다.

다섯째, 전환계획팀은 팀의 직원들에 대한 훈련과 기술지원을 위하여 개발된다.

여섯째, 전환계획팀은 기관 간 협력을 도모하고 자원을 공유하기 위하여 개발된다.

일곱째, 전환계획팀은 팀의 진보를 조정하고 평가하기 위하여 개발된다.

2) 기관 간 협력 팀의 개발형태

협력은 둘 이상의 서비스 제공 기관들을 다양한 방법을 이용하여 하나로 묶는 활동이다. 이러한 협력은 기관별로 제공하는 서비스의 누락이나 중복을 예방한다. 팀 협력의 방법은 단학문적팀 협력(unidisciplinary teamwork), 다학문적팀 협력(multidisciplinary teamwork), 간학문적팀 협력(interdisciplinary teamwork), 초학문적팀 협력(transdisciplinary teamwork) 등으로 구분된다(Kopfstein, 1994).

단학문적팀 협력은 다른 분야와 교류하지 않고 동일한 분야의 구성원들만이 모여서 협력하는 방식이고, 다학문적팀 협력은 개입 계획이나 결과를 공유하기 위하여 만나나, 구성원들이 각각 상호독립적으로 활동하고 개입활동을 조정하지 않는 방식이다. 간학문적팀 협력은 다양한 분야의 구성원들로 구성되어 서비스를 통합・조정하며, 내담자에 대한 사정과 개입을 위하여 공동으로 협력하는 방식이다. 이 방식은 팀의 분야 간 구분 및 분야 간 협의와 조정을 강조한다. 그리고 초학문적팀 협력은 하나의 팀을 구성하는 여러 전문 분야의 역할 이완(role release)을 바탕으로 분야를 초월하여 정보와 기술을 공유하는 협력방식이다(Kopfstein, 1994).

협력 팀의 구성방법 가운데 초학문적팀 협력은 혁신적인 방법임과 동시에 긍정적인 효과를 지니는 방법이다(Rainforth, York, & Macdonald, 1992). 이 협력방법은 분야를 초월한 정보와 기술의 공유를 요구한다. 바로 이러한 특성에 초학문적팀 협력의 특징 즉, 역할이완에 대한 정의가 놓여있다. 역할이완은 전통적으로 다른 분야의 팀 구성원들이 분야를 구분하지 않고 결합하여 정보, 자원 및 기술을 교환하는 과정이다(Lyon & Lyon, 1980). 그러므로 초학문적팀 협력은 전통적인 단학문적, 다학문적, 간학문적팀 협력보다 더 나은 협력을 유발하며, 협력 팀의 발전과정에서 제일 마지막에 놓이는 방식이다. 팀 협력의 발전과정을 요약하면 〈표 14-1〉과 같다(Raindorth, York, & Mac-donald, 1992).

〈표 14-1〉 협력 팀의 발전과정

발전단계	목 표
단학문적 협력 팀	분야 내의 능력 개발
학문내적 협력 팀	한 분야와 다른 분야 내에서 이루어지는 노력이 장애인에게 기여할 수 있다는 신념
다학문적 협력 팀	장애인을 위한 다른 학문의 공헌에 대한 인식, 장애인들은 모두 개인의 욕구를 기초로 종합적인 서비스를 이용할 수 있어야 한다는 철학
간학문적 협력 팀	장애인을 위하여 공동으로 계획된 프로그램의 개발에서 다른 학문과의 작업
초학문적 협력 팀	장애인에 대한 지원을 위하여 전통적인 학문의 경계를 교차하여 다른 사람들과 교수하고, 학습하고, 일하는 위원회

※ 자료 인용: Patterson, E. G., D'Wolff, N., Hutchison, P., Lowry, M., Schilling, M., & Siepp, J. (1976). *Staff development handbook: A resource for the transdisciplinary process*. New York: United Cerebral Palsy Associations, Inc.

장애학생들의 전환과정에 전환서비스를 제공하는 전환계획팀은 단학문적팀 협력이나 다학문적팀 협력으로는 팀의 목적을 달성할 수 없고, 역할이완을 바탕으로 전문 분야를 넘나드는 정보와 기술의 공유를 특징으로 하는 초학문적팀 협력이 가장 적절한 방식이 된다. 그러나 전환계획팀은 그 중심이 학교이고, 팀의 중심이 되는 학교는 장애학생의 전환과 관련된 기관들과 지식과 정보를 공유하여야 하는 팀이라는 입장에서 보면, 이 팀은 간학문적팀으로 구성될 수도 있다(정동영, 1999b; Clark, 2000). 왜냐하면, 장애학생들의 전환과정을 지원하는 전환계획팀은 다양한 분야의 기관들과 협력을 통하여 기관별로 제공하는 서비스를 통합·제공하며, 사정과 개입을 위하여 협력하는 팀이 되어야 하기 때문이다.

한편, Wehman 등(1988)은 기관 간 상호작용의 정도나 수준에 의하여 기관 간 팀 협력의 모형을 정보전이모형(information transfer model), 책임전이모형(responsibility transfer model), 협력교환모형(collaborative exchange model)으로 구분하여 [그림 14-1]과 같이 나타내었다.

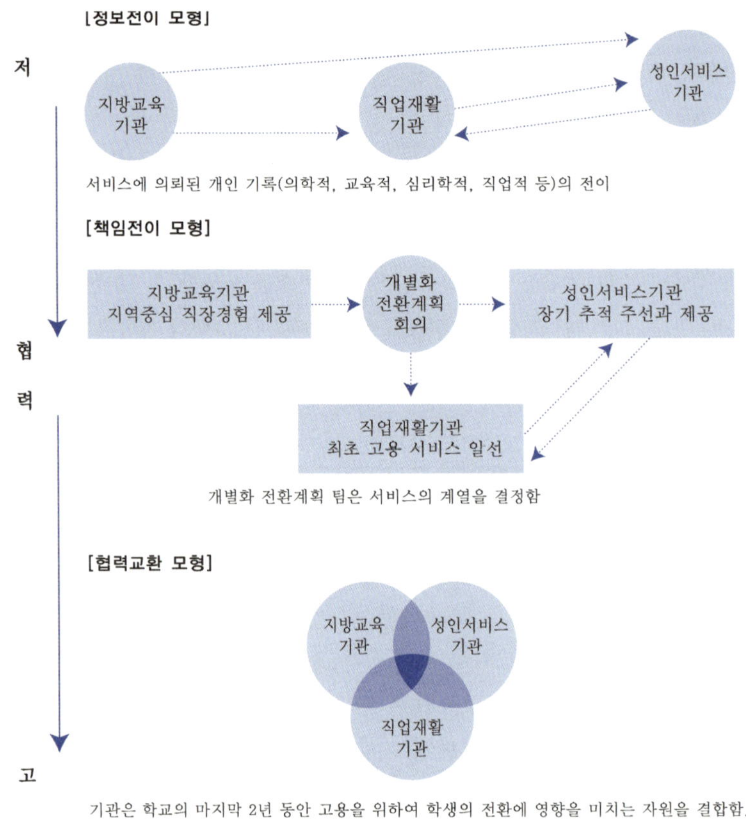

[그림 14-1] 기관 간 상호작용 모형

※ 인용 자료: Wehman, P., Moon, M. S., Everson, J. M., Wood, W., & Brcus, J. M. (1988). *Transition from school to work: New challenges for youth with severe disabilities*, Baltimore: Paul H. Brookes Publishing Co.

정보전이모형은 기관 간 특별한 의사소통 절차를 계획하지 않는 모형이다. 정보는 흔히 개인의 교육적, 심리적, 직업적, 사회적, 의학적 내력을 기록한 문서의 형태로 하나의 기관에서 다른 기관으로 전이된다. 그러나 이러한 정보를 받는 기관은 대부분 다른 기관이 제공한 정보를 오래된 정보로 판단하거나 정보를 보낸 기관의 정보를 신뢰가 가는 정보자원으로 간주하지 않고 동일한 정보자료의 수집을 위하여 이전의 기관이 행한 사정 과정을 반복한다(Wehman et al., 1988). 그러므로 이 모형은 불필요한 서비스를 중복 제공하고, 의사소통과 계획의 조정 부족으로 재정을 낭비한다(Wehman, 1996).

책임전이모형은 한 개인을 위한 서비스 제공 기관을 최종 기관으로 간주하여 다른 기관의 참여를 신중히 조정하는 모형이다. 서비스는 유연한 전달과 전달의 중단을 방지하기 위하여 사전에 기관 간 회의를 통하여 준비된다. 기관 간 계속적인 의사소통과 종합적인 계획은 일관된 절차를 제공하는 데, 이 모형은 논리의 연속성과 종합적인 서비스 계획을 촉진하고 서비스 활동의 역행과 반복을 예방한다(Wehman et al., 1988). 책임전이모형에서 기관 간 협력 팀은 학생의 전환에 필요한 서비스의 활동계열을 결정한다. 기관들은 회의를 통하여 합의한 서비스를 공동으로 제공하고 알선하며, 서비스의 전달을 위하여 다음 기관에 한정된 책임을 양도한다. 성인서비스, 재활서비스 및 지역사회서비스 제공기관은 재학중인 학생들을 위하여 서비스를 직접 제공하지는 않으나, 고용지원을 위한 서비스는 계속 제공한다(Wehman, 1996).

협력교환모형은 서비스의 중복을 조정하기 위하여 기관 간 상호작용을 하는 모형이다. 서비스의 중복은 학교의 마지막 2년 동안 대상이 되는 학생들을 지원하는 자원을 조합하기 때문에 나타난다. 이 모형을 이용하는 기관들은 서비스의 계획과 시행에 참여하지만, 학생은 서비스를 중복으로 받지 않는다(Wehman et al., 1988).

장애학생에게 전환서비스를 제공하는 전환계획팀은 협력교환모형을 바탕으로 개발되어야 한다. 이런 협력 팀의 개발을 위해서는 먼저 참여하는 기관의 임무를 조사하고, 공동의 목적을 인식하는 것을 필요로 한다. 이를 통하여 공동의 임무를 확인하고, 기관 간 협력의 목적을 공식화하여야 한다. 그 다음은 협력 프로그램의 계획과 시행에 유사한 권한을 보유하기 위하여 모든 기관들이 동등한 수준의 권한을 가지도록 허락해야 한다. 동등하지 않은 권한은 전환서비스의 제공 활동에도 동등하지 않은 책임을 부여한다. 참여하는 기관의 지도자들은 상대적으로 동등한 권한과 능력을 지니고 전환과정 및 기관 간 활동과 관련된 정보를 보급하고, 기관의 자원을 활용하기 위하여 인력을 동원하여야 한다.

따라서 장애학생들의 전환계획은 관련 기관들 간의 팀 협력에 의한 서비스의 제공을 요구한다. 이러한 팀 협력은 적어도 서비스를 통합·조정하는 간학문적팀 협력이나 역할이완을 특징으로 하는 초학문적팀 협력을 요구하며, 단순한 정보나 책임의 전이를 요구하는 팀 협력보다 더욱 협력에 초점을 둔 협력교환을 목적으로 하는 협력 팀의 형태로 개발되어야 한다.

3) 기관 간 협력 팀의 개발과정

기관 간 협력 팀인 전환계획팀은 합리적인 과정을 통하여 개발되어야 그 효과를 발휘한다. 그렇지 않으면 협력 이전보다 더 많은 문제를 유발한다. 왜냐하면 제공하는 서비스의 내용이나 일하는 분야가 서로 다른 기관들이 합리적인 과정을 통하지 않고 팀을 구성한다면 협력을 하는 과정에서 예상하지 못한 문제들이 발생할 수 있기 때문이다.

미국의 교육부와 건강 · 인간 서비스부는 29명의 연구자, 정책 입안자 및 실천자들의 논의를 통하여 학교와 학생을 지원하는 기관 간 서비스의 연계과정을 동반 획득, 신뢰 구축, 계획 개발, 실행, 평가라는 다섯 개의 과정으로 구분하였다(Melaville & Blank, 1991).

첫째, 동반 획득은 서비스 개선방법의 탐색을 위하여 집단이 함께 하는 과정이다. 협력 팀은 이 과정 동안 동일한 쟁점에 대하여 이해관계가 서로 다른 기관의 대표들을 확인하고, 협력을 위하여 공동의 책임을 결정하며, 주제의 단일화에 합의하여야 한다. 또한 협력 팀은 지도자를 공유하고, 협동작업 규칙을 확립하며, 지원을 보장하고, 재정 지원방법을 결정하여야 한다.

둘째, 신뢰 구축은 협력자들이 공동의 입장을 확립하는 과정이다. 협력자들은 서로에 관한 정보 및 가족과 학생의 요구를 공유한다. 협력자들은 이런 정보를 이용하여 공동의 비전을 창조하고, 더 이상의 실행을 유도하는 임무와 목적을 개발한다.

셋째, 계획 개발은 협력자들이 공동의 관심과 비전을 탐색하는 과정이다. 협력자들은 담당할 지리적인 범위를 결정하는데 동의하고, 비전의 요소를 통합하는 협정안을 구안한다. 또한 협력자들은 기술적 도구를 개발하고, 그들의 계획을 실행하는데 합의한다. 이 과정 동안 협력 팀은 새로운 협력자를 받아들이며, 이들과의 신뢰 구축을 위하여 바로 앞의 단계로 되돌아간다.

넷째, 실행 획득은 협력자들이 협정안의 시행을 시작하는 과정이다. 이들은 협정안의 정보를 이용하여 서비스의 전달체제를 구성하는 조직이나 기관의 정책과 실재를 조정한다. 협력자들은 체제의 요구를 확인하고, 궤도를 수정하며, 결과를 측정하기 위하여 계속적인 평가전략을 구안한다.

다섯째, 평가는 협력자들이 협정안에서 개발한 체제 변화 전략과 능력을 지역사회에 배치하고, 확대하고, 재창조하는 과정이다. 이를 위하여 협력자들은 지도자를 개발하고, 직전연수와 현직연수 훈련을 통하여 직원들의 능력을 강화한다.

따라서 전환계획팀의 개발은 협력에 참여할 구성원을 확인하고, 이들 간에 신뢰를 구축하여 공동으로 정책이나 임무를 개발하며, 개발된 정책이나 임무를 실행하고 평가하는 과정으로 이루어져야 한다고 할 수 있다.

4) 기관 간 협력 팀의 개발단계

Benz와 Lindstrom(1997)은 학교와 지역사회 기관과의 협력 팀의 개발을 위해서는 먼저 학교와 지역사회의 적절한 자원을 확인하고, 존재하는 자원과 정보를 공유하며, 협력의 기회를 결정하는 단계를 거쳐야 한다고 주장하였고, Wehman(1996)은 핵심 팀을 조직하여 지역사회의 요구를 사정한 다음, 서비스 프로그램의 효과를 조사하고, 기관 간 합의를 개발하는 단계로 전환계획팀을 개발하여야 한다고 주장하였다. 그러므로 전환계획팀의 개발 단계는 구성원의 확인, 핵심 팀의 조직, 지역사회의 요구 사정, 프로그램의 효과 평가 및 기관 간 합의의 개발 단계로 구분된다고 할 수 있다.

첫째, 구성원의 확인이다. 전환계획팀의 구성원들은 장애학생들의 전환계획과 관련된 모든 기관들이 대상이 된다. 그러나 전환계획팀은 경우에 따라 특정 구성원을 추가할 수도 있고, 배제할 수도 있다. 그러나 전환전문가와 특수교육교사는 전환계획팀에 반드시 포함되어야 하는 구성원이다(Benz & Lindstrom,

1997). 전환전문가는 기관 간 협력 팀에서 학생의 진로계획, 직무훈련 보충 프로그램의 관리를 담당하고, 특수교육 교사는 기관 간 협력 팀에서 일반행정과 프로그램의 관리를 담당한다(Benz & Lindstrom, 1997). 이들 외에 전환계획팀에 필수적으로 포함되어야 하는 구성원은 장애학생과 그들의 부모, 특수교육기관의 대표, 직업훈련기관의 대표 및 성인시설의 대표 등이다(Benz & Lindstrom, 1997; Blalock, 1996). 이 구성원들의 역할을 요약한 결과는 〈표 14-2〉와 같다(Blalock & Patton, 1996).

전환계획팀의 구성원들은 다른 기관과 일하는데 시간을 많이 보내기 때문에 고립감을 느낄 수도 있다. 이 경우 정기적인 회의는 이들의 의사소통을 도모하고, 구성원들에 대한 지원을 강화한다. 그러므로 전환계획팀은 학생의 진보, 정보 공유, 프로그램의 관리 쟁점의 해결을 위하여 적어도 한 달에 한 번은 회의를 개최하여야 한다(Benz & Lindstrom, 1997).

〈표 14-2〉 전환계획팀의 구성원과 역할

관련기관	역 할
부모/학생	-개별화 전환계획 회의 참석, 관심과 선호 표현 -바람직한 성과와 서비스 요구 -지방의 기관 간 계획 노력 참여
특수교육	-기능적인 지역사회 관련 교육과정의 제공에 의한 성인 서비스 준비 -종합적인 사정 정보 제공 -졸업생에 대한 추적 연구 수행 -개별화 전환계획 양식과 일정 조정 및 조직에 의한 전환계획 주도 -핵심 기관 훈련, 학생 및 부모의 참여 보장 -개별화 전환계획 시행과 평가 조정 -지방 기관 간 계획 노력
직업재활	-개별화 전환계획팀의 자문 -직무훈련과 배치, 의뢰, 직업사정 및 기타 중등교육 이후 서비스 지원 -지방 기관 간 계획 노력 참여
직업교육	-학생의 직업준비와 특정기술 교수 제공 -직업사정 수행 -직무배치, 직무교수, 추적의뢰 지원 -지방 기관 간 계획 노력 참여

※ 자료 인용: Everson, J. M. (1990). A local team approach. *Teaching exceptional children, Fall*, 44-46.

둘째, 핵심 팀을 조직한다. 핵심 팀은 팀의 목적 설정, 지역사회 요구 사정, 기관 간 합의 도출 등의 팀 목적을 설정하고, 이 목적의 성취를 위하여 팀을 자극하는 활동목록을 작성하며, 활동목록의 우선순위를 결정하고, 활동을 책임질 사람이나 집단을 배정하며, 활동의 완성시간을 결정한다(Wehman, 1996). 핵심 팀의 구성원들은 특수교육 감독자, 직업교육 감독자, 재활서비스 감독자나 프로그램 감독자, 지역사회 서비스 감독자, 옹호집단의 대표자 및 장애학생의 부모 등이 된다. 이들 외에도 지역사회의 다른 장애인을 지원하는 기관들도 핵심 팀의 계획 활동에 참가할 수 있다.

셋째, 지역사회의 요구사정이다. 전환계획팀의 핵심 팀은 장애학생들에 대한 최적 서비스의 전달을 위하여 지역사회에서 필요한 정보를 수집하여야 한다. 이런 정보는 새로운 프로그램의 개발을 위하여 자원을 배치하는 방법을 결정하는데 유용하다. 지역사회의 요구사정은 학생의 학교 졸업방법, 성인 프로그램의 지원방법, 성인서비스를 위한 대기방법, 지역사회에서 이용할 수 있는 서비스의 내용, 프로그램의 서비스 능력, 지역사회에서 필요한 프로그램이나 서비스의 유형을 확인하는 활동이다. 이 활동은 지역사회에서 이용할 수 있는 프로그램과 서비스를 필요로 하는 장소, 시기, 정도 및 능력을 나타낸다(Wehman, 1996).

넷째, 프로그램의 효과를 조사한다. 이는 표적 결과를 성취하는데 요구되는 시간의 추정을 위하여 프로그램의 표적 목적에 대한 구체적인 설명이 필요하다. 표적 목적에 대한 직접적인 설명을 통하여 수혜자들은 더 나은 목적을 결정할 수 있다. 프로그램의 효과성은 수혜자들이 원하고 지원자들이 요구하는 결과를 명백히 규정하도록 관리자들을 자극한다. 측정할 수 있는 용어로 표적 결과를 설명하여야 하는 이유는 원하는 서비스를 결정하는 수혜자들에게 서비스에 대한 정보를 제공하기 위해서이다. 이전에는 지원자와 서비스 수혜자들이 기대하는 결과와 관계없이 특정 서비스를 선택할 수밖에 없었다. 이런 방법은 바람직한 결과와 일치하지 않기 때문에 수정되어야 한다.

다섯째, 기관 간 합의를 개발한다. 합의는 기관 간 협력 노력의 최초의 결과이다. 이러한 합의는 계약이 아니라, 정책, 절차, 작업 관계를 기록한 문서를 통하여 이루어진다(Swan & Morgan, 1993).

기관 간 합의는 서비스의 시행과 더 나은 결과의 성취를 위하여 참여하는 구성원들의 행동변화를 구체적으로 규정하여야 한다. 그렇지 않은 합의는 효력을 지니지 못한다. 합의에 필요한 활동은 구성원들의 참여, 회의 계획, 회의 이전에 서명된 정보 이완 양식의 획득 등이다. 기관 간 합의는 합의의 목적, 합의에 참여하는 기관, 참여하는 기관의 역할과 책임의 기술, 서비스 의뢰절차의 정의의 전환과 기관 간 협력 팀의 운영을 위한 각 기관의 직원 배치, 합의 보급 계획, 기관 간 현직 연수계획, 서비스 조정, 비용 분담, 시행 일정 등에 관한 내용을 포함하여야 한다(Wehman, 1996). 기관 간 합의에 포함되어야 하는 구체적인 내용들은 〈표 14-3〉과 같다.

〈표 14-3〉 기관 간 합의 체크리스트

기관 간 합의서는 다음 내용을 포함하거나 언급하여야 한다.

1. 합의의 임무나 목적의 진술
2. 합의를 하는 기관의 수와 이름
3. 기관 간 합의서의 기술을 위한 예비 활동으로 핵심 팀에 의해 성취될 측정 가능한 목적
4. 용어의 정의
5. 합의의 시행을 위한 각 기관의 역할과 책임 기술
6. 각 기관의 적합성 결정 기술
7. 각 기관의 서비스 의뢰 절차 정의
8. 전환과 기관 간 협력 팀 운영을 위한 각 기관의 직원 배치 기술
9. 시행 절차
10. 합의의 보급 계획
11. 기관 간 현직연수 계획
12. 시간 중복/서비스 조정
13. 이용할 수 있는 서비스 유형의 목록(직접 또는 구입)
14. 새로운 서비스의 개발 절차
15. 중도 장애인에 대한 서비스 제공
16. 시간 제한 및 계속적인 서비스 제공
17. 비용 분담
18. 자료 분담(형성적, 평가적)

19. 정보 공개와 비밀 정책의 절차
20. 개별화 교육 프로그램/개별화 전환계획 회의 참석
21. 시행 일정
22. 합의서 용어의 재교섭이나 수정 일정
23. 서비스 전달 정책
24. 참여 기관의 기관 접촉 확인
25. 상호작용 일정
26. 합의 결과
27. 부모와 지원자들이 이용할 수 있는 서비스의 보급
28. 계속적인 요구 사정을 위한 절차와 일정

※ 자료 인용: Wehman, P. (1996). *Life beyond the classroom: Transition strategies for young people with disabilities*(2nd edition), Baltimore: Paul H. Brookes Publishing Co.

기관 간 합의는 문제 설정, 방향 설정, 구조화라는 세 개의 단계를 통하여 개발된다(Wischnowski, 1996). 문제 설정은 관계자들의 확인 및 그들과 관련된 쟁점의 인정과 관련된다. 합의 이전에 참여자들은 참여자의 기술, 태도 및 참여의 정도, 주요 기관, 참여자와 기관이 일하는 일반적인 풍토와 정책을 논의하여야 한다. 이 과정에 참여하는 사람들은 본질적으로 문제해결에 대하여 전문성을 지닌 사람이 된다(Gray, 1985). 참여자들은 합의 이전에 법과 체제에 대한 지식 및 기관 간 작업에 대한 경험이라는 두 분야의 전문성을 구비하여야 한다(Wischnowski, 1996). 기관의 경계를 교차하여 적용되는 법과 정책에 관한 지식의 부족 및 기관 간 의사결정에 대한 무경험은 이 과정에서 장애물이 된다.

기관 간 합의의 두 번째 단계인 방향 설정은 관계자들을 공동의 목적을 확인하고 인정하도록 안내하는 단계이다(Gray, 1985.). 이 단계는 관계자들의 일치를 요구한다. 이 단계의 중요한 쟁점은 권한의 분산이다. 그러므로 권한은 기관 간 합의를 통하여 참여기관들에 모두 동등하게 분산되어야 한다(Gray, 1985).

기관 간 합의의 세 번째 단계는 공동으로 관계자들을 인정하고 문제해결 활동을 지원·지지하는 영속적인 구조를 요구하는 단계이다. 기관 간 합의의 결과를 기록하고, 시행하고, 조정하는 과정은 영속적인 구조의 준거를 성취할 수

있다. 이 세 번째 단계를 완전히 기술하기 위해서는 기관 간 서명, 시행, 조정의 단계를 통하여 합의를 하여야 한다. 기관 간 합의는 집단적인 인정이고, 관련 기관들의 장기적인 문제해결을 가정하는 구조이다(Gray, 1985). 기관 간 합의는 전환과 관련된 기관들 간에 권한의 배치를 합의한다. 팀은 각각 자신의 서비스 영역에서 서비스를 제공하는 기관 및 서비스를 제공받는 기관과 함께 합의를 할 수 있으나, 이 과정의 모두에 참여하지 않기 때문에 완전하게 인식하지 못할 수도 있다.

04 기관 인사의 역할

1) 학생

전환과정에서 가장 기본이 되는 것은 이 과정에 주체적으로 참여해야 하는 학생 본인이다. 학생이라 함은 스스로 능력을 개발해야 한다는 것을 의미한다. 학생의 능력은 단지 고용에 관련된 능력만이 아니라 일상생활 기술, 그가 속한 환경에 적응할 수 있도록 지원체제를 활용할 수 있는 기술, 자기-결정 및 자기-주장기술 등을 포함한다. 우선 장애학생들은 전환을 위해 일상생활과 관련된 기술을 배우고 습득해야 한다. 장애학생들은 자신의 권리와 의무를 행할 수 있도록 훈련되어야 하며, 고용기술・여가기술・사회성기술・자기-결정기술・자기-주장기술을 갖도록 훈련되어야 한다. 뿐만 아니라 이러한 기술들의 개발과 함께 지역사회 환경 내에 위치하고 있는 공공시설이나 지원시설 등을 활용할 수 있는 능력도 개발해야 한다.

장애학생들이 고용과 관련된 기술 즉, 구직기술, 작업태도, 직업기술을 획득해야 한다면 이는 지역사회 중심의 고용기술 훈련을 받아야 한다. 이러한 고용과 관련된 기술들은 모두 고용현장에서 일반화될 수 있도록 지역사회 중심의 기능적인 교육과정을 통해 이루어져야 한다. 직업훈련과 관련된 교육과정은 중학교 때부터 시작되어야 하고, 진로와 직업교육과정은 다른 학업적인 교육과정과 연계되어 이루어져야 한다.

2) 가족

장애학생의 전환과정에서 부모와 가족들의 참여는 매우 중요하다. 장애학생의 부모와 가족들은 장애학생들과 함께 살아온 시간 동안 이들의 일상생활, 지역사회에서 교육과 훈련에 직접 참여하여 지원하는 구성원들이다. 부모와 가족들이 장애학생의 전환과정에서 참여할 분야는 매우 많고 넓다. 이들은 지역사회 수준의 전환계획수립의 평가자, 정책개발자, 프로그램 평가자, 서비스 전달자, 학생 평가자, 자연적인 지원 네트워크의 형성자와 프로그램 제공의 협력자 등의 역할을 한다.

부모참여에 관한 연구는 실제로 직업계획 수립과 전환과정에서 가족의 역할이 중요함을 나타낸다(Morningstar, Turnbull, & Turnbull, 1996). 그것은 종종 학교에서 직장으로의 성공적인 전환 프로그램들의 핵심적인 특징으로 언급되어 왔다(Kohler et al., 1994). Johnson & Rusch(1993)가 주장한 바와 같이 '부모참여의 부족은 성공적인 전환성과에 장애가 될 수 있다'. 이와 관련하여 Everson, Rachal & Micgael(1992)은 의사결정자와 협력적 구성원으로서 부모 및 기관 간 협력 팀은 개인, 지방, 지역에서 서비스 전달 변화를 자극하는 데 더욱 효과적임을 발견하였다.

Schalock & Lilley(1986)는 자녀의 프로그램에 가족들이 많이 참여하는 학생은 가족의 참여가 낮은 학생보다 고용에 있어 성공적이었음을 발견하였다. 특히, 연구자들은 가족참여가 높은 학생은 참여가 낮은 학생보다 높은 임금을 받고 주당 더 많은 시간을 일한다고 주장한다. Hasazi, Gordon & Roe(1985)는 교육가능과 훈련가능 지적장애인의 연구에서 61%가 자기-가족-친구 네트워크를 통해 고용을 발견했다고 보고하고 있다.

유사한 연구에서 연구자들은 모든 학교 이후 장애인들 중에서 84%는 본인-가족

친구 네트워크를 통해 직장을 발견했다고 보고하였다. 이러한 연구(McDonnell, Hardman, & Hightower, 1990; McDonnell et al., 1985; Schultz, 1986; Sowers, 1989)들은 분명히 부모와 가족들이 자녀들의 전환과정의 성공과 실패에 관련이 있음을 시사하고 있다. 그러나 학생들이 나이가 들어감에 따라 가족은 자녀들의 교육과정에 덜 참여한다는 지표들도 있다(Johnson, Bruininks, & Thurlow, 1987).

장애학생의 전환과정에 부모나 가족의 참여는 학생의 생애 초기부터 시작되어야 한다. 청소년기 이전에 학생의 교육과정에 참여하지 않았던 부모들은 학교에서 직장과 지역사회 생활로 전환할 시점에 갑자기 참여할 수 없기 때문에 부모들은 직업과 전환계획 수립의 중요성과 자녀들의 학교교육 초기의 참여가 중요함을 인식해야 한다. 더구나 부모의 참여는 학교생활을 통해 지속적으로 자극을 받아야 한다(Levinson & McKee, 1991).

3) 학교

대부분의 학교에서는 직업과 진로발달의 목표에 기초하여 진로교육과 전환 프로그램들을 개발한다. 일반적으로 학교 교육과정에 포함시키고 있는 진로교육과정은 저학년부터 학년이 올라가면서 단계별 수준을 높여간다. 이와 같이 전환 시기별로 전환교육을 강조하는 이유는 학생들에게 단계별로 요구되는 과제를 적절히 수행해야 장차 사회로의 전환에 무리가 없고 개별 능력에 맞는 교육내용과 지도가 단계별로 이루어질 수 있기 때문이다. 학교 구성원들이 담당해야 할 구체적인 역할은 다음과 같다.

▸ **교장의 역할:** 교장은 학교에서 운영되는 모든 프로그램에 막대한 영향력을 행사한다. 장애학생의 진로발달과 전환과정에서 다른 전문가들이 담당하는 역할에 중대한 영향을 미칠 수 있는 위치에 있다. 교장의 지원 없이는 장애학생을 위한 전환 프로그램을 효과적으로 수행할 수 없을 것이다.

학교에서 교장의 역할은 장애학생을 위한 전환 프로그램의 효과적인 시행에 필요한 설비, 행정적인 지원, 교재와 다른 자원을 위한 재원을 제공해야 하며, 전환 프로그램의 확립과 시행을 위한 지도와 지원을 해야 한다. 그리고 이용할 수 있는 전환계획의 개발, 전문가들의 역할과 책임 정의, 전환계획팀의 역할 감독·평가, 현직 연수 프로그램의 계획 등을 지원해야 한다(Levinson, 1998).

▸ **담임교사의 역할:** 교사들은 장애학생의 전환과정에 참여하는 관계자들 가운데서 학생들과 직접적인 접촉에 가장 많은 시간을 보낸다. 이들은 장애학생의 전환과정에 정보를 제공한다. 그리고 학생들과 같이 보내는 시간이 많기 때문에 학생들의 인성발달에 직·간접적으로 영향을 미치게 된다. 학창시절 교사로부터 배운 인성과 태도는 사회생활에서도 그대로 반영되는 경우가 많다. 그러나 교사들이 제공하는 정보와 역할은 그들이 어떤 인성과 훈련배경을 가지고 있는가에 따라 달라진다. 또한 담임은 학생들의 전환교육을 위해 가정과 수시로 연계하고 학생과 부모와의 면담을 수행한다. 그리고 전환과 관련된 각종 정보를 수집하여 학생들에게 제공할 뿐만 아니라 학업기술과 대인관계, 작업기술 등을 평가한다(Okolo & Sitlington, 1986).

▸ **직업교육교사의 역할:** 직업교육교사들이 장애학생의 전환과정에서 담당할 역할은 직업기술을 사정(assessment)하는 교사 자작 작업표본이나 검사를 시행하고, 행동평가척도나 체크리스트의 완성을 통해 학생의 사회적/대인관계 기술과 작업습관에 관한 정보를 제공하며, 학생의 전반적인 직업 준비도에 관한 정보를 제공하고 직업평가 자료를 수집하는 것을 지원한다. 그리고 자기인식, 의사결정, 학생들이 받고 있는 직업훈련에 영속적인 직업의 요구와 욕구의 인식을 촉진하는 활동들, 예컨대 현장학습, 초청연사, 모의작업 등을 개발하며, 자기주장과 자기결정의 의식을 획득하도록 학생을 지원한다.

뿐만 아니라 이들의 직업훈련에 학업기술, 사회적/대인관계 기술 및 독립생활 기술을 지원하며, 직업훈련 프로그램과 직업에서 성공적인 기능에 필요한 특정 학업적·직업적 기술과 능력에 관한 정보를 전환계획팀에 제공한다. 그리고 특별한 직업영역에서 학생의 태도와 흥미를 평가하고 학생의 직업탐색을 촉진하기 위해 지역에서 개발된 작업표본이나 상황평가 기법을 하고 적용한다.

또한 직업교사들은 특정 훈련영역에서 학교와 지역 업체와 연락을 활성화하며, 학생의 직업욕구에 관해 일반교사, 특수교사 및 부모들과 상담하고 학교 내와 지역사회 중심 직장경험 현장을 확인하며 학생의 직업배치와 현직훈련(on-the-job training)을 지원하고, IEP팀과 ITP팀에 참여하여 전환 목표를 개발한다(Levinson, 1998).

4) 직장

▸ **상사의 역할:** 장애인이 직장에 적응하는데 있어서 직장 상사의 역할이 매우 크다. 대부분의 직무와 직무훈련은 이들과의 관계에서 이루어지고 직장상사의 장애에 대한 관심 여하에 따라 장애인들이 직장생활을 하는데 많은 영향을 미치기 때문이다. 그리고 이들의 역할에 대하여 Moon 등(1990)은 장애학생이 직장적응을 계획할 때 직장에서 필요로 하는 업무를 스스로 완성할 때까지 관련된 직무들을 체계적으로 확대시켜 나갈 필요가 있다고 제안하였다. 그리고 직장 내에서 상사는 현장에서 직무를 감독할 필요가 있고, 인사 배치에도 세심한 계획을 세워야 한다고 하였다. 또한 작업상황이 아닌 곳에서도 장애인들이 잘 적응하기 위해서는 감독의 손이 미치지 않는 곳에서도 상사는 이들이 적절하게 반응할 수 있는 배려를 해야 한다고 주장하였다.

Moon 등(1990)은 직장에서의 사회 문화적 맥락을 고려하여 여러 상황에서 다양하게 기능하기 위하여 동료나 상사와 적절한 대인관계가 교류될 수 있는 여건을 제안하였다. 또한 장애직원이 직장에 적응하기 위해서는 여러 상사들과 다양한 상황에 직면하고 적절한 대처를 할 수 있게 한다. 그리고 장애인이 점차 특수학교 교사에게 의지하는 것이 아니라 직장의 상사에게 상의하고 문제를 질문할 수 있도록 유도하는 일을 해야 한다. 직장 내에서 상사는 장애직원을 위해 직무관련 정보를 다른 직원에게 항상 제공하여 직장적응 전과정에 장애직원이 참여할 수 있게 한다. 그리고 일반직원들을 대하듯이 자연스럽게 의사소통 하고, 일반직원들과 마찬가지로 이들에게 할 수 있는 업무를 주어야 한다. 또한 일과 관련된 문제를 이들과 상의하여야 한다(Mcloughlin et al., 1987).

▸ **동료의 역할:** 작업 상황에서 동료들은 장애 직원을 돕는 중요한 역할을 한다(Kram & Isabella, 1985). 직장 내에서 능력이 많고 경험이 많은 직원을 장애직원과 함께 일하게 함으로써 이들의 직장 적응을 돕는 역할을 원활히 수행할 수 있다. 이들이 직장에 처음 들어오는 사람들에게 우호적인 태도를 취함으로써 낯선 직원이 직장에 빨리 적응하도록 도울 뿐만 아니라 작업 기술도 동료를 통해 쉽게 익힐 수 있다.

Moon 등(1990)은 장애인의 고용 성공은 직장에서 동료들의 이해와 지원을 통해서 결정되는 경우가 많다고 하였다. 그리고 직장동료 자신들에게 장애인이 신뢰가 가고, 협력적이고, 능력 있고, 도움을 구하고 있다고 생각하면 장애직원이 직장에서 오랫동안 고용될 가능성이 많다는 것이다. 따라서 직장에서 비공식적으로 장애인을 훈련시켜줄 수 있고 지원해 줄 수 있는 동료를 찾아낸다면 직장환경에 통합을 용이하게 할 수 있다고 하였다.

05 기관 간 협력 강화를 위한 전략

1) 기관 간 비전 설정

연계 참여 기관들은 공동의 비전과 목적을 가져야 한다. 이는 개별 기관의 범위를 넘어 보다 큰 틀에서의 목적과 목표를 세워야 함을 의미한다(Mattessich & Monsey, 1992).

2) 연계 환경 점검

기관 간 연계를 위한 환경은 연계를 실행하는 원동력이며, 직면하게 될 문제점에 대한 예측을 가능하게 해준다. 환경 요인의 긍정적인 면과 부정적인 면을 파악하여 연계 활동의 저해 요인을 개선해야 한다. 기관 간 관계를 돕는 환경은 강한 리더십, 구성원의 욕구나 관심, 법과 제도, 기관의 자원 공유를 위한 준비 자세 등이다(Mattessich & Monsey, 1992).

3) 팀 구성 전략

전환 전문가가 책임지고 해야 할 일 중에는 기존의 기관을 잘 유지하고 새로 팀을 조직하고 구성하는 것이다. 서로 다른 영역과 분야의 기관이 한 팀으로 효과적으로 기능하기 위해서는 전환 전문가의 팀 구성에 대한 전략이 있어야 한다. 이를 위해 팀의 목적 설정, 역할 정하기, 절차 따르기 등의 전략이 요구된다(Test et al., 2006).

첫째, 팀 구성의 목적을 정하는 일이다. 새로운 팀이나 현재 팀의 목적, 계획된 회의의 목적, 모임이 끝났을 때 도달해야 할 목적 등이 확인되어야 한다. 결국 목적은 팀의 작업 범위를 결정해주고, 모든 모임의 일정을 개발하는데 적용되어야 한다. 또한 목적 설정 시 행동적이고, 측정 가능하고, 도달 가능성이 있어야 하며, 시간 계획이 나타나야 한다. 지역교육청 단위의 팀의 목적 설정의 예시를 보면 다음과 같다.

OO 시역교육청 연간 전환 팀의 목적:

- 현재와 차기 노동 시장의 수요를 결정하기 위한 지역 고용주와 2회의 주요 그룹회의 실시하기
- 지역교육청 내 장애학생 직업 프로그램 개발을 위한 고등학교 교사 및 관련 직원들의 자문을 위해 연 2회 업체 자문 테스크포스(task force) 회의 실시하기

- 직업 고등학교 자격을 받아 졸업하는 지역 내 고등학교의 전체 227명의 장애학생 중 125명(55%)을 직장 배치하기

한편 ITP팀은 특정한 학생의 연간 목적을 학생 중심의 대안적 방법으로 정하기 위한 모임을 가질 수 있다. 물론 이때도 목적 설정 시 행동적이고, 측정가능하고, 획득할 수 있어야 하며, 시간계획이 나타나야 한다. 예를 들면,

> 철수는 고등학교를 졸업하고 지역 내 직업전문대학에 진학하기 희망한다. 이를 위해 철수는 졸업하기 전에 기초 컴퓨터, 제과·제빵 기술, 기본 읽기, 쓰기, 말하기 과목을 더 보충하려고 한다. 철수는 고3 학년에 월요일과 화요일은 기본 읽기, 쓰기, 말하기 과목을 이수하기로 하였고, 컴퓨터와 제과·제빵 기술은 각 수요일과 목요일 오후 방과 후 시간을 이용하기로 하였다. 이를 위해 시내버스를 이용하여야 한다.

라고 한다면, 개별화전환계획팀은 학생 중심의 목적을 설정하기 위해 각 기관별로 관련된 목적을 구체화하기 위한 노력을 하여야 한다. 전환계획에서 물리치료사는 철수가 방과 후 학원을 가기 위해 버스 정류장으로 접근 가능한지를 고려하여야 한다. 성인 서비스 기관에서는 철수가 직업 재활을 받을 수 있는지와 대학에 진학할 수 있을 정도의 재정적 지원이 가능한지 등을 검토하여야 한다. 그리고 교육기관에서는 지역전문대학에서 수학이 가능한지 검토할 수 있다. 또한 철수의 부모는 철수가 버스를 탈 때 안전하게 탈 수 있도록 하는 역할을 준비할 수 있을 것이다. 물론 철수 자신도 전환계획팀의 회의에 참여할 수 있도록 한다. 이러한 잠정적인 목적들이 다음 팀의 모임에서 목적을 재정립하고 합의하는데 기여할 것이다. 가능하면 전환 전문가는 모임 전에 가능한 팀의 목적과 합의 내용 등을 정할 수 있다. 이를 위해 사전에 각 기관의 인사들과 전화나 이메일 등을 통해 회의 참석 여부, 회의 목적과 내용, 진행 일정, 의견 등에 대하여 사전에 구체적으로 조정을 하여야 한다.

둘째, 역할 정하기이다. 일단 목적이 정해지고 나면 전환 전문가는 각 팀의 구성원들의 역할을 나누어야 한다. 이를 위해 전환 전문가는 각 기관의 인사들

이 팀에서 해야 할 일이 무엇이고 왜 팀에 참여하게 되었는지, 그리고 이들이 제공할 정보가 무엇이고, 가져올 자료가 무엇인지 확인할 필요가 있다. 또한 전환 전문가는 회의 전에 각 기관의 인사들과 사전 연락을 통해 회의의 목적과 역할에 대한 논의를 하여야 한다. 또한 새로운 팀 구성원이 참석하였다면 회의 전에 신규팀원과 기존의 팀원들 간의 소개와 역할 등을 확인할 수 있는 시간을 먼저 가져야 한다. 특히 회의가 자주 열리지 않는 경우이거나 팀 구성원이 자주 바뀌는 경우 팀의 목적과 각 기관 인사의 역할을 분명히 정하기가 쉽지 않기 때문에 전환 전문가는 각자가 소속 기관에서 익숙한 전통적인 방식과 편리한 역할에서 벗어나 새로 구성된 팀의 목적과 역할을 분명하게 정해주고 관련 문제의 해결과 결정을 잘 할 수 있도록 지원하여야 한다.

셋째, 진행 절차 따르기이다. 진행은 사전에 정해진 계획에 의해 진행된다. 회의 자료, 양식, 회의에서 사용될 기타 자료 등이 준비되어야 한다. 또한 전환 전문가는 회의가 어색하지 않도록 모든 참석자에게 회의 시작 전 회의 전반에 대한 안내를 해줄 필요가 있다.

4) 정보 공유를 위한 의사소통 전략

효과적인 의사소통은 사람들과의 관계뿐만 아니라 기관들 간의 팀 관계도 원활하게 한다. 일반적으로 원활한 팀의 유지를 위한 효과적인 의사소통 전략은 〈표 14-4〉와 같이 팀의 다른 멤버와 대화 먼저 시도하기, 다른 사람의 이야기 경청하기, 다른 사람의 대화에 반응하기 등이다.

〈표 14-4〉 효과적인 의사소통 능력

시도하기
−제안: 팀에 새로운 아이디어나 행동 제안하기
−추가하기: 다른 팀원이 이전에 제안한 아이디어나 행동에 추가하기
적극적 듣기
−알리기: 사실이나 정보에 대하여 다른 팀원에게 알리기
−호기심 갖기: 아이디어, 행동, 사실 혹은 이전에 다른 팀원이 이야기한 정보에 대하여 호기심 갖기
−반응하기: 보고난 뒤의 행동이나 이야기한 말로 인해 다른 팀원이 보인 감정에 반응하기
−이해에 대한 평가: 앞서 이야기한 내용에 대한 이해를 위해 다른 팀원에 질문하기
−요약하기: 진행 일정을 정리하기 위해 이전에 결정한 토론이나 결정 사항에 대하여 요약하기
반응하기
−동의하기: 다른 팀원의 아이디어에 동의나 지지하기
−동의하지 않기: 다른 팀원의 아이디어에 대해 동의하지 않거나 지지하지 않는다는 표현하기

5) 학생 참여 전략

전환계획에서 학생의 참여를 촉진하기 위하여 먼저, 학생에 대한 선호도, 요구, 재능 그리고 희망이 무엇인지 파악하여야 한다. 이를 바탕으로 우선 편안하게 의사소통할 수 있게 하는 것이다. 학생이 이미 전환계획에서 알고 있는 내용을 모임에서 다시 이야기할 수 있는 기회를 주거나 학생이 말한 내용에 대하여 적극적으로 반응하고 격려해주는 것이다. 그리고 학생이 이야기한 내용을 다시 묻거나 관심을 보이는 것도 좋은 방법이다. 다음으로, 전환계획에서 팀의 한 구성원으로서 자기 주도적으로 참여할 수 있도록 격려하는 것이다. 이의 구체적인 실천 방법은 앞서 제6장에서 언급하였던 자기-결정 능력을 높여 줌으로써 자기 삶에 대한 더 적극적인 참여를 가능하게 할 것이다.

6) 가족의 참여 전략

가족의 전환계획의 참여는 미래의 전환 결과를 더 명확하게 해준다. 이를 위해 가족이 전환팀의 목적 설정의 과정에 포함되도록 하여야 한다. 이를 통해 전환 연령에 적합한 목적을 설정하는데 도움을 받을 수 있을 것이다. 또한 다양한 문화적 배경을 가진 가족이나 저소득층 가정도 팀의 일원으로 참여하도록 하여야 한다. 전환 전문가는 지역사회의 다양한 정보를 가족들에게 제공하고 관련 기관이나 자료를 이용할 수 있도록 안내하여야 한다.

그리고 가족들이 분명하고 가치 있는 역할을 가지고 팀의 구성원으로 활동하도록 하여야 한다. 이들 각자는 자신의 고유한 전문 능력을 가지고 있다. 예를 들면, 업체 사장, 건축가, 경영자, 건강관련 종사자 등 다양한 배경과 자원을 가지고 있다. 또한 이들이 직장 동료나 이웃, 각 기관의 연계망을 형성하고 있을 수 있다. 따라서 이들이 누구든 소중한 자원으로서 도움을 줄 있을 것이다.

7) 성인 서비스 기관의 참여 전략

전환교육에서 기관 간 협력은 다양한 경험에서 나오는 팀 문화의 결과여야 한다. 예를 들어 전환 전문가가 단독으로 전환계획을 설정하였다고 가정하였을 때, 그 결과는 자기 분야 중심으로 목표와 실행 계획이 나올 것이다. 구체적으로 실제 현장의 실태를 파악하지 못한 결과일 수 있다. 성인 서비스 기관의 참여는 이러한 다양한 경험과 실제적 정보를 제공하는 역할을 한다. 전환 전문가로 보다 세련되고 실제적으로 발휘할 수 있게 한다. 또한 다른 전문가에 의해 평가되고 조정될 수 있는 기회를 제공 받는다. 이는 결국, 국가나 지역교육청 수준에서 전환계획을 실시할 때, 팀 문화를 강조하는 것이고, 전환 전문가의 직무와 직무 수행에서 지역의 성인 서비스 기관의 참여를 적극 유도할 필요성이 있음을 의미한다.

06 기관 간 협력의 문제점 및 제안

전환교육에서 관련 기관들 간의 협력이 매우 중요함에도 불구하고 여러 가지 미흡한 점들이 나타나고 있다. 국가기관에서 제시한 연차보고서에 따르면, 교육부, 노동부, 보건복지부 등 행정부 차원의 연계를 강조하고 있다. 또한 각 단계별 및 지원 시기별로 지원 내용과 지원기관을 정해 정부차원의 부처 간 연계 체제가 가능함을 시사하고 있다. 따라서 장애학생 전환교육은 특수교육기관만의 서비스가 아니라 지역사회의 관련기관 간의 연계에 의하여 종합적으로 이루어져야 효과를 볼 수 있다. 이러한 의미에서 기관 간 연계에 대한 많은 연구자들의 논의 내용들을 문제점 및 발전 방안으로 구분하여 제시하고자 한다(정동일, 2005, 정창곤, 2005; 정인숙, 김형일, 박재국, 2007; 이유훈, 김형일, 강병호, 2003).

1) 한국 전환교육의 기관 간 협력의 문제점

- 장애인 종합 발전계획 등 국가차원의 장기 계획에 전문 직업 평가센터, 장애종별 직업 훈련시설 전문화, 지역사회 중심 재활협의체 구성 및 운영 등 지역사회 지원 서비스를 강화하고 있으나 실행에 있어 추진이 미흡하다.
- 장애학생 직업교육 관련 기관인 특수학교(급), 장애인복지관, 장애인직업재활시설, 장애인직업전문학교, 재활훈련원 등 기관 간의 연계・협력・조정체제가 미흡하다.
- 장애학생 고등학교 졸업 이전부터 직업평가, 직업훈련, 적성직종 파악, 취업알선 등 관련 전문가의 협력・지원이 미흡하여 직업교육 성과가 미흡하게 나타나고 있다.

2) 전환교육의 기관 간 협력 개선 방안

- 전환교육은 포괄적 의미로 접근하여야 한다. 그러기 위해서는 학교만이 전환과정을 계획하거나 지원하는 것이 아니라 해당 지역사회 서비스 기관들이 참여하는 포괄적 범위의 교육과 서비스를 제공하여야 한다. 이러한 전환과정의 틀이 성공적으로 이루어지기 위해서는 종합적인 계획, 개별화전환계획의 시행, 그리고 각 기관 간의 조정이 원활하게 이루어져야 한다.
- 학령기의 교육은 교육부, 학령기 후의 취업과 직업훈련, 주거독립은 노동부와 보건복지부로 되어 있는 현재의 구조 속에서 개별화된 전환교육 프로그램이 일관성 있게 지속적으로 진행될 수 있도록 법률의 제정 또는 개정 및 조정 기구의 운영이 고려되어야 한다고 주장하였다. 또한 지역사회 및 유관 단체와의 원활한 연계 및 협력활동이 되도록 제도적 장치가 필요함을 강조하였다.
- 생애단계별 각 담당기관의 적절한 지원을 제공하는 직업재활체계의 마련이 필요하다.
- 국가차원의 행·재정적 정책 입안이 요구되고, 이를 위해 기관 간 협력이 정착될 때까지 한시적으로 교육부, 노동부, 보건복지부 등 관련 부처의 과장급에 상당하는 인사가 중심이 되어 업무의 조정 및 역할과 책임을 다루기 위한 상설 '장애학생 직업교육 관련부처 간 업무조정 협의회(가칭)'를 구성 및 운영할 필요가 있다.
- 부처 간 장애학생 직업교육을 위한 특수교육에 관련한 재정의 공동부담제를 실시한다. 교육부, 보건복지부, 노동부 등 정부 관련 부처들이 장애학생 직업교육 강화를 위하여 지원 비용에 대한 분담을 통해 보다 효율적인 지원 및 혜택을 제공할 수 있다. 이를 위해 직업 훈련비, 교사 및 직업훈련사 연수비, 장애인보장구 구입비 등에 대하여 관련 부처가 예산의 지출 범위(영역)를 적극적으로 적용하여야 한다.
- 특수학교의 교육과정 운영의 과감한 전환이 필요하다. 특히 지체부자유학교의 문제점으로 일부 학습능력이 있는 몇 명의 학생들 위주의 학교 교육

과정을 개선하고 초등부부터 고등부까지 체계적인 전환교육 프로그램을 운영하여 졸업 후 사회에서 자기 역할을 할 수 있게 해야 한다.

- 현재 개정 운영되고 있는 특수학교 교육과정의 수시 개정 체제에서 기관 간 협력을 통한 교육과정 내용 및 운영 방법 등을 적극 모색하여야 한다. 이와 더불어 장애학생 직업교육 교수-학습자료 및 적성직종 개발 프로그램 등을 공동으로 개발 보급한다. 이를 위해 교육부 국립특수교육원 및 노동부 고용개발원의 협약에 의한 공동연구과제를 수행할 수 있을 것이다. 또한 특수교육기관의 직업재활실시기관에서 실시하는 직업교육(훈련) 활동 및 직업적성·평가 등을 공동으로 실시하고 지도할 수 있다. 이를 위해 장애인고용촉진공단 소속 지방지사에서 특수학교(급) 고등부 대상 개별학생직업평가보고서를 작성(학교: 심리평가, 지방고용촉진공단: 직능평가)할 수 있다.
- 전환관련 다양한 인사들이 평가에 참여하는 것이다. 학생, 동료, 부모, 지역인사, 고용주, 행정가 등이 참여시기, 참여정도 등을 고려하여 영역별 팀 접근이 이루어지도록 하여야 한다.
- 장애학생 현장실습 지원을 위한 산업체 알선, 산업체 파견학급 설치·운영, 직업훈련 및 지도 시 장애인고용촉진공단이 주도하여 종합적 지원체제를 구축할 수 있다. 이를 위해 특수교육기관 및 장애인고용촉진공단이 공동으로 산학협동작업장을 운영하고 여기에 특수교사, 고용촉진공단의 직무지도사를 배치할 수 있을 것이다.
- 특수교육기관 직업교육 담당교사 및 직업재활기관의 종사자와 공동 연수제를 운영한다. 관련 기관이 서로 추구하는 직업교육 및 훈련 프로그램을 상호 이해할 수 있도록 지역별 기관 간 협력하여 공동 연수를 실시한다. 이를 위해 특수학교(급) 교사 중앙연수기관인 국립특수교육원과 직업재활실시기관 연수기관인 고용개발원과의 협력에 의한 직업교육(재활)관련 공동 연수 프로그램을 개발·운영할 필요가 있다.
- 지역사회 중심의 장애학생 직업교육 및 취업 등에 관한 정보 공유 협력 지원 네트워크 구축: 지역별 특수교육기관 및 직업재활실시기관의 기관장

및 실무자 협의체를 구성하여 주기적, 정기적으로 시행될 수 있도록 '장애인 고용촉진 및 직업 재활법 시행령'에 대한 관련 법적 근거를 마련할 필요가 있다. 이를 위해 장애학생 직업교육 관련 기관 간 기관장 실무 협의체 운영해야 한다. 학교장(교사), 복지관장(직업재활 담당자), 고용촉진공단 지사장(직업담당자), 지역 상공회의소장(관련자), 교육청 담당자, 시・군・구청장(관련자).

- 전국 182개 지역교육청에 이미 설치되어 운영중인 「특수교육지원센터」에 특수교육 전문가, 노동・복지 등 재활전문가를 확대 배치하여 특수교육기관, 장애인 직업훈련원, 장애인복지관, 상공회의소, 장애인 고용촉진 공단 사무소, 장애인 부모, 지역 기업체 등과 기관장 네트워크를 구축하여 장애인 지원내용・지원방법 심의・조정 기능 등을 부여한다. 참고로 일본의 경우, 지방교육위원회를 중심으로 특수학교, 노동행정기관, 기업체, 복지단체, 시 행정기관 등 14개 단체로 자립터전 네트워크를 구축하여 연 8회 진로협의회 개최, 취업기관 개척과 정착 등 교육・노동・복지의 관계 기관의 연대를 강화하고 있다.
- 재활실시기관의 장애학생 진로 상담을 위해 학교생활 및 일상생활 관련 자료 및 정보를 공유한다. 특수학교(급)와 장애인복지관, 장애인 고용촉진 공단 기관 간 상호 요청 시 정보를 공유하도록 행정적 지원을 강화한다. 또한 현재 대부분 특수교육 기관이나 직업학교 등에 설치되어 있는 직업교육관련 시설은 특정 직종에 편중되어 있고 시설 설비가 노후 되어 제 기능을 하지 못하는 경우가 있다. 이를 지역 단위로 묶어 인근 특수학교와 직업학교에서 시설 및 기자재를 공동으로 활용할 수 있을 것이다. 산업체나 교육기관에서 협력관계를 통해 융통성 있게 시설 및 설비를 활용한다고 하면, 장비의 효율적 이용과 기관 간 협력도 자연스럽게 이루어질 수 있을 것이다.
- 일반 직업훈련원에 경도장애인도 훈련이 가능하도록 할 필요가 있다. 경도장애인의 경우 일반 직업훈련원에서 장애인 편의시설 및 소수의 장애인 지원 인력의 배치를 통해 훈련받을 수 있고, 통합된 환경에서 직업교육을 받을 수 있어 이를 통해 사회 통합을 촉진할 수 있는 장점이 있다.

연습해 봅시다

1. 다음 〈활동자료 14〉에서 장애학생의 전환을 위한 기관간 협력 방안을 계획해 봅시다.

〈활동자료 14〉 전환을 위한 기관간 협력 방안

1. 기관간 협력 방향 2. 기관간 협력 세부 방침 3. 기관간 협력 세부 추진계획 및 영역 1) 세부 추진계획 2) 기관간 세부 추진 영역 및 역할 3) 세부 추진 단계 및 절차(일정)

2. 관련 기관 간 상호작용 모형을 기본으로 하여 지역사회내 전환교육 기관을 선정하여 협력방안을 계획해 보시오.

제 15 장

전환에서의 보조공학

학습목표

❶ 전환에서의 보조공학 의미를 이해한다.

❷ 보조공학의 여러 가지 활용에 대하여 알 수 있다.

❸ 보조공학의 선정 방법과 고려사항을 알 수 있다.

보조공학은 장애인 본인뿐만 아니라 가족, 교사, 전문가, 행정가 등 장애와 관련된 다양한 사람들의 관심분야이다. 그 주된 이유는 보조공학이 장애인들의 삶에 기여하는 중요성 때문일 것이다. 또한 보조공학이 장애인들에게 장애를 경험하는 것을 줄이거나 이를 경험하지 않도록 하는 가능성도 가지고 있기 때문이다. 이제 공학적 지원 없다면 삶의 질 자체에 큰 영향을 받을 만큼 실생활에 밀접한 관계가 있다. 전환교육에서도 적절한 보조공학을 활용하는 것을 익히게 되면, 장애인들의 독립성과 통합, 고용 등 환경에 접근하는 방법을 더 용이하게 할 수 있을 것이다.

그러나 보조공학이 아직도 발전하고 있는 과정에 있기 때문에 모든 장애학생의 요구를 충족시키는데 한계를 가지고 있다. 특히 장애학생들에 따라서는 더 추가적인 지원과 개별화된 지원을 필요로 한다. 하지만 교사가 보조공학에 대한 활용 방안과 전략에 대하여 많은 지식과 정보를 가지고 있으면, 학생들의 전환교수 계획이나 수행에 더 복잡하고 정교한 보조공학을 활용하는 데 더 익숙하게 될 것이다.

본 장에서는 전환에서 보조공학의 기본적인 의미와 유형 그리고 적용에 대해 살펴보고자 한다.

01 보조공학의 정의

보조공학(assistive technology)은 다양하게 정의되고 있다. 일반적으로 보조공학은 모든 사람의 상호작용과 학습을 지원하기 위한 새로운 방법을 제시하는 것뿐만 아니라 공학을 활용하는 도구와 전략들(Lewis, 1993, cited in AT Basics, 2003)로 생각할 수 있다. 장애학생교육법(IDEA, 1990)에서는 '보조공학은 넓은 의미로 장애인의 독립성을 향상시키는 모든 장비 혹은 장치들이다'라고 정의하였고, 장애인 교육 증진 법(Individuals with Disabilities Education Improvement Act, 2004)에 의하면, '보조공학은 상업적으로 그 형태나 기능이

변형되었든 개인의 특성에 맞추어 만들어진 것이든 간에 장애인의 기능적 능력을 향상시키고 유지시키는데 사용되는 모든 물건, 장비, 또는 제품을 의미한다' 라고 정의하였다.

이와 더불어 연구자들은 보조공학의 여러 가지 장치(devices)와 서비스로 나누어 그 범위를 넓게 접근하고 있다. Thoma 등(2009)은 공학 장치와 서비스는 장애인의 독립성을 향상시키는 것이라고 하고, 보조공학을 다음과 같이 설명하였다. 보조공학은 개인이 이전에 수행의 어려움이 있었던 과제를 수행할 수 있도록 조절과 수정, 보완을 하는 것이며, 장애인이 기능적 능력을 증진하고 유지하는 일련의 생산체제를 포함한다. 이들 생산체제는 고급장치(high-tech systems)와 저급장치(low-tech systems) 모두를 의미한다.

결국 이상의 정의에 의하면, 전환교육에서 보조공학의 의미는 여러 가지 장치나 서비스를 적절하게 그리고 대안적으로 제시함으로써 장애로 인한 불편함을 없애고, 개인의 능력을 높여, 학교, 가정, 일터나 지역사회에서 독립적으로 살아가도록 돕는 것이라고 할 수 있다.

02 보조공학 장치

장애학생의 전환 교육계획의 전체적인 평가 과정에서 중요한 것은 보조공학으로 활용 가능한 자원이나 장치 그리고 서비스가 무엇인가를 분석하는 것이다. 전환교육팀은 졸업 이후 학생의 성취 결과에 어떤 종류의 공학적 접근이 교과와 전환 목적에 부합하는지 살펴야 한다. 이 과정에서 학생의 자기-결정 의사를 중시하고 전환계획팀의 한 일원으로 참여할 수 있어야 한다.

보조공학은 동력 부분이 없는 단순한 도구(손잡이가 있는 칫솔)에서 정교한 기계나 전기 체제(로봇장치)로 이루어진 것까지 다양하게 분포하고 있다. 단순한 기계 장치들은 저급장치라고 하고, 컴퓨터 장비와 같이 복잡한 보조공학 기기들은 고급장치라고 한다. 또 고급장치들은 대체로 가격이 비싼 편이다.

그러나 보조공학 분야에서 장치들의 복잡성을 기준으로 분류하여 '고급장치' 혹은 '저급장치', '복잡한 장치', 혹은 '단순한 장치' 등으로 부르는 것은 의미 없는 일이라고 주장하고 있다(Pierangelo et al., 2004). 일반적으로 보조공학 장치들은 고급장치와 저급장치로 구분되지만 두 가지가 명확하게 구분된 것이 아니라 일련의 보조공학 장치들은 고급장치와 저급장치들이 서로 연속선상에 있다고 볼 수 있다.

어떤 보조공학 장치를 선택할 것인가는 개인의 개인차를 고려하는 것이 중요하다. 보조공학을 적용한다는 것은 이를 통해 개인의 가능한 잠재력을 키우고 개인의 요구를 맞추기 위함이다. 따라서 장치의 분류가 중요한 것이 아니라 장애인의 흥미, 장점과 약점 등을 고려하여 개인에게 가장 적합한 장치를 선택할 수 있어야 한다. 또 한 개인에게 적합한 것이 다른 사람에게 적합하지 않을 수 있고, 한 상황에서 유용하게 사용되는 장치가 다른 상황이나 환경에서 부적절할 수도 있다(신종호 등 역, 2002).

한편, 우리나라 노동부와 한국장애인고용촉진공단(2006)에서는 상용 보조공학기기를 다음 〈표 15-1〉과 같이 분류하고 있다.

〈표 15-1〉 상용 보조공학기기

분류	품목	적용 장애 유형
정보접근	점자정보단말기	시각
	점자프린터	시각
	컴퓨터 화면 확대S/W및H/W	시각
	음성출력S/W및H/W	시각
	확대독서기	시각
	문서인식S/W및H/W	시각
	대형 모니터	시각
	특수 키보드	전유형
	특수 마우스	전유형
	입력 보조장치	전유형

분류	품목	적용 장애 유형
	선택장치	전유형
	자세보조장치	전유형
	특수S/W	전유형
작업기구	높낮이 조절 작업 테이블	전유형
	경사각 작업테이블	전유형
	휠체어용 작업테이블	전유형
	특수작업기구 및 장비	전유형
	특수 작업의자	전유형
	작업물 운송/운반장치	전유형
의사소통	신호장치	청각
	골도전화기	청각
	문자전화기	청각
	화상전화기	청각
	소리증폭장치	청각
	보완대체의사소통장치	전유형
사무보조	시각장애인용 계산기	시각
	음성메모기	전유형
	책장 넘기는 도구	전유형
	수화기 홀더	전유형
	팔 지지대	전유형
	물건집게	전유형
	필기보조도구	전유형
	원고홀더	전유형

03 보조공학의 활용

1) 컴퓨터의 활용

컴퓨터의 사용이 점차 늘어나게 됨에 따라 가정, 학교, 직장에서 어떻게 적절하고 효율적으로 사용할 것인가에 대한 관심도 함께 가지게 되었다. 컴퓨터와 직접적으로 관련된 직종들이 늘어나고 있어 장애인들의 직업 개발 영역으로 큰 비중을 차지하고 있다. 교육 자료들의 개발도 대부분 컴퓨터를 활용한 CD 기반 프로그램들이 많이 보급되고 있다. 또한 학습 자료의 디지털화로 이들 자료에 접근하고, 보고, 들을 수 있는 다양한 방법으로 조작할 수 있어야 한다. 학생들은 다음과 같이 디지털 자료를 수정하고 상호작용할 수 있을 것이다 (Pierangelo et al., 2004).

- 문자를 크게 한다.
- 색이나 글씨 크기를 변경한다.
- 그림과 시뮬레이션을 수준별로 듣는다.
- 말로 한 것을 컴퓨터 마이크로폰을 통해 쓰기를 한다.
- 대안적 입력 장치를 활용한다: 트래볼, 크기가 큰 키보드, 터치스크린 등.

소프트웨어 회사들도 다양한 범위나 요구에 적용될 수 있는 프로그램을 디자인할 필요가 있다. 즉, 여러 가지 대안적 방법이 포함된 보편적 접근을 시도할 수 있다(예: 문자에서 음성으로, 확대 폰트나 툴바, 수준을 잘 나눈 버튼 등)(CAST, 1998). 이와 같이 여러 특성을 포함한 보편적 접근을 시도 한다는 것은 학생의 참여, 흥미, 동기를 높여 준다. 또한 선택할 수 있는 다양한 사양은 학습에 더 집중할 수 있도록 한다.

2) 수업에서의 활용

Lahm과 Morrissette(1994)는 보조공학을 장애학생의 수업에 지원할 수 있는 영역으로 다음 일곱 가지로 분류하여 제시하였다(Pierangelo et al., 2004; 재인용).

(1) 조직

저급장치 방법들을 통해 학생들로 하여금 그들의 생각, 플로 차트 작업, 과제 분석, 웹 검색, 아이디어 교환, 정리하기 등을 조직할 수 있다. 이들 전략들은 학생들의 생각을 발전시키고 구조화하는데 시각적 지원 그래픽 프로그램(organizer)을 활용하여 수행될 수 있다. 고급장치 방법들은 워드프로세서(word-processing software) 기능이 이 역할을 할 수 있다. 이 기능은 학생들로 하여금 주요 아이디어나 주제를 생각하게 하고, 하위 영역의 정보를 추가해 나가도록 한다.

(2) 노트하기

교사들이 간단하게 접근할 수 있는 것은 안내된 복사 자료를 학생들에게 주고 필요한 정보를 채워 넣게 하는 것이다. 고급장치 방법은 시각적 인식기(Optical character recognition)이다. 이 장치는 스캐너를 이용해 문자를 컴퓨터 문자로 읽을 수 있게 전환하는 기능을 가지고 있다.

교사가 적은 글씨를 NCR 종이(carbonless copies)나 복사기로 그대로 복사할 수 있다. 좀 더 고급장치 방법으로 마이크로 카세트 녹음기를 활용하거나 음성 합성기로 읽어, 읽기에 어려움이 있는 학생들이 녹음기로 검토하는 것과 같이 노트를 검토할 수 있다. 녹음기들은 청각적으로 듣는데 장점이 있는 장애인들에게 도움을 주고 있다. 그러나 시각적으로 정보를 받아들이는 데 장점이 있는 장애인들에게는 큰 도움이 되지 못한다. 비디오테이프를 통한 수업은 영상이나 수화를 사용하는 장애인과 같이 시각을 통한 학습자들에게 도움이 된다. 또는 주의력이 짧아 정해진 시간 수업에 참여하기 어려운 학습자에게도 도움이 될 것이다. 랩탑이나 노트북 컴퓨터는 고급장치의 노트 기능을 장애인들에게 제공하고 있다. 저렴하고 대안적인 대부분의 기능을 갖추고 있는 휴대용 컴퓨터는 휴대용 키보드이다. 이들 키보드의 한계는 정보를 화면상에 구조화하고 문자를 화면에 나타내는 것에 제한점이 있다.

(3) 쓰기 지원

워드프로세스는 경도 장애학생들에게 가장 도움을 주는 보조공학 장치 중의 하나이다. 많은 학생들이 언어 교과, 특히 쓰기에서 도움을 받고 있다. 컴퓨터나 워드프로세스 프로그램은 학생들로 하여금 생각한 것을 종이나 연필에 의하지 않고 화면 종이에 적을 수 있게 한다. 경도 장애학생들의 쓰기 방해 요인은 철자, 문법, 구두점 실수, 처리 과정(process), 생각하기, 조직하기, 입안하기(drafting), 편집과 수정, 동기(motivation), 최종 원고의 검토 정리, 읽기 능력, 쓰기에 관심 갖기 등이다.

문법/철자 수정기, 받아쓰기 장치, 사전 기능 프로그램은 읽기 방해에 도움을 준다. 마코로스(Macros)는 키보드 사용자로 하여금 반복해서 사용될 수 있는 파일에 저장할 수 있는 특징이 있다. 이는 쓰기 어려움을 지닌 학생을 지원한다. 또한 어려운 문자의 철자, 일련의 단어의 반복, 단락과 페이지 구성에 활용될 수 있고 쓰기 인지력이 낮거나 키보드 치는 운동력에 어려움이 있는 학생들에게 시간을 절약해 준다. 단어 예측 소프트웨어는 마코로스에 간단하게 기능을 제공하는 보고 소프트웨이이다. 만일 학생이 단어 기억이나 철자에 어려움이 있다고 하면, 그리고 사전을 잘 활용할 수 없다면, 단어 예측 소프트웨어는 몇 개의 선택된 단어 중에서 고르는 기능을 제공한다.

교사들은 쓰기 과정에서 워드프로세서의 편집 기능을 활용할 수 있다. 만일 컴퓨터가 네트워크 기능을 갖추고 있다면, 학생들은 다른 학생들의 쓴 내용들을 같이 읽어 보고 서로 수정해 보는 기회를 가질 수 있을 것이다. 이로 또래

간에 내용을 수정하고 피드백하는 기회를 갖게 할 수 있다. 컴퓨터 편집은 고칠 내용이 많을 때 지우는데 걸리는 시간을 줄일 수 있고, 종이를 버리거나 글씨를 잘 쓰지 못할 때, 수정할 내용이 많을 때, 그리고 마지막에 원고를 전체적으로 다듬고 정리할 때 적절한 도구가 된다.

동기는 컴퓨터를 통해 출력되는 내용이나 다양한 기능에 일어날 수 있다. 학생들에게 자신들이 쓴 내용에 대하여 강조하고 싶은 것, 장식하고 싶은 것을 스스로 하게 하면 동기를 높일 수 있는 좋을 기회가 될 것이다. 그래픽 이미지, 그림, 비디오나 오디오와 병행하여 흥미 있거나 강조하고 싶은 것을 표현하게 할 수 있다. 멀티미디어는 학생들에게 새로운 것을 생각하게 하고 좀 더 복잡한 아이디어를 만들어 내게 하는 수단과 동기를 제공한다.

(4) 산출

보조적 제품 도구들은 하드웨어, 소프트웨어 혹은 두 가지 모두로 이루어질 수 있다. 예를 들면, 계산기는 단어 처리와 신용카드 처리가 가능한 소프트웨어이다. 스프레드쉬트, 데이터베이스, 그래픽 소프트웨어도 산출 도구로 활용될 수 있다. 왜냐하면 연산, 분류, 그룹화, 예측 등을 통해 학생에게 작업을 처리하게 하기 때문이다. 산출 도구는 작거나 휴대용 장치(PDA)에도 있다. 최근 PDA는 노트 작성 기능과 키보드, 그래픽을 위한 Pen 입력 기능과 입력한 내용을 컴퓨터 문자 읽기 기능으로 전환할 수 있는 기능을 갖추고 있다. 뿐만 아니라 워드프로세서와 이를 컴퓨터에 모두 전환할 수 있다.

(5) 참조 자료 활용

많은 경도 학생들은 그들의 교과에서 정보를 모으고 종합하는 능력에 어려움이 있다. 이에 대하여 원격 의사소통과 멀티미디어의 학습 도구에 대해 살펴보면 다음과 같다.

컴퓨터와 모뎀은 학생들에게 물리적 환경을 넘어 전자 정보 세계로 이어준다. 이는 새로운 곳에 쉽게 이동하기 어렵거나 도서관과 같은 환경에 쉽게 가기 힘든 개인에게 적절하다. 원격 의사소통 네트워크는 정보의 광장에 접속하게 한다. 학생들은 다른 학생과 화상으로 접촉할 수 있고, 더 많은 것을 창출할 수 있도록 동기를 부여한다. 문서로 된 세상에서 많은 경험을 얻을 수도 있다. 학생들은 전자 백과사전에 접속할 수 있고, 도서관의 자료, 온라인 출판물들을 만날 수 있다. 참조가 가능한 소프트웨어의 문자, 발화, 그래픽, 그림, 오디오, 비디오 등은 경도 장애학생의 특별한 학습적 요구에 효과적이다.

(6) 인지적 지원

여러 가지 다양한 적응소프트웨어는 학생들에게 개인지도, 숙달과 연습, 문제해결, 시뮬레이션을 통한 교수에 활용할 수 있다. 많은 보조공학 장치들은 인지적 그리고 문제해결 기술을 증진시키기 위해 교수적 프로그램과 연계할 수 있다. 멀티미디어 CD 적용 프로그램들은 읽기 지원에 활용할 수 있다. 단어 말하기 프로그램과 비슷하게, 학생들이 읽기에 흥미를 느낄 수 있는 재미있는 이야기가 담긴 CD기반 책들이 멀티미디어에 활용된다. 이러한 책들은 각 페이지 단위로 읽고, 읽을 단어를 강조하는 표시를 할 수 있다. 마우스로 클릭을 하게 되면 해당 단어나 문장을 발음해 주거나 정의를 알려주기도 한다. 학생이 그림을 클릭하면 단계가 나타나고 해당 단계를 마우스로 누르면, 그림에 해당하는 것을 발음해 준다. 이들 책은 여러 가지 언어로 이용할 수 있어, 외국어를 공부하는 학생들에게도 도움을 준다.

(7) 자료 수정

특수교육자들은 교수적 자료의 개발과 더불어 이들 자료를 장애학생들의 요구에 맞게 상품화하는데 관심을 가져왔다. 최근에는 장애학생을 위한 컴퓨터 기반 교수 자료를 통해 수정할 수 있는 강력한 멀티미디어와 프리젠테이션 도구들이 소개되고 있다. 이들 도구들은 학생들의 약점을 장점으로 보완해 줄 수 있는 학습도구들이다.

특히 소프트웨어의 제작 방법은 교사와 학생들이 교수적 소프트웨어를 개발할 수 있게 하였다. 비디오, 사진, 애니메이션, 문자를 종합한 하이퍼미디어 기반 교수(hypermedia based instruction)로 개발하는 것이다. 그리고 멀티미디어 제작 소프트웨어는 이를 배우고 사용하기 쉽게 해주었다. 심지어 이 제작 도구들은 어린 학생들도 제작할 수 있다. 이러한 교수적 방법은 추상적 학습이나 일반화 학습에 어려움이 있는 학생들에게 더 효과적이고 더 실제적인 수업을 할 수 있게 하였다.

3) 보상적 기능의 보조공학

보상(compensate)은 '내면적으로 지도된 방법'을 의미한다. 이 접근 방법은 개인에게 기술적 결함을 극복하거나 보상하기 위하여 그들의 강점 혹은 특정한 전략을 활용하도록 가르치는 것이다. 예를 들면, 단어를 소리 내어 읽는데 어려움을 겪고 있는 장애학생에게 녹음된 문자를 통해 읽기 자료에 접근하도록 하는 것과 같다. 그리고 구구단 외우기에 어려움이 있는 장애학생에게 전자계산기를 사용하여 수학 숙제를 하도록 하는 것과 같다(Michaels 1994).

보조공학은 신체 장애인들의 기능적 한계를 보상 한다. 컴퓨터의 조절(accommodation)을 통해 손 기능에 장애가 있는 개인에게 일반 컴퓨터의 키보드를 사용할 수 있다. 이는 다양한 적용과 수정을 하여 제작할 수 있기 때문에 가능하다. 적절한 조절은 개인의 요구에 맞추어야 하고, 컴퓨터를 통한 조절 평가가 선행되어야 한다(Wehman, 2008).

컴퓨터 조절(accommodation) 평가는 장애인들이 컴퓨터를 통해 교육, 직업, 기타 일상생활의 요구에 접근할 수 있게 한다. 이 평가 과정은 컴퓨터의 완전한 적용을 위해 효과적인 응용 공학과 소프트웨어를 탐색하도록 계획하여야 한다. 이를 위해 컴퓨터 용량, 컴퓨터/하드웨어 사양, 작업장 평가, 그리고 학교나 사무실 관련 과제 등을 살펴보아야 한다. 직업훈련과 효과적인 보조공학의 활용은 서로 밀접하게 관련되어 진행된다. 훈련은 개인의 지식을 신장 시킨다(Wehman, 2008).

손가락의 정교성은 일반 컴퓨터를 다루는데 필수적이다. 사지마비 장애인의 경우 이 과제를 수행한다는 것은 지극히 힘든 작업이다. 그러나 적절한 공학의 활용으로 대안적으로 수정할 수 있고, 표준 컴퓨터 작동에 필요한 물리적인 정교한 요구를 극복할 수 있다. 특정한 환경이나 그 외 환경에서 컴퓨터를 활용하는데 신체, 감각, 혹은 인지적 장애를 가진 사람들은 수정 장비를 통해 이러한 어려움을 극복하는데 도움을 받을 수 있다(Wehman, 2008).

4) 교정적 기능의 보조공학

교정(remedial)은 '직접적인 치료적 방법'을 의미한다. 이 방법은 직접적인 처치를 통하여 결함을 수정하는 것이다. 예를 들면, 단어를 소리 내어 읽은데 어려움이 있는 개인에게 읽기(부호화) 기술을 익히게 하거나 혹은 구구단을 외우는데 어려움이 있는 개인에게 낱장 카드를 통해 외우게 하는 것과 같다(Michaels 1994). 즉, 좀 더 쉽거나 낮은 단계의 관련 내용이나 기술을 익혀 목표한 것을 수행하도록 하는 것이다.

앞서 언급한 보상적 기능과 교정적 기능과의 관계는 명확하게 구분하기에 모호한 점이 많다. 따라서 특수교육 전문가들은 이 두 영역을 서로 보완적 관계로 접근하고 있다(Michaels 1994). 이러한 맥락에서 컴퓨터나 보조공학은 학습이나 과제에 여러 가지 결함이 있는 개인들을 교정하는 도구로 적절하게 활용될 수 있을 것이다. 추상적 학습 내용을 구체화하는데 어려운이 있는 개인에게 컴퓨터의 시뮬레이션이나 모델링 과정을 통해 직접적으로 구체적인 방법으로 처리 과정을 경험하게 함으로써 개인의 기능적 결함을 완화할 수 있다. 이는 학습자로 하여금 컴퓨터나 보조공학을 통하여 자기 모니터링 활동을 촉진시킴으로써 개인의 기질적 결함을 향상시키는 기회를 제공하게 될 것이다.

5) 관련 서비스로의 보조공학

작업 및 물리 치료와 연계된 보조공학 서비스와 장비는 관련 서비스로 간주된다. 보조공학 서비스와 장비는 보조공학사(Assistive Technology Practitioner: ATP)에 의해 IEP와 학생의 환경에 통합된다. 보조공학사는 학생의 요구가 있으면, 필요한 보조공학 평가와 적절한 공학서비스를 제공한다. 작업 및 물리치료사는 자세잡기(positioning), 보조기학(orthotic) 혹은 운동서비스를 지원한다. 이 두 전문영역은 지역사회에서 제공되는 배치와 서비스에 포함된다. 예를 들어 이분척수 장애인이 직장에 배치되어 있다고 하면, 작업 환경에서 작업 및 물리 치료사는 걷기, 자세잡기, 보행(ambulation) 등을 지원하게 될 것이다. 보조공학사는 장애인을 작업 환경에서 관찰하고, 학생과 직장간의 가장 적합한 관계(interface)를 결정하게 된다. 그리고 선정한 공학 장비들을 이 장애인의 직장에 통합시킨다. 직업 배치, 혹은 직업전문가 등 관련 인사들은 이와 관련하여 자신들의 전문 영역의 통합 의무를 수행한다. 많은 보조공학사들은 자세교정과 여러 가지 치료 관련 문제에 훈련을 받게 된다. 그리고 전반적인 환경 수정을 다룰 수 있는 능력을 갖추게 된다(Flexer et al., 2005).

04 전환에서 보조공학 접근

1) 팀 접근

전환교육에서 보조공학을 효과적으로 활용하는 방법이 무엇인가? 보조공학 장비를 직접 활용해야 하는 장애인과 전문적인 정보와 지원을 해야 하는 전문가의 체계적인 지원 노력이 요구된다. Wehman(2008)은 체계적인 보조공학의 접근을 위해 요구되는 조건으로 크게 팀접근, 역량강화 및 효율성과 효과성 그리고 사용자의 역할을 강조하였다.

첫째, 팀 접근은 공학 사용자가 팀의 중심이 되어야 한다. 사용자가 팀의 최종 결정 과정에 자신들의 의견이 반영될 수 있도록 하여야 한다. 왜냐하면 장비와 가장 밀접한 관련이 있는 당사자이기 때문이다. 또한 전문가는 보조공학을 통하여 장애인이 자신의 일을 스스로 조절하고 통제하는 능력을 증진할 수 있도록 하여야 한다. 이는 전문가와 당사자 간의 상호보완적인 관계로 협력해야 함을 의미한다. 전문가가 사용자를 지도할 수 있고, 사용자는 사용자 입장에서 전문가에게 도움을 줄 수 있어야 한다. 즉, 서로 일대일로 상호 모니터링하는 것이다.

전문가들은 장애인이 결정하기와 적극적인 의사소통 과정에 참여할 수 있는 기회를 촉진할 수 있다. 이의 구체적인 방법으로 사용자들에게 다음과 같은 내용을 수행하도록 지도할 수 있을 것이다.

- 정보 수집하기
- 효과적으로 의사소통하기
- 자료와 선호도 그리고 필요에 의해 결정하기
- 시스템 탐색하기
- 지원 네트워크 선택하기

한편 사용자들도 다음과 같은 내용을 전문가들에게 제공할 수 있을 것이다.

- 자기-주장 기술 지도에 대한 피드백 제공
- 구체적인 요구와 선호도에 대한 개별화된 의견 제공
- 지역 사회 접촉 사항
- 신성한 팀 관계 발선을 위한 기회 제공
- 전문적인 관계 형성 기회 제공

장애인이 의사소통하는데 어려움이 있거나 인지적 장애를 가지고 있다면, 전문가의 역할이나 개인의 주장은 매우 중요하다.

둘째, 역량강화(empowerment), 효과성(effectiveness), 그리고 효율성(efficiency)

은 팀 접근이 추구해야 할 최상의 조건이다. 다양한 배경과 경험을 가진 장애인들이 함께 가장 유용한 활용을 할 수 있도록 평가와 분석을 통해 지원하는 것이다. 팀 접근은 효과적(effective)이어야 한다. 왜냐하면 전문성과 지식의 결합을 유도하기 때문이다. 의사소통과 활동이 명확하고, 건설적이며, 결과 중심이어야 한다. 또한 팀 접근은 효율성이 있어야 한다. 그 이유는 팀 구성원들이 중복성과 비효율을 줄이고, 적절하게 시간을 활용하여 팀의 책임감을 높여주기 때문이다. 전문가들은 각자의 영역에서 고유의 전문성을 발휘해 왔지만, 팀 접근에서는 자문가로서 그리고 실제적이며 적합한 제안자의 역할을 하여야 한다. 이와 같이 사용자가 전문가와 서로 조화를 이뤄 결정과정에서 영향을 미치고 적극적으로 참여하게 될 때 역량강화가 이루어지게 된다.

셋째, 참여자의 역할은 적극적이며 전문적이어야 한다. 자신이 선호하는 것과 요구 사항에 대하여 편안한 마음을 가지고 참여할 수 있어야 한다. 소비자 중심 접근이라고 하는 것은 항상 장애인이 팀의 중심에 참여함을 의미한다. 전문가들은 장애인이 지원을 요구하거나, 장애인에게 지원해야 할 것이 있다면, 팀의 발전과 지원 네트워크에 협력하여야 한다. 사용자는 팀의 구성원으로서 지역사회에 통합하기 위한 공동의 목적을 위해 팀구성원들과 가능한 모든 기회에 접근하려고 노력해야 한다. 만일 팀에 본인을 위한 조언자가 있다고 하면 사용자와 멘토는 서로 의견을 일치해 나가야 한다. 그리고 일부의 전문가에 의존하는 것이 아니라 팀의 다양한 전문가의 의견을 존중하고 협력해가야 한다.

05 보조공학 장비의 선정

성인 생활 전환 지원에 활용할 수 있는 보조공학 장비들의 수가 증가함에 따라, 장애인의 요구에 적합한 장비를 선정하는 것도 중요한 문제로 대두되었다. 고가의 장비를 구입하고 얼마 사용하지 못하고 버리는 일이 없도록 하기 위해, 처음부터 장애인의 요구와 선호도에 맞게 선정하여야 한다.

Scherer의 Matching Person and Technology(MPT) 모델(Craddock & Scherer, 2002)은 장비와 개인 간의 활용 방안을 높이기 위해 제시된 모델로 보조공학 장비를 선정하는데 유용하게 활용할 수 있다. MPT 모델은 개인과 장비를 합리적으로 맞추기 위해 제시되었고, 15세 이상의 장애인들에게 적용한다. 이 모델은 크게 환경(milieu), 개인, 공학 요소로 정보를 수집할 것을 제안하였다(Thoma et al., 2008).

환경 요소는 주위 환경과 심리사회적(psychosocial) 상황의 특성을 의미한다. 장애인이 상대하게 될 다른 사람에 의해 수용될 공학을 고려해야 한다. 계속적인 유지를 위해 활용해야 할 자원, 업그레이드, 물리적 환경(예: 너무 덥고, 너무 지저분하고, 공간이 너무 좁은 경우) 등이 장비 결정-하기 과정의 한 부분이 되어야 한다.

개인 요소는 보조공학 장비나 서비스가 사용될 때 영향을 미칠 수 있는 독특한 개인 특성과 선호도를 의미한다. 훌륭한 보조공학 장비라는 평가는 고급장치이건 저급장치이건 개인의 선호도의 정도, 개인적 지원의 정도, 장비를 성공적으로 사용하기 위해 요구되는 훈련의 정도에 달려 있다.

공학 요소는 공학 자체의 특성에 달려 있다. 이 단계에서의 보조공학 결정 과정은, 평가자가 활용할 장비 및 서비스와 개인의 선호도 그리고 그것이 사용될 환경의 특성을 잘 맞추는 것이다.

또한, 보조공학을 최종적으로 선정하기 전에 사용자가 우선적으로 해야 할 일은 보조공학 장비나 장치에 대하여 평가를 수행하는 것이다. Wehman (2008)은 이를 위해 몇 가지 평가를 위한 전략을 제안하였다.

첫째, 환경을 검토하는 것이다. 정비나 수정이 이루어질 환경을 검토하는 것은 중요하다. 정비나 수정은 사용자의 의견뿐만 아니라 환경이나 사용자에게 적합하여야 한다. 가장 적합한 배치를 위해 팀 접근이 중요하다. 사용자와 고용주는 가장 중요한 사항들을 장비 배치 과정에 알려주어야 한다. 그리고 팀 구성원은 사용자의 요구와 직업적 요구에 따라 여러 가지 사항을 고려해야 한다. 사무 공간 평가 팀으로 작업치료사, 재활전문가, 컴퓨터전문가, 그리고 건축전문가가 함께 할 수 있다.

둘째, 먼저 시험해보고 그리고 훈련하고 난 뒤 사용하는 것이 바람직하다. 이를 위해 사용자는 그들이 사용하고자 하는 보조공학에 대한 기능적 평가를 먼저 실시할 수 있다. 주요 기능을 중심으로 장비를 시험해보고, 그것이 사용될 장소에서도 시험해 볼 필요가 있다. 그리고 그 내용을 팀 구성원들과 협의하여야 한다. 장비의 기능이나 역할, 다양한 환경에서의 활용 가능성 또는 작업 시 활용 가능성 등을 논의 할 수 있을 것이다. 장애의 어려움으로 직접 시험해보는 것이 어렵다면 팀 구성원이나 관련된 사람과 함께 할 수 있다. 이와 같은 과정은 개별화된 서비스와 장비로 시도되어야 한다. 또한 사용자는 장비를 임대하거나 빌려서 확인해 볼 수 있고, 가정과 직장 혹은 지역사회에서 장비의 성능과 한계, 그리고 편안함 등 물건을 구입하기 전에 다양한 시험을 해보아야 한다. 시험해보는 과정을 거친 후 훈련 또한 중요한 장비를 선정하기 전에 해야 할 요인이다. 일단 구입하면 장비는 사용자와 오랫동안 밀접하게 사용된다. 어떤 조건이 맞지 않아 장비를 교체하는 것은 어렵고 번거로운 일이다. 장비를 시험해보는 것과 더불어 적절하게 사용하는 훈련을 통해 장비의 특징과 활용 가능성 등을 확인해야 한다.

셋째, 장비의 구입(선정)은 신중하게 결정해야 한다. 이상적인 제품을 선정하는 것이 매우 중요한 부분이다. 장비를 구입하고 나서 여러 가지 수리해야 할 일이 발생한다고 하면 난감해진다. 장비의 수리에 따른 비용문제뿐만 아니라 장애인이 늘 일상생활에서 필수적으로 사용해야 하는 장비를 활용하지 못하는 결과를 초래하기 때문이다. 따라서 장비를 선정하기 전에 먼저, 구입 후 어떤 서비스가 제공되는지, 보증기간이 있는지, 고장이 발생했을 때 어떻게 되는지, 수리 중 교체 사용할 것이 있는지, 서비스나 수리비의 예산을 어떻게 반영할 것인지 등을 고려해야 한다. 또한 훈련 사항도 구입 조건에 포함되는지도 확인할 사항이다. 또한 장비 구입과 수리 및 훈련 등에 대한 관련 기관의 지원금 등이 있는지도 검토하여야 한다.

연습해 봅시다

1. 전환교육과 관련한 활용 가능한 보조공학 유형을 찾아 전환교육계획과 연계하여 봅시다.

2. 장애학생이 취업 및 직업훈련에 필요한 공학적 장치를 찾아 전환교육계획 및 훈련계획을 세워봅시다.

제 16 장

전환에서 부모 참여

학습목표

❶ 전환교육에서 부모 참여의 중요성을 이해한다.

❷ 전환교육에서 부모 참여를 저해하는 요인을 알 수 있다.

❸ 전환교육에서 부모 참여 전략 유형을 알 수 있다.

01 부모 참여의 중요성

최근 연구에서 가족 참여가 생활 수준이나 가족 배경에 관계없이 교육적인 행동과 중등 이후 학생들의 전환 결과에서 증진을 보인 것으로 나타났다(Turnbull et al., 2006). 또한 연구들은 가족 참여가 적어도 장애학생들의 다양한 결과를 얻어내는데 중요한 역할을 한다는 것이다(Council for Exceptional Children, 2001). 그리고 고용의 결정과 유지뿐만 아니라 성공적인 전환 결과를 위하여 부모 참여가 매우 중요하다고 지적하고 있다(Luft, 2008).

이와 같이 장애학생을 위한 가족 지원이 중요한 이유는 가족은 무엇보다도 이들을 잘 알고 있다는 점이다. 자녀가 좋아하는 것, 싫어하는 것, 재능, 조절에 대한 요구 사항 등, 가족은 이들에 대한 중요한 정보원이다. 지금까지 자녀를 성장시키면서 전환과정을 경험하였고, 장차 학교를 졸업하고 사회에 진출하는 과정에서도 가장 가깝게 함께할 지원자들이다. 학교를 졸업하고 성인기로 접어드는 전환 준비기간에 가족들의 적극적인 지원은 오랜 기간 긍정적인 영향을 미치게 된다.

연구 결과에 의하면, 교육 전달 체계 중 가족들의 중요성이 학교와 전환프로그램의 목적을 성취하는데 효과적이었음을 지적하고 있다(Epstein, 1996; Pleet, 2000; Wandry & Pleet, 2003). 최근 패러다임의 변화는 결과적으로, 지원에 있어 가족의 중요성 때문에, 학교들은 가족들이 그들의 자녀를 지원하는 활동에 적극적으로 참여할 수 있도록 해야 한다는 것이다. 즉, 학교는 교육 문제에 있어서 직접적이고 지시적인 입장에서 벗어나 가족을 교육 수행의 동반자로 보아야 한다는 것이다. 패러다임의 변화는 교육적 수행에서 단순한 '가족 참여'에서 학교, 가정, 지역사회의 동반관계인 '공동의 책임(shared responsibility)'의 개념으로 전환하고 있다. 전환과 일의 맥락에서, 가족들은 정보 제공 이상의 중요한 동반자일 뿐만 아니라, 고용 경험을 계획하는데 함께 역할을 해야 한다는 점이다(Luecking et al., 2009).

또한 가족들은 학생들의 교육 계획과 활동에 참여할 필요가 있다. Pleet

(2000)은 다양한 문화적, 사회적, 재정적, 그리고 결혼 생활 등, 가족들의 배경을 고려하는 노력이 필요함을 지적하였다. 왜냐하면 이들의 다양한 가족 배경은 전환과정에 중요한 경험으로 작용하기 때문이다. 또한 이들 가족들의 다양한 사회적 배경에 따른 자녀에 대한 기대치도 장애의 특성과 관계없이 영향을 미치기 때문이다(Grigal & Neubert, 2004; Newman, 2005). 따라서 가족들의 다양한 문화적 배경과 기대가 전환 결과에 긍정적인 경험이 되고 고용 성공으로 이어질 수 있도록 전환 지원 교사들은 의미 있는 역할을 수행할 필요가 있다.

Izzuo와 Shumate(1991)는 부모들이 전환과정에 참여하여야 하는 이유를 다음과 같이 제시하였다.

- 그들의 자녀들을 다른 누구보다도 잘 알고 있다. 따라서 전환계획에서 중요한 자원으로써 역할을 할 수 있다.
- 훈련과 전환 목적을 유지하고 계속 진행하는데 매우 효과적일 수 있다.
- 전환 지원 체제의 옹호자로서 행동할 수 있다. 전문가들로 하여금 바람직한 방향으로 변화할 수 있도록 자극을 주고, 장애 영역에 더욱 매진할 수 있도록 한다.
- 역할 모델 및 교사로서 행동할 수 있다. 그들의 자녀가 일을 성공적으로 수행하게 하는 긍정적 학습에 영향을 준다.
- 긍정적인 결과에 대하여 지역사회의 지원자, 전달자로서 역할을 할 수 있다.
- 전문적인 노력에 대한 지지와 격려를 제공하는 양육자와 후원자로서 역할을 할 수 있다.

법률적으로 최근 「장애인 등에 대한 특수교육법」은 이전의 법과 다르게 부모 참여의 중요성을 강조하고 있다. 특수교육 대상자 및 부모에 대한 차별을 금지(제1장 제4조에 2항)하고 있고, 보호자에 대하여 특수교육 대상자 선정 및 의무교육 사실을 통보하고 권리 및 책임 등에 대해서도 통보(제9조)하도록 하고 있다. 또한 선정과정에서 교육받을 내용 등에 대해서 서면으로 통보를 하여야 한다(제16조 3항). 특히 개별화교육계획에 있어 주요 역할을 하는 개별화교육계획 지원팀에 부모가 참여(제22조 1항)하도록 규정하고 있다. 이는 개별화교육계획, 전환교육계획 등, 교육 계획 단계에서부터 부모들의 참여를 적극적으로 유도하여야 함을 의미한다. 뿐만 아니라 훈련의 공동 계획, 관련 서비스의 제공, 학생의 배치나 전환과정에서 부모들의 모니터링을 통한 피드백 등이 이루어질 수 있도록 해야 한다. 그리고 교육의 결과 및 성과에 대하여 부모와 함께 할 수 있도록 계획할 필요가 있다. 결국 이와 같은 노력은 교육의 동반자로서 가족들의 역할에 대한 중요성을 인식하고 있음을 보여주는 것이다.

02 부모 참여 저해 요인과 대안

전환교육에서 부모 참여가 중요함에도 불구하고 부모들이 교육계획 과정에 참여를 저해하는 여러 가지 장벽이 있는 것으로 나타났다. Ott(1991)는 그 요인으로 전문가들의 전문 영역 고수, 부모와 학교간의 경쟁적인 관계, 학교와 부모간의 현실적인 문제들을 제시하였다.

먼저 교육자들은 부모들과 관계에서 전문가의 입장을 고수하려고 한다. 이와 같은 자세로 부모들에게 메시지를 전달하곤 한다. 그들이 직업이나 전환계획에 관하여 부모들보다 더 많은 지식을 가졌다고 여기는 것이다. 결과적으로 부모들은 계획 과정에 참여하고자 하는 생각을 접는 이유가 된다. 교육자들의 전문적 입장 고수는 부모들과의 관계에서 방어적인 자세이거나 경쟁적인 입장에서 나타난다. 부모들은 자녀들의 일에 대해 책임감을 늘 느끼고 있다. 간혹, 부모들은 중요 결정에 책임을 다하지 못한 점에 대하여 전문가들이 부모로서의 역할을 빼앗아 갔다고 느낄 수 있다. 교육자들이 전문가 입장을 고수하고, 부모들은 자신들이 선택할 여지가 없다고 느낄 때, 부모와 전문가 사이에 자연스런 경쟁관계가 일어날 수 있다. 마지막으로 교육자들은 종종 학교 운영이나 관리에서 부모들이 감당하기에 부담이 되는 한계를 설정한다. 부모들은 학교일에 참석하거나 담임을 만나기 위해 종종 자신들이 하는 일에서 일정을 변경하여야 한다. 학교 입장에서는 학교의 정해진 일정에서 계획이 변경되는 것을 부담스러워 한다.

Harry(2008)는 부모들이 자녀들에 대한 권리와 선택 사항에 대한 지식이 부족함으로 인해, 그리고 전문가들과의 이전의 부정적인 경험으로 인해, 또는 전환계획 과정에서 부모들의 실제적인 참여에 대한 과소평가 등이 부모의 교육적 참여에 부정적 영향을 미친다고 하였다.

부모의 전환계획 과정 참여를 저해하는 요소를 정리해보면 다음과 같다.

- 자녀의 미래에 대한 사고의 부족
- 학교가 그들 자녀들을 위해 계속 지원해 줄 것이라는 가정
- 미래에 대한 두려움
- 성인 서비스 기관에 대한 지식 부족
- 부모와 자녀 간에 미래의 추구하는 이상이 다른 경우
- 전문가들이 계획 과정에 관한 한 최고이고 잘 해 줄 것이라는 가정
- 전환계획 과정에 대한 상세한 정보 부족
- 학생에 대한 낮은 기대치
- 학생에 대한 지나친 높은 기대치
- 계획 과정에 참여하는 시간과 노력 부족
- 하루하루의 관심 사항에 집중하지만, 장기적인 미래에 대한 관심 부족

(Streere, Rose, & Cavaiuolo, 2007).

Levinson(1998)은 전환계획 과정에서 부모와 효과적인 관계 설정을 위하여 다음과 같이 학교 인사들의 노력이 필요하다고 제안하였다.

- 부모 자신의 장점과 성공에 대한 인식을 할 수 있도록 한다. 그리고 전환계획 과정에 부모들이 참여할 수 있도록 격려한다.
- 부모들 또한 자녀에 있어 전문가임을 강조한다. 즉 이들이 자녀에 대하여 알고 있는 지식을 교사들에게 제공할 수 있고 효과적인 전환계획을 위해 부모들이 중요한 설명을 할 위치에 있다는 것을 인식하게 한다.
- 부모들을 존경하고 지원하고 격려한다. 그리고 이들을 이해하려고 노력한다.
- 부모들의 의견을 주의 깊게 듣고 그들의 의견에 대해 존중한다. 이들이 제

안한 아이디어는 전환계획에 협력적으로 반영하도록 한다.
- 정보를 부모들에게 제공하고 이들이 이해하기 쉬운 언어로 전달한다.

Sowers와 Powers(1991)는 좀 더 구체적으로 전환계획 과정에 부모들을 참여할 수 있게 하는 대안을 제시하였다.

- 부모로부터 자녀의 고용과 주거생활 방법에 대한 그들의 요구와 바람에 대하여 의견을 듣는다.
- 고용과 주거생활 방법에 관하여 부모나 가족들로부터 생각을 이끌어낸다.
- 자녀들이 성취하게 될 전환 목적에 대한 진행 과정을 부모들에게 늘 전달한다.
- 모든 전환계획을 수행하기에 앞서 부모에게 상세하게 설명한다.
- 전환에 대한 부모와 자녀들의 권리와 책임에 대하여 전환계획 과정 초기에 문서로 설명한다.
- 부모에게 그들의 자녀가 이루게 된 목적에 대하여 어떻게 지원하고 격려할 수 있는지 구체적이고 실제적인 방법을 제시한다.

한편, Levinson(1998)은 부모들이 교육 활동에 참여하는 방안으로 부모나 전문가 모두를 위한 부모-전문가 합동 조직을 제안하였다. 부모-전문가 합동 조직은 자문이나 주장 그리고 지원 그룹으로 함께 참여함으로써 부모와 학교 모두에게 많은 장점을 얻을 수 있다는 것이다. 이들 그룹은 부모들 상호간에 서로 지원하도록 돕고, 서로 열린 마음으로 포럼이나 토론을 할 수 있다. 합동으로 서로에게 도움을 주는 그룹으로, 교사는 부모가 직면하고 경험하는 어려움을 더 잘 이해하게 되고, 부모에 대한 깊은 감동을 키워가게 될 것이다. 반면 부모도 전환 서비스에 영향을 주는 학교 행정의 권위적이고 정치적인 그리고 조직적인 부분을 이해할 수 있을 것이다. 무엇보다도 가장 중요한 점은 이들 그룹이 부모와 전문가들이 서로 동일한 '팀'으로 공동의 목적을 위해 일을 한다고 느끼는 점이다. 이를 통해 부모와 전문가들이 최선의 작업을 할 수 있는 '훈련의 장(training ground)'을 갖게 되는 것이다.

03 전환교육 부모 참여 전략

1) 가족들과 함께 작업하기(Griffin et al., 2007)

(1) 가정하기 않기

전문가들은 가족들에 대하여 판단하거나 가정하지 말아야 한다. 특정한 행동에 대하여 잘못된 관찰로 인하여 왜곡된 내용을 갖게 될 수 있다. 부모들이 어떤 직장에 자녀들 보내는 것에 대하여 염려한다고 하여 부모들이 자녀에 대하여 과잉보호하고 통제하려고 한다고 판단하지 말라는 것이다. 일단 그와 같은 가정을 하기 시작하면 모든 관계에서 선입견을 가지고 볼 수 있을 것이다. 중요한 것은 가족들이 서로 다른 입장에서 판단할 수 있다는 것을 이해하는 것이다.

(2) 선입견 갖지 않기

고용 노력을 방해하는 부모의 경우 전문가는 부모들이 과잉보호를 하고 있다고 가정할 수 있다. 제공자는 부모를 설득하려고 시도하고 일에 대한 염려를 토론하려고 한다. 부모가 계속 주장을 굽히지 않으면, 전문가는 부모가 방해가 된다고 본다. 그리고 계속 좌절하게 된다. 부모들도 이러한 태도를 느끼게 되고 양쪽의 의사소통은 적대적으로 변해간다. 소위 부정적으로 보이는 부모들의 태도는 실제로 '고용으로 인한 혜택이 정말 있을까'하는 염려나, 특정한 고용 전문가가 소개해 준 일에 대한 확신이 없기 때문일 수 있다. 이러한 문제는 전문가 입장에서 부모가 방해 역할을 하고 있다고 가정하지 않으면 발생하지 않을 문제이다. 따라서 우선 부모의 의견을 잘 들어야 한다. 그리고 정확하게 이해하려고 노력해야 한다. 문제를 정확하게 이해하면 그 만큼 문제를 더 효과적으로 해결할 수 있다.

(3) 잘 듣고 관찰하기

한 마디의 말보다는 많은 의사소통을 하는 것이 좋다. 한 마디의 말로는 의도된 메시지를 충분히 전달할 수 없다. 그리고 의사소통이 진행되지 않는다. 충분하고 실제적인 의사소통이 되어야 문제가 해결된다. 따라서 무엇을 이야기 하는지 주의 깊게 듣고, 관찰하는 것이 중요하다. 그 이유는 이와 같이 할 때 문제를 알 수 있고, 신뢰를 쌓을 수 있으며, 해결할 가능성이 있고, 협력할 수 있기 때문이다.

(4) 관계를 유지하며 일하기

가족들과 의사소통할 시간을 내고, 좋은 관계를 형성해야 한다. 경험이 많은 전문가는 가족의 지원을 받을 때 성공적인 고용을 할 수 있고 가족들과 원만한 관계를 유지하지 못하면 일이 어렵게 된다는 것을 잘 알고 있다. 동시에 이들은 가족들의 권위를 지킬 줄 알고 전문적인 참여로 인해 가족들의 자존심이 꺾이지 않도록 조심한다.

(5) 능력 갖추기

개인적으로 그리고 소속된 기관을 대표하여 능력을 갖출 필요가 있다. 전체적으로 기관은 지역사회와의 관계를 유지하고 발전시켜 가야 한다. 기관은 각 직원들이 가족들과 함께 일을 하면서 보이는 협력적인 태도를 통해 신뢰를 높여갈 수 있다. 또한 개인적으로 직원은 전환과 관련된 인사들이나 고용주와 함께 일을 하게 되고, 가족들은 이들의 행동, 협력적으로 일하는 열정, 그들의 업무 처리 능력에 대하여 이해하고 존경을 표하게 된다. 이는 일을 효과적으로 수행할 수 있는 신뢰를 쌓게 되는 것이다.

(6) 지역사회와 관계 쌓기

기관과 직원은 지역사회에 기여할 수 있는 역할을 해야 한다. 기관은 지역사회에서 전환교육 이상의 일을 찾으려고 노력해야 한다. 지역사회의 현재 여러 가지 상황이나 실태에 대해 유의해서 보면 기여할 만한 가치를 가지고 있다는 의미이다. 기관이 일단 지역사회 내에서 존경과 신뢰를 얻게 되면 다양하게 관계를 형성할 수 있는 가능성을 많이 가지게 되는 것이다.

2) 효과적인 가족-전문가 동반 관계 높이기

효과적인 가족-전문가 동반 관계는 장애인 개인을 위해 최선의 노력을 한다는 공동 관심 사항과 동반관계가 모든 사람에게 혜택이 된다는 현실적인 문제에 그 기반을 두고 있다. 효과적인 동반 관계는 다음과 같은 특징이 나타나야 한다(Blue-Banning et al., 2004: Smith et al., 2006: Turnbull et al., 2006).

- 긍정적이고, 이해력 있고, 협력적인 의사소통과 공동의 목적을 수행하기 위한 충분한 양과 질적인 관계여야 한다.
- 자녀와 가족의 목적뿐만 아니라 그 이외에 동반 관계를 통해 얻을 수 있는 혜택이 나타나야 한다.
- 차별 없이 서로 같은 입장으로 결정 과정에 참여하고 모든 동반자들이 자신들의 삶을 스스로 통제할 수 있는 역량과 능력을 강화할 수 있는 조건이어야 한다.
- 새로운 지식과 전문적인 실행을 통해 서로 간에 배울 수 있는 기술 및 능력의 향상이 있어야 한다.
- 건전한 판단과 확신을 통해 서로 믿고 의지할 수 있는 신뢰 관계가 있어야 한다.
- 서로간의 의사소통과 행동, 그리고 장점을 존경할 수 있어야 한다.

3) 정확하고 이해할 수 있는 정보 제시하기

장애인 가족에게 전환과정에서 정확하고 이해할 수 있는 정보를 제공하는 것이 중요하다. 학교 교사는 가족들과 밀접하게 관계하면서 이들의 구체적인 관심사항을 알고 반응할 수 있도록 하여야 한다. 취업이 가능한 여러 접근 방향과 지역사회 생활에 참여할 수 있는 정보를 제시하여야 한다. 이들 정보는 부모들이 이해할 수 있는 최신의 정보이어야 한다. 부모를 다시 교육시키려는 것이 아니라 상호호혜적으로 정보와 자료 그리고 학습을 교환하여야 한다. 부모와의 의사소통을 방해하는 주요 요인은 전문적인 용어 사용, 관계 형성 부족, 의사소통 시간 부족, 부모들이 전문가들에게 저자세로 이야기 하고 있다고 느끼는 것, 부모들이 전환팀으로부터 뒤늦게 정보를 받았을 때의 좌절감, 더 이상 존재하지 않는 기관 정보와 이미 바뀐 전화 번호 혹은 이메일 주소 등을 받았을 때의 소외감이다(McDonnell et al., 2009).

4) 작업 경험 갖게 하기

가족들은 전환계획에서 장애 자녀가 작업경험을 갖게 하는데 있어 중요한 자원이 될 수 있다. 예를 들어 가족들은 다음과 같은 것을 자녀들이 할 수 있게 지원할 수 있다.

- 자녀를 그들의 작업장이나 일터에 함께 데려갈 수 있다.
- 자녀들에게 과제나 집에서 집안일을 제공할 수 있다.
- 자녀들에게 봉사활동 기회를 주고, 이들 경험은 전환 관련 기술(예; 신뢰성, 직무 자세나 행동, 지시 따르기, 태도)을 경험할 기회를 줄 수 있다.
- 자녀들의 원하는 직업 유형이나 작업환경을 결정하는데 도움을 줄 수 있다.
- 자녀들의 희망에 대하여 대화하고 관심 분야를 결정하도록 도움을 줄 수 있다.

이와 같이 부모들이 가지고 있는 자원을 효과적으로 활용할 수 있도록, 전문가들은 가족들이 편리한 시간, 장소 등을 고려하여 전환계획 과정에 참여할 수 있는 기회를 마련하여야 한다(Lueeking, 2009).

5) 부모 대 부모를 통한 지원하기

부모들을 지원하기 위한 효과적인 전략 중의 하나는 장애자녀를 둔 부모들이 서로 지원과 정보 그리고 안내 역할을 하게 하는 것이다. 각자가 가지고 있는 경험은 다른 사람들에게 즉각적이고 효과적인 영향을 줄 수 있다. 이미 고용 관련 경험을 가진 부모들의 정보는 아직 전환에서 경험을 하지 못한 부모들에게 실제적인 도움을 줄 수 있다. 이를 위해 교사는 부모들의 동의를 얻어 해마다 졸업하는 학생들의 부모 주소와 연락처를 관리하여 새로 들어온 부모들과 정기적으로 모임을 갖게 하는 것도 부모들 간의 실질적인 교류를 갖게 하는 방법이 될 수 있다. 또한 공식적이거나 비공식적인 부모들 모임에 참여하여 부모들 간에 경험, 학습, 유용한 정보, 자문 등을 나눌 수 있을 것이다. 전환 관련 세미나나 박람회 참석 등도 자녀의 전환 준비에 도움이 된다(Lueeking, 2009).

6) 가족들의 적극적인 역할 유도하기

가족이나 부모의 입장에서 장애자녀의 전환계획을 위하여 가능하면 일찍부터 독립성, 친구관계, 멘토 경험 등을 갖게 할 필요가 있다. 이러한 전략들은 가족들이 전환교육에서 적극적인 자세로 역할하게 하는 중요한 요인이 된다(Griffin et al., 2007).

(1) 책임감 높이기 및 독립적인 자기 관리하기

대부분의 사람들은 집안일에서 할 일들을 가지고 있다. 그러나 장애인들은 이러한 집안일에서 제외되거나 아예 부모들이 모든 일을 하고 자녀에게 시키지 않는 경우를 볼 수 있다. 집안에서 청소, 옷 입기, 자기가 먹은 그릇 치우기, 세탁 등 사소한 일이지만 집안에서 장애학생들이 스스로 할 수 있는 일들이 많이 있다.

이러한 부모들이 자녀들에게 집안일들을 독립적으로 할 수 있는 기회를 주는 것은 장기적으로 많은 유익한 결과를 가져온다. 첫째, 장기적으로 자신감과 성취감, 정상감(normalcy)을 갖게 한다. 크고 작은 일에 대한 과제를 완성하면서 점차 더 어려운 과제를 할 수 있는 자신감과 성취감을 가지게 되고, 가족들이 하는 일을 함께 하면서 자신도 일반인들이 하는 대부분의 일을 할 수 있다는 감정을 가질 수 있다. 둘째, 정상적인 책임감은 개인으로 하여금 가족의 일부분이라는 것을 느끼게 한다. 상호호혜적인 역할을 하게 됨으로써 집안의 중요한 일부라는 존재감을 가질 수 있다. 셋째, 개인이 스스로 집단 내에서 일을 하고 기여를 함으로써 역량을 최대한 발휘할 수 있다. 생활에 대하여 스스로 통제하고 관리하는 능력을 발휘할 수 있는 기회를 주게 된다. 넷째, 개인은 성인생활에 필요한 기술을 배우게 되고 이를 어른이 되어 직장 생활을 하는데 영향을 줄 수 있게 된다.

(2) 흥미 탐색하기

자녀가 어떤 일에 흥미를 보이면, 그 관심 있는 일에 적극 참여하도록 유도한다. 그것이 가족들의 관심사항과 거리가 있고 공유하기에 어려움이 있다고 하더라도, 수준에 관계없이 자녀에게 그 흥미거리에 몰두 할 수 있는 기회를 제공한다. 접근하기에 너무 큰 과제라고 생각되면 수행할 수 있는 과제로 나누어 접근하게 할 필요가 있다. 흥미 과제는 개인의 수행 수준에 따라 제시해준다. 자녀가 집안 밖의 일에 관심을 가지고 있다고 하면 탐색할 기회를 주어야 한다. 중요한 것은 자녀가 흥미거리를 찾도록 도와주는 것이고 다른 상황에서도 흥미를 가지도록 기회를 만들어 주는 것이다. 그리고 이러한 관심과 흥미를 잘 키워갈 수 있도록 해주는 것이다.

(3) 관심사가 같은 사람과 연결해 주기

흥미 있는 일을 탐색하는 좋은 방법 중의 하나는 공동의 관심을 가진 다른 사람과 함께 그룹을 만들어 주는 것이다. 대부분의 지역사회는 이러한 기회를 나눌 수 있는 일이 많다. 지역의 YMCA, 레크리에이션 센터, 교회, 지역 센터 또는 인터넷 등을 통해 기회를 가질 수 있다. 이를 통해 서로 친구를 사귈 수 있는 기회를 가기게 될 것이다. 부모와 가족이 이러한 일을 처음 시작하는데 도움을 줄 수 있다. 그리고 모임이 유지되도록 돕고, 대화를 할 수 있는 기회를 만들어 줄 수 있다. 자녀가 점차 독립적으로 다른 사람과 관계를 가지게 됨에 따라 흥미 있는 일을 탐색하는 일뿐만 아니라 자신감과 어떤 일에 능력을 갖게 될 기회를 제공하는 것이다.

(4) 개인적인 생활 경험 쌓기

개인적 생활 경험은 전체 인생을 살아가면서 진로나 다양한 선택을 하는데 안내 역할을 하게 한다. 살면서 어려움에 직면하고 극복할 기회를 갖는다고 하는 것은 생활에서 개인으로 하여금 삶을 더 진지하게 살 수 있게 한다. 또한 더 바람직한 일을 개척하고 올바른 일을 할 수 있게 한다. 이러한 생활 경험은 개인적인 관심사항이나 여러 가지 전략들을 활용해 봄으로써 얻게 된다.

(5) 또래 멘토 개발해주기

부모가 멘토 역할을 하는 것이 아니라 지역이나 학교에서 멘토 친구를 만날 수 있게 여건을 만들어 주어야 한다. 또래 멘토가 있으면 지역사회 행사를 포함하여 기관, 클럽, 여러 그룹에 참여하는 일이 쉬워진다. 또래 멘토를 만나는 일은 어린 시절부터 시작할 수 있고, 성인기에 가서 만날 수 있다. 멘토는 스포츠, 예술, 문화 행사, 기타 특별활동, 방과 후 지역사회 활동 등에 자녀가 참여할 수 있게 도움을 줄 수 있다. 여러 활동에서 장애인과 자연스럽게 관계를 맺어 줄 수 있는 상황을 관심 있게 볼 필요가 있다.

(6) 개인 및 가족 관계 형성

관계 형성은 일찍 시작한다. 가족뿐만 아니라 자녀가 지역사회에서 두루 알려질 수 있도록 한다. 이렇게 한다는 것은 행사에 단지 참석하는 것이 아니라 적극적으로 참여하는 것을 의미한다. 가족과 함께 이러한 기회를 자주 갖고, 시간이 허락한다면 주별로 관심을 둔 행사에 참여하도록 한다. 그리고 장애 자녀가 행사에서 역할을 할 방법을 모색하여야 한다. 교회의 청소년 예배나 기타 종교 활동은 이러한 관계 형성의 좋은 시작이 될 수 있다. 이들은 일반적으로 열린 분위기를 갖고 있다. 처음에는 그룹의 리더, 형제, 혹은 친구들이 참석을 돕는 멘토 역할을 할 수 있다. 그리고 자녀가 프로그램에서 할 수 있는 역할을 찾도록 한다. 구성원으로 역할과 기여를 함으로써 사회적 가치와 관계가 형성된다.

(7) 부모 자신의 네트워크 활용하기

부모가 네트워크가 있다면 그것을 활용하는 것이 좋다. 사람들은 도움을 요청했을 때 도움을 주려고 한다. 당신이 가지고 있는 정보나 자료 혹은 관계를 맺으려고 하는 것을 사람들에게 알리는 것도 네트워크를 활용하는 한 방법이다. 누구나 모든 방면을 다 알 수 없기 때문에 서로 도움을 주고받을 수 있다.

(8) 팀으로 접근하기

주변에 팀을 구성할 여건이 되는지 확인해본다. 팀의 구성은 자녀가 다양하게 관계를 맺을 수 있고, 일의 수행을 공동의 역할이나 책임으로 나눌 수 있다. 또한 다양한 정보와 지원을 최대한 활용할 수 있는 기회가 된다.

연습해 봅시다

1. 장애학생을 위한 바람직한 전환교육을 위해 부모들의 적극적인 참여를 유도 할 수 있는 방안을 제시해 봅시다.

2. 부모 참여를 저해하는 요인을 찾아 분석하고 그 해결방안을 제시해 봅시다.

부록

부록 1 개별화교육계획(IEP)

1-1 보호자 요구 조사서: 일상생활 능력과 교과학습에 관한 기초조사(서울정문학교 양식)

학교 학년 반 학생명:

□ 작성자: □ 작성날짜: 2002. 3. 6

I. 일상생활 능력

본 질문은 보다 충실한 학교 교육을 위하여 학생의 학교생활 이외의 장소에서의 생활에 대한 정보를 얻고자 하는 내용입니다. 상세하고 성의껏 작성해 주시면 학생의 교육활동에 좋은 참고 자료가 될 수 있을 것입니다.

1. 자녀의 기본생활능력은 어떻습니까?

구 분	내 용 (해당란에 ✔표 해 주세요)	비 고
식사도구사용	숟가락( ) 젓가락( ) 포크( ) 손( )	
편 식 정 도	심함( ) 거의 없음( ) 전혀 없음( )	
대 변 시 간	아침[등교 전( ) 등교 후( )] 점심( ) 저녁( )	
대변처리능력	스스로 함( ) 도움 필요( ) 전혀 못함( )	
소변시간 간격	1시간( ) 2시간( ) 3시간( ) 4시간이상( )	
대 · 소변 의사표현 방법	스스로 처리( ) 언어로 표현( ) 행동으로 표현( ) 전혀 못함( )	
의사소통 방법	언어( ) 몸짓( ) 손짓( ) 몸짓과 소리( ) 표현 안함( )	
심부름 능력	돈을 이용한 심부름도 시키면 잘함( ) 집안에서만 잘함( ) 마음이 내키면 한 번씩 함( ) 전혀 못함( )	
심부름을 시키는 정도	간단한 일은 자주 시킴( ) 돈을 사용하는 심부름을 시킴( ) 집안 일을 가끔 시킴( ) 전혀 시키지 않음( )	

2. 자녀가 어떤 것을 좋아할 때와 싫어할 때 어떻게 표현합니까?

좋아할 때: 웃고, 소리 지르고, 고개를 흔들고, 손이나 발이 뻣뻣해지면서(흥분해서) 좋아한다.

싫어할 때: 칭얼거리고, 때리고, 물건을 던진다. (예, 운다, 화를 낸다.)

3. 자녀가 좋아하는 것과 싫어하는 것에 대해서 답해주세요.

구 분	좋아하는 것	싫어하는 것	비고
음 식			
물 건			
사 람			
활 동			

4. 좋아하는 활동 중에서 해서 안 된다고 생각하는 것이 있다면 적어주세요.

5. 가정이나 지역사회에서 여가시간을 어떻게 보내는지 항목에 답해주세요.

- 즐겨하는 활동은?
- 자주 가는 곳은?
- 함께 여가를 보내는 사람은?
- 여가시간동안 발생되는 문제가 있다면?

6. 자녀가 제일 친하게 지내는 친구는 누구입니까?

이름 없음 관계(예, 옆집친구, 반친구...)

7. 그밖에 자녀의 지도에 있어 교사가 알아야 할 것이 있다면 모두 써 주세요.

II. 교과학습에 관한 사항

1. 일상생활훈련에 관하여 학부모님께서 요구하시는 항목이 있으면 기록해 주세요.

2. 교과 학습에 관하여 가장 중요하다고 생각되는 학부모님의 기대수준을 기록해 주세요.

3. 직업교육에 관하여 학부모님의 기대수준과 내용을 기록해 주세요.

4. 기타 학부모님께서 원하시는 내용이나 제안하고자 하는 내용을 기록해 주세요.

1-2 학생 인적 사항

성명		성별		생년월일	년 월 일
학급	학년 반	입급시기	년 월		
주소		전화번호			
장애유형		장애정도	급	장애원인	
장애등록					

가족관계	관 계	이 름	연령	직업	연 락 처	비고
	부					
	모					
	제					

학생의 입학 전 경력	

심 리 검 사

영 역	검 사 명	검사일	결과 및 소견	평가자	비고
사회성					
지 능					

건 강 사 항

신체	
병력	

생 활 습 관

행동 및 정서적 특성	

생육사 및 기타 관련 정보

1-3 개별화교육계획

<table>
<tr><td colspan="2">성 명</td><td></td><td>학년 및 학급</td><td></td><td>기간</td><td></td><td>지도 교사</td><td></td></tr>
<tr><td colspan="2">현재 수행능력</td><td colspan="7"></td></tr>
<tr><td colspan="2">연간목표</td><td colspan="7"></td></tr>
<tr><td colspan="2">1학기 (단기)목표</td><td colspan="7"></td></tr>
<tr><td colspan="2">2학기 (단기)목표</td><td colspan="7"></td></tr>
<tr><td>월</td><td>주</td><td>월간목표</td><td>교육 내용</td><td>교육 방법</td><td>평가준거</td><td>평가 결과</td></tr>
<tr><td rowspan="6">3
4</td><td>3</td><td rowspan="6"></td><td rowspan="6"></td><td rowspan="6"></td><td rowspan="6"></td><td rowspan="6"></td></tr>
<tr><td>4</td></tr>
<tr><td>1</td></tr>
<tr><td>2</td></tr>
<tr><td>3</td></tr>
<tr><td>4</td></tr>
<tr><td rowspan="4">5</td><td>1</td><td rowspan="4"></td><td rowspan="4"></td><td rowspan="4"></td><td rowspan="4"></td><td rowspan="4"></td></tr>
<tr><td>2</td></tr>
<tr><td>3</td></tr>
<tr><td>4</td></tr>
<tr><td rowspan="4">6</td><td>1</td><td rowspan="4"></td><td rowspan="4"></td><td rowspan="4"></td><td rowspan="4"></td><td rowspan="4"></td></tr>
<tr><td>2</td></tr>
<tr><td>3</td></tr>
<tr><td>4</td></tr>
<tr><td rowspan="2">7</td><td>1</td><td rowspan="2"></td><td rowspan="2"></td><td rowspan="2"></td><td rowspan="2"></td><td rowspan="2"></td></tr>
<tr><td>2</td></tr>
<tr><td colspan="2">평 가 결 과</td><td colspan="5"></td></tr>
</table>

부록 2 개별화전환교육계획(ITP)

2-1 학생 인적 사항

학생명: 연령: 학교:*

1. 참여자
   이름: 직위:

2. 현재 수행 수준
   1) 학생 현황 및 졸업 후 비전

   2) 고용 및 직업 훈련

   3) 졸업 후, 진로 계획 혹은 취업/진학

   4) 지역사회, 재정관리, 자기-결정, 사회 생활 기술

※ 자료 인용: Wehman, P., Smith, M. D., & Schall, C. (2009). *Autism and the Transition to Adulthood: Success Beyond the Classroom*. Baltimore: Paul H. Brookes Publishing Co.

2-2 영역별 목적

3. 진로 결과
   1) 장기 고용 목적
      연간 목적:

      수행 관련 책임자:

   2) 장기 직업/기술 훈련 목적
      연간 목적:

      수행 관련 책임자:

4. 졸업 후 훈련 결과
   1) 장기 고용 목적
      연간 목적:

      수행 관련 책임자:

   2) 장기 계속 성인 교육, 진로/기술 목적
      연간 목적:

      수행 관련 책임자:

5. 지역사회, 재정관리, 자기-결정, 사회생활 기술 결과
   1) 장기 주거 목적
      연간 수행 목적:

      수행 관련 책임자:

   2) 장기 교통/이동 목적
      연간 수행 목적:

수행 관련 책임자:

3) 장기 재정관리 및 수입 관리 목적
연간 수행 목적:

수행 관련 책임자:

4) 장기 자기-결정 목적
연간 수행 목적:

수행 관련 책임자:

5) 장기 사회 및 의사소통 능력 목적
(1) 연간 수행 목적:

(2) 수행 관련 책임자:

학생의 진로 선호도:

학생의 주요 전환 요구:

※ 자료 인용: Wehman, P., Smith, M. D., & Schall, C. (2009). *Autism and the Transition to Adulthood: Success Beyond the Classroom*. Baltimore: Paul H. Brookes Publishing Co.

2-3 수행 내용 요약

학생명:
장애유형:
학생 주소 및 연락처:
학교 주소 및 연락처:

1. 졸업 이후 목표
   1) 고용:

   2) 교육 및 훈련:

   3) 독립생활/지역사회 참여:

2. 현재 교과 수행 수준

3. 현재 기능적 수행 수준

4. 졸업 이후 목적 달성을 위한 제안
   1) 고용:

   2) 교육 및 훈련:

   3) 독립성/지역사회 참여:

※ 자료 인용: Wehman, P., Smith, M. D., & Schall, C. (2009). *Autism and the Transition to Adulthood: Success Beyond the Classroom*. Baltimore: Paul H. Brookes Publishing Co.

부록 3 미래 계획 검사(부모/보호자/교사용)

학생의 고등학교와 졸업 이후 당신이 계획하고 있는 것은 무엇인가요? 다음 미래 계획 양식을 적어봅시다. 그리고 이것을 다음 개별화전환계획 회의에 가지고 오세요.

◎ 학생의 일반적 정보*

학생 성명: 주민등록번호:

졸업 예정일: 생년월일:

현재 주소: 전화번호:

부모 성명: 교사 성명:

졸업 후 원하는 과정은 무엇입니까?(학생의 미래에 목적과 부합되는 과정에 표시하세요.)

.... 대학준비 .... 일반교육(최소 졸업 자격 요건)

.... 취업준비

1. 취업/졸업 후 교육

1) 졸업과 동시에 학생이 교육과 훈련을 더 받아야 된다고 생각하는 분야는 무엇입니까?

.... 4년제 대학이나 대학교 .... 사설 직업훈련프로그램

.... 2년제 대학 .... 군 입대

.... 기술 학교 .... 성인교육프로그램

◎ 당신은 학생이 어떤 내용의 공부나 훈련 받아야 한다고 생각합니까? ________

◎ 공부나 훈련에 대한 학생의 동기는 어느 정도입니까?

.... 높음 .... 중간 .... 낮음

◎ 학생이 스스로 결정하고 개별적으로 성공하고자 하는 마음은 어느 정도입니까?

.... 높음 .... 중간 .... 낮음

※ 자료인용: Miller, R. J., Lombard, R. C., & Corbey, S. A.(2007). *Transition Assessment: Planning Transition and IEP Development for youth with Mild to Moderate Disabilities*. Boston: Pearson, Allyn and Bacon.

◎ 학생이 하고 싶은 것을 이루기 위해 무엇을 해야 하고 어떻게 하는지 어느 정도 확신을 가지고 있다고 봅니까?*

.... 높음 .... 중간 .... 낮음

2) 당신이 생각하는 학생의 졸업 후 취업할 분야와 훈련 사항을 표시하세요.

.... 경쟁고용 .... 전일제 .... 시간제

.... 자영업

.... 지원고용 .... 전일제 .... 시간제

.... 보호고용 .... 전일제 .... 시간제

3) 당신은 학생이 졸업하고 1년 뒤 어떤 직업이나 직종에서 근무할 것이라고 생각합니까?

____

4) 당신은 학생이 졸업하고 5년 뒤 어떤 직업이나 직종에서 근무할 것이라고 생각합니까?

____

5) 작업과 관련하여 학생은 활동들이 필요하고 일에 대한 학생의 반응은 어떻다고 생각합니까?

활동 (예; 정리정돈, 쓰레기 비우기, 청소하기 등)	스스로 하는 정도 혼자 할 수 있음	도움이 필요함	일하는 것 꺼려함
① ________	________	________	________
② ________	________	________	________
③ ________	________	________	________
④ ________	________	________	________

8) 학생이 지금 현재 좋아하여 즐기고 있는 것을 적어 보세요.

____

※ 자료인용: Miller, R. J., Lombard, R. C., & Corbey, S. A.(2007). *Transition Assessment: Planning Transition and IEP Development for youth with Mild to Moderate Disabilities*. Boston: Pearson, Allyn and Bacon.

9) 지역사회에서 학생이 경험해본 일이나 직종을 적어 봅시다. *

________________ ________________

________________ ________________

10) 학생이 정말 싫어하는 일을 적어 봅시다.

________________ ________________

________________ ________________

2. 주거생활

1) 당신은 학생이 졸업 후 어디에서 살아야 한다고 생각합니까?(다음에서 하나를 표시하세요)

.... 대도시 어떤 도시? ________________

.... 중소도시 어떤 도시? ________________

.... 소도시 어떤 도시? ________________

.... 농어촌 어떤 도시? ________________

2) (다음에서 하나를 표시하세요)

.... 아파트나 가정에서 혼자 생활

.... 가족과 함께 생활. 누구와? ________________

.... 지원 생활 ________________

.... 관리 아파트(어떤 형태?) ________________

......................공동생활가정(그룹홈)

.... 대학 기숙사(어디?)

.... 기타, 적어보세요.

3. 레크리에이션과 여가

1) 여가 관련 검사

졸업 후에 지역사회에서 학생이 생활하면서 즐길 수 있는 여가 활동에 대하여 모두 표시해 주세요.

※ 자료인용: Miller, R. J., Lombard, R. C., & Corbey, S. A.(2007). *Transition Assessment: Planning Transition and IEP Development for youth with Mild to Moderate Disabilities*. Boston: Pearson, Allyn and Bacon.

◎ 운동/스포츠 활동*

.... 수영	.... 역기	.... 스키
.... 달리기	.... 에어로빅	.... 카누
.... 걷기	.... 야구	.... 오토바이 타기
.... 자전거 타기	.... 낚시	.... 캠핑
.... 소프트볼	.... 볼링	.... 승마
.... 기타: ________________		

◎ 집단 활동

.... 영화	.... 자동차 경주	.... 스포츠 행사
.... 각종 쇼	.... 음악회	.... 지역 교육 활동
.... 기타: ________________		

◎ 개별 활동

.... 바느질	.... 음악 감상	.... 당구
.... 뜨개질	.... 요리	.... 비디오 게임
.... 독서	.... 악기 연주	.... 쇼핑
.... 애완동물 관리	.... 편지 쓰기	.... 정원 관리
.... 전화하기	.... TV 시청	.... 세차
.... 카드 놀이	.... 인터넷	.... 보드 게임
.... 기타: ________________		

◎ 사회 활동

.... 데이트	.... 가정에서 놀기	.... 야유회
.... 댄싱	.... 외식	.... 야외 드라이브
.... 교회	.... 가족 및 친척과 시간 보내기	
.... 동호회 활동	.... 봉사 활동	
.... 기타: ________________		

2) 지금 고등학교에서 학생이 참여하였으면 좋겠다고 생각하는 특별활동은 무엇입니까?

____

※ 자료인용: Miller, R. J., Lombard, R. C., & Corbey, S. A.(2007). *Transition Assessment: Planning Transition and IEP Development for youth with Mild to Moderate Disabilities*. Boston: Pearson, Allyn and Bacon.

◎ 이 특별활동에 참여하기 위해 별도의 도움이 필요합니까? *

.... 예 .... 아니오

◎ 만일 '예'라고 표시하였으면, 필요한 것을 적어 보세요. ____________________

3) 미래 여가 활동

◎ 졸업 후에 지역사회에서 학생이 생활하면서 즐길 수 있는 여가 활동에 대하여 모두 표시해 주세요.

.... YMCA 혹은 YWCA .... 볼링 리그 .... 영화

.... 레크리에이션 클럽 .... 지역사회 공원 .... 스포츠 시설

.... 기타: ____________________

◎ 졸업 후에 학생이 참여할 수 있는 지역사회에서의 여가 활동을 적어 주세요.

____

____

____

◎ 학생이 지역사회 활동에 참여하기 위해 별도의 지원이나 수정이 필요하다고 생각합니까?

.... 예 .... 아니오

◎ 만일 '예'라고 표시하였으면, 필요한 것을 적어 보세요. ____________________

4. 교통 수단

◎ 학생은 어떻게 지역사회나 직장을 갈 수 있습니까?

◎ 활동	스스로 하는 정도	
	혼자 할 수 있음	도움이 필요함
.... 자가운전	____________	____________
.... 시내버스 이용	____________	____________
.... 택시	____________	____________
.... 자전거	____________	____________
.... 걷기	____________	____________
.... 마을버스	____________	____________

※ 자료인용: Miller, R. J., Lombard, R. C., & Corbey, S. A.(2007). *Transition Assessment: Planning Transition and IEP Development for youth with Mild to Moderate Disabilities*. Boston: Pearson, Allyn and Bacon.

.... 다른 사람 도움 ______________ ______________
.... 기타: ______________ ______________ ______________

5. 재정 지원

1) 당신은 학생의 장기 목적 성취를 위해 어떤 재정적인 도움이 필요하다고 생각합니까?

(1) 졸업 후 교육: .... 예 .... 아니오

◎ 만일 '예'라고 표시하였으면, 다음의 내용에 필요한 것을 표시해 보세요.

.... 재활서비스분야
.... 정부지원금
.... 학자금
.... 학생융자금
.... 생계보조금

(2) 취업: .... 예 .... 아니오

◎ 만일 '예'라고 표시하였으면, 다음의 내용에 필요한 것을 표시해 보세요.

.... 재활서비스분야
.... 장애인고용촉진공단(지방사무소)
.... 지방고용사무소
.... 학생융자금
.... 생계보조금

(3) 가정생활 지원: .... 예 .... 아니오

◎ 만일 '예'라고 표시하였으면, 다음의 내용에 필요한 것을 표시해 보세요.

.... 지역생활서비스
.... 정부 생계보조 및 의료지원
.... 지방고용사무소
.... 정부 주택융자 및 보조
.... 독립생활 지원센터 서비스

2) 당신은 학생의 재정적 도움을 위해 관련 기관과 접촉해 보았습니까?*

(1) 졸업 후 교육: .... 예 .... 아니오

◎ 만일 '예'라고 표시하였으면, 다음의 해당 기관에 모두 표시해 보세요.

.... 재활서비스기관

.... 관련 정부기관

.... 한국고용촉진공단

.... 직업훈련기관

.... 기타: ________________________________

6. 건강관련 요구

1) 마지막으로 학생이 신체 검사를 받은 적은 언제입니까?

날짜: ________________________________

2) 학생은 다음의 도움이 필요합니까?

.... 의료나 치료 .... 예 .... 아니오

.... 상담 .... 예 .... 아니오

.... 기타: ________________________________

구체적으로 적어주세요. ________________________________

3) 앞으로 학생에게 더 필요한 것은 무엇입니까?

____

7. 장래 일과 관련하여 당신은 학생의 가장 큰 고민이 무엇이라고 생각하는지 적어 주세요.

____

____

※ 자료인용: Miller, R. J., Lombard, R. C., & Corbey, S. A.(2007). *Transition Assessment: Planning Transition and IEP Development for youth with Mild to Moderate Disabilities*. Boston: Pearson, Allyn and Bacon.

부록 4 자기-결정 및 자기-주장 기술

4-1 자기-결정 및 자기-주장 기술 질문지(학생용)

날　짜:　　　　　　　　학생 성명:*
학　년:　　　　　　　　예상 졸업 일자:
장애 유형:　　　　　　　교사 성명:

다음 질문은 자기-결정과 자기-주장과 관련하여 학생의 지식과 기술 수준을 알아보기 위해 개발되었습니다. 다음 16문항에 대한 내용을 읽고 학생이 생각하는 해당 번호 한 곳에 O표 해주세요.

1. 나는 내가 고등학교 수업을 잘 마치는데 필요한 교과 수업에 대하여 말하고 대답할 수 있다.

1　2　4　5　6
전혀 그렇지 않다.　　항상 그렇다

2. 나는 내가 직업을 얻는데 필요한 서비스 지원에 대하여 말하고 대답할 수 있다.

1　2　4　5　6
전혀 그렇지 않다.　　항상 그렇다

3. 나는 나의 취업 목적을 달성하는데 도움을 줄 서비스 기관 담당자들과 혼자 만날 수 있다.

1　2　4　5　6
전혀 그렇지 않다.　　항상 그렇다

4. 나는 학급에서 나에게 필요한 교과 내용(교육과정 수정)으로 지도해 달라고 스스로 요구할 수 있고, 적절하게 활용할 수 있다.

1　2　4　5　6
전혀 그렇지 않다.　　항상 그렇다

※ 자료인용: Miller, R. J., Lombard, R. C., & Corbey, S. A.(2007). *Transition Assessment: Planning Transition and IEP Development for youth with Mild to Moderate Disabilities*. Boston: Pearson, Allyn and Bacon.

5. 나는 직장에서 잘 적응할 수 있는 환경이나 조건을 말하고 대답할 수 있다.

1	2	4	5	6
전혀 그렇지 않다.				항상 그렇다

6. 나는 법에 보장된 합당한 교과 내용 수정에 대한 권리에 대하여 말할 수 있다.

1	2	4	5	6
전혀 그렇지 않다.				항상 그렇다

7. 나는 중등교육에 잘 적응하는데 필요한 지원 서비스를 받기 위하여 내 자신이 장애인이라는 사실을 밝힌다.

1	2	4	5	6
전혀 그렇지 않다.				항상 그렇다

8. 나는 내가 중등교육에 잘 적응하는데 필요한 지원 내용에 대하여 말하고 대답할 수 있다.

1	2	4	5	6
전혀 그렇지 않다.				항상 그렇다

9. 나는 법에 보장된 직장에서의 필요한 환경이나 조건에 대하여 말할 수 있다.

1	2	4	5	6
전혀 그렇지 않다.				항상 그렇다

10. 나는 나의 고용주에게 직장에서 합당한 지원 서비스를 받기 위하여 내 자신이 장애인이라는 사실을 밝힌다.

1	2	4	5	6
전혀 그렇지 않다.				항상 그렇다

11. 나는 중등교육 목적을 달성하는데 도움을 줄 서비스 기관 담당자들과 혼자 만날 수 있다.

1	2	4	5	6
전혀 그렇지 않다.				항상 그렇다

※ 자료인용: Miller, R. J., Lombard, R. C., & Corbey, S. A.(2007). *Transition Assessment: Planning Transition and IEP Development for youth with Mild to Moderate Disabilities*. Boston: Pearson, Allyn and Bacon.

12. 나는 나의 IEP팀 회의에 참여할 수 있다.

1 2 4 5 6

전혀 그렇지 않다. 항상 그렇다

13. 나는 매년 학교 IEP팀 회의에서 나의 목적과 희망에 대하여 말할 수 있다.

1 2 4 5 6

전혀 그렇지 않다. 항상 그렇다

14. 나는 직장에서 나에게 필요한 환경과 조건을 스스로 요구할 수 있고, 적절하게 활용할 수 있다.

1 2 4 5 6

전혀 그렇지 않다. 항상 그렇다

15. 나는 졸업 후 나의 장기 고용 목적을 알 수 있고, 이들 장기 목적을 말하고 대답할 수 있다.

1 2 4 5 6

전혀 그렇지 않다. 항상 그렇다

16. 나는 중등교육의 내용과 범위에 대하여 알 수 있고, 나의 장기 고용 목적을 달성하는데 필요한 훈련 내용을 알 수 있다.

1 2 4 5 6

전혀 그렇지 않다. 항상 그렇다

※ 자료인용: Miller, R. J., Lombard, R. C., & Corbey, S. A.(2007). *Transition Assessment: Planning Transition and IEP Development for youth with Mild to Moderate Disabilities*. Boston: Pearson, Allyn and Bacon.

4-2 자기-결정 및 자기-주장 기술 질문지(부모용)

날　짜:	부모 성명:
학생 성명:	학년:
예상 졸업 일자:	학생 연령:
장애 유형:	교사명:*

다음 질문은 당신 자녀의 자기-결정과 자기-주장과 관련된 지식과 기술 수준을 알아보기 위해 개발되었습니다. 다음 16문항에 대한 내용을 읽고 자녀의 지식이나 기술 수준이라고 생각하는 해당 번호 한 곳에 O표 해주세요.

1. 나의 자녀는 고등학교 수업을 잘 마치는데 필요한 교과 수업에 대하여 말하고 대답할 수 있다.

1　　　2　　　4　　　5　　　6

전혀 그렇지 않다.　　　항상 그렇다

----- 이 영역에 대하여 내 자녀의 기술 및 지식 수준을 잘 모른다(해당되면 표시해 주세요).

2. 나의 자녀는 직업을 얻는데 필요한 서비스 지원에 대하여 말하고 대답할 수 있다.

1　　　2　　　4　　　5　　　6

전혀 그렇지 않다.　　　항상 그렇다

----- 이 영역에 대하여 내 자녀의 기술 및 지식 수준을 잘 모른다(해당되면 표시해 주세요).

3. 나의 자녀는 취업 목적을 달성하는데 도움을 줄 서비스 기관 담당자들과 혼자 만날 수 있다.

1　　　2　　　4　　　5　　　6

전혀 그렇지 않다.　　　항상 그렇다

----- 이 영역에 대하여 내 자녀의 기술 및 지식 수준을 잘 모른다(해당되면 표시해 주세요).

※ 자료인용: Miller, R. J., Lombard, R. C., & Corbey, S. A.(2007). *Transition Assessment: Planning Transition and IEP Development for youth with Mild to Moderate Disabilities*. Boston: Pearson, Allyn and Bacon.

4. 나의 자녀는 학급에서 자신에게 필요한 교과 내용(교육과정 수정)으로 지도해 달라고 스스로 요구할 수 있고, 적절하게 활용할 수 있다.

1	2	4	5	6
전혀 그렇지 않다.				항상 그렇다

----- 이 영역에 대하여 내 자녀의 기술 및 지식 수준을 잘 모른다(해당되면 표시해 주세요).

5. 나의 자녀는 직장에서 잘 적응할 수 있는 환경이나 조건을 말하고 대답할 수 있다.

1	2	4	5	6
전혀 그렇지 않다.				항상 그렇다

----- 이 영역에 대하여 내 자녀의 기술 및 지식 수준을 잘 모른다(해당되면 표시해 주세요).

6. 나의 자녀는 법에 보장된 합당한 교과 내용 수정에 대한 권리에 대하여 말할 수 있다.

1	2	4	5	6
전혀 그렇지 않다.				항상 그렇다

----- 이 영역에 대하여 내 자녀의 기술 및 지식 수준을 잘 모른다(해당되면 표시해 주세요).

7. 나의 자녀는 중등교육에 잘 적응하는데 필요한 지원 서비스를 받기 위하여 자신이 장애인이라는 사실을 밝힌다.

1	2	4	5	6
전혀 그렇지 않다.				항상 그렇다

----- 이 영역에 대하여 내 자녀의 기술 및 지식 수준을 잘 모른다(해당되면 표시해 주세요).

8. 나의 자녀는 중등교육에 잘 적응하는데 필요한 지원 내용에 대하여 말하고 대답할 수 있다.

1	2	4	5	6
전혀 그렇지 않다.				항상 그렇다

----- 이 영역에 대하여 내 자녀의 기술 및 지식 수준을 잘 모른다(해당되면 표시해 주세요).

※ 자료인용: Miller, R. J., Lombard, R. C., & Corbey, S. A.(2007). *Transition Assessment: Planning Transition and IEP Development for youth with Mild to Moderate Disabilities*. Boston: Pearson, Allyn and Bacon.

9. 나의 자녀는 법에 보장된 직장에서의 필요한 환경이나 조건에 대하여 말할 수 있다.

1	2	4	5	6
전혀 그렇지 않다.				항상 그렇다

----- 이 영역에 대하여 내 자녀의 기술 및 지식 수준을 잘 모른다(해당되면 표시해 주세요).

10. 나의 자녀는 고용주에게 직장에서 합당한 지원 서비스를 받기 위하여 자신이 장애인이라는 사실을 밝힌다.

1	2	4	5	6
전혀 그렇지 않다.				항상 그렇다

----- 이 영역에 대하여 내 자녀의 기술 및 지식 수준을 잘 모른다(해당되면 표시해 주세요).

11. 나의 자녀는 중등교육 목적을 달성하는데 도움을 줄 서비스 기관 담당자들과 혼자 만날 수 있다.

1	2	4	5	6
전혀 그렇지 않다.				항상 그렇다

----- 이 영역에 대하여 내 자녀의 기술 및 지식 수준을 잘 모른다(해당되면 표시해 주세요).

12. 나의 자녀는 IEP팀 회의에 참여할 수 있다.

1	2	4	5	6
전혀 그렇지 않다.				항상 그렇다

----- 이 영역에 대하여 내 자녀의 기술 및 지식 수준을 잘 모른다(해당되면 표시해 주세요).

13. 나의 자녀는 매년 학교 IEP팀 회의에서 자신의 목적과 희망에 대하여 말할 수 있다.

1	2	4	5	6
전혀 그렇지 않다.				항상 그렇다

----- 이 영역에 대하여 내 자녀의 기술 및 지식 수준을 잘 모른다(해당되면 표시해 주세요).

※ 자료인용: Miller, R. J., Lombard, R. C., & Corbey, S. A.(2007). *Transition Assessment: Planning Transition and IEP Development for youth with Mild to Moderate Disabilities*. Boston: Pearson, Allyn and Bacon.

14. 나의 자녀는 직장에서 자신에게 필요한 환경과 조건을 스스로 요구할 수 있고, 적절하게 활용할 수 있다.

1	2	4	5	6
전혀 그렇지 않다.				항상 그렇다

----- 이 영역에 대하여 내 자녀의 기술 및 지식 수준을 잘 모른다(해당되면 표시해 주세요).

15. 나의 자녀는 졸업 후 자신의 장기 고용 목적을 알 수 있고, 이들 장기 목적을 말하고 대답할 수 있다.

1	2	4	5	6
전혀 그렇지 않다.				항상 그렇다

----- 이 영역에 대하여 내 자녀의 기술 및 지식 수준을 잘 모른다(해당되면 표시해 주세요).

16. 나의 자녀는 중등교육의 내용과 범위에 대하여 알 수 있고, 자신의 장기 고용 목적을 달성하는데 필요한 훈련 내용을 알 수 있다.

1	2	4	5	6
전혀 그렇지 않다.				항상 그렇다

----- 이 영역에 대하여 내 자녀의 기술 및 지식 수준을 잘 모른다(해당되면 표시해 주세요).

※ 자료인용: Miller, R. J., Lombard, R. C., & Corbey, S. A.(2007). *Transition Assessment: Planning Transition and IEP Development for youth with Mild to Moderate Disabilities*. Boston: Pearson, Allyn and Bacon.

4-3 자기-결정 및 자기-주장 기술 질문지(교사용: 교과기술)

날 짜: 학생 성명:
학 년: 예상 졸업 일자:
장애 유형: 교사 성명:

학생과 부모 질문지와 달리, 교사용은 교과기술과 고용기술 두 영역으로 나누어져 있다. 교과기술 질문지는 중등과정과 학령기 이후의 교과적 요구와 관련된 교육과정 적용에 대한 내용을 포함하였다. 고용기술 질문지는 고용과 관련된 문제를 다루었다. 이들 질문지는 다양한 형태로 활용할 수 있을 것이다. 교사는 필요하다면 교과기술이나 고용기술 모두 사용할 수 도 있고, 둘 중에 관련된 질문지 하나만 선택하여 활용할 수도 있다.
교과기술 질문지의 1, 4, 6, 7, 8, 11, 12, 13번은 교과기술과 중등 이후 교육에 대한 내용이다. 고용기술 질문지 2, 3, 5, 9, 10, 14, 15, 16번은 고용기술 관련 내용이다. 이들 번호들은 학생과 부모용 질문지의 번호들과 연관되어 있어 서로 비교하여 활용할 수 있다.

다음 문항에 대한 내용을 읽고 학생의 지식이나 기술 수준이라고 생각하는 해당 번호 한 곳에 O표 해주세요.

1. 나의 학생은 고등학교 수업을 잘 마치는데 필요한 교과 수업에 대하여 말하고 대답할 수 있다.

1	2	4	5	6
전혀 그렇지 않다.				항상 그렇다

4. 나의 학생은 학급에서 자신에게 필요한 교과 내용(교육과정 수정)으로 지도해 달라고 스스로 요구할 수 있고, 적절하게 활용할 수 있다.

1	2	4	5	6
전혀 그렇지 않다.				항상 그렇다

6. 나의 학생은 법에 보장된 합당한 교과 내용 수정에 대한 권리에 대하여 말할 수 있다.

1	2	4	5	6
전혀 그렇지 않다.				항상 그렇다

※ 자료인용: Miller, R. J., Lombard, R. C., & Corbey, S. A.(2007). *Transition Assessment: Planning Transition and IEP Development for youth with Mild to Moderate Disabilities*. Boston: Pearson, Allyn and Bacon.

7. 나의 학생은 중등교육에 잘 적응하는데 필요한 지원 서비스를 받기 위하여 자신이 장애인이 라는 사실을 밝힌다.

1	2	4	5	6
전혀 그렇지 않다.				항상 그렇다

8. 나의 학생은 중등교육에 잘 적응하는데 필요한 지원 내용에 대하여 말하고 대답할 수 있다.

1	2	4	5	6
전혀 그렇지 않다.				항상 그렇다

11. 나의 학생은 중등교육 목적을 달성하는데 도움을 줄 서비스 기관 담당자들과 혼자 만날 수 있다.

1	2	4	5	6
전혀 그렇지 않다.				항상 그렇다

12. 나의 학생은 IEP팀 회의에 참여할 수 있다.

1	2	4	5	6
전혀 그렇지 않다.				항상 그렇다

----- 이 영역에 대하여 내 학생의 기술 및 지식 수준을 잘 모른다(해당되면 표시해 주세요).

13. 나의 학생은 매년 학교 IEP팀 회의에서 자기의 목적과 희망에 대하여 말할 수 있다.

1	2	4	5	6
전혀 그렇지 않다.				항상 그렇다

----- 이 영역에 대하여 내 학생의 기술 및 지식 수준을 잘 모른다(해당되면 표시해 주세요).

※ 자료인용: Miller, R. J., Lombard, R. C., & Corbey, S. A.(2007). *Transition Assessment: Planning Transition and IEP Development for youth with Mild to Moderate Disabilities*. Boston: Pearson, Allyn and Bacon.

4-4 자기-결정 및 자기-주장 기술 질문지(교사용: 고용-기술)

날 짜: 학생 성명:
학 년: 예상 졸업 일자:
장애 유형: 교사 성명:

다음 문항에 대한 내용을 읽고 학생의 지식이나 기술 수준이라고 생각하는 해당 번호 한 곳에 O표 해주세요.

2. 나의 학생은 직업을 얻는데 필요한 서비스 지원에 대하여 말하고 대답할 수 있다.

1 2 4 5 6
전혀 그렇지 않다. 항상 그렇다

3. 나의 학생은 취업 목적을 달성하는데 도움을 줄 서비스 기관 담당자들과 혼자 만날 수 있다.

1 2 4 5 6
전혀 그렇지 않다. 항상 그렇다

5. 나의 학생은 직장에서 잘 적응할 수 있는 환경이나 조건을 말하고 대답할 수 있다.

1 2 4 5 6
전혀 그렇지 않다. 항상 그렇다

9. 나의 학생은 법에 보장된 직장에서의 필요한 환경이나 조건에 대하여 말할 수 있다.

1 2 4 5 6
전혀 그렇지 않다. 항상 그렇다

10. 나의 학생은 고용주에게 직장에서 합당한 지원 서비스를 받기 위하여 자신이 장애인이라는 사실을 밝힌다.

1 2 4 5 6
전혀 그렇지 않다. 항상 그렇다

※ 자료인용: Miller, R. J., Lombard, R. C., & Corbey, S. A.(2007). *Transition Assessment: Planning Transition and IEP Development for youth with Mild to Moderate Disabilities*. Boston: Pearson, Allyn and Bacon.

14. 나의 학생은 직장에서 자신에게 필요한 환경과 조건을 스스로 요구할 수 있고, 적절하게 활용할 수 있다.

1	2	4	5	6
전혀 그렇지 않다.				항상 그렇다

15. 나의 학생은 졸업 후 자신의 장기 고용 목적을 알 수 있고, 이들 장기 목적을 말하고 대답할 수 있다.

1	2	4	5	6
전혀 그렇지 않다.				항상 그렇다

16. 나의 학생은 중등교육의 내용과 범위에 대하여 알 수 있고, 자신의 장기 고용 목적을 달성하는데 필요한 훈련 내용을 알 수 있다.

1	2	4	5	6
전혀 그렇지 않다.				항상 그렇다

※ 자료인용: Miller, R. J., Lombard, R. C., & Corbey, S. A.(2007). *Transition Assessment: Planning Transition and IEP Development for youth with Mild to Moderate Disabilities*. Boston: Pearson, Allyn and Bacon.

4-5 자기-결정 및 자기-주장 기술 점수 요약

검사 일자: 학생 성명:

〈교과 기술〉

질문지	1	4	6	7	8	11	12	13	평균
학생용									
부모용									
교사용									
필요영역									

〈고용 기술〉

질문지	2	3	5	9	10	14	15	16	평균
학생용									
부모용									
교사용									
필요영역									

〈점수 표시 방법〉

필요 영역:
K: 이 영역에서 요구되는 지식과 기술(학생용, 부모용, 교사용 세 개 영역에서 두 개 영역이 4점이거나 그 이하)
O: 팀 구성원간의 점수가 두 점 이상 차이 날 경우
KO: 위의 두 경우 모두

자기-결정 및 자기-주장 질문지 수행
A: 학생이 적절한 지식과 기술을 가지고 있음
L: 학생이 제한된 지식과 기술을 가지고 있음
N: 학생이 지식과 기술에서 상당한 결함을 보이고 있음

※ 자료인용: Miller, R. J., Lombard, R. C., & Corbey, S. A.(2007). *Transition Assessment: Planning Transition and IEP Development for youth with Mild to Moderate Disabilities*. Boston: Pearson, Allyn and Bacon.

부록 5 지원고용 양식

5-1 사업체 직무분석지

기록자: 분석일: 년 월 일
회사명: 직업명:
책임자 성명/직책: 전화번호:
봉급: 작업계획: 주당작업시간:
고용인 혜택:

* 한 가지 이상 체크될 수 있는 별(★)표시된 요인들을 제외하고 각 요인별로 한 가지 항목만을 체크한다. 각 항목에서 선정된 숫자는 내담자 대 직업대응 양식에서의 코드점수를 나타낸다.
* 각 요인의 중요성이 그 직업에 있어서 결정적(C)인지 비결정적(NC)인지를 표시한다.

1. 개인적 특성

◎ 개인 용모

( )C 0( ) 몸차림이 중요하지는 않음 2( ) 깔끔함/청결함이 요구됨
( )NC 1( ) 위생만이 요구됨 3( ) 몸차림이 매우 중요함

부가설명 ....

....

◎ 행동

( )C 0( ) 폭넓은 다양한 행동 수용 2( ) 이상적인 행동수용 불가
( )NC 1( ) 드문 경우에 한해 이상적인 행동 수용

부가설명 ....

....

※ 자료 인용: 한국장애인단체총연맹(2003). **직업재활센터의 사업과 운영.**

◎ 의사소통

( )C 0( ) 불가/최소한도 가능 2( ) 문장/불완전한 말수용

( )NC 1( ) 핵심단어 필요 3( ) 문장/불확실한 말이 요구됨

부가설명 ....

....

◎ 주의집중

( )C 0( ) 잦은 자극책이 유용함 2( ) 간헐적인 자극/낮은 관리 감독

( )NC 1( ) 간헐적 자극/높은 관리감독 3( ) 드문 자극/낮은 관리 감독

부가설명 ....

....

◎ 과제/고정된 일과상의 변화

( )C 0( ) 변화 없음 2( ) 하루에 4-6회의 변화

( )NC 1( ) 하루에 2-3회의 변화 3( ) 하루에 7회 이상 변화

부가설명 ....

....

◎ 상호관계

( )C ( )NC

0( ) 최소한도

1( ) 단지 예의 바른 반응만 필요함

2( ) 드문 사회적 상호관계

3( ) 빈번한 사회적 상호관계

부가설명 ....

....

※ 자료 인용: 한국장애인단체총연맹(2003). **직업재활센터의 사업과 운영**.

2. 시간/여행요인

◎ 작업스케줄

( )C 0( ) 날짜/시간 조정가능 1( ) 시간제 월-금/주간

( )NC 2( ) 시간제/야간/주말 3( ) 전일제 월-금/주간

4( ) 전일제/야간/주말

부가설명 ……………………………………………………………………………………

……………………………………………………………………………………………

◎ 교통

( )C ( )NC

( ) 버스 노선 근처(지하철역) ( ) 자가용/승합차 편승가능

( ) 버스 노선과 원거리(지하철역) ( ) 기타

부가설명 ……………………………………………………………………………………

……………………………………………………………………………………………

◎ 시간 분별

( )C ( )NC

0( ) 시간기술 중요하지 않음

1( ) 휴식시간을 확실히 파악

2( ) 시간단위까지 분별하는 기술이 요구됨

3( ) 분 단위까지 분별하는 기술이 요구됨

부가설명 ……………………………………………………………………………………

……………………………………………………………………………………………

◎ 작업 현장에서의 방향감각

( )C 0( ) 작은 작업 장소 2( ) 전체 건물

( )NC 1( ) 여러 개의 방 3( ) 건물과 대지

부가설명 ……………………………………………………………………………………

……………………………………………………………………………………………

※ 자료 인용: 한국장애인단체총연맹(2003). **직업재활센터의 사업과 운영.**

◎ 이동성

( )C 0( ) 한 장소에서 앉기/서기 2( ) 계단/작은 장애물

( )NC 1( ) 적절한 이동성이 요구됨 3( ) 정확한 보행 요구됨

부가설명 ……………………………………………………………………………………

……………………………………………………………………………………………

3. 작업 인내력

◎ 지구력

( )C 0( ) 하루 중 잠깐/많은 휴식 2( ) 하루 종일/많은 휴식

( )NC 1( ) 하루 중 잠깐/적은 휴식 3( ) 하루 종일/적은 휴식

4( ) 전일제/야간/주말

부가설명 ……………………………………………………………………………………

……………………………………………………………………………………………

◎ 체력

( )C 0( ) 중요하지 않음 2( ) 어느 정도의 체력이 요구됨

( )NC 1( ) 약간의 체력 요구됨 3( ) 강한 체력이 요구됨

부가설명 ……………………………………………………………………………………

……………………………………………………………………………………………

4. 수행기술

◎ 작업 주도성

( )C ( )NC

0( ) 전담 직원이 다음 과제를 하도록 자극책을 줄 것임

1( ) 다음 과제로 이동하도록 몇 가지 자극책이 필요함

2( ) 작업 개시에 몇 가지 자극책이 필요함

3( ) 독자적인 주도성이 요구됨

부가설명 ……………………………………………………………………………………

……………………………………………………………………………………………

※ 자료 인용: 한국장애인단체총연맹(2003). **직업재활센터의 사업과 운영**.

◎ 업무의 순차적인 수행

( )C ( )NC

0( ) 한 가지 업무

1( ) 2-3가지 업무의 순차적 수행

2( ) 4-6가지 업무의 순차적 수행

3( ) 7가지 이상 업무의 순차적 수행

부가설명 ....

....

◎ 변별력

( )C 0( ) 변별력이 요구되지 않음 2( ) 작업부품을 변별

( )NC 1( ) 단서를 제시할 때 작업 부품을 변별

부가설명 ....

....

◎ 작업 속도

( )C 0( ) 느린 속도의 수용 가능

( )NC 1( ) 보통의 꾸준한 작업 속도

2( ) 종종 빠른 작업 속도가 요구됨

3( ) 지속적으로 빠른 작업속도가 요구됨

부가설명 ....

....

5. 기능적 학업기술 요건

◎ 변별력

( )C 0( ) 필요 없음 2( ) 간단한 교과서

( )NC 1( ) 간단한 단어/신호/기호들

부가설명 ....

....

※ 자료 인용: 한국장애인단체총연맹(2003). **직업재활센터의 사업과 운영**.

◎ 산수

( )C 0( ) 필요 없음 2( ) 간단한 수 세기

( )NC 2( ) 모든 숫자의 덧셈/뺄셈 3( ) 모든 숫자의 곱셈/나눗셈

4( ) 혼합된 숫자의 소수/분수

부가설명 ....

....

◎ 금전관리기술

( )C 0( ) 필요 없음 1( ) 동전/화폐 구별 2( ) 동전/화폐 가치 인식

( )NC 3( ) 모든 숫자의 곱셈/나눗셈 4( ) 천원권 거스름돈 계산

5( ) 만원권 거스름돈 계산

부가설명 ....

....

◎ 쓰기

( )C 0( ) 필요 없음 1( ) 손으로 이름 씀 2( ) 싸인 가능

( )NC 3( ) 간단한 목록/필기 4( ) 전화 메시지

5( ) 편지/작문

부가설명 ....

....

6. 고용주 관련사항

◎ 장애인 근로자에 대한 고용주 태도

★( )C ( ) 매우 긍정적 ( ) 무관심

( )NC ( ) 다소 긍정적 ( ) 부정적

부가설명 ....

....

※ 자료 인용: 한국장애인단체총연맹(2003). **직업재활센터의 사업과 운영.**

◎ 고용주의 재정적 요건

★( )C ( ) 재정적 자극책이 요구되지 않음 ( ) 최소 임금 제공

( )NC ( ) 세금신용대부/자극책이 요구됨 ( ) 최소 임금 이하의 봉급

부가설명 ....

....

7. 환경요인

◎ 작업장의 안정성

( )C ( ) 안전한 작업장 ( ) 약간의 안전 염려

( )NC ( ) 적절하게 안전한 지역 ( ) 많은 안전 염려

부가설명 ....

....

◎ 장애인을 위한 적합시설

★( )C ( ) 경사로/연석제거 ( ) 장애물 없음/화장실 편의시설

( )NC ( ) 접근 용이한 현관 ( ) 엘리베이터

부가설명 ....

....

◎ 기온/조명

★( )C ( ) 매우 추움 ( ) 매우 어두움 ( ) 적당한 기온

( )NC ( ) 적당한 밝기 ( ) 매우 더움 ( ) 매우 밝음

부가설명 ....

....

※자료 인용: 한국장애인단체총연맹(2003). **직업재활센터의 사업과 운영.**

◎ 분위기

★( )C ( ) 우호적/개방적 ( ) 친밀하지 않음 ( ) 분주함/나름함

( )NC ( ) 분주함/긴장 ( ) 분주하지 않음/나른함

( ) 분주하지 않음/긴장

부가설명 ....

....

◎ 청결/질서

( )C ( ) 매우 불결/무질서 ( ) 아주 청결/깔끔/질서 정연

( )NC ( ) 아주 청결/질서 정연 ( ) 꼼꼼하게 청결/질서 정연

부가설명 ....

....

◎ 강화의 이용도

( )C 0( ) 빈번한 긍정적 강화 2( ) 드물게 칭찬 주어짐

( )NC 1( ) 간헐적으로 칭찬 주어짐 3( ) 거의 칭찬 없음/급료 지불 수표 안줌

부가설명 ....

....

◎ 기타 정보 사항

....

....

※ 자료 인용: 한국장애인단체총연맹(2003). **직업재활센터의 사업과 운영**.

5-2 직무분석조사표

【사업체 일반현황】

사업체명		대표자		
소재지		전화번호		
업종		주요생산품목		
산업분류				
근무시간	~	잔업	유, 무	월평균 만
근무형태	1교대, 2교대, 3교대	기숙사	유, 무	
가입보험	1. 산재보험 2. 국민연금 3. 의료보험 4. 고용보험 5. 기타( )			

【사업체 일반현황】

장애인근로자 현황				
번호	성별	성별	장애유형 · 등급	담당직무

【훈련 직무명】

직무수행내용	
업무처리 절차 및 방법	육체적 활동

※ 자료 인용: 한국장애인단체총연맹(2003). **직업재활센터의 사업과 운영**.

【직무수행요건】

학 력		자격 · 면허		연령 · 성별	세 세
					남,여, 무관
작업형태	□ 혼자서 작업하기 □다른 사람과 같이 작업하기 □ 다른 사람이 주위에 있는 곳에서 작업하기 □기타				

숙련기간		숙련내용	

【직무수행가능 장애유형】

구분		장애유형	작업환경 개선유무	개선 내용
기존	향후			

【평가(장애인 고용의 전망 등)】

분석일시:

분 석 자: (인)

※ 자료 인용: 한국장애인단체총연맹(2003). **직업재활센터의 사업과 운영**.

5-3 지원고용대상자-직종 적합성 분석지

회사명: 직업명:

기록자: 분석일:

내담자의 이름 1. 2. 3. 4.

고용인 혜택:

> * 직업분석양식상에서의 직업요인들에 대한 점수들을 A열에 기입한다. A열에 있는 결정요인들에 대한 점수에 동그라미 친다.
>
> ** 내담자 분석양식상에서의 내담자 요인 점수들을 B열에 기입한다. B열에서 각 결정요인들에 대한 내담자의 점수에 동그라미를 친다.

직업에 관련된 요인들	직업분석양식의 직업요인 점수(A열)	대상자 분석양식의 대상자 프로파일 영역으로부터의 내담자의 점수 (B열)			
1. 개인적 특성		(ct#1)	(ct#2)	(ct#3)	(ct#4)
개인 용모	【 】	【 】	【 】	【 】	【 】
행동	【 】	【 】	【 】	【 】	【 】
의사소통	【 】	【 】	【 】	【 】	【 】
주의집중	【 】	【 】	【 】	【 】	【 】
과제/일과상의 변화	【 】	【 】	【 】	【 】	【 】
상호관계	【 】	【 】	【 】	【 】	【 】
점수소계					
(#1의 모든 점수)	------	-----	-----	----	-----
결정점수소계					
(동그라미친 점수)	------	-----	-----	----	-----
2. 시간/여행요인					
작업스케쥴	【 】	【 】	【 】	【 】	【 】
시간분별	【 】	【 】	【 】	【 】	【 】
작업현장방향감각	【 】	【 】	【 】	【 】	【 】
이동성	【 】	【 】	【 】	【 】	【 】
점수소계					

※ 자료 인용: 한국장애인단체총연맹(2003). **직업재활센터의 사업과 운영.**

(#2의 모든 점수) ------ ----- ----- ---- -----

결정점수소계

(동그라미친 점수) ------ ----- ----- ---- -----

3. 작업인내력

지구력 【 】 【 】 【 】 【 】 【 】

체력 【 】 【 】 【 】 【 】 【 】

점수소계

(#3의 모든 점수) ------ ----- ----- ---- -----

결정점수소계

(동그라미친 점수) ------ ----- ----- ---- -----

4. 수행기술

작업의 주도성 【 】 【 】 【 】 【 】 【 】

과제의 순차적수행 【 】 【 】 【 】 【 】 【 】

분별력 【 】 【 】 【 】 【 】 【 】

작업속도 【 】 【 】 【 】 【 】 【 】

점수소계

(#4의 모든 점수 ------ ----- ----- ---- -----

결정점수소계

(동그라미친 점수) ------ ----- ----- ---- -----

5. 학업기술

읽기 【 】 【 】 【 】 【 】 【 】

산수 【 】 【 】 【 】 【 】 【 】

금전기술 【 】 【 】 【 】 【 】 【 】

쓰기 【 】 【 】 【 】 【 】 【 】

점수소계

(#5의 모든 점수) ------ ----- ----- ---- -----

결정점수소계

(동그라미친 점수) ------ ----- ----- ---- -----

6. 다른 관련 요인들

강화	【 】	【 】	【 】	【 】	【 】
대상자작업에 대한 가족지원	【 】	【 】	【 】	【 】	【 】
거리보행기술	【 】	【 】	【 】	【 】	【 】
점수소계					
(#6의 모든 점수)	------	-----	-----	----	-----
결정점수소계					
(동그라미친 점수)	------	-----	-----	----	-----

7. 분석

총 점수(소계들 더함)		(ct#1)	(ct#2)	(ct#3)	(ct#4)
개인적 요건	------	-----	-----	----	-----
시간/여행 요인	------	-----	-----	----	-----
학업기술	------	-----	-----	----	-----
기타 관련 요인	------	-----	-----	----	-----
전체 요인 총 점수	【 】	【 】	【 】	【 】	【 】

결정점수 총합(동그라미 친 점수 소계 더함)		(ct#1)	(ct#2)	(ct#3)	(ct#4)
개인적 요건	------	-----	-----	----	-----
시간/여행 요인	------	-----	-----	----	-----
학업기술	------	-----	-----	----	-----
기타 관련 요인	------	-----	-----	----	-----
전체 요인 총 점수	【 】	【 】	【 】	【 】	【 】

〈사례회의〉

날짜	참석자	사례내용	결과	비고

〈배치를 위한 추천〉

〈추천 근거〉

※ 자료 인용: 한국장애인단체총연맹(2003). **직업재활센터의 사업과 운영**.

5-4 지원고용동의서

<table>
<tr><td colspan="3">지원고용동의서</td><td>접수번호</td><td colspan="2"></td></tr>
<tr><td rowspan="2">성명</td><td rowspan="2"></td><td rowspan="2">주민등록
번호</td><td rowspan="2">-</td><td colspan="2">성별</td></tr>
<tr><td>남</td><td>여</td></tr>
<tr><td>장애유형</td><td colspan="2">장애 급</td><td colspan="3"></td></tr>
<tr><td></td><td colspan="2">□사전훈련</td><td colspan="3">□현장훈련</td></tr>
<tr><td>주 소</td><td colspan="2"></td><td colspan="3"></td></tr>
<tr><td>연락처</td><td colspan="2"></td><td colspan="3"></td></tr>
<tr><td rowspan="2">특기사항</td><td colspan="2">은행계좌
은행명:
계좌번호:</td><td colspan="3">은행</td></tr>
<tr><td colspan="2"></td><td colspan="3"></td></tr>
<tr><td colspan="6">본인은 훈련기간 중 제 규칙을 준수하고, 특별한 사유 없이 중도포기 하지 않을 것에 확약하며, 직업재활사업원규정 제20조의 규정에 의거 지원고용 동의서를 제출합니다.

200 . . .
신청인: (인)
보호자: (인)

한국장애인고용촉진공단00 사무소장
(사업수행기관 장) 귀 하</td></tr>
</table>

※ 자료 인용: 한국장애인단체총연맹(2003). **직업재활센터의 사업과 운영**.

5-5 지원고용실시동의서

<table>
<tr><td>사업체명</td><td colspan="2"></td><td>전화번호</td><td></td></tr>
<tr><td>주 소</td><td colspan="4"></td></tr>
<tr><td rowspan="2">대표자</td><td>성 명</td><td colspan="3">주민등록번호</td></tr>
<tr><td></td><td colspan="3"></td></tr>
<tr><td>사업자
등록번호</td><td colspan="4"></td></tr>
<tr><td>직 종</td><td></td><td>주요생산품</td><td colspan="2"></td></tr>
<tr><td>직무지도원</td><td>성 명</td><td>주민등록번호</td><td colspan="2">소속 및 직책</td></tr>
<tr><td colspan="2">훈련직무</td><td colspan="3">직무적응 예상 소요기간</td></tr>
<tr><td colspan="2"></td><td colspan="3"></td></tr>
<tr><td rowspan="3">은행계좌</td><td>구 분</td><td colspan="2">은행명</td><td>은행계좌</td></tr>
<tr><td>대 표 자</td><td colspan="2"></td><td></td></tr>
<tr><td>현장지도원
(사업체직원인 경우)</td><td colspan="2"></td><td></td></tr>
</table>

본인은 한국장애인고용촉진공단 및 장애인직업재활사업수행기관에서 실시하는 지원고용에 대한 훈련취지를 이해하고, 직업재활사업지원규정 제18조의 규정에 의거 우리 사업체에서의 현장훈련 실시에 동의합니다.

200 . . .

사업주: (서명 또는 날인)

한국장애인고용촉진공단00 사무소장

(사업수행기관 장) 귀 하

※ 자료 인용: 한국장애인단체총연맹(2003). **직업재활센터의 사업과 운영**.

5-6 개인별 지원고용계획서

<table>
<tr><td>구직등록번호</td><td colspan="2">성 명</td><td>생년월일</td><td colspan="4">장애명 · 등급</td><td colspan="2">주소 · 전화</td></tr>
<tr><td></td><td colspan="2"></td><td></td><td colspan="4"></td><td colspan="2"></td></tr>
<tr><td>평가결과
(주요내용)</td><td colspan="9"></td></tr>
<tr><td>대상선정사유</td><td colspan="9"></td></tr>
<tr><td>지원필요기간</td><td colspan="4">사전훈련 ( )일</td><td colspan="5">현장훈련 ( )일</td></tr>
<tr><td>훈련 상 과제 및
주요 지도사항</td><td>사전
훈련</td><td colspan="3"></td><td>현장
훈련</td><td colspan="4"></td></tr>
<tr><td>직업영역 및
적합 직무</td><td colspan="4"></td><td colspan="2">희망근무
지역</td><td colspan="3"></td></tr>
<tr><td>사례
담당자</td><td colspan="2"></td><td colspan="2"></td><td colspan="2"></td><td colspan="2">작성일자</td><td></td></tr>
</table>

※ 자료 인용: 한국장애인단체총연맹(2003). **직업재활센터의 사업과 운영**.

참고문헌

곽준기(1995). 정신지체학교 고등부 졸업생의 전환과정결과 추적조사 연구. 송암 곽준기 교장 정년퇴임 기념집. 삼육재활센터.

곽준기, 박희찬, 정창곤, 정덕채, 김숙경(1995). 지체장애인의 전환과정 결과에 관한 종합적 분석. 특수학교 고등부 졸업생의 추적조사를 중심으로. 삼육재활센터.

교육과학기술부(2008). 교육인적자원부 고시 제2008-3호에 따른 특수학교 교육과정 해설 연구 · 개발. 국립특수교육원.

교육과학기술부(2008).특수교육통계.

교육부(2007). 장애인 등에 대한 특수교육법.

교육인적자원부(2003). 2003 교육통계연보. 교육인적자원부 · 한국교육개발원

교육인적자원부(2005). 2005 특수교육연차보고서. 교육인적자원부.

국립특수교육원(2008). 개별화교육 계획수립 · 운영자료. 안산: 국립특수교육원.

김동일, 김언아(2003). 우리나라 전환교육 연구의 동향과 전망. 특수교육연구. 10(1), pp. 33-54.

김병하(1998). 국민공통 기본 교육과정의 운영방안. 1998년도 특수교육학회 추계학술심포지움. 특수학교 교육과정의 효율적인 운영. 특수교육학회, 35-46.

김승국(1994). 장애인의 직업평가와 지원고용. 서울: 단국대학교특수교육연구소.

김승국(2003). 특수교육 때문에: 장애인의 교육과 복지 연구 제3권. 서울: 도서출판특수교육.

김정권(1996). 개별화 교육의 배경. 한국정신지체아교육연구회편. 개별화 교육 프로그램의 이론과 실제. 대구대학교 출판부.

김진호(2001). 전환교육의 이론과 적용에 관한 연구. 특수교육학연구, 35(4), 73-98. 한국특수교육학회.

김진호(2002). 장애학생의 전환교육을 위한 지역사회훈련 프로그램의 필요성과 적용방안. 특수교육학연구, 37(2), 25-40. 한국특수교육학회.

김진호(2003). 특수교육 분야에서 본 현행 성인직업재활 계획 및 서비스의 문제점과 앞으로의 개선 및 협력 방안. 2003년도 한국직업재활학회 연차학술대회 자료집. 73-93.

김형일 (2015). 특수교육대상 학생의 개별화교육계획 실행 양상 및 과제. 특수교육교과교육연구, 8(2), 47-67.

김형일 외 16인(2002). 장애학생 전환과정 지원 자료 1, 2, 3, 4 안산: 국립특수교육원.

김형일 외 8인(2001). 장애학생 전환과정 지원방안 연구. 안산: 국립특수교육원.

김형일(1995). 대인문제해결훈련이 정신지체인의 직업적응행동에 미치는 효과. 단국대학교 대학원 석사학위청구논문.

김형일(1996). 개별화 교육의 운영사례. 서울 정신지체 교육연구회 여름방학 연수자료.
김형일(2001a). 부적응아의 사회・정서적 정보처리 모형 고찰. 특수교육연구, 제8집. 안산: 국립특수교육원.
김형일(2001b). 취업한 장애인의 사례분석을 통한 특수학교 전환교육과정 운영방안. 특수교육 교육과정 연구, 제2집, 189-204. 국립특수교육원.
김형일(2005). 장애학생의 전환교육을 위한 정책적 지원 방안 연구. 특수교육연구. 12(2), 3-25.
김형일(2005). 장애학생의 전환교육을 위한 정책적 지원과 현장의 과제: 장애학생 전환을 위한 특수교육 및 지역사회 연계 방안. 2005 삼육재활센터 심포지엄 자료: 삼육재활센터.
김형일(2005). 특수교육진흥법의 개선과제에 대한 토론: 초・중등교육을 중심으로. 특수교육진흥법의 개선과제: 장애인교육지원법제정을 위한 대토론회 자료집. 장애인교육권 연대.
김형일(2013). 지적장애아 교육의 정책에 대한 토론자료. 지적장애아 교육의 최선의 실제, 2013 한국지적장애교육학회 학술대회. 한국지적장애교육학회.
김혜경(2007). 전환교육을 위한 자기결정기술 지도. 장애학생의 성공적인 장래생활을 위한 전환교육 방안, 2007년 국립특수교육원 원격연수 교재.
김효정 옮김(2005). 자폐인의 성공적인 고용을 위한 안내서. 서울: 시그마프레스
노동부, 한국장애인고용촉진공단(2006). 장애와 공학기술의 특별한 만남/보조공학: 장애인 보조공학기기 지원. 서울: 한국장애인고용촉진공단.
문영옥(2006). 온양여자중학교 사회과 수업지도안. 충남교육청 교사수업연구대회 자료.
박경희(1993). 중증장애학생인 사회통합 연구의 동향과 과제. 죽향 추국희 정년기념 논총. pp33-49 .
박기환(1996). 장애학생 교육을 위한 미국의 IEP. 제11회 장애학생인 복지 및 특수교육 세미나 자료. 한국장애학생인복지연구소.
박승희, 박현숙, 박희찬(2006). 장애청소년 전환교육. 서울: 시그마프레스.
박희찬(1995). 정신지체 및 지체부자유 고등부 졸업생의 직업실태 분석. 제2회 이화특수교육학술대회. 이화특수교육 학술대회 발표논문집.
박희찬(2002). 장애졸업생 추적조사와 전환교육. 특수교육학연구, 37(2), 79-111. 한국특수교육학회.
송준만 외 9인(2012). 지적장애아 교육. 서울: 학지사.
신종호, 김동일, 신현기, 이대식 역(2002). 정신지체. 서울: 시그마프레스.
신현기(1997). 학습장애학생 사회적 기술 수업: 김승국외 14인, 학습장애학생 교육의 이론과 실제, 서울: 교육과학사.
신현기(2004). 정신지체아 교수방법론. 서울: 교육과학사.
신현기, 김형일, 유장순 역(2001). 중도중복학생을 위한 기능적 교육과정. 서울: 박학사.

안기성(1994). 평등에 관한 교육법 해석학. 교육법학연구, 6, 1-51.

오길승(2003). 직업재활 분야에서 본 현행 특수 직업교육의 문제점과 앞으로의 개선 및 협력방안. 2003년도 한국직업재활학회 연차학술대회 자료집. 한국직업재활학회.

오길승(2007). 전환교육과 지원고용. 장애학생의 성공적인 장래생활을 위한 전환교육 방안, 2007년 국립특수교육원 원격연수 교재.

이달엽, 노임대 공저(2005). 직업평가. 서울: 학지사.

이돈희(1996). 수요자 중심 교육과정의 정당성. 교육과정연구, 14(1), 1-12.

이보숙, 전난주(1986). 정신박약학교의 부모참여 및 부모교육에 관한 연구. 대구대학교 특수교육학과, 제9집, 27-43.

이상훈(2005). 장애인 직업교육 정책안에 관한 토론. 특수교육진흥법의 개선과제: 장애인교육지원법제정을 위한 대토론회 자료집. 장애인교육권 연대.

이소현, 박은혜. (2001). 특수아동 교육. 서울: 학지사.

이유훈(1990). 학교수준 특수교육과정의 구성방향. 대구대학교 교육대학원 석사학위 논문.

이유훈(1996). 효율적인 개별화 교육계획의 수립과 적용방안. 제3회 국내세미나. 국립특수교육원

이유훈(1998). 개별화 교육 프로그램의 발전과정에 대한 역사적 고찰. 특수교육학연구, 33(1). 한국특수교육학회.

이유훈, 김형일 공저(2002) 개별화 교육계획의 구안과 실행. 서울: 교육과학사.

이유훈, 김형일, 강병호(2003). 학령기 장애인의 직업적성개발을 위한 직업교육훈련 기회 확충 방안. 한국직업능력개발원.

정동영 (2012). 미국의 지적장애학생 중등이후 교육 현황과 함의. 지적장애연구, 14(4), pp, 27-53.

정동영(1999a). 정신지체아동을 위한 기능적 교육과정. 단국대학교특수교육연구소(편). 정신지체아동 교육의 이론과 실제. 서울: 도서출판 특수교육.

정동영(1999b). 전환교육의 효율화를 위한 지역사회 기관과의 협력방안. 현장특수교육, 6(1), 30-41.

정동영(2000). 장애학생의 전환서비스 강화를 위한 기관 간 협력 방안. 미간행, 박사학위논문, 대구대학교.

정동영(2003). 직업재활분야에서 본 현행 특수직업교육의 문제점과 앞으로의 개선 및 협력방안에 관한 토론. 2003년도 한국직업재활학회 연차학술대회자료집.

정동일(2005). 장애학생의 전환교육을 위한 정책적 지원과 현장의 과제에 대한 토론자료: 장애학생 전환을 위한 특수교육 및 지역사회 연계 방안. 2005 삼육재활센터 심포지엄 자료. 삼육재활센터.

정인숙, 김형일, 박재국(2008). 진로·직업교육을 위한 특수교육기관과 관련기관 간의 협력에 관한 연구. 특수교육문제연구. 특수교육문제연구소.

조인수(2002). 전환교육과 서비스. 대구: 대구대학교 출판부.

조인수(2002). 전환교육의 발달과정과 실천적 과제. 특수교육학연구, 37(2), 한국특수교육학회.

한국교과교육학회(2008). 특수교육교과교육론. 서울: 교육과학사.

한국장애인단체총연맹(2003). 직업재활센터의 사업운영. 서울: 유연기획.

허혜경(1996). 개별화 수업에 있어서 교사의 역할. 교육과정연구, 14(3), 123-141.

황도수(1996). 헌법재판의 심사기준으로서의 평등. 박사학위논문. 서울대학교 대학원.

Adreon, D., & Durocher, J. S. (2007). "Evaluating the College Transition Needs of Individuals With High-Functioning Autism Spectrum Disorders," *Intervention in school and Clinic*, 42, pp. 271-279.

Agran, M., Sinclair, T., Alper, S., Cavin, M., Wehmeyer, M., & Hughes, C. (2005). Using self-monitering to increase following-direction skills of students with moderate to severe disabilities in general education. *Education and Training in Developmental Disabilities*, 40(1), 3-13.

Alley, G. R., Deshler, D. D., Clark, F. L., Schumaker, J. B., & Warner, M. M. (1983). Learning disabilities in adolescents and adult population: Research implications (Part II). *Focus on Exceptional Children*, 9, 1-14.

Allington, R. C., & McGill-Franzen, A. (1989). School responses to reading failure: Chapter One and special education students in grades 2, 4, & 8. *Elementary School Journal*, 89, 529-542.

Amado, A. N., & Lyon, P. J. (1991). *Listen, lady, this is my life: A book of stories about personal futures planning in Minnesota*. St. Paul, MN: Human Services Research and Development Center.

American Speech-Language Hearing Association.(1994). Individuals with disabilities education act(PL 101-476). *American Speech and Hearing Association Journal*, 49, 122-124.

AT Basics (2003). Introduction to assistive technology. Retrieved on March 30, 2003, http://atto.buffalo.edu/registered/ATBasics.php.

Axelrod, L. (1982). Social perception in learning disabled adolescents. *Journal of Learning Disabilities*, 15, 610-613.

Babbitt, B. C., & White, C. M., (2002) "R U Reading? Helping Students Assess Their Readiness for Postsecondary Education," *Teaching Exceptional Children*, 35, pp. 62-66.

Bae, A. (1968). Factors influencing vocational efficiency of institutionalized retardates. *American Journal of Mental Deficiency*, 72, 871-874.

Bates, P. E., Bronkema, J., Ames, T., & Hess, C. (1992). State-level interagency planning models. In F. R. Rusch, L. DeStefano, J. Chadsey-Rusch, L. A. Phelps, & E. Szymanski(Eds.), *Transition from school to adult life: Model, linkages, and policy*(pp. 115-129). Sycamore, IL: Sycamore.

Bear, R., Flexer, R., Beck, S., Amstutz, N., L., Brothers, J., Steltzer, D., & Zechman, D. (2003). A collaborative followup study on transition. *Career Development for Exceptional Individuals*, 26(1), 7-25.

Beirne-Smith, M., Ittenbach, R., & Patton, J. (1998). *Mental retardation*(5th ed.). New York: Prentice-Hall/Merrill Education.

Bellamy, T., Horner, B., & Inman, D. (1979). *Vocational habilitation of severely retarded adults*. Baltimore: University Park Press.

Benz, M. R., Lindstrom, L., Halpern, A. S., Rothstrom, R. S. (1991). *Community transition team model facilitator's manual*. Eugene: University of Oregon Press.

Berg, F. L. (1982). *Psychological characteristics related to social problem solving in learning disables children and their non-disables peers*. Unpublished doctoral dissertation, University of Michigan, Ann Arbor.

Blackhurst, A. E. (1997). Perspectives on technology in special education. *Teaching Exceptional Children*, 29(5), 42-48.

Blackorby, J., & Wagner, M. (1996). Longitudinal postschool outcomes of youth with disabilities: Findings from the National Longitudinal Transition Study. *Exceptional Children*, 62(5).

Blalock, G. (1996). Community transition teams as the foundation for transition services for youth with learning disabilities. *Journal of Learning Disabilities*, 29, 148-159.

Blalock, G., & Patton, J. R. (1996). Transition and students with learning disabilities: Creating sound futures. *Journal of Learning Disabilities*, 29(1), 7-16.

Blalock, J. (1982). Persistent auditory language deficits in adults with language disabilities. *Journal of Learning Disabilities*, 15, 604-609.

Blue-Banning, M., Summers, J. A., Frankland, H. C., Nelson, L. L., & Beegle, G.(2004). Dimensions of family and professional partnerships: Constructive guidelines for collaboration. *Exceptional Children*, 70(2), 167-184.

Brinckerhoff, L. C., McGuire, J. M., & Shaw, S. F. (2002). *Postsecondary education and transition for students with learning disabilities* (2nd ed.). Austin, TX: Pro-Ed.

Brion-Meisels, S., & Selman, R. L. (1984). Early adolescent development of new interpersonal strategies: Understanding and intervention. *Psychology Review*, 13, 278-292.

Brolin, D. E., & Schatzman, B. (1989). Lifelong career development. In D. E. Berkell & J. M. Brown(Eds.), *Transition from school to work for persons with disabilities*. New York: Longman.

Browder, D. M., & Minarovic, T. J. (2000). Utilizing sight words in self-instruction training for employees with moderate mental retardation in competitive jobs. *Education and Training in Mental Retardation and Developmental Disabilities*, 35, 78-89.

Browder, D. M., Ahlgrim-Delzell, I., Flowers, C., Karvonen, M., Spooner, F. H., & Algozzine, B. (in p Alg). How states implement alternate assessments for students with disabilities and recommendations for national policy. *Journal of Disabilities Policy Studies*.

Browder, D. M., Spooner, F. E., Ahlgrim-Delzell, L., Flowers, C., Algozzine, B., & Karvonen, M. (2004). A content analysis of the curricular philosophies reflected in states'alternate assessment performance indicators. *Research and Practice for Persons with Severe Disabilities*, 28(4), 165-181.

Brown, L., Shiraga, B., York, J., Kessler, K., Strohm, B. Rogan, P., Sweet, M., Zanella, K., VanDeventer, P., & Loomis, R. (1984). Integrated work opportunities for adult with severe handicaps: The expended training options. *The Journal of the Association for Persons with Severe Handicaps*, 9, 262-269.

Bruininks, V. L. (1978). Peer status and personality characteristic of learning disabilities and non-learning disabled students. *Journal of Learning Disabilities*, 11, 484-489.

Bruno, R. M. (1981). Interpretation of pictorially presented social situation by learning disabled and normal children. *Journal of Learning Disabilities*, 14, 350-352.

Bryan, T. H. (1977). Learning disabled children's comprehension of nonverbal communication. *Journal of Learning Disabilities*, 10, 501-506.

Bryan, T. H. (1991). Social problems and learning disabilities, In Bernice Y. L. Wong (Eds.). *Learning About Learning Disabilities*. 195-229.

Bryan, T. H., Donahue, J., & Pearl, R. (1981). Learning disabled children's peer interactions during a small-group problem-solving task.. *Learn. Disabilities. Quarterly*, 4, 13-22.

Bryan, T. H., Donahue, M., Pearl, R., & Sturn, C. (1981b). Learning disabled children's conversational skills: The "TV talk show." *Learn. Disabilities. Quarterly*, 4, 250-259.

Bryan, T. H., Werner, M., & Pearl, R. (1982). Learning disabled students' conformity responses to prosocial and antisocial situations. *Learning Disabilities Quarterly*,

5, 344-352.

Bulllis, M., & Foss, G. (1986). Assessing the employment-related interpersonal competence of mildly mentally retarded workers. *American Journal of Mental Dificiency*, 91(1), 43-50.

Butterworth, J., Strauch, J. (1994). The relationship between social competence and success in the competitive work place persons with mental retardation. *Education and Training in Mental Retardation*, June, 118-133.

Callahan, M. (2004). *Employment: From competitive to customized*. Gautier, MS: Employment for All.

Carlson, C. I. (1987). Social interaction goal and strategies of children with learning disabilities. *Journal of Learning Disabilities*, 20, 306-311.

Cartledge, G. (1987). Social skills, learning disabilities, and occupational success. *Reading, Writing, and Learning Disabilities*, 3, 223-239.

CAST. (1998). Three essential qualities of universal design for learning. Retrieved February 27, 2003, from http://www.cec.sped.org/osep/appendix.html

Castles, E. E., & Glass, C. R. (1986). Training in social and in social and interpersonal problem solving skills for mildly and moderately mentally retarded adults. *American Journal on Mental Deficience*, 91, 35-42.

Chadsey-Rusch, J., Gonzalez, P., Tines. J., & Johnsons, J. R. (1989). Social ecology of the workplace: A study of interaction among employees with and without mental retardation. *American Journal on Mental Retardation*, 94(2), 141-151.

Cheney, D., & Foss, G. (1984). An examination of the social behavior of mentally retarded workers. *Education and Training of the Mentally Retarded*, 19, 216-221.

Clabby, J. F., & Elias, M. J. (1987). *Teach Your Child Decision Making*. Doubleday, New York.

Clark, G. M. (1998). *Assessment for transitions planning*. series. Pro-ed An International Publisher: Austin, Texas.

Clark, G M (2000) Transition education and services for youth with disabilities: Opportunities and challenges. *Stretegies for Transition from School to Community for Students with Disabilities*, 7th international seminar of Korea Institute for Special Education, 1-49.

Clark, G. M., & Kolstoe, O. P. (1995). Career development and transition education for adolescents with disabilities(2nd ed.). Needham, MA: Allyn & Bacon.

Cobb, H. C. (1972). *The forecast of fulfillment*. New York: Teachers College Press.

Cobb, R. B., & Neubert, D. A. (1992). Vocational education moldels. In F. R. Rusch,

L. Destefano, J, Chadsey-Rusch, L. A. Phelps, & E. Syzmanski (Eds.). *Transition from school to adult life: Model, linkages, and policies*. (pp. 3-113) Sycamore.

Cobb, R. B., & Neubert, D. A. (1992). Vocational education moldels. In F. R. Rusch, L. Destefano, J, Chadsey-Rusch, L. A. Phelps, & E. Syzmanski (Eds.). *Transition from school to adult life: Model, linkages, and policies*. (pp. 3-113) Sycamore.

Coleman, J. M., & Minnett, A. M. (1993). Learning disabilities and social competence: A social ecological perspective. *Exceptional Children*, 58, 234-246.

Colleen, T. C., Christina, C. B., & LaRon, A. S. (2009). *Universal design for transition: A roadmap for planning and instruction*. Baltimore: Paul H. Brookes

Cooper, B. S.(1988). School Reform in the 1980s: The New Right Legacy. *Educational Administration Quarterly*, 24(3), 282-298.

Cooper, K. J., & Browder, D. M. (1998). Enhancing choice and participation for adults with severe disabilities in community-based instruction. *Journal of Association for Persons with Severe Handicaps*, 23, 252-260.

Council for Exceptional Children. (2001). Improving family involvement in special education. *Research Connections in Special Education*, 91, 1.

Cox, S.(1977). The learning disabled adult. *Academic Therapy*, 13, 79-86.

Craddock, G., & Scherer, M. (2002). Assessing individual needs for assistive technology. In C. L. Sax & C. A. Thoma(Eds.), *Transition assessment: Wise practices for quality lives*(pp. 87-102). Baltimore: Paul H. Bookes Publishing Co.

Craig, A. M. (1994). *Transition strategies for persons with learning disabilities*. San Diego, CA; Singular Publishing Group INC.

Cronin, T. G., Patton, J. R. (1993). *Life skills across the curriculum for youths with special needs*. Austin, TX:PROED.

Dattilo, J., & Hoge, G. (1999). Effects of a leisure education program on youth with mental retardation. *Education and Training in Mental Retardation and Developmental Disabilities*, 34, 20-34.

David, W. T., Nellie, P. A., & Jane, M. E. (2006). *Transition Methods for Youth with Disabilities*. New Jersey Columbus OH: Pearson Merrill Prentice Hall.

David, W. T., Nellie, P. A., & Jane, M. E. (2006). *Transition Methods for Youth with Disabilities*. New Jersey Columbus OH: Pearson Merrill Prentice Hall.

Debra, B., Thomas, S., & Robert, B. (2005). A curriculum framework for transition. In Robert, W. F., Thomas, J, S., Pamela, L., & Robert, M. B (2 Eds.). *Transition planing for secondary students with disabilities*(pp. 141-177) Columbus, Ohio:

Merrill Prentice-Hall.

Debra, D, W., Greg, C., & Penny, L. G. (2005). Postsecondary education and career paths. In Robert, W. F., Thomas, J, S., Pamela, L., & Robert, M. B (2 Eds.). *Transition planing for secondary students with disabilities*(pp. 141-177) Columbus, Ohio: Merrill Prentice-Hall.

Deci, E. L., & Ryan, R. M. (1985). *Intrinsic motivation and self-determination in human behavior*. New York: Plenum.

Dejong, G. (1979). Independent living: From social movement to analytical paradigm. *Archives of Physical Medicine and Rehabilitation*, 60, 435-446.

Deshler, D. D., schumaker, J. B., & Clark, F. L. (1981). Social interaction deficits in learning disabled adolescents-another myth? In W. M. Cruickshank & A. Silver (Eds.), *Bridges to tomorrow, volume 2. The best of ACLD*. Syracuse: Syracusc University Press.

Deshler, D., Ellis, E. D., & Lenz, R. K. (1996). *Teaching adolescents with learning disabilities*(2nd ed). Denver: Love Publishing.

Dickstien, E., & Warren, D. (1980). Role-taking deficits in learning disabled children. *Journal of Learning Disabilities*, 13, 378-382.

Dodge, K. A. (1986). A social information processing model of social competence in children. In M. Perlmutter(Eds.), *Minnesota Symposium on Child Psyc hology*, 18, 77-125. Hillsdale, New Jersey: Erlbaum.

Donahue, M. (1986). *Linguistic and communicative developmment of learning disabled children*. In S. J. Ceci(Ed.), Handbook of cognitive, social, and neuropsychological aspects of learning disabilities(vol. 1, pp. 263-289).

Doyle, M. B. (2003). We want to go to college too: Support students with significant disabilities in higher education. In D. L., Ryndak & S. Alper (Eds.). *Curriculum and instruction for students with significant disabilities in inclusive setting* (pp. 307-322). Upper Saddle River, NJ: Allyn & Bacon.

D'Zurilla, T. J., & Goldfried, M. R. (1971). Problem solving and behavior modification. *Journal of Abnormal Psychology*, 78, 107-126.

Eagle, E. (1967). Prognosis and outcome of community placement of institutionalized retardates. *American Journal of Mental Deficiency*, 72, 232-243.

Edmonson, B., DeJung, J., Leland, H., & Leaach, E. (1974). *The test of social inference*. New York: Educational Activities.

Elias, M. J., & Clabby, J. F. (1989). *Social Decision-Making Skills: A Curriculum Gukde for the Elementary Grades*. Aspen, Rockville, Maryland.

Epstein, J. (1996). Perspectives and previews on research and policy for school, family, and community partnerships. In A. Booth & J. Dunn(Eds.), *Family-school link: How do they affect educational outcomes?*(pp. 209-246). Mahwah, NJ: Lawrence Erlbaum Associates.

Everson, J. (1990). A Local Team Approach. *Teaching Exceptional Children, fall*. 12-16.

Everson, J. M., & Guillory, J. D. (1998). Building statewide transition services through collaborative teamwork. In F. R. Rusch & J. G. Chadsey (Eds.), *Beyond high school: Transition from School to work* (pp. 299-318). Belmont, CA: Wadsworth.

Everson, J. M., & Guillory, J. D. (2002). *Inteagency teaming: Strategies for facilitating teams from forming through performing*. New Orleans: Louisiana State University Health Professions, Human Development Center.

Everson, J. M., Rachal, P., & Michael, M. G. (1992). *Interagency collaboration for young adults with deaf-blindness: Toward a common transition goal*. Sands Point, NY: Technical Assistance Center, Helen Keller National Center (ED 345-456)

Fafard, M., & Haubrich, P. (1981). Vocational and social adjustment of learning disabled adults: A follow-up study. *Learning Disabilities Quarterly*, 4, 122-130.

Falvey, M., L., Lyon, S., Baumgart, D., & Schroeder, J. (1980). In W. Sailor, B. Wilcox, & L. Brown(Eds.), *Methods of instruction for severely handicapped students*(pp. 109-134). Baltimore: Paul H. Brookes Publishing Co.

Feagans, L, & McKinney, J. D. (1981). The pattern of exceptionality across do mains in learning disabled children. *J. Appl. Dev. Psychol*. 1, 313-328.

Field, S., & Hoffman, A. (1995). *Steps to self-determination.* Aaustin, TX: PRO-ED.

Field, S., Martin, J. E., Miller, R., Ward, M., & Wehmeyer, M. (1998). Self-determination for persons with disabilities: A position paper of the Division on Career Development and Transition. *Career Development for Exceptional Individuals*, 21(2), 113-128.

Finn, D. E., & Klein, J. W. (2009). Universal Design for Transition and Postsecondary education. In Thoma, C. A., Bartholomew, C. C., & Scott, L. A. (Eds.). *Universal Design for Transition*(pp. 125-138). Baltomore, Maryland: Paul H, Brookes Publishing.

Fisher, D., Sax, C., & Pumpian, L. (1999). *Inclusive high schools: Learning from comtemporary classroms*. Baltimore: Paul H. Brookers.

Flexer, R. W., Baer, R. M., Luft, P., & Simmons, T. J. (2008). *Transition Planning for Secondary Students with Disabilities*. New Jersey Columbus OH: Pearson

Merrill Prentice Hall.

Flexer, R. W., Simmons, T. J., Luft, P., & Baer, R. M. (2005). Transition Planing for Secondary Students with Disabilities. New Jersey: Pearson Merrill Prentice Hall.

Ford, A., Schnorr, R., Meyer, L., Davern, L., Block, J., & Dempsey, P (1989). *The Syracuse community-referenced curriculum guide for students with moderate and severe disabilities*. Baltimore: Paul Brookes.

Foss, G., & Bostwick, D. (1981). Problems of mentally retarded adults: A study of rehabilitation service consumers and providers. *Rehabilitation Counseling Bulletin*, 25(2), 66-73.

Foss, G., & Peterson, S. (1981). Social-interpersonal skills relevant to tenure for MR adults. *Mental Retardation*, 19, 103-106.

Foss, G., Cheney, D., & Bullis, M. D. (1986). TICE: *Test of interpersonal competence for employment*. Santa Monica, CA:James Stanfield.

Foster, S. l., & Ritchey, W. C. (1979). Issues in the assessment of social competence in children. *J. Appl. Behav. Anual*, 12, 80-89.

Fox, C. L. (1980). Communicating to Make Friends. B. L. Winch & Associates, Rolling Hills Estates, California.

Fox, C. L. (1989). Peer acceptance of learning disabled children in the regular classroom. *Exceptional Children*, 56(1), 50-57.

Frey, R. M., & Kilstoe, O. P. (1965). *A high school work-study program for mentally subnormal students*. Carbondale, IL: Southern Illinois University Press.

Gajar, A. (1998). postsecondary education. In F. R. Rusch & J. G. Chadsey (Eds.), *Beyond high school: Transition from school to work* (pp. 383-405). Belmont, CA: Wadsworth.

Gambrill, E. D., & Richey, C. A. (1986). Criteria used to define and evaluate socially competent behavior among women. *Psychology of Women Quarterly*, 10, (183-196).

Gardern, J. F., & Carran, D. T. (2005). Attainment of personal outcomes by people with development disabilities. *Mental Retardation*, 43, 157-174.

Gaylord-Ross, R., & Browder, D. (1991). Functional assessment: Dynamic and domain properties. In L. H. Meyer, C. A. Peck, & L. Brown (Eds.), *Critical issues in the lives of people with severe disabilities*(pp. 45-66). Baltimore: Brookes.

Getzel, E. E., & Finn, D. E.,Jr. (2005). Training university faculty and staff. in E. E. Getzel & Wehman (Eds.), *Going to college: Expanding opportunities for people with disabilities*(pp. 199-216).

Getzel, E. E., Stodden, R. A., & Briel, R. W. (2001). Pursuing postsecondary education opportunities for individuals with disabilities. In P.Wehman (Ed.), *Beyond high school: Transition strategies for young people with disabilities*(pp. 247-260). Baltimore: Paul H. Brookes.

Getzel, E. Stodden, R., & Briel, L. (2000). Pursuing postsecondary educational opportunities for individuals with disabilities. In Wehman, P. (Ed.), *Life beyond the classroom: Transition strategies for young people with disabilities* (3rd de., pp. 247-259). Baltimore: Paul H. Brookes.

Gickling, E. E., Shane, R. L., and Crosker, K. M. (1989). Assuring math success for low-achieving high school students through curriculum-based assessment. *School Psychology Review*, 18, 344-355.

Gilverts, G. H., Agran, M., Hughes, C., & Wehmeyer, M. (2001). The effects of peer- delivered self-mseltoring strategies on the participation of students with severe disabilities in general education classrooms. *Journal of The Association for Persons with Severe Handicaps*, 26, 25-36.

Gold, M. W. (1973). Research on the vocational habilitation of retarded: The present, the future. In N. Ellis(Ed.), *International review of research in mental retardation* (Vol. 6). New York: Academic Press.

Gray, B. (1985). Conditions facilitating interorganiztional collaboration. *Human Relations*, 38, 911-936.

Gray, K.(2002). The role of career and technical education in the American high school. A student centered analysis. Washington, DC: U. S. Department of Education.

Green, T. F.(1982). *Predicting the Behavior of the Educational System*. Syracuse, NY: Syracuse University Press.

Greene, G. (2003). Transition pathways. In G. Greene & C. A. Kochhar-Bryant (Eds.) *Pathways to successful transition for youth with disabilities*. (pp. 199-229). Columbus, Ohio: Merrill Prentice-Hall.

Greene, G. (2003). Transition pathways. In G. Greene & C. A. Kochhar-Bryant (Eds.) *Pathways to successful transition for youth with disabilities*. (pp. 199-229). Columbus, Ohio: Merrill Prentice-Hall.

Greenspan, S., & Shoultz, B. (1981). Why mentally retarded adults lose their jobs: Social competence as a factor in work adjustment. *Applied Research in Mental Retardation*, 2, 23-38.

Gresham, F. M. (1984). Social skills and self-efficacy for exceptional children.

Exceptional Children, 51(3), 253-261.

Gresham, F. M. (1986). Conceptual issues in the assessment of social competence in children. In P. Strain, M. Guralnick, & H. Walker (Eds.), *Children's social behavior: Development, assessment, and modification*, 143-186. New York: Academic Press.

Gresham, F. M. (1992). Social skills and learning disabilities: Causal, concomitant, or correlational. *School Psychology Review*, 21, 348-360.

Gresham, F. M., & Elliott, S. N. (1990). *Social skills rating system*. Circle Pines, MN: American Guidance Service.

Gresham, F. M., & Horner, R. H. (2001). Interpreting outcomes of social skills traning for students with high-incidence disabilities, *The Council for Exceptional Children*, 67(3), 331-344.

Gresham, F.M. (1986). Conceptual issues in thc assessment of social competence in children. In P. Strain, M. Guralnick, & H. Walker (Eds.), *Children's social behavior: Development, assessment, and modification*, 143-186. New York: Academic Press.

Griffin, C., Hammis, D., & Geary, T. (2007). *The job developer's handbook; Practical tactics for customized employment*. Baltimore: Paul H. Bookes Publishing Co.

Grigal, M., & Neubert, D. (2004). Parents' in-school values and post-school expectations for transition aged youth with disabilities. *Career Development for Exceptional Individuals*, 27, 65-85.

Grossi, T. A., & Heward, W. L. (1998). Using self-evaluation to improve the work productivity of trainees in a community-based restaurant training program. *Education and Training in Mental Retardation and Developmental Disabilities*, 33, 248-263.

Gumpel, T. P., Tappe, P., & Araki, C. (2000). Comparison of social problem-solving abilities among with and without developmental disabilities. *Education and Training in Mental Retardation and Developmental Disabilities*, 35, 259-268.

Halpern, A. S. (1985). Transition: A look at the foundations. *Exception Children*, 51, 479-486.

Harry, B. (2008). Collaboration with culturally and linguistically diverse families: Ideal versus reality. *Exceptional Children*, 74, 372-388.

Hart, D., Grigal, M.(2009). Students with intellectual disabilities in postsecondary education: The question of "otherwise qualified." In M. L. Vance & L. Bridges (Eds.), *Students with disabilities: Striving for universal success* (2nd ed., pp.37-46). Manhattan, KS: National Academic Advising Association.

Hart, D., Grigal, M., & Weir, C. (2010). Expanding the paradigm: Postsecondary education options for individuals with autism spectrum disorder and intellectual disabilities. *Focus on Autism and Other Developmental Disabilities*, 25(3), 140.

Hart, D., Grigal, M., Sax, C., Martinez, D., & Will, M.(2006). Postsecondary education option for students with intellectual disabilities. *Research to Practice*, 45, 1-4.

Harter, S. (1982). The perceived competence scale for children. *Child Development*, 53, 87-97.

Hasazi, S. B., Gordon, L. R., & Roe, C. A. (1985). Factors associated with the employment status of handicapped youth exiting high school from 1979 to 1983. *Exceptional Children*, 51(6), 455-469.

Hayes, J., & Higgins, S. T.(1978). Issues regarding the IEP: Teachers on the front line. *Exceptional Children*, 44, 267-273.

Hazel, J. S., Sherman, J. A. Schumaker, J. B., & Sheldon, J. (1985). Group social skills training with adolescents: A critical review. In D. Upper & S. Ross (Eds.), *Handbook of behavioral group therapy*, 203-246. New York: Plenum Publishing.

Hedeen, D. L., & Ayres, B. J. (2002). "You want me to teach him to read?" Fulfilling the intent of IDEA. *Journal of Disability Policy Studies*, 13, 180-189.

Heward, W. L., & Orlansky, M. D. (1992). *Exceptional children* (4th ed). New York: Merrill.

Hillsdale, NJ: Lawrence Erlbaum Associates, Inc. Donahue, M., & Bryan, T.(1983). Conversational skills and modeling in learning disabled boys. *Applied Psycholiguistics*, 4, 251-278.

Hitchck, C. (2001). *Balance instructional support and challenge in universally designed learning environments*. OSEP Futures paper, Project Director's Meeting, Washington, D.C.

Hoffmann, F. J., Sheldon, K. L., Minskoff, E. H., Sautter, S. W., Steidle, E. F., Baker, D. P., & Echols, L. D. (1987). Needs of learning disabled adults. *Journal of Learning Disabilities*, 1, 43-52.

Howe, J., Horner, R. H., & Newton, S. J. (1998). Comparison of supported living and traditional residential services in the state of Oregon. *Mental Retardation*, 35(1), 1-11.

Hoye, J. D., (1998, July). *Integrating school-to-work into preservice teacher education.* Paper presented at Conference for Professors of Education in Ohio, Kent,

OH.

Hughes, C., Copeland, S. R., Agran, M., Wehmeyer, M. L., Rodi, M. S., & Presley, J. A. (2002). Using self-monitering to improve performance in general education high school classes. *Education and Training in Mental Retardation and Developmental Disabilities*, 37, 262-271.

Hymel, S. (1986). Interpretations of peer behavior: Affective bias in childhood and adolescence. *Child Development*, 57, 431-445.

Ianacone, R. N. and Leconte, P. J. (1986). Curriculum-based vocational assessment: A viable response to a school based service delivery issue. *Career Development for Exceptional Individuals*, 9, 113-120.

Inge, K., & Targett, P. (2006). Indentifying job opportunities for individuals with disabilities. *Journal of vocational rehabilitation*, 25, 137-139.

Intagliata, J., & Doyle, N. (1984). Enhancing social support for parents of developmentally disabled children: Training in interpersonal problem solving skills. *Mental Retardation*, 22, 4-11.

Isaacson, L., & Brown, D. (1993). *Career information, career counseling, and career development*. Boston: Allyn & Bacon.

Jackson, S. C., Enright, R. D., & Murdock, J. Y. (1987). Social perception problems in learning disabled youth: Developmental lag versus perceptual deficit. *Journal of Learning Disabilities*, 20, 361-364.

Jacobs, H. H. (1997). *Mapping th big picture: Intergrating curriculum & assessment K-12*. Alexandria, VA: Association for Supervision and Curriculum Development.

Johnson, D. R., & Rusch, F. R. (1993). Secindary special education transition services. *Career Development for Exceptional Individuals*, 16(1), 1-18.

Johnson, D. R., Bruininks, R. H., & Thurlow, M. L. (1987). Meeting the challenge of transition service planning through improved interagency cooperation. *Exceptional Children*, 53(6), 522-530.

Johson, D., Bruininks, R. H., & Thurlow, M. L. (1987). Meeting the challenge of Transition service planning through improved interagency cooperation. *Exceptional Children*, 53(6), 522-530.

Jonson, D. R., & Nord, A. (2010). Students with disabilities in higher education: Participation in America's future. Impact, 23(3), 2-3.

Kavale, K. A., & Forness, S. R. (1996). Social skill deficits and learning disabilities: A meta-analysis. *Journal of Learning Disabilities*, 29(3), 226-237.

Kazdin, A. E.(1992). Cognitive problem-solving skills training and parent management training in the treatment of antisocial behavior in children.

Journal of Consulting and Clinical Psychology, 60(5), 733-747.

Kentucky Council on Postsecondary Education. (1998). Futures: *Your guide to life after high school*. Frankfort, KY: The Kentucky Council on Postsecondary Education.

Kiernam, W. (2000). Where are we now: Perspectives on employment of persons with mental retardation. *Focus on Autism and Other Developmental Disabilities*, 15(2), 90-96.

Kim, S., Larson, S. A., & Lakin, K. C. (2001). Behavioral outcomes of deinstitutionalization for people with intellectual disabilities: A review of US studies conducted betweln 1980 and 1999. *Journal of Intellectual and Developmental Disabilities*, 26(1), 35-50.

Kitano, M. U., Stiehl, J., & Cole, J. T. (1978). Role-taking: Implications for special education. *Journal of Special Education*, 12, 59-74.

Kleinert, H. L., Kearns, F. K., & Kennedy, S. (1997). Accountability for all students: Kentucky's alternate portfolio assessment for students with moderate and severe cognitive disabilities. *Journal of Association for persons with Severe Disabilities*, 22(2), 88-101.

Knowlton, H., Turnbull, D. R., Backus, L., & Turnbull, H. R. (1989). Letting go: Consent and the yes but..."problem in transition." In B. L. Ludlow, A. P. Turnbull, & R. Luckasson(Eds.), *Transitions to adult life for people with mental retardation* (pp.45-66). Baltimore: Paul H. Brookes.

Kohler, P. D.(1998). Implementing a transition perspective of education: A comprehensive approach to planning and delivering secondary education and transition services. In F. R. Rusch & J. G. Chadsey(Eds.), *Beyond high school: Transition from school to work*(pp.179-205). New York: Wadsworth.

Kohler, P. D., DeStefano, L., Wermuth, T. R., Grayson, T. E., & McGinty, S. (1994). An analysis of exemplary transition programs: How and why are they selected? *Career Development for Exceptional Individuals*, 17, 187-201

Kokaska, C., & Brolin, D. E. (1985). *Career education for handicapped individuals* (2nd ed.). Columbus, OH: Merill.

Kolstoe, O. P. (1961). An examination of some characteristics whick discriminate between employed and non-employed retarded males. *American Journal of Mental Deficiency*, 66, 472-482.

Konard, M., Fowler, C. H., Walker, A. R., Test, D. W., & Wood, W. M. (2005). *Effects of self-determination interventions on the academic skills of students with learning disabilities*. Manuscrip submitted for publication.

Konrad, M. (2008). 20 ways to involve students in the IEP process. *Intervention in School and Clinic*, 43, 236-239.

Kopfstein, R. (1994). *Inservice education for interdisciplinary teamwork: Training and evaluating teams*. D.S.W.diss., City University of New York.

Kram, K., & Isabella, L. (1985). Mentoring alternatives: The role of peer relationships in career development. *Academy of Management Journal*, 28, 110-132.

Kupersimdt, J., Coie, J., & Dode, K. (1990). The role of peer relationships in the development of disorder. In S. Asher & J. Coie (Eds.), *Peer rejection in childhood*, 274-308, New York: Combridge University.

Kytja K. S. Voeller. (1994). Techniques for measuring social competence in children. In G. Reid Lyon(Eds.). Frames of reference for the assessment of learning disabilities, 523-554, Paulh Brookes: Baltimore.

La Grerca, A. M., & Bell, C, R. (1983). Facilitating the vocational-interpersonal skills of mentally retarded individuals. *American Journal of Mental Deficiency*, 88(3), 270-278.

La Grerca, A. M., & Stone, W. L. (1982). Assessing the problematic interpersonal skills of mentally retarded individuals in a vocational setting. *Applied Research in Mental Retardation*, Vol, 3. 37-53.

Ladd, G. W., & Mize, J. (1983). A cognitive-social learning model of social-skill training. *Psycholog. Rev.*, 90(2), 127-157.

LaGreca, A., & Stone, W. (1990). Children with learning disabilities: The role of achievement in social, personal, and behavior functioning. In H. L. Swanson & B. Keogh(Eds.), *Learning disabilities: Theoretical and research issues*, 333-352, Hillsdale, NJ: Erlbaum.

Lakin, K. C., Gardner, J., Larson, S., & Wheeler, B. (2005). Access and support for community lives, homes, and social roles. In K. C. Lakin & A. Turnbull(Eds.), *National goal and research for people with intellectual and developmental disabilities*(pp. 179-216). Washington, DC: American Association on Mental Retardation.

Levinson, E. M. & McKee, L. M.(1991). The exceptional child grow up: Transitions. In M. Fine(Ed.), *Collaborative involvement of parents*. Brandon, VT : Clinical Psychology Publishing.

Levinson, E. M. (1998). *Transition: Facilitating the postschool adjustment of students with disabilities*(pp. 1-2). A Division of Haorper Collins Publishers. Westview Press.

Levinson, E. M. (2004). *Transition from school to post-school life for individuals with disabilities: Assessment from and education and school psychological perspective*. Springfield, Illinois: Chales C Thomas · Publisher.

Livak, S., Zukas, H., & Heumann, J. (1987). *Attending to America: Personal assistive for independent living*. Berkeley, CA: World Institute on Disabilities.

Lueeking, R. G. (2009). *The way to work; How to facilitate work experiences for youth in transition*. Baltimore: Paul H. Bookes Publishing Co.

Luft, P. (2008). Multicultural and collaborative competencies for working with families. In R. W. Flexor, R. M. Baser, P. Luft, & T. J. Simmons(Eds.), *Transition planning for secondary students with disabilities*(3rd ed., pp. 54-81). Columbus, OH: Pearson Merrill Prentice Hall.

Martin, J. E., & Marshall, L. H. (1995). ChoiceMaker: A comprehensive self-determination transition program. *Intervention in School and Clinic*, 30, 147-156.

Martin, J. E., Marshall, L. H., & Maxson, L. L. (1993). Transition policy: Infusing self-determination and self-advocacy into transition programs. *Career Development for Exceptional Individuals*, 16(1), 53-61.

Mattessich, P. W., & Monsey, B. R. (1992). *Collaboration: What makes it work*. St. Paul, MN: Amherst H. Wilder Foundation.

McDonnell, J., & Hardman, M. (1985). Planning the transition of severely handicapped youth from school to adult services: A framework for high school programs. *Education and Training of the Mentally Retarded*, 20, 275-286.

McDonnell, J., & Hardman., M. L. (2009). *Successful transition programs; Pathways for students with intellectual and developmental disabilities*. London, United Kingdom.

McDonnell, J., Hardman, M. L., & Hightower, J. (1990). Employment preparation for high school students with severe handicaps. *Mental Retardation*, 27, 396-405.

McDonnell, J., Kiuhara, S. A., & Collier, M. (2009). Transition to postsecondary education. In McDonnell, J., & Hardman., M. L. (Eds.). *Successful transition programs; Pathways for students with intellectual and developmental disabilities*. London, United Kingdom.

McDonnell, J., Wilcox, B., Boles, S. M., & Bellamy, G. T. (1985). Transition issues facing youth with severe handicaps: parents' perspectives. *Journal of the Association for Persons with Severe Handicaps*, 10, 61-65.

McKinney, J. D., & Speece, D. L. (1983). Classroom behavior and academic progress of LD students. *J. Appl. Dev. Psychol*. 4, 149-161.

Mcloughlin, C. S., Garner, J. B., Callahan, M.(1987). *Getting employed work model of competitive employment for persons with sever handicaps*. Baltimore: Paul H. Brookes Publishing co.

Melaville, A., & Blank, M. (1991). *What it takes: Structuring interagency partnerships to connect children and families with comprehensive services*. Washington: Education and Human Services Consortium.

Meyer, L. H., Peck, C. A., & Brown, L. (1991). *Critical issues in the lives of people with severe disabilities*. Baltimore: Brookes.

Michaels, C. A. (1994). *Transition strategies for persons with learning disabilities*. San Diego, CA; Singular Publishing Group INC.

Michaels, C. A. (1998) *Transition to employment*. transition series. Pro-ed An International Publisher: Austin, Texas.

Miller, R. J. Lombard, R. C, Corbey, S. A. (2007). *Transition assessment ; Planning Transition and IEP Development for Youth with Mild to Moderate Disabilities* (pp. 5-7). Needham Heights, MA: Allyn & Bacon.

Mithaug, D. E., Mithaug, D. K., Agran, M., Martin, J. E., & Wehmeyer, M. L. (2003). *Self-determined learning theory*. Mahwah, NJ: Lawrence Erlbaum.

Moon, S., Inge, K., Wehman, P., Brooke, V., & Barcus, M. (1990). *Helping persons with severe mental retardation and keep employment*. Baltimore: Brooke.

Morningstar, M. E.(1995). Examining the transition planning process: *What are perceptions of students with disabilities regarding their transition from school to adult life?* Unpublished dissertation, University of Kansas, Department of Special Education, Lawrence.

Morningstar, M. E., Turnbull, A. P., & Turnbull, H. R. (1996). What do students with disabilities tell us about the importance of family involvement in the transition from school to adult life? *Exceptional Children*, 62, 249-260.

Mount & Zwernick, (1988). *It's never too early, it's never too late: a booklet about personal futures planning*. St. Paul, MN: Governor's Planning Council on Development Disabilities. Publication No. 421, 88-109.

NcNair, J. (1991). *Co-worker involvement in employment programs for persons with mental retardation*. San Bernardino, CA: California State University.

Neubert, D. A., & Moon, M. S. (2006). Postsecondary setting and transition services for students with intellectual disabilities: Models and research, Focus on *Exceptional Children*, 39(4), 1-9.

Neuhaus, E. C. (1967). Training the mentally retarded for competitive employment. *Exceptional Children*, 33, 625-628.

Newman, L. (2005). *Family involvement in the educational development of youth with disabilities*. Menlo Park, CA: SRI International.

Nirje, B. (1972). The right to self-determination. In W. Wolfensberger (Ed.). *The principle of normalization in human services*(pp. 176-193). Toronto: National Institute in Mental Retardation.

Niziol, O. M., & DeBlassie, R. R. (1972). Work adjustment and the educable mentally retarded adolescent. *Journal of Employment Counseling*, 9, 158-166.

Noel, M. (1980). Referential communication abilities of learning disabled children. *Learning Disability Quarterly*, 3, 70-75.

O'Brien, J. (1993). *Supported living: What's the difference?* Livonia, GA: Responsive Systems Associates.

OECD Documents (1994). *Disabled youth and employment*. Paris.

Office of Disability Employmemt Policy(ODEP). (2005, June). Customized employment-Practical solutions for employment success. Washington, DC: U.S. Department of Labor, ODEP and the National Center on Workforce and Disbility/Adult. Retrived March 30, 2006, from http://www.dol.gov/odep/pubs/custom/index.htm

Ohwaki, S. (1974). Behavioral characteristics of habilitated retarded persons. *American Journal of Mental Deficiency*, 79(4), 385-390.

Okolo, C., & Sitlington, P. (1986). The role of special education in LD adolescents' transition from school to work. *Learning Disability Quarterly*, 11, 292-306.

Okolo, C., & Sitlington, P. (1988). The role of special education in learning disabled adolescents'transition to work. *Learning Disabilities Quarterly*, 11, 292-306.

Oliva, A. H., & LaGreca, A. M.(1988). Children with learning disabilities: Social goal and strategies. *Journal of Learning Disabilities*, 21, 301-306.

Oliver, C., Hecker, L., Klucken, J., & Westby, C. (2000). Language: The embedded curriculum in postsecondary education. *Topics in Language Disorders, 21*, 15-29.

Orelove, F., & Sobsey, D(1987). Educating children with Multiple disabilities: A Transdisciplinary. Baltimore MD: Bookes Publishing Co.

Parker, J. G., Asher, S. R. (1987). Peer acceptance and later personal adjustment: Are low-accepted children "at risk"? *Psychological Bullietin*, 102, 357-389.

Patterson, E. G., D'Wolff, N., Hutchison, P., Lowry, M., Schilling, M., & Siepp, J. (1976). *Staff development handbook: A resource for the transdisciplinary process*. New York: United Cerebral Palsy Associations, Inc.

Patton, J. R., & Dunn, C. (1998). *Transition from school to young adulthood: Basic concepts and recommended practices*. Austin TX: PRO · ED.

Patton, J. T., Polloway, E. A., Smith, T. E. C., Edgar, E., Clark, G., & Lee, S. (1996). Individuals with mild mental retardation: Postsecondary outcomes and implications for educational policy. *Education and Training in Mental Retardation and Developmental Disabilities, 31*, 75-85.

Pearl, R., Bryan, T., & Herzog, A. (1990). Resisting or acquiescing to peer pressure to engage in misconduct: Adolescents' expectations of probable consequence. *J. Youth Adolesc*, 19, 43-55.

Peterson, M., Madden, B., & Ley-Siemer, L. (1981). *Issues and recommendations concerning vocational assessment of special needs students*. Paper present at the American Vocational Association Convention, Atlanta.

Piaget, J. (1989). Piaget's theory. In P. H. Mussen(Ed). Handbook of child psychology: *History, Theory, and Methods*, Vol 1, 103-128. New York: Wiley.

Pierangelo, R., & Giuliani, G. (2004). *Transition Services in Special Education: a Practical Approach*. Arlington Street, Boston, MA: Pearson A and B.

Pleet, A. (2000). *Investigating the relationship between parent involvement in e relationsplanning and post-school outcomes for students with disabilities*. Ann Arbor: University of Michigan Dissertation Services.

Powell, T. H., Pancsofar, D. E., Steere, Butterworth, J., Itzkowitz, J. S., & Rainforth, B. (1991). *Supported employment: Providing integrated employment opportunities for persons with disabilities*. University Center at Binghamton State University of New York: Longman

Rainforth, B., York, J., & Macdonald, C. (1992). *Collaborative teams for students with severe disabilities: Integrating theraphy and educational services*. Paul, H. Brookes Publishing Co.

Rappaport, S. (1975). Ego Development in Learning Disabled Children. In W. M. Cruickshank D. P. Hallanan (Eds.), *Perceptual and Learning Disabilities in Children*, Vol. 1. Psychoeducational Practices. Syracuse NY: Syracuse University Press.

Reis, S. M., McGuire, J. M., & Meu, T. W. (2000). Compensation strategies used by high-ability students with learning disabilities who succeed in college. *Gifted Child Quarterly, 44*, 123-134.

Roffman, A. (1994). Social skills training. In C. A. Michaels(Eds.), *Transition strategies for persons with learning disabilities*, 185-211. San Diego, California: Singular Publishing Group, Inc.

Rosenthal, R., Hall, J., DiMatteo, M. R., Rogers, P. L., & Archer, D. (1979). *Sensitivity to nonverbal communication: The PONS test*. Baltimore: Johns Hopkins University Press.

Ross, D. M., & Ross, S. A. (1978). Cognitive training for the EMR children: Choosing the best alternative. *American Journal of Mental Deficiency*, 82, 598-601.

Rusch, F. R., & Chadsey, J. G. (1998). *Beyond high school: Transition from school to work*. Belmont, CA: Wadsworth Publishing Company.

Schalock, R. L., & Harper, R. S.(1978). Placement from community-based mental retarded programs: How well do clients do? *American Journal of Mental Deficiency*, 83(3), 240-247.

Schantz, C. U. (1983). Social cognition. In P. H. Mussen(4th Eds.), *Handbook of Child Psychology*, 495-555, John Wiley: New York.

Schlock, R. L. & Lilley, M. A. (1986). Placement from community-based mental retardation programs: How well do clients do after 8 to 10 years? *American Journal of Mental Deficiency*, 90(6), 669-676.

Schloss, P. J., Hughes, C. A., & Smith, M. A (1988). *Community integration for persons with mental retardation*. Boston: A College-Hill Publication.

Schults, R. P. (1986). Establishing a parent-prefessional partnership to facilitate competitive employment. In F. R. Rusch (Ed.), *Competitive employment issues and strategies* (pp.289-302). Baltimore: Paul H. Brookes.

Schumaker, J. B., Hazel, J. D., Sherman, J. A., & Sheldon, J. (1982). Social skills performance of learning disabled, non-learning disabled, and delinquent adolescents, *Learning Disabilities Quarterly*, 5, 388-397.

Selman, R. L. (1976). Social-Cognitive understanding: A guide to educational clinical practice. In T. Lickina(Ed), Moral development and behavior: *Theory, Research, and Social Issues*. New York: Holt, Rinehart and Winston.

Selman, R. L., Beardslee, W., Schulz, L., Krupa, M., & Poderefsky, D. (1986). Assessing adolescent interpersonal negotiation strategies: Toward the integration of structure and function models. *Development Psychology*, 22, 450-459.

Selman, R.L., Beardslee, W., Schulz, l., Krupa, M., & Podorefsky, D. (1986). Assessing adolescent interpersonal negotiation strategies: Toward the integration of structure and functional models. *Developmental Psychology*, 22, 450-459.

Shantz, C. U. (1983). Social cognition. In J. H. Flavell & E. Markman (Eds.), *Handbook of child psychology: Cognitive development*. New York: Wiley.

Shogeren, K. A., Faggella-Luby, M., Bae, S. J., Wehmeyer, M. L.(2004). The effect of choice-making as an intervention for problem behavior: A meta-analysis.

Journal of Postive Behavior Intervention, 6, 228-237.

Shure, M. B., & Spivack, G. (1979). Interpersonal cognitive problem solving and primary prevention: Program: Preschool and kindergarten children. *Journal of clinical Child Psychology*, 8, 89-94.

Silver, D. S., & Young, R. D. (1985). Interpersonal problem-solving abilities, peer status and behavioral adjustment in learning disabled and non-learning disabled adolescents. *Advences in Learning and Behavioral Disabilities*, 4, 201-223.

Sitlington, P. L. (2003). Postsecondary education: The other transition. *Exceptionality, 11*, 103-113.

Sitlington, P., Frank, A., & Cooper, L. (1989). *Iowa statewide follow-up study: Adult adjustment of individuals with learning disabilities*. Des Moines: Department of Education.

Smith, D. D. (2007). *Introduction to special education: Making a difference*. Boston: Allynand and Bacon.

Smith, T. E. C., & Puccini, I. K. (1995). Position statement: Secondaty curriculum and policy issues for students with mental retardation. *Education and Training in Mental Retardation and Developmental Disabilities, 30*, 275-282.

Smith, T. E. C., Gartin, B. C., Murdick, N. L., & Hilton, A. (2006). *Families and children with special needs: Professional and family partnerships*. Upper Saddle River, NJ: Pearson Merrill Prentice Hall.

Snell, M. E., & Brown, F. (2006). *Instruction of students with severe disabilities*(6th). Upper Saddle Rever, NJ.

Sowers, J. (1989). Critical parent roles in supported employment. In G. H. Singer & L. K. Irvi (Eds.) *Support for caregiving families: Enabling positive adaptation to disability*(pp.269-282). Baltimore: Paul H. Brookes.

Sowers, J. and Powers, L. (1991). *Vocational preparation and employment of students with physical and multiple disabilities*. Baltimore: Paul H. Brookes.

Sowers, J., & Powers, L. (1995). Enhancing the participation and independence of students with severe physical and multiple disabilities in performing community activities. *Mental Retardation*, 33, 209-220.

Spephens, T. M. (1977). *Teaching skill to students with learning and behavioral disorders*. Upper Saddle River, NJ:Merrill.Prentice Hall.

Spivack, G., & Shure, M. (1976). *The social adjustment of young children*. San Francisco: Jossey-Bass.

Spivack, G., & Shure, M. (1982). The cognition of social adjustment: interpersonal cognition problem-solving thinking. In B. B. Lahey & A. E. Kazdin(Eds.), *Advences in Clinical Child Psychology*, 5. 323-372. New York: Plenum.

Spivack, G., Platt, J. J., & Shure, M. B. (1976). *The problem-solving approach to adjustment*. San Fransisco: Jossey-Bass.

Stancliffe, R. J., & Lakin, C. K. (2007). Independedt living. In S. L., Odom, R. H. Horner, H. E. Snell, & J. Blacher(Eds), *Handbook of developmental disabilities* (pp. 429-447). New York: Guilford..

Steere, D. E., Rose, E., & Cavaiuolo, D.(2007). *Growing up: Transition to adult life for students with disabilities*. Boston: Pearson-Allyn & Bacon.

Stodden, R. A. Conway, M. A., & Chang, K. (2003). Secondary school curricula issues: Impact on postsecondary student with disabilities. *Exceptional Children, 70(1), 9-25*.

Stone, W. L., & LaGreca, A. M. (1984). Comprehension of nonverbal communication: A reexamination of the social competencies of learning- disables children. *J. Abnurm, Child Psychol*, 12, 505-518.

Storey, K. (2002). Strategies for increasing interactions in supported employment setting: An updated review. *Journal of Vocational Rehabilitation*, 17, 231-237.

Storey, K., & Horner, R. H. (1991). Social interaction in three supported employment options: A comparative analysis, *Journal of Applied Behavior Analysis*, 24(2), 349-360.

Strickland, B. B. & Turnbull, A. P. (1993). *Developing and implementing education programs*(3nd ed.). Columbus, OH: Merrill.

Swan, W., & Morgan, J. (1993). *Collaborating for comprehensive services for young children and their families*. Baltimore: Paul H. Brookes Publishing Co.

Tashie, C., Malloy, J. M., & Lichtenstein, S. J. (1998). Transition or graduation? Supporting all students to plan for the future. In C. M. Jorgensen (Ed.), *Restructuring all high schools for all students: Talking inclusion to the next level* (pp. 233-260). Baltimore: Paul H. Brookes.

Taylor, S. J. (2001). The continuum and current controversies in USA. *Journal of Intellectual and Developmental Disabilities*, 26(1), 15-33.

Taylor, S. J.(1988). Caught in the continuum: A critical analysis of the principle of the least restrictive environment, *Journal of The Association for Persons with Severe Handicaps*, 13, 42-53.

Test, D. W., Appel, N. P., & Everson, J. M. (2006). *Transition methods for youth with disabilities*. New Jerser: Pearson Merrill Prentice Hall.

Thoma, C. A., Bartholomew, C. .C., & Scott, L, A. (2009). *Universal Design for*

Transition: a roadmap for planning and instruction. Baltimore: Paul H. Brookes.

Thompson, S. J., & Thurlow, M. I. (2001). *2001 state special education outcomes: A report on state activities at the beginning of a new decade*. Minneapolis: University of Minnesota, National Center on Educational Outcomes.

Thurlow, M., & Elloott, J.(1998). Student assessment and evaluation. In Rusch, F. R., Chadsey, J. G. (Eds.). *Beyond transition from high school to work school*.

Torgesen, N. K. (1982). The learning disabled child as an inactive learner: Educational implications. *Topics in Learning and Learning Disabilities*, 2(1), 45-52.

Toro, P. A., Weissberg, R. P., Guare, J., & Liebenstein, N. L. (1990). A comparison of children with and without learning disabilities on social problem-solving skill, school behavior, and family background. *Journal of Learning Disabilities,* 23, 115-120.

Tur-Kaspa, H. & Bryan, T. (1994). Social information-processing skill of students with learing disabilities. *Leaning Disabiliaties Researc & Practice*, 9(1), 12-23; Lawrence Erlbaum Associates. Inc.

Turnbull, A., Turnull, R., Erwin, E. J., & Soodak, L. C. (2006). *Families, professionals, and exceptionality: Positive outcomes through partnerships, and trust*(5th ed.). Upper Saddle River, NJ: Pearson Merrill Prentice Hall.

Turnbull, H. R., Turnbull, A. P., Wehmeyer, M. L., & Park, J.(2203). A quality of life framework for special education outcomes. *Remedial and Special Education*, 24(2). 67-74.

U. S. Department of Labor. (1991). *The revised handbook for analyzing jobs*. Washington, DC: Employment and Training Administration.

Vaughn, S. R., & Ridley, C. A. (1983). Evaluating the efficacy of an interpersonal skills training program with children who are mentally retarded. *Education and Training of the Mentally Retarded*, October, 191-195.

Vaughn, S., & Hogan, A. (1990). Social competence and learning disabilities: A prospective study. In H. L. Swanson and B. K. Keogh, (Eds.). *Learning Disabilities: Theoretical and Research Issues*, 175-191. Lawrenece Erlbaum, Hillsdale: New Jersey.

Vaughn, S., Haager, D., Hogan, A., & Kouzekanani, K.(in press). Self-concept and peer acceptance in students with learning disabilities: A four to five year prospective study. *Journal of Educational Psychology*.

Vaughn, S., Lancelotta, G. X., & Minnis, S. (1988). Social strategy training and peer involvement: Increasing peer acceptance of a female, LD student, *Learn.*

Disabil. Foccus, 4, 32-37.

Vaughn, S., McIntosh., & Zaragoza, N. (1992). *Social interventions for students with learing disabilities*, In Susan A. Vogel(Eds.). Educational alternatives for students with learning disabilities(pp.183-198).Springer-Verlag: New-York.

Vaugnn, S., & Hogan, A., Kouzekanani, K., & Shapiro, S. (1990). Peer acceptance, self-perceptions, and social skills of LD students prior to identification. *Journal of Educational Psychology*, 82(1), 101-106.

Vetter, A. (1983). *A comparison of the characteristics of learning disabled and non-learning disabled young adults*. Unpublished doctoral dissertation, University of Kansas.

Wagner, M., Newman, L., Cometo, R., Garza, N., & Levine, P. (2005). *After high school: A first look at the post school experiences of youth with disabilities. A report from the National Longitudinal Transition Study-2(NLTS2)*. Menlo Park, CA: SRI International. Retrieved 12/12/10 from http://www.nlts2.org/report/2005-04/ nlts2-report-04complete.pdf.

Wandry, D., & Pleet, A. (Eds.). (2003). *A practitioner's guide to involving fs ilies in secondary education*. Arlington, VA: Council for Exceptional Children.

Wansart, W. L. (1990). Learning to solve a problem: A microanalysis of the solution strategies of children with learning disabilities. *Journal of Learning Disabilities*, 23, 164-170.

Ward, M. J. (1988). The many facets of self-determination. *National Information Center for Children and Youth with Handicaps: Transition Summary*, 5, 2-3. Washington, DC: Office of Special Education Programs of the U. S. Department of Education.

Ward, M. J.(1996). Coming of age in the age of self-determination: An historical and personal perspective. In D. J. Sands & M. L. Wehmeyer(Eds.), *Self-determination across the life span*(pp. 1-14). Baltimore: Paul H. Brookes.

Ward, M. J., & Kohler, P. D. (1996). Promoting self-determination for individuals with disabilities: Content and process. In L. E. Power, G. H. S. Singer, & J. Sowers (Eds.), *On the road to autonomy: Promoting self-competence in children and youth with disabilities*(pp. 275-290). Baltimore: Paul H. Brookes Publishing Co.

Watanabe, M., & Sturmey, P. (2003). The effect of choice-making opportunities during activity schedules on task engagement fo adults with autism. *Journal of Autism and Developmental Disorders*, 33, 535-538.

Wehaman, P. (1997). *Life Beyond the Classroom; Transition Strategies for Yong*

People with Disabilities. Second Ed. Baltimore: Paulh Brookes Publishing.

Wehman, P (1997). Life beyond the classroom: *Transitional strategies for young people with disabilities*.(2th Edition), Virginia Commonwealth University, Baltimore: Paul H Brookes.

Wehman, P (2008). *Life beyond the classroom: Transitional strategies for young people with disabilities*.(4th Edition), Virginia Commonwealth University, Baltimore: Paul H Brookes.

Wehman, P. (1996). *Life beyond the classroom: Transition strategies for young people with disabilities(2nd edition)*, Baltimore: Paul H. Brookes Publishing Co.

Wehman, P. (2006). Life beyond the classroom: Transition strategies for young people with disabilities (4th ed.). Baltimore: Paul H. Brookes.

Wehman, P. Moon, M. S, Everson, J. M, Wood, W. W, & Barcus, J. M. (1988). *Transition from school to work; new challenges for youth with severe disabilities* (pp. 138-139). Baltimore: Paul H. Brookes Publishing Co.

Wehman, P., & Targett, P. S. (1999). Vocational curriculum for individuals with withial needs: Transition from school to adulthood. Austin TX: PRO · ED

Wehman, P., Hill, M, Hill, J., Brooke, V., Pendletion, p., & Britt, C.(1985). *Competitive employment for persos with mental retardation: A follow-up after six year. Mental Retardation,* 23, 274-281.

Wehman, P., Inge, K. J., Revell, W. G., & Brooke, V. A. (2007). *Real work for real pay; Inclusive employment with disabilities*: Paul H. Brookes Publishing Co.

Wehman, P., Kregel, J., & Barcus, J. M.(1985). From school to work: A vocational transition model for handicapped students. *Exceptional children*, 52(1), 25-37.

Wehman, P., Moon, M. S,, Everson, J. M., Wood, W. W., & Barcus, J. M. (1988). *Transition from school to work; new challenges for youth with severe disabilities* (pp. 138-139). Baltimore: Paul H. Brookes Publishing Co.

Wehman, P., Moon, M. S., Everson, J., Wood, W., & Barcus, M. (1988). *Transition from school to work*. Baltimore: Paul H. Brookes.

Wehman, P., Smith, M. D., & Schall, C. (2009). *Autism and the Transition to Adulthood: Success Beyond the Classroom*. Baltimore: Paul H. Brookes Publishing Co.

Wehman, P., Wood, W., Everson, J. M., Goodwyn, R., Conely, S. (1988). *Vocational education for multihandicapped youth with cerebral palsy*. Baltimore: Paul H. Brookers.

Wehmeyer, M. L, Lattin, D., & Agran, M. (2001). Achieving access to the general curriculum for students with mental retardation: A curriculum decision-making model. *Education and Training in Mental Retardation and Development*

Disabilities, 36, 327-342.

Wehmeyer, M. L. (1994). Perceptions of self-determination and psychological empowerment of giolescents with mental retardation. *Education and Training in Mental Retardation and Developmental Disabilities*, 29, 9-21.

Wehmeyer, M. L. (1995). The ARC's *self-determination scale: Procedural guidelines*. (Available from The ARC of the United States, 500 E. Border Street, Suite 300, Arlington, TX 76010.

Wehmeyer, M. L., & Sands, D. J. (Eds.). (1998). *Making it happen: Student involvement in education planning, decision making, and instruction*. Baltimore: Paul H. Brookes Publishing Co.

Wehmeyer, M. L., & Schwartz, M. (1998). The relationship between self-determination and quality of life for adults with mental retardation. *Education and Training in Mental Retardation and Developmental Disabilities*, 33(1), 3-12.

Wehmeyer, M. L., Lartin, D., & Agran, M. (2001). Achieving assess to th general curriculum for students with mental retardation: A curriculum design-making model. *Education and Training in Mental Retardation and Developmental Disabilities*, 36(4), 327-342.

Wehmeyer, M., Agran, M., & Hughes, C. (1998). *Teaching self-determination to students with disabilities: Basic skills for successful transition*. Baltimore: Paul H. Brookes.

Wehmeyer, Sands, Knowlton, & Koleski, (2002). Sample approach for planning to receive postsecondary support services.

Weir, C. (2004). Person-centered and collaborative supports for college success. *Education and Training in Developmental Disabilities*, 39, 678-3.

Weissberg, R. P., Gesten, E. L., Rapkin, B. D., Cowen, B. J. (1981). Evaluation of social problem-solving training program for suburban and inner-city third-grade children. *Journal of Consulting and Clinical Psychology*, 49, 251-261.

Wheeler, J. W., Bates, P., & Marshall, K. J. (1988). Teaching appropriate social behavior to young man with moderate mental retardation in a supported competitive employment setting. *Education and Training in Mental Retardation*, June, 105-116.

White, W. J. (1992). The post-school adjustment of persons with learning disabilities: Current status and future projections. *Journal of Learning Disabilities*, 7, 448-456.

White, W. J.(1985). Perspective on the education and training of learning disabled adults. *Learning Disabilities Quarterly*, 8, 231-236.

White, W. J., Schumaker, J. Warner, M. M., Alley, G. R., & Deshler, D. D. (1980). *The current status of young adults identified as learning disabled during their school career*(Research Report, No. 21). Lawrence: University of Kansas Institute for Research in Learning Disabilities.

Wiggins, G. (1989). The futility of trying to teach everything of importance. *Educational Leadership*, 47(3), 44-59.

Wischnowski. M. W. (1996). *Writing an interagency transition agreement to bridge early intervention and early childhood special education services: Supports and barriers*. Unpublished doctoral dissertation. University of Illinois at Urbana-Champaign.

Wolfensberger, W. (1972). *The principle of normalization in human services*. Toronto: National Institute on Mental Retardation.

Wolman, J. M., Campeau, P. L., DuBois, P. A., Mithaug, D. E., & Stolarski, V. S. (1994). *AIR self-determination scale and user guide*. Palo Alto CA: American Institutes for Research.

Wong, B. Y. L. (1980). Activation the inactive learner: Use of questions/prompts to enhance comprehension and retention of implied information in learning disabled children. *Learning Disability Quarterly*, 3, 29-37.

World Institute on Disability. (1991). Resolution on personal assistance services. Retrieved October 3, 2008, from the World Institute on Disability Web site at http://www.wid.org/publication/personal-assistance-services-a-new-millennium/resolution-on-personal assistance-services

Yeates, K. O., & Selman, R. L. (1989). Social competence in the schools: Toward an integrative developmental model for intervention. *Develomental Review*, 8, 64-100.

찾아보기

『 ㅇ 』

『 ㅈ 』

김 형 일

• 대구대학교 졸업 특수교육 지적장애 전공
• 단국대학교 대학원 특수교육 지적장애 전공 교육학 석사 및 박사
• 서울정진학교, 서울정문학교 교사
• 교육부 국립특수교육원 교육연구사
• 나사렛새꿈학교 교장
• 현재: 나사렛대학교 중등특수교육과 교수

|| 저역서 및 논문 ||

• 중도중복장애학생을 위한 기능적 교육과정 공역(2001, 박학사)
• 개별화교육계획의 이론과 실제, 공저(2002, 교육과학사)
• 특수교육 교과교육론, 공저(2008, 교육과학사)
• 정신지체: 지역사회 통합을 위한 접근, 공역(2008, 박학사)
• 사회적 상황에 따른 정신지체학생의 사회적 정보처리 능력 연구
• 진로·직업교육을 위한 특수교육기관과 관련기관 간의 협력에 관한 연구
• 장애학생 전환과정 지원 방안 연구 등
• 지적장애아 교육(2013, 학지사)

제3판 전환교육의 이해와 실행

2010년 3월 10일 1판 1쇄 발행
2013년 8월 30일 2판 1쇄 발행
2020년 3월 25일 3판 1쇄 발행
2024년 3월 25일 3판 2쇄 발행

저 자: 김 형 일
발행자: 한 정 주
발행처: 교육과학사

경기도 파주시 광인사길 71
전화(031)955-6956~8/팩스(031)955-6037
Home-page: www.kyoyookbook.co.kr
E-mail: kyoyook@chol.com
등록: 1970년 5월 18일 제2-73호

저자와의 협의하에 인지생략

낙장·파본은 교환해 드립니다.
Printed in Korea.

정가 24,000원

ISBN 978-89-254-1458-4